国际商海 我主沉浮

国际贸易实务

主编： 肖文圣（三江学院）

狄昌娅（三江学院）

陈军（上海大学悉尼工商学院）

参编（以汉语拼音排序）：

戴竹青（东南大学成贤学院）

郭怀照（三江学院）

黄思雨（赣东学院）

李燕（南京鑫邦国际货运代理公司）

刘涵洲（三江学院）

尚莉（江苏第二师范学院）

袁明兰（三江学院）

张小玲（三江学院）

南京大学出版社

前　言

对于国际经济与贸易专业,似乎存有一种"学习内容杂、没有技术含量"的刻板印象与肤浅认识,导致不少学生对国际经济与贸易专业产生错误的认识和不认真的学习态度。关于"专业技术含量低"的印象,大概是认为文科性质的专业与理工科的相比技术性特征不足,学习门槛较低。而"学习内容杂"是由专业特点决定的,国际经济与贸易专业的主要适配岗位是进出口贸易流程的各个环节——外销、单证、跟单、货代、船务、通关等,各环节需要具备专业知识与各类人员沟通交流,需要了解产品相关知识,掌握各种规章、法律、惯例、公约,并且还要借助外语这个工具,因此,其专业培养具有明显的复合性特征,开设的专业课程就相应显得"杂"。但是,若用进出口业务流程就可以把各种课程串联起来,而不是"一盘散沙"。在国际经济与贸易的专业课程中,"国际贸易实务"是一门专业核心课,也是一门专业实践统领课;是一门专业基础课,更是一门引导学生进入专业领域的关键课程。因此,编者希望"国际贸易实务"教材能够体现这些特点、特征——不仅要清晰体现进出口业务流程,还要起到专业基础、统领的作用,引导学生注重专业外语能力、职业技能的培养。

"国际贸易实务"课程属于实践的理论性课程,理论性即其奠定了后续的单证实务、通关实务、国际结算、国际商务谈判、国际市场营销、国际商法、国际货运代理实务、外贸函电、外贸口语、商务翻译等实务的理论基础,实践性是课程本身以进出口业务流程为主线、贸易合同为载体,体现其国际贸易的业务操作的实践性。

在当前国际贸易与地缘政治博弈的复杂背景下,该课程本身的思政特色也非常鲜明。本教材积极落实"自信自强、守正创新,踔厉奋发、勇毅前行,为全面建设社会主义现代化国家、全面推进中华民族伟大复兴而团结奋斗"党的二十大精神,结合专业实践,增加了职场场景案例和课程思政内容,通过知识链接拓展课外实践、实训内容,加深学生对专业技能的认识,培养学生的爱国主义、民族自豪感、制度自信、文化自信、诚信守法、共享共赢、爱岗敬业、吃苦耐劳、开放意识与国际视野、团队合作精神、人生理想、创新意识、竞争意识、责任意识等专业素养,形成自立、自信、自强的人格,成为有理想、有文化、有道德和有纪律的四有大学生。

本教材编写注重如下几个特色:一是,突出应用性内容。每章独立成节编写相应的合同条款实务,从注意点、合同条款示例,到案例分析、跨境电商应用等,突出课程的应用性。二是,突出引导学生的专业认知。增加职业场景案例引导,以及实训、业务实战内容,在培养学生知识素养的同时,增强学生职业素养。三是,突出英语能力培养。不仅增加专业名词的英文名称,还增加英文的练习题、案例分析。四是,从教师教学和学生自学的需求,拓展与丰富实践内容。引入场景案例、深度思考、课程思政、附录等专栏,将专业培养、能力提升与思政教育有机融合。五是,增加重要的外贸单据缮制的内容,既体现国际贸易的实务内容,又便于学生进一步深刻认识外贸进出口流程,有助于学生提前了解外贸工作。六是,加强校际合作,选择从事课程教学和具有实践经验的教师编写,同时,引入外贸公司和货代公司从业人员参与教材的编写,以及专业实践内容的校正工作。

本教材编写内容具体如下。第一章导论,通过复习贸易理论过渡到货物贸易实务,然后阐述货物贸易模式、进出口业务流程及其框架内容,以及与之有关的国际贸易惯例和公约,确定课程的总体学习目标是能够拟定出国际贸易合同。第二章国际贸易商品,主要阐述商品的品名条款、数量条款和包装条款,以及三个合同条款实务。第三章贸易术语,主要阐述有关国际贸易术语的惯例,国际商会的"国际贸易术语解释通则"的 1936 版至 2020 版的历史演变,然后是国际商会术语中常用的六种贸易术语,以及贸易术语实务。第四章国际货物运输,重点阐述国际货物海洋运输方式、海运单据、集装箱运输,以及运输条款实务。第五章国际货物运输保险,重点阐述产生货损货差的来源,即风险和损失,以及中国海洋运输保险条款、伦敦保险协会保险条款,然后是保险实务。第六章国际货物价格,重点阐述国际货物的成本以及评判交易的指标,阐述国际货物报价和价格条款实务。第七章国际货款结算,重点介绍国际结算的三种工具,以及国际结算的三种方式,货款支付合同条款实务。第八章国际贸易争议的预防和处理,重点介绍货物检验、索赔、不可抗力以及仲裁,及其合同条款实务。第九章国际贸易合同的签订和履行,主要阐述交易磋商及其流程、贸易合同,以及贸易合同的履行环节及其实务。第十章跨境电子商务初步,主要概述跨境电子商务及其产生与发展,让学生能够了解跨境电商平台和选品,了解国际贸易的新业态,为跨境电商方向的课程打下基础。

本教材编写任务安排如下:肖文圣负责本教材的结构设计、课程思政、英文案例、知识链接、附录、每章的知识逻辑关系总结、每章习题及答案,以及涉及的单证缮制内容等。李燕总经理对教材的贸易业务实践内容做了校正工作,陈军对本教材的英文部分进行了校正。具体章节编写分工如下:肖文圣老师编写第一章导论,郭怀照与李燕总经理编写第二章国际贸易商品,尚莉老师编写第三章贸易术语,狄昌娅老师编写第四章国际货物运输,陈军老师编写第五章国际货物运输保险,黄思雨老师编写第六章国际商品价格,袁明兰老师编写第七章国际货款结算,戴竹青老师编写第八章国际贸易的争议与处理,张小玲老师编写第九章国际贸易合同的签订和履行,刘洺洲老师编写第十章跨境电子商务初步。

感谢中国国际贸易学会全国外贸业务员岗位培训中心副主任、跨境电商研究院执行院长王斌同志,本文吸收了他的国际贸易实务培训课程的课程改革思想和素材,还要感谢三江学院国际经济与贸易专业的同学们对初稿找疑点、提问题,以及崔维龙等毕业生对教材提出的修改建议。感谢同行,本教材在他们国际贸易实务教材基础上进行风格与内容的优化与创新。本教材的内容也引用了网络的一些案例,一并感谢!

三江大学 2024 年 12 月

目 录

附　　录——实践出真知··

附录 1:《国际贸易术语解释通则 Ⓡ 2020 版》(部分)

附录 2:国际贸易实务单证示例

动手与动脑——小试牛刀···

课后练习题参考答案

综合模拟测试

4

第一章
导　论

... 学习目标

了解国际贸易及其贸易模式
理解国际贸易实务的特点及其技术性
掌握进出口业务流程
了解国际贸易的公约和惯例

... 职场案例

某生产机床的工厂，4月底接到一批10台机床的订单，要求5月底交货；5月2日接到客户邮件，要求订购20套工作服，并附相关图样。请问：该工厂能否卖20套工作服给该客户，另外能否与10台机床一起放在集装箱里发给客户？

分析　首先，要注意工厂能不能接单生产工作服，这里要看企业经营范围。如果不能接单服装交易，又确实是合同需要，可以进行委托。其次，再看同一集装箱将服装和机械混装，这牵涉到报关能否通过的问题。如果，出口产品属于需要出口许可证的，还需申请出口许可证，这时，就需要查阅当年国家禁止与限制出口的商品有哪些，并结合当地出口商品情况，查找需要出口许可证的商品，找出获得该类产品出口许可证的企业名单，然后我们才可以进行委托出口。由此，我们知道国际贸易工作具有相当的技术性要求，通过后续内容的学习可以进一步了解国际贸易中需要掌握哪些业务技能，具备哪些职业素养。

... 课程思政

中国"大船海工"被挪威船王"钝刀割肉"破产重组

新闻背景：有着百年历史，造出辽宁舰和山东舰航母的大连造船厂子公司"大船海工"，接到了挪威船王的一份制造8台海上钻井平台的总价130亿元人民币的大额订单。因持有大船海工49％股份的萨摩亚的茂盛投资加持，以及有国资背书，并且是财力雄厚的挪威船王(其旗下的船舶及钻井平台有370座，身价高达160多亿美元，船舶总价更是高达500多亿美元)向大船海工发出订单邀请，大船海工为了顺利接手这笔订单，只象征性地收取了10％的定金，这远少于国际惯例，对方在合同指定了仲裁机构。后来，挪威船王任性取消订单，还要求大船海工退回10％的定金，不然，就主张合同违约金，因为大海船工没有按时间交付。最终，大船海工资不抵债只能重组。

国际贸易实务是关于如何做好国际贸易的"生意经"，商场如战场，时刻要注意风险防控，而不至于发生新闻报道的"中国船厂'大船海工'，被挪威'钝刀割肉'130亿，负债20亿破产重整"。所以，从事国际贸易，不仅要精于业务，更要有商业头脑、经营意识，以及有远见能力防控各种风险。风险无时无处不在，要有风险意识，努力控制风险，做到防患于未然。

第一节　国际贸易概述

一、国际贸易(international trade)

国际贸易也称进出口贸易、世界贸易，它是指国家(或地区)之间商品(包括有形商品和无形商品)的交易活动。从这个定义可知国际贸易具有的三要素分别是不同国家(地区)、商品、商业性。国际贸易可以起到调节国内生产要素的利用率，改善国际的供求关系，调整经济结构，增加财政收入等作用。任何一个国家的对外政策，最终都落实到国际贸易领域实施，通过国际贸易实现对外政策效应，所以，学习国际贸易不能局限在国际贸易领域，要结合国际经济、政治的形势与政策，才能深刻理解国际贸易活动。

国际贸易按商品形态可以划分为有形贸易和无形贸易。有形贸易(visible goods trade)是指买卖具有物质形态的商品(如粮食、机器等)的交换活动，无形贸易(invisible goods trade)是指买卖一切不具备物质形态的商品的交换活动，例如运输、保险、金融、文化娱乐、国际旅游、技术转让、咨询等方面的交易。无形贸易又可以分为服务贸易和技术贸易。一般来说，服务贸易(service trade)是指提供活劳动(非物化劳动)以满足服务接受者的需要并获取报酬的活动。世界贸易组织的《服务贸易总协定》把服务贸易定义为四种方式：① 过境交付，即从一国境内向另一国境内提供服务。② 境外消费，即在一国境内向来自其他国家的消费者提供服务。③ 自然人流动，即一国的服务提供者以自然人的方式在其他国家境内提供服务。④ 商业存在，即一国的服务提供者在其他国家境内以各种形式的商业或专业机构提供服务。技术贸易(technology trade)是指技术供应方通过签订技术合同或协议，将技术有偿转让给技术接受方使用的交易活动。有形贸易与无形贸易有一个鲜明的区别，即有形贸易均需办理海关手续，其贸易额列入海关的贸易统计，而无形贸易尽管也是一国国际收支的构成部分，但由于无须经过海关手续，一般不反映在海关资料上。但是，对形成国际收支来讲，这两种贸易是完全相同的。

二、国际贸易起因

国际贸易作为一种经济现象，属于历史范畴。它是在一定的历史条件下产生的，并伴随人类社会历史的发展而发展。国际贸易的产生必须具备一定的前提条件：一是，要有可供交换的剩余产品，二是，国家或政治（社会）实体的形成，三是，交易双方的存在。从根本上说，社会生产力的发展和社会分工的扩大，是国际贸易产生和发展的基础。所以，国际贸易的起因是国家（地区）之间存在互通有无的需求。由于国家（地区）之间社会、经济、技术、文化、政治等存在差异，存在交换不同商品（包括资源和服务）的需求，通过国际贸易可以实现互通有无，但是，获得国际贸易利益，实现国际贸易效应，是各国（地区）积极推动国际贸易的动因。

关于国际贸易理论，其思想和方法体系不是解释国际贸易起因，而是解释国际贸易如何发展，如何提高国际贸易利益和效应。

亚当·斯密的绝对优势理论和大卫·李嘉图的比较优势理论是从国际分工角度解释，通过参与国际分工和国际贸易，不同国家可以获得贸易利益，该理论是为19世纪后半叶英国倡导的自由贸易辩护。赫克歇尔-俄林的资源禀赋理论（简称H-O理论）仍然是继承了自由贸易理论，用生产要素的丰缺来解释国际贸易现象和一国的进出口贸易类型，该理论认为相对禀赋差异产生的价格差异导致国际贸易和国际分工，生产要素禀赋结构决定了一国或者一个区域的比较优势，从而决定了该国或地区的最优产业结构甚至同一产业中应选择的最优商品。

现代解释国际贸易现象的理论有：大市场理论、规模经济理论、重叠需求理论、产品生命周期理论、技术差距理论、企业异质理论、产业内贸易理论等，都是对国际贸易发展、现象的总结与归纳。这些理论对推动国际贸易发展和解决当代国际贸易问题提供了理论参考。

关于国际贸易政策，它是世界各国（地区）在开展商品和劳务交换活动中所遵循的管理的原则、方针和措施的总称。通常，每个国家会有自己的国际贸易总政策、进出口商品政策、国际贸易国别政策。其中，国际贸易总政策是从一国的国民经济全局出发，在一个较长的时期内指导对外贸易发展的总原则，包括：进口总政策和出口总政策；进出口商品政策是根据国际贸易总政策和一国的经济状况，针对不同的进出口商品而分别制定的政策，比如制定一些措施扶持某些出口部门或暂时限制某些种类商品的进口等；国际贸易国别政策是根据总政策和一国对外政治、经济关系而制定的国别和地区政策。这三个方面有时是相互交织在一起的，由于国际国内形势变化，一国的贸易政策在某个时期可能重点突出某些方面。国际贸易政策按类型可划分为自由贸易政策、保护贸易政策、协调贸易（管理贸易）政策，也可以按进出口方向划分为进口贸易政策、出口贸易政策，或按政策措施划分为关税政策、非关税政策。

关于国际贸易措施,诸如关税、倾销与反倾销、补贴与反补贴、贸易配额等,它是国家(地区)为了维护国家(地区)核心利益、国家(地区)间贸易平衡,解决贸易摩擦而采取的手段。同时,它又是制造贸易摩擦的手段,国际贸易措施可以划分关税措施和非关税措施。其中,关税措施有进口税(包括最惠国税、特惠税、普惠税、普通税)、出口税、过境税、进口附加税(包括反补贴税、反倾销税、紧急关税、惩罚关税)、差价税、财政关税、保护关税、收入再分配关税等,非关税措施有进口配额制、自愿出口限制、进口许可证制、外汇管制、进出口国家垄断、最低限价和禁止进口、进口押金制、海关估价制、技术性贸易壁垒、绿色贸易壁垒、行政性规则等。如果按照政府管理贸易的目的划分,国际贸易措施可以分为:出口促进措施(包括出口补贴、出口信贷、商品倾销、外汇倾销,以及各种出口服务措施和建立经济特区等)、出口管制措施(包括出口许可证、国家专营、出口配额、出口关税,以及禁止出口与贸易禁运等)。

所以,从某种程度上说,国际贸易理论与措施属于宏观国际贸易范畴,微观国际贸易就是国际贸易实务,它是研究国际商品交易主体进行交易的基本知识、基本规则和基本技能的学问。

由于有形贸易和无形贸易的实务有很大区别,鉴于历史继承,本书研究的贸易实务通常指的是有形货物的贸易实务,本书后面章节内容都是围绕国际货物贸易实务展开,即通常所说的国际贸易实务就是国际货物贸易实务。关于服务贸易和技术贸易的相关专业知识,可以通过专业课程"服务贸易"和"国际技术贸易"学习获得。

课程思政

国际经济与国际贸易

贸易为经济服务,经济的发展需要也促进贸易,这个道理不仅适用于企业,也适用于国家,美国推行的美国优先(或称"霸凌")战略,也有这方面的因素,因为,国家竞争是以企业为国家代理人的竞争。美国的各种遏华政策,以及"五眼联盟"等对中国的遏制,表面上是中西方制度差异引起的,本质上就是要阻碍我国经济发展,维持西方在国际旧秩序下的既得利益。作为"企业"这个小家的利益是建立在"国家"这个大家的利益基础之上的,所以,要做好国际贸易,必须把它放到国际经济形势中去考虑,才可以更好地获得交易利益和维护国家利益。

deep seek

数字经济与数字贸易

1995 年加拿大学者唐•泰普斯科特(Dontapscott)最早提出"数字经济"这一概念。新经济/网络经济/互联网经济中的信息是以数字方式呈现的,它们以字节形式储存在电脑中,以光速传播于网络中,利用二进制代码,所有信息和传输都可以用 0 和 1 这两个数字来体现和完成,所以称新经济/网络经济/互联网经济等为数字经济。此后,有关数字经济的论述逐渐增多。例如,Negropontc认为,由于数字经济的推动和促进,人类的发展由原子加工过程转变为信息加工处理过程。Mcscnburg则将数字经济分为三个组成部分:电子商务基础设施(硬件、软件、电信、网络、人力资本等)、电子商务(通过计算机网络实现的商务行为)、电子商业(商品的交易,例如,在线售书等)。随着信息技术运用的逐渐深入,数字经济的内涵和外延也在不断拓宽,除传统的电子商务外,社交媒体、搜索引擎等逐步被涵括进这一领域。

美国是最早正式界定数字贸易的国家。

2013年7月,USITC(United States International Tracle Communication,美国国际贸易委员会)首次提出数字贸易是指通过互联网传输货物或服务的商业活动,主要包括数字内容、社交媒介、搜索引擎、其他产品和服务等四大类。2017年8月,USITC对"数字贸易"做出最新界定,狭义的数字贸易是指"通过互联网及智能手机、网络连接传感器等相关设备交付的产品和服务",涉及互联网基础设施及网络、云计算服务、数字内容、电子商务、工业应用及通信服务等六种类型的数字产品和服务。OECD从贸易的属性("如何")、交易的对象("什么")和涉及的参与者("谁")三个维度对数字贸易进行拆解,得到"广义"的数字贸易内涵:根据交易方式的差异,广义的数字贸易可分为数字订购型(digitally ordered)、平台支持型(platform enabled)、数字交付型(digitally delivered)。其中,以数字形式订购的跨境交易指直接通过专门用于接收或下订单的计算机网络进行的商品或服务交易,其支付环节及货物或服务的交付通过线上或线下完成均可。该模式不包括以电话、传真等形式达成的交易,仅覆盖通过网页、外部网、电子数据交换达成的交易。平台支持型数字贸易指间接通过中介平台进行的商业交易,中介平台为供应商提供设施和服务,但不直接销售商品,例如阿里巴巴、亚马逊、淘宝、京东商城等。数字交付型数字贸易指直接通过信息及通信技术网络远程提供的服务产品,包括可下载的软件、电子书、电子游戏、流媒体视频、数据服务等,但不包括有形货物的交付。广义与狭义的数字贸易的最主要区别在于前者包括了通过信息通信技术(ICT)和数字方式交易的实体货物或商品,而后者不包括。数字贸易的交易对象包括货物、服务和信息。根据交易属性的差异,可将数字贸易进一步细分为数字订购的产品、数字订购的服务、数字交付的服务以及数字交付的信息四种类型。

资料来源:盛斌,高疆.超越传统贸易:数字贸易的内涵、特征与影响[J].国外社会科学,2020(4),19-32.

第二节 国际货物贸易经营模式概述

一、国际货物贸易经营模式

根据贸易形式不同,国际贸易方式分为加工贸易、经销、代理、拍卖、招投标、寄售、展卖、对等贸易、租赁贸易等不同方式。其中,经销是指在国际贸易中出口商(供货商)通过经销协议,把某种或某类货物在规定时间、地区内的购销权授予国外商人(进口商、经销商)的一种贸易方式。代理是指代理人根据委托人的授权,代表委托人与第三人订立合同或实施其他法律行为,而由委托人承担由此而产生的权利和义务。拍卖是由专营拍卖业务的拍卖行接受货主的委托,在一定的地点、时间,按照一定的章程和规则,以公开叫价的竞购的方法,最后由拍卖人把货物卖给出价最高的买主的一种现货交易方式。对等贸易是指贸易双方在达成贸易协议时,规定一方的进口产品可以部分或全部以出口产品来支付,它是把进口和出口结合起来、买卖互为条件的国际贸易方式。

根据海关对报关货物的分类,我国的国际货物贸易经营模式有如下各种形式。

1. 一般贸易(general trade)

一般贸易是指我国境内有进出口经营权的企业单边进口或单边出口的贸易,按一般贸易交易方式进出口的货物即为一般贸易货物。

一般贸易货物在进口时按一般进出口监管制度办理海关手续,这时它就是一般进出口货物;若该货物享受特定减免税优惠,按特定减免税监管制度办理海关手续,这时它就是特定减免税货物;若该货物可以经海关批准保税,按保税监管制度办理海关手续,这时它就是保税货物。

我国对货款援助的进出口货物,外商投资企业进口供加工内销产品的料件,外商投资企业用国产材料加工成品出口或自行收购产品出口,宾馆饭店进口的餐饮食品,供应外籍船舶或飞机的国产燃料、物料及零配件,境外劳务合作项目中以对方实物产品抵偿我劳务人员工资所进口的货物(如钢材、木材、化肥、海产品),我国境内企业在境外投资以实物投资部分带出的设备、物资等,均按一般贸易统计。

2. 补偿贸易(compensation trade)

补偿贸易指由境外厂商提供或者利用境外出口信托进口生产技术或设备,由我方进行生产,以返销其产品方式分期偿还对方技术、设备价款或货款本息。如经批准,也可以使用该企业(包括企业联合体)生产的其他产品返销对方,进行间接补偿。

按照偿付标的不同,补偿贸易大体上可分为直接产品补偿、其他产品补偿、劳务补偿三种形式。信贷以及设备供应方必须同时承诺回购设备进口方的产品或劳务构成补偿贸易的必备条件,因此,补偿贸易常用于大型设备或先进技术设备等交易。

3. 来料加工贸易(processing trade with supplied materials)

来料加工贸易指由外商提供全部或部分原材料、辅料、零部件、元器件、配套件和包装物料,必要时提供设备,由我方按对方的要求进行加工装配,成品交给对方销售,我方收取工缴费,对方提供的作价设备价款我方用工缴费偿还。

一般的,国外委托方和承接方签署两份对口合同。一份是委托方提供的原辅材料和元器件的销售合同,一份是承接方出口成品的合同。对于全部来料来件,两份合同的差价即为工缴费,对于部分来料来件,两份合同的差价,既包括工缴费,也包括国内承接方所提供的料件的价款。以对口合同方式进行的加工装配贸易,必须在合同中表明,承接方无需支付外汇。

采用来料加工贸易的贸易形式,有利于充分发掘人力资源,增加外汇收入,提高工业生产技术,促进经济发展。进行来料加工贸易的企业多布置在劳动力或土地费用较低、交通方便且进出口贸易自由度较高的地区。

4. 进料加工贸易(feeding processing trade)

进料加工贸易简称进料加工,进口料件由经营企业付汇进口,制成品由经营企业外销出口的加工贸易,进口原材料的所有权和收益权属于经营企业。进料加工贸易与来料加工贸易是加工贸易的主要方式。

进料加工贸易也可采取对口合同的交易形式,即买卖双方分别签订进口和出口对口合同。料件进口时我方先付料件款,加工成品出口时再向对方收取成品款。

加工贸易进口设备是指来料加工和进料加工贸易项下对方作价或不作价提供进口的机械设备,包括以工缴费(或差价)偿还的设备,以及加工贸易项下的外商投资企业进口不扣减投资额度的设备。加工贸易项下的外商投资企业进口设备凡是扣减投资额的,按"外商投资企业进口设备"统计。是否扣减投资额度,以企业主管海关减免税审批部门审定的结果为准。

5. 寄售代销贸易(consignment sales)

寄售代销贸易指寄售人把货物运交事先约定的代销人,由代销人按照事先约定或根据寄售代销的协议规定的条件,在当地市场代为销售,所得货款扣除代销人的佣金和其他费用后,按照协议规定的方式将余款付给寄售人。寄售人与代销人之间不是买卖关系,而是委托关系,代销人对货物没有所有权。

6. 边境小额贸易(small scale border trade)

边境小额贸易指我国沿陆地边境线经国家批准对外开放的边境县(旗)、边境城市辖区内(简称边境地区)经批准有边境小额贸易经营权的企业,通过国家指定的陆地口岸,与毗邻国家边境地区的企业或其他贸易机构之间进行的贸易活动,包括易货贸易、现汇贸易等各类贸易形式。

7. 对外承包工程出口货物(export goods for foreign contracted projects)

对外承包工程出口货物指经外经贸部批准有对外承包工程经营权的公司为承包国外建设工程项目和开展劳务合作等对外合作项目而出口的设备、物资,但不包括边境地区经批准的有对外经济技术合作经营权的企业与我国毗邻国家开展承包工程和劳务合作项下出口的工程设备、物资。

8. 租赁贸易(leasing trade)

租赁贸易指承办租赁业务的企业与外商签订国际租赁贸易合同租赁进出口货物,租赁期为一年及以上。

9. 出料加工贸易(discharge processing trade)

出料加工贸易指将我国境内原辅料、零部件、元器件或半成品交由境外厂商按我方要求进行加工或装配,成品复运进口,我方支付工缴费,不包括"带料加工出口"。"带料加工出口"指我方在境外投资开办企业,将我境内的原辅料、零部件、元器件或半成品运至境外加工或装配,成品在境外销售,带料加工出口项下出境的货物,应按实际贸易方式统计,如机械设备、原材料等出口按"一般贸易"统计;来、进料加工成品出口按"来、进料加工贸易"统计;租赁出口按"租赁贸易"统计。

10. 易货贸易(barter trade)

易货贸易是指不通过货币媒介而直接用出口货物交换进口货物的贸易。

11. 境外贸易加工贸易(overseas trade processing trade)

境外贸易加工贸易是指国内企业以现有的技术、设备投资为主,提供原材料、零配件或产品设计技术,在国外设厂、加工装配、成品就地销售的国际经贸合作贸易方式。

在国际货物贸易中还会接触到下列进出境货物:保税仓库进出境货物(指从境外直接存入保税仓库的货物和从出口监管仓库运出境的货物,不包括保税区的仓储、转口货物)、保税区仓储与转口货物(指从境外存入保税区的仓储、转口货物和从保税区运出境的仓储、转口货物,不包括从境外存入非保税区和从非保税区运出境的仓储、转口货物)。

➡ 🐟 ··· deep seek

加工贸易(processing trade/improvement trade)

A. 加工贸易指从境外保税进口全部或部分原材料、零部件、元器件、包装物料(进口料件),经境内企业加工或装配后,将制成品复出口的经营活动。主要包括来料加工、来件装配、进料加工、出料加工和补偿贸易。通常所说的"三来一补"包括来料加工、来件装配、来样加工和中小型补偿贸易,其中来样加工属于一般出口贸易,不在加工贸易的范围内,来料加工和来件装配,统称为加工装配。

B. OEM(original equipment manufacturer),即原始设备制造商,曾经是我国加工贸易的一种重要形式,就是代加工的意思。OEM的基本含义是定牌生产合作,俗称"贴牌"。就是品牌生产者不直接生产产品,而是利用自己掌握的"关键核心技术"负责设计和开发新产品,控制销售和销售"渠道",而生产能力有限,甚至连生产线、厂房都没有,为了增加产量和销量,为了降低上新生产线的风险,甚至为了赢得市场时间,通过合同订购的方式委托其他同类产品厂家生产,所订产品低价买断,并直接贴上自己的品牌商标。这种委托他人生产的合作方式即为OEM,承接加工任务的制造商就被称为OEM厂商,其生产的产品就是OEM产品。

OEM的交易流程是:国外贸易商A设计出某款产品,委托中国的工厂B采购原料加工生产,并按照A公司的要求设计LOGO,包装,生产完毕后交货给A公司。

C. ODM(original design manufacturer)即原始设计制造商,它是由采购方委托制造方提供从研发、设计到生产、后期维护的全部服务,而由采购方负责销售的生产方式。采购方通常也会授权其品牌,允许制造方生产贴有该品牌的产品。承接设计制造业务的制造商被称为 ODM 厂商,其生产出来的产品就是 ODM 产品。ODM 与代工厂最大的区别就是,代工厂只进行代工生产,而 ODM 厂商从设计到生产都是自行完成,购买方直接贴牌即可。

ODM 的交易流程是:由 B 设计并生产,产品技术属于 B 公司,但是 A 公司利用自己的品牌优势,要求 B 公司按照 A 公司的要求贴 A 公司的品牌 LOGO,并进行相关包装。

课程思政

创国际品牌

我国东部沿海地区的国际贸易,经历了从 OEM 到 ODM 的变化,发展到目前我国国际贸易领域的共识:创自主品牌。贴牌生产只是我们早期拥有的劳动力优势,赚取微薄的国际贸易利益——加工费,我们外贸盈利部分主要处于制造价值链的微笑曲线的最低端。我国生产技术水平不断提高,但制造价值链的最高收益环节——渠道和品牌,仍然被国外掌握。因此,我们必须大力推进自主品牌走向国际。外贸从业者首先应该有这方面意识,在国内采购和跟单中,向生产企业传输自主品牌意识,否则,我们无法摆脱为国外资本打工的命运,企业无法发展壮大。

二、我国外贸行业管理

1. 我国外贸经营权制度变化

我国外贸经营权制度建设经历四个阶段。

(1) 新中国成立初期到 1978 年,国家实行垄断外贸经营权。只有国家指定的 13 家国营外贸专业公司有外贸经营权,其他单位都无权经营对外贸易。

(2) 从 1978 年到 1994 年,外贸经营权逐渐放开,属于向审批制过渡时期。首先开始对部分国有大中型企业授予外贸经营权,然后对广东、福建两省下放审批权试点,后来将审批权下放到各省、经济特区。1994 年,我国制定了第一部"对外贸易法"——《中华人民共和国对外贸易法》(以下简称《对外贸易法》),正式规定对外贸经营权的管理实行审批制。

(3) 1994 年到 2004 年,属于由审批制向备案登记制过渡时期。2001 年,我国加入世界贸易组织,并承诺三年内全部开放外贸经营权;2004 年修订《对外贸易法》,将外贸经营权由审批制改为备案登记制。

(4) 从 2004 年至今。国家对外贸经营权的管理完全放开,所有企业、单位和个体经营者只要向商务主管部门办理备案登记,就可以从事对外贸易,这样,我国外贸经营权的管理完全与国际接轨。

🐟... deep seek

外贸经营权审批制度

外贸经营权审批制是从我国高度集中的计划经济垄断经营制度到市场经济制度之间的过渡,政府对外贸经营权的控制,在有外贸经营权和无外贸经营权的企业之间造成了事实上的不平等。2004年7月1日起废止外贸经营权的审批制度,实行备案登记制,这种登记是一种自动登记的方式,不对外贸经营者取得经营权的获得构成任何障碍,只为政府的监管提供一定的信息基础。

对外贸易管制制度的基本法律是《对外贸易法》,它在关税制度、资格管理制度、许可制度、检验检疫制度、外汇管理等方面对外贸经营进行规范与管理。

2022年12月30日,全国人民代表大会常务委员会关于修改《中华人民共和国对外贸易法》的决定,删去第九条,即从2023年1月1日起从事进出口业务的企业,不再办理对外贸易经营者备案登记手续,企业自动获取进出口权,当然,仍然需要办理海关登记获取报关权限。

2. 外贸企业运营

企业开展对外贸易的经营方式有两种:一是自营,二是代理。对于自营,如,专门做外贸业务的外贸公司,主要从国内生产企业或其他单位收购产品出口到国外,赚取买卖之间的差价,实际上就是低买高卖。当然,生产企业也可以直接从事进出口业务。对于代理,如,外贸公司接受国内生产企业(或其他单位)的委托代办出口业务,从中赚取佣金。这时生产企业是委托代理出口,客户一般由生产企业自己找,商品价格和合同条款由生产企业自己定,盈亏由生产企业自负,外贸公司只是代办出口业务,不购进货物。

随着经济、社会发展,以及技术进步,外贸企业发展有如下类型:工贸一体的生产型外贸企业、贸易型外贸企业、国外驻中国的采购商、物流货代公司等。外贸公司根据外贸业务的细化又可以细分为国际贸易公司、国际投资公司、中间控股公司、金融公司、个人服务公司、雇佣公司、船舶公司、信托等。

🐟... deep seek

国际贸易与国家政策

在孟加拉国,如果你与孟加拉国客户谈判时,支付货款方式不可能是 T/T,因为,孟加拉国要求所有进口必须是 L/C,而且必须是 CNF,大部分产品要做第三方检验。

在美国,凭记名提单的复印件就可以提货,如果你跟美国客户做 30%T/T in advance and 70% against copy of B/L(记名)就有很大风险。

在土耳其、印度等许多国家,转运或者退运必须有原购买者的书面证明,没有就不能办理。货物滞留港口超过一定日期,就会被拍卖,原购买者有优先拍得权。

......

第三节　国际货物贸易实务

一、何为国际贸易实务

国际贸易实务指关于国际货物买卖业务中的交易流程、合同条款的订立、有关的法律或国际惯例,以及商业实践,涵盖从贸易谈判到合同履行、支付结算、物流运输、风险控制等全流程的实务性知识和技能。所以,国际贸易实务课程是一门主要研究国际商品交换过程的具体业务的学科,也是一门具有涉外活动特点的实践性很强的综合性的应用科学。国际贸易实务课程的主要任务是针对国际贸易的特点和要求,从实践和法律的角度,分析研究国际贸易适用的有关法律与惯例,以及国际商品交换过程的各种实际运作,总结国内外实践经验和吸收国际上一些行之有效的贸易习惯做法,以便掌握从事国际贸易的规则和经验,学会在进出口业务中,既能正确贯彻我国对外贸易的方针政策和经营意图,又能按国际规范办事,确保最佳经济效益。

相比于国内贸易实务,国际贸易实务具有如下特点:① 复杂性。它是一种涉外活动,必然涉及语言、风俗、法律、币种、度量衡等不同,同时,市场调查难,因此,国际贸易实务较复杂。② 风险性。国际贸易实务中间环节多,不仅是交易双方,还会涉及运输、保险、仓储、检验检疫等,每一个环节出现误差都可能导致损坏或赔偿等,所以,它涉及信用、价格、运输、汇兑、政治等风险。③ 法律性。国际贸易虽然是交易双方的自愿商业行为,但是,交易双方不仅要先遵从国内法,为了能够保证交易的顺利进行,还要考虑国际惯例、公约对交易的影响。

随着时代发展,国际贸易实务呈现以下发展趋势:① 数字化。电子单据、智能合约、区块链技术应用,使得贸易实务数字化。② 跨境电商。B2B、B2C 平台不断改变传统贸易模式。③ 绿色贸易。环境、社会治理要求影响供应链选择。

二、国际贸易实务的技术性

一个优秀的外贸人才,不仅需要在专业方面对产品了如指掌,熟知行业和同行;同时,还需要掌握一定的职业技能。在外贸行业,职业技能核心是外贸基本知识、报价等概念和贸易术语;但外贸的外围知识同样重要,比如,销售技巧和方法,政策和关系网,客户信息,以及客户国家的基本情况等。通过外贸业务员工作,我们了解外贸专业的技术是:专业＋职业!偏重一个方面,都体现不出专业的技术性。国际贸易以国际贸易实务课程为理论实践基础,衍生出单证、通关、船务、货代、商务谈判等外贸专业知识和技能,相应的,以国际贸易实务课程为基础的有单证实务、通关实务、国际商法、外贸英语、国际结算、国际商务谈判等众多课程。要避免狭隘地把单证、报关、跟单作为外贸的专业知识。

国际贸易实务知识具有系统性,包括基本专业知识,即品名品质、包装与数量,国际贸易术语,价格与成本核算,国际物流,国际贸易结算与风险防范,进出口通关,国际贸易商品认证,国际贸易知识产权等。还包括合同签订与履行的职业技能,即国际贸易合同签订、国际贸易合同条款、进出口业务流程、外贸生产跟单、外贸单证制作与审核。以及向前延伸,就是要熟悉自己工作的外贸企业及其经营模式,往后延伸,就是要掌握国家的贸易业务,比如国际贸易博览会(展会)、跨境电商平台运营、搜索引擎开发客户和商务数据分析,有了国际贸易实务的扎实基础,才可以学好其他后续专业课程。

三、国际货物贸易业务流程(international trade business process)

国际贸易实务的技术以业务流程为主线,包括进出口业务流程的基本知识,以及相关的交易经验和职业技能。由于贸易术语、货款支付方式、货物运输方式等不同,进口与出口的业务流程有较大的不同。国际贸易实务以国际贸易合同为中心,通过交易前的准备工作,以及交易磋商合同条款,形成贸易合同,然后再履行合同。国际贸易合同的主要内容有合同的标的物、货物的价格、卖方义务、买方义务,以及争议的预防和处理。在一方不履行合同或履行合同中有违反合同规定的情形,必然会使对方蒙受损失,这时受损害方均有权按合同规定向违约方提出索赔,这也是交易的善后工作内容之一。

下面分别以 CIF 条件和 FOB 条件、以信用证结算方式,介绍出口和进口业务的流程。

1. CIF 条件下出口业务主要流程

CIF 条件下的贸易合同,卖方负责租船订舱和购买货物国际运输保险,作为出口方的业务员,分别要经历出口前的准备、出口洽谈、履行出口合同、单证汇集、议付货款等工作,具体内容见下图 1-1 所示的业务流程。现实中,业务流程工作被细化,一名外贸业务员可能只需从事其中一项或部分工作。

```
                          出口前准备
                             ↓
    ┌─────────────────────────────────────────────────────────────────┐
    │  市场调查  │  广告宣传  │  出口方案  │  搜寻客户  │  组织货源  │  商标注册  │
    └─────────────────────────────────────────────────────────────────┘
                             ↓
                          出口洽谈
                             ↓
    ┌─────────────────────────────────────────────────────────────────┐
    │      询盘      │      发盘      │      还盘      │      接受      │
    └─────────────────────────────────────────────────────────────────┘
                             ↓
                          签订合同
                        （设为CIF合同）
                             ↓
                          履约合同
```

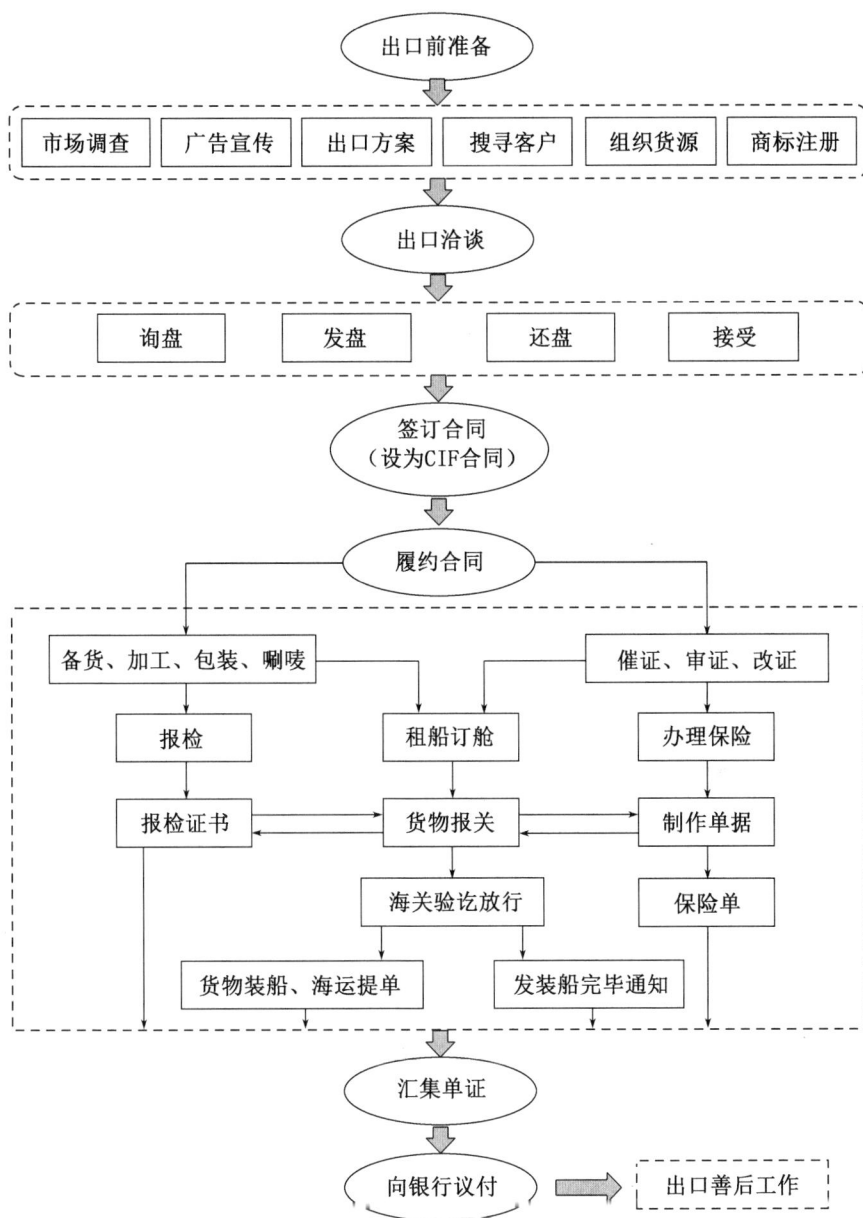

图 1-1 出口贸易业务(CIF 术语下)流程示意

2. FOB 条件下进口业务主要流程

FOB 条件下的贸易合同,买方还需要负责租船订舱和购买保险,业务内容见图 1-2 所示的进口业务流程。

```
                    ┌─────────────┐
                    │  进口前准备   │
                    └──────┬──────┘
                           ↓
  ┌ ─ ─ ─ ─ ─ ─ ─ ─ ─ ─ ─ ─ ─ ─ ─ ─ ─ ─ ─ ─ ─ ─ ─ ─ ┐
    ┌──────┐ ┌──────┐ ┌──────┐ ┌──────┐ ┌──────┐
  │ │市场调查│ │广告宣传│ │进口方案│ │搜寻客户│ │进口许可│ │
    └──────┘ └──────┘ └──────┘ └──────┘ └──────┘
  └ ─ ─ ─ ─ ─ ─ ─ ─ ─ ─ ─ ─ ─ ─ ─ ─ ─ ─ ─ ─ ─ ─ ─ ─ ┘
                           ↓
                    ┌─────────────┐
                    │   进口洽谈   │
                    └──────┬──────┘
                           ↓
  ┌ ─ ─ ─ ─ ─ ─ ─ ─ ─ ─ ─ ─ ─ ─ ─ ─ ─ ─ ─ ─ ─ ─ ┐
    ┌──────┐  ┌──────┐  ┌──────┐  ┌──────┐
  │ │ 询盘 │  │ 发盘 │  │ 还盘 │  │ 接受 │ │
    └──────┘  └──────┘  └──────┘  └──────┘
  └ ─ ─ ─ ─ ─ ─ ─ ─ ─ ─ ─ ─ ─ ─ ─ ─ ─ ─ ─ ─ ─ ─ ┘
                           ↓
                  ┌────────────────┐
                  │    签订合同      │
                  │  (设为FOB合同)   │
                  └───────┬────────┘
                          ↓
                   ┌────────────┐
                   │  履约合同   │
                   └─────┬──────┘
                         ↓
 ┌ ─ ─ ─ ─ ─ ─ ─ ─ ─ ─ ─ ─ ─ ─ ─ ─ ─ ─ ─ ─ ─ ─ ─ ─ ─ ─ ─ ┐
   ┌──────┐┌──────┐┌──────┐┌────┐┌──────┐┌──────┐
 │ │信用证申请││租船订舱││办理保险││审单││支付货款││报检、报关│ │
   └──────┘└──────┘└──────┘└────┘└──────┘└──────┘
 └ ─ ─ ─ ─ ─ ─ ─ ─ ─ ─ ─ ─ ─ ─ ─ ─ ─ ─ ─ ─ ─ ─ ─ ─ ─ ─ ─ ┘
                         ↓
                ┌────────────┐        ┌ ─ ─ ─ ─ ─ ─ ┐
                │  接驳货物   │ ══════> │  进口善后工作 │
                └────────────┘        └ ─ ─ ─ ─ ─ ─ ┘
```

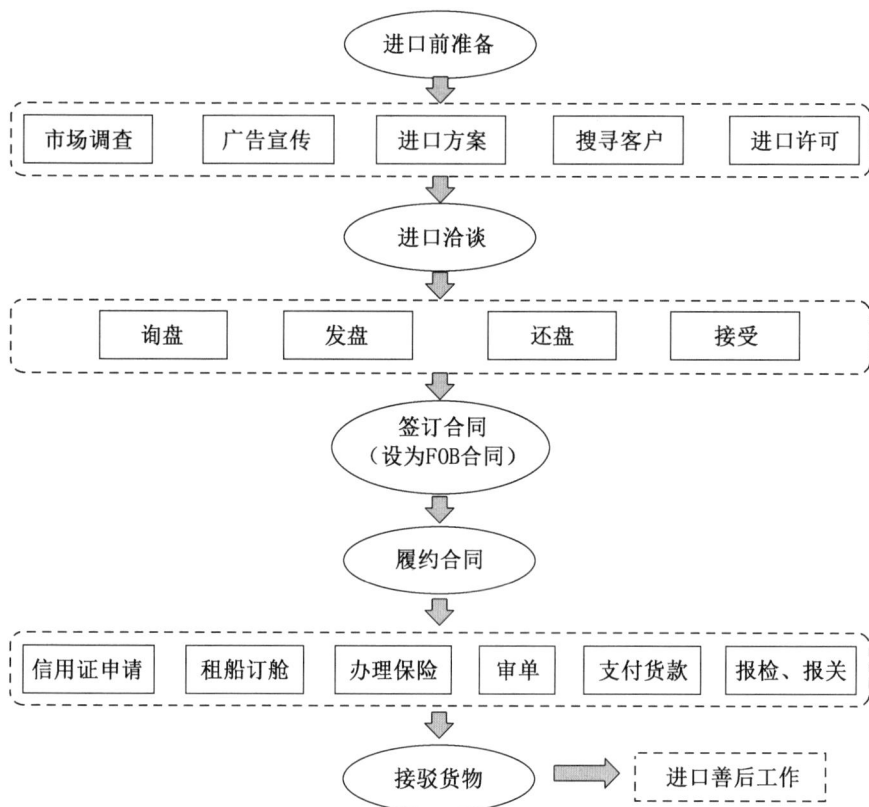

图 1-2 进口贸易业务(FOB 术语下)流程示意

四、国际贸易公约与惯例

国际贸易中涉及的法律分为三个层次,即国内法律、国际惯例和国际公约。进行国际贸易首先要遵守国内法律,主要是民法(含合同法)、财政法、保险法、海关法。下面主要介绍涉及的国际公约(协定)和国际惯例。

1. 国际贸易公约(International Trade Convention)

国际贸易公约是两个或两个以上的国家之间、国家与国际组织之间,以及国际组织之间依据国际经济法所缔结的,以条约、公约、协定和协议等名称出现的,以调整国际贸易关系为内容的一切有法律拘束力的文件。一般地,国际贸易条约作为国际经济法的渊源,其拘束力仅以其缔约国为限。国际贸易条约可以是双边的,也可以是多边的。

关于买卖合同的公约主要是《联合国国际货物销售合同公约》(下面简称《销售公约》,CISG 条款),它于 1988 年 1 月 1 日生效,中国 1986 年作为缔约国身份加入销售公约,现在《销售公约》为世界各国广泛接受,成为国际贸易中普遍的起着重要作用的国际公约。《销售公约》包括序言等 4 个部分,共 101 条,第一部分为适用范围,第二部分为合同的订立,第三部分是关于货物销售,第四部分为最后条款。《销售公约》允许缔约方在加入时对某些规定作保留,我国当时作了如下两项保留,一是关于合同书面形式的保留,但 1999 年我国《合同法》规定合同有书面形式、口头形式和其他形式。二是关于适用范围的保留。中国认为仅限于营业地处于不同缔约国的当事人之间所订立的货物买卖合同适用公约,而《销售公约》认为一方为非缔约国公民,但按照国际私法冲突规则导致适用缔约国的法律时,该公约适用。

关于国际货物运输的国际公约有《统一提单的若干法律规则的国际公约》(简称《海牙规则》,1924 年)、《有关修改统一提单的若干法律规则的国际公约的议定书》(简称《维斯比规则》,1968 年)、《联合国海上货物运输公约》(简称《汉堡规则》,1929 年)、《统一国际航空运输某些规则的公约》(简称《华沙公约》,1929 年)、《关于铁路货物运输国际公约》(简称《国际货约》,1961 年)和《联合国国际货物多式联运公约》(1980 年)等国际货物运输公约,特别是前三个是普遍适用的。

关于国际支付的国际公约有:日内瓦票据公约,具体包括《汇票本票统一法公约》(1930 年)、《统一支票法公约》(1931 年);以及联合国票据公约,具体包括《联合国国际支配公约》(1982 年)、《联合国国际汇票和国际本票公约》(1988 年)。

2. 国际贸易惯例(International Trade Customs and Practice)

国际贸易惯例是指根据长期的国际贸易实践中逐步形成的某些通用的习惯做法而制定的规则。国际贸易惯例可以简化交易程序,节约交易成本和费用,对各国国际贸易实践具有重要的指导意义。它虽然不是法律,不具有普遍的法律拘束力,但按各国的法律,在国际贸易中都允许当事人有选择适用国际贸易惯例的自由,一旦当事人在合同中采用了某项惯例,它对双方当事人就具有法律拘束力。有些国家的法律还规定,法院有权按照有关的贸易惯例来解释双方当事人的合同。

在国际贸易中影响最大的国际贸易惯例是国际商会制定的《国际贸易术语解释通则》《商业跟单信用证统一惯例》(简称 UCP600)《托收统一规则》(1995 年),适用较广的惯例有《联合国贸易法委员会仲裁规则》。

国际惯例的性质包括:国际惯例采用与否完全取决于当事人自愿,其本身没有强制力;如果合同条款中规定采用某惯例,则惯例具有法律效力;合同条款与惯例冲突时,遵守合同条款;如发生争议,需仲裁,可以以惯例/公约为依据。

国际贸易惯例的特点包括:① 通用性。从区域上看,国际贸易惯例一般是在国际上大多数国家通用的,而非少数国家采用。② 稳定性。从时效看,国际贸易惯例将长久稳定延续,不因各国政策调整和经济波动所变动。③ 效益性。从结果看,国际贸易惯例都被国际贸易实践证明是成功的,按惯例办事,将取得事半功倍的效果。④ 准强制性。从约束力看,国际贸易惯例本身不是法律,但它一旦被有关方面使用,就会对适用方具有约束力。

课程思政

独立自主与国际接轨

国际贸易必须遵从一定的规则和国际惯例,但是随着新兴事物和物质技术基础的发展,规则和惯例必然会对现实的国际贸易实务产生消极影响。所以,进行国际贸易首先要坚持公平、合作、共赢的原则,其次要根据自愿性原则,做到以我为主,不能盲从和媚外。

第四节　了解外贸工作

由于行业、公司、部门、客户等不同,外贸中具体处理的事情也会不同,但大体上外贸工作有如下几个方面。

(1) 全面掌握商品信息。

首先要了解卖家的基本资料:工厂标志(factory logo),公司名称(name of the company),详细地址(detailed address),邮政编码(post code),联系人名(contact person),职位名称(job title),电话号码(telephone no.),传真号码(fax no.),手机号码(mobile no.),邮箱地址(e-mail address),聊天方式(messenger online),公司网址(website address)。

其次了解产品基本资料:货号(article no.),型号(model),产品名称描述(description of goods),产品图片(products image),原材料(materials),规格(specification),尺寸(size),长度(length),宽度(width),高度(height),厚度(thickness),管径(pipe diameter),口径(caliber),形状(shape),外观颜色(appearance color)等。

了解产品技术参数,诸如电力类产品参数:电流、电压、电阻、电弧、频率、功率;光学类技术参数:光源功率、光源类型、中心光强、色度、波长、发光颜色、光通量等;机械类技术参数:结构、可插拔次数、耐压特性、耐压强度、拉伸强度、抗张强度等;热学类技术参数:色温、耐温性、环境温度、环境湿度等;加工工艺、防护性能类技术参数:表面处理、导电体材质、基材、胶系、防护等级、防潮等。

(2) 寻找客户,与客户沟通。

作为外贸工作人员,首先,要了解自己的产品和服务以及目标市场,其次,能够会使用网络搜索(Google、Yahoo、Baidu),会写开发信等。

...⊃∘ deep seek

在搜寻客户方面是比较有用的网站

常用网站：

http://www.usto.cn/world-search.html

http://win.mofcom.gov.cn

http://www.alibaba.com

http://www.made-in-china.com

http://www.globalsources.com

http://www.tradekey.com

http://www.commerce.com.tm

http://www.ecvv.com

http://www.businessmagnet.co.uk/

http://www.superpages.com/

http://www.phonebook.com.sg/

http://www.europages.com/

http://www.centramaerica.com/

http://www.german-business.de/

同时,还可以参考一些外贸相关网站：

http://www.boc.cn/commom/whpj.html

http://www.dragon-guide.net/

www.china-customs.com

www.mofcom.gov.cn

www.customs.gov.cn

www.aqsiq.gov.cn

www.safe.gov.cn

www.chinatax.gov.cn

www.saic.gov.sn

www.ccpit.org

www.fdi.gov.cn

www.cccmhpie.org.cn

www.cifa.org.cn

www.china-commerce.com.cn

（3）向客户报价(quotation/offer to customers)。涉及的贸易合同、运输合同、保险合同、成本、退税、利润等在后面各章节学习。

（4）给客户寄发样品（send samples）。

（5）下订单给工厂、跟单（give order to the factory，order execution）。

（6）开立信用证/审核信用证、付款/交单（open L/C，review L/C，effect payment / document present action）。

（7）外联。联系货代、拖车行、报关行、外贸公司（contact freigt / tracking company / custom broker / foreign trade company）。

（8）制作装箱单、发票等各种单据（documentation including packing list，invoice and others）。

（9）通知（notice）。沟通业务流程进展，让对方能够及时了解货物或款项的状况。

（10）收款/拨交货物（receive payment / delivery）。

（11）售后服务跟进（follow-up service）。

（12）出口退税（export tax refund）。

本章小结

本章主要知识有国际贸易、国际贸易实务、国际贸易合同和进出口贸易流程等，它们之间的知识逻辑关系如图 1-3 所示。

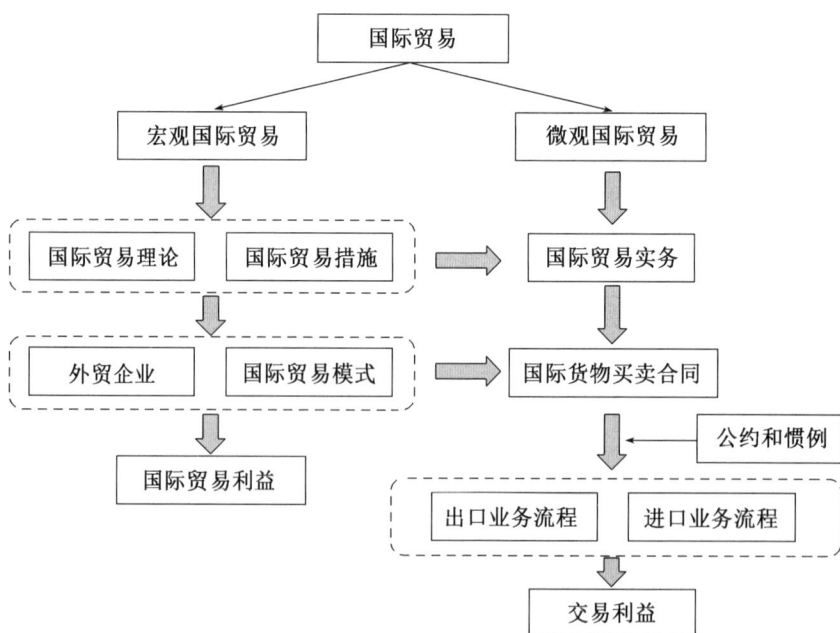

图 1-3 本章知识逻辑关系图

... 练习题

一、判断对错

1. 因为国际贸易惯例不是国家的共同立法,它对交易双方都没有强制性。因此即使买卖双方在合同中明确表示采用某项惯例时,则该项惯例对买卖双方也没有约束力。
（ ）

2. 世界市场上存在着复杂性、风险性和不可控制性。复杂性的表现有世界市场信用、商业、汇率、运输、价格、政治和军事风险等。 （ ）

3. 由于国际贸易惯例不是法律,因此,仲裁中如以惯例作为评判依据的裁定可不执行。
（ ）

4. 来料加工业务中,原料和成品的所有权均属于供料方。 （ ）

5. 进料加工包括进口原材料和出口成品两笔业务。 （ ）

二、单项选择

1. 国际贸易惯例的适用是以当事人的意思自治为基础的,因为（ ）。

A. 惯例即是行业内的法律

B. 惯例具有强制性

C. 当事人有权在合同中作不符合惯例的规定

D. 法院会维护惯例的有效性

2. Which is the correct order of the steps generally followed before a contract is concluded? （ ）。

A. enquiry, offer, acceptance, counter-offer

B. offer, counter-offer, enquiry, acceptance

C. counter-offer, enquiry, acceptance, offer

D. enquiry, offer, counter-offer, acceptance

3. The procedures for both import and export trade may NOT involve（ ）。

A. the preparation of a transaction

B. the negotiation of the contract

C. the performance of the contract

D. the settlement of disputes

4. Compared with domestic trade, risks in international trade are reflected in, except （ ）。

A. 信用风险　　　B. 商业风险　　　C. 汇率风险　　　D. 运输风险

E. 政治风险

5. 在独家代理和包销贸易方式中（ ）。

A. 前者是买卖关系,后者是代理关系　　B. 前者是代理关系,后者是买卖关系

C. 都是买卖关系　　　　　　　　　　　D. 都是代理关系

6. 与我国进行货物进出口贸易关系最大,也是最重要的一项国际条约是( )。

    A.《联合国国际货物销售合同公约》   B.《国际贸易术语解释通则》

    C.《跟单信用证统一惯例》   D.《托收统一规则》

7. 下列不属于国际贸易实务课程研究对象的是( )。

    A. 国与国之间货物买卖的有关原理   B. 实际业务流程和操作方法与技能

    C. 应遵循的法律和惯例等行为规范   D. 国际分工原则

8. 在进出口贸易中,除了交付货物、转移货物所有权义务外,卖方还必须承担( )义务。

    A. 承担运输过程中货物损毁的风险   B. 报关缴纳进口关税

    C. 转移与货物有关的单据   D. 安排运输

9. International trade can be defined as the ( ) of goods and services produced in one country with those produced in another.

    A. trading   B. barter   C. change   D. exchange

10. International trade differs from domestic trade in that it is more subject to ( )。

    A. the political, social, economic and environmental policies of nations

    B. language habits and cultural differences

    C. exchange rate fluctuations

    D. all of the above

三、案例分析

1. If company A of country X sets up branch B in country Y, Company C of country Y signs an agreement with company A for processing with supplied materials. The contract stipulates that company C purchases machinery and equipment from company A, buys raw materials from company B, and processes them into finished products. Company B is responsible for buying back the processed finished products and reselling them to company A, which will sell them on international market. Please explain: Why are the goods included in the foreign economic and trade activities of companies A, B, and C "international"?

2. The most essential content of the course of international trade practice is international trade contract terms. International trade practice takes trade contracts as the center of preparation, negotiation, and implementation. Please describe the main contents of the contract for the international sale of goods and the main scope of the research on international trade practice briefly.

四、实训

调查外销员应该具备的专业知识和职业技能。

第二章
国际贸易商品

创自主品牌,积极参与国际竞争

... 学习目标

了解国际贸易商品的名称、品质、数量和包装方式等相关实务知识

掌握国际贸易商品的质量表示方法、数量的表示方法、运输标志的制作

能够拟定国际贸易合同中的品名、数量,包装条款

能够为商品制定正确的包装方式

... 职场案例

某外贸公司实习生小李,兴高采烈地向经理汇报:收到英国客户签订订单意向——男性针织 T 恤,10 000 件,样品将于一周后收到,对方要求"T 恤不起毛、不起球、不掉色"。旁边的实习生小陈投来羡慕嫉妒眼光,还带有一丝狡黠的表情。请你设想经理的答复是什么?

分析 我们首先要了解服装起毛、起球、掉色的机理。在毛纱的加工过程和毛衫的穿着过程中,受到摩擦力、拉力等各种外力的作用,毛纱中毛纤维易勾出形成环状或单头脱离状,经反复摩擦后,毛纤维纠结在一起,形成球状。

对针织服装类的产品标准众多,诸如适用于毛织物的马丁代尔平磨法将起球分成不同等级,即在一定压力下,织物试样与本身织物或标准磨料进行摩擦,摩擦轨迹呈李萨茹曲线,达到规定次数后(一般在 2 000 次以上),将试样与标准样照对比,评定织物试样起球级别。

针织面料通常要进行以下项目的检测:① 物理性能(physical property);② 色牢度(colorfastness);③ 尺寸稳定性(dimensional stability);④ 外观持久性(appearance after wash);⑤ 化学成分分析(chemical analysis);⑥ 成分分析(fiber composition analysis)。

因此,外贸业务员必须非常清楚自己的产品工艺水平或标准。

实践中,服装出口的一般流程是:通常先按照客户要求,采购大货面料及辅料,在采购过程中,就必须向面料厂说明客户的要求,写进采购合同里面,按照国标还是欧标等进行测试,在收到面料之前,必须让面料商提供面料测试报告(通常国内的检测权威机构是 SGS),然后发给国外客户去确认,这样让国外客户确认,目的是得到对方的同意与信任。

一般的,国外客户正规做生意的还是比较正直的,只要产品不出问题,一般都能够顺利进行交易与收款,所以,质量问题是关键。如果货物质量有问题,一般情况下,客人会拒收、索赔,所以,只要国内把好质量关,一般就不会出现太大的问题。

... **deep seek**

技术性标准 or 贸易壁垒

技术性标准是以国家或地区的技术法规、协议、标准和认证体系(合格评定程序)等形式出现,涉及的内容广泛,涵盖科学技术、卫生、检疫、安全、环保、产品质量和认证等诸多技术性指标体系,运用于国际贸易当中,呈现为灵活多变、名目繁多的规定。

技术性标准有时又被称为"技术性贸易壁垒"或"技术性贸易措施"(技术性贸易壁垒与技术壁垒不同,技术壁垒仅仅是指科学技术上的关卡,而技术性贸易壁垒则包括了技术壁垒和以技术为名的贸易壁垒)。由于技术性标准以技术面目出现,因此常常会披上合法外衣,即为了人权、生态环保等,成为国际贸易中最为隐蔽、最难应付的非关税壁垒,成为发达国家针对发展中国家设置的隐性贸易障碍。同时,一些信用不良外商往往通过恶意设置技术、工艺的标准等,造成卖方交货违约,从而获得赔偿和货物。因此,外贸业务员在交易谈判中,要能够了解一定的产品生产工艺和标准,防患于未然。

... **课程思政**

复合应用型人才

社会需要复合型人才。合格贸易业务员不仅需要掌握国际贸易的专业技术,还要能够熟练掌握商务英语这个交易工具,同时须对产品的特性、生产、工艺等有了解。并且,不是一个人完成所有贸易流程,需要业务员具有团队协作精神,需要有耐心、细心、吃苦耐劳的品质,还需要具有沟通能力。诚信是交易的根本,但是,国际贸易中单证和商品流转的每个环节都可能存在风险,害人之心不可有,但防人之心不可无。对产品的认识可以从"商品学"课程中学习,或者到生产中去了解。贸易合同中关于商品的条款,可以从下面的贸易合同和销售确认书实例,了解贸易业务员应该掌握哪些关于商品贸易的专业技能。外贸业务员在国际贸易中应该有意识地助力企业创建自主品牌，才能使产品走向国际,也只有积极参与国际竞争,才能在国际复杂环境中逐步立于不败之地。

CONTRACT

ORIGINAL

THE SELLER: SHANGHAI HIGH DRAGON CO., LTD.,
                CONTRACT NO: GL0082

    27 CHUNGSHAN ROAD E, 1. SHANGHAI, CHINA   DATE: Oct. 5,2022

    TELEPHONE: 86 - 21 - 63218468 FAX: 86 - 21 - 63291268   PLACE: SHANGHAI

THE BUYER: SUPERB AIM (HONG KONG) LTD.

    RM. 504 FUNGLEE COMM BLDG. 6 - 8A PRATT AVE., TSIMSHATSUI,

    KOWLOON, HONG KONG

THE BUYER AND SELLER HAVE AGREED TO CONCLUDE THE FOLLOWING TRANSACTIONS

ACCORDING TO THE TERMS AND CONDITIONS STIPULATED BELOW:

1. COMMODITY & SPECIFICATION PACKING & SHIPPING MARK	2. QUANTITY (PCS.)	3. UNIT PRICE	4. AMOUNT
80% COTTON 20% POLYESTER LADIES KNIT JACKET		CIF H. K.	
ART. NO. 49394 (014428)	600	US $ 14. 25	USD 8 550. 00
ART. NO 49393 (014428)	600	US $ 14. 25	USD 8 550. 00
ART. NO. 55306 (014429)	600	US $ 14. 25	USD 8 550. 00
REMARKS: 1) EACH IN PLASTIC BAGS, 24 BAGS TO A CARTON TOTAL 75 CARTONS			TOTAL: USD 25 650. 00
2) SHIPPING MARK: SUPERB H. K. NO. 1 - 75 MADE IN CHINA			

TOTAL VALUE: SAY US DOLLARS TWENTY-FIVE THOUSAND SIX HUNDRED AND FIFTY ONLY.

TIME OF SHIPMENT: WITHIN 45 DAYS UPON THE RECEIPT OF LETTER OF CREDIT AND NOT LATER THAN THE MONTH OF DEC. 2022
    WITH PARTIAL SHIPMENTS AND TRANSSHIPMENT ALLOWED.

PORT OF LOADING & **DESTINATION**: FROM SHANGHAI TO HONG KONG

TERMS OF PAYMENT: BY 100% CONFIRMED IRREVOCABLE SIGHT LETTER OF CREDIT

OPENED BY THE BUYER TO REACH THE SELLER NOT LATER THAN OCT. 31TH. 2022 AND TO BE AVAILABLE FOR NEGOTIATION IN CHINA UNTIL THE 15TH DAY AFTER THE DATE OF SHIPMENT. IN CASE OF LATE ARRIVAL OF THE L/C, THE SELLER SHALL NOT BE LIABLE FOR ANY DELAY IN SHIPMENT AND SHALL HAVE THE RIGHT TO RESCIND THE CONTRACT AND OR CLAIM FOR DAMAGES.

INSURANCE: TO BE AFFECTED BY THE SELLER FOR 110% OF THE CIF INVOICE VALUE COVERING ALL RISKS AND WAR RISK AS PER CHINA INSURANCE CLAUSES.

TERMS OF SHIPMENT: TO BE GOVERNED BY "INCOTERMS ® 2020". FOR TRANSACTIONS CONCLUDED ON CIF TERMS, ALL SURCHARGES INCLUDING PORT CONGESTION SURCHARGES, ETC. LEVIED BY THE SHIPPING COMPANY, IN ADDITION TO FREIGHT, SHALL BE FOR THE BUYER'S ACCOUNT.

THE BUYER:

SUPERB AIM (HONG KONG) CO. , LTD.

THE SELLER

SHANGHAI NEW DRAGON CO. , LTD.

SALES CONFIRMATION

S/C No.：JH-FLSSC01

Date：2020 - 4 - 3

The Seller: GOLDEN LAKE TRADING CORP & CO. A/S

Address：8TH FLOOR, JIN DU BUILDING,

277 WU XING ROAD,

NANJING, CHINA

The Buyer：F. L. SMIDTH

Address：77, VIGERSLEV ALLE,

DK - 2500 VALBY,

COPENHAGEN, DENMARK

Item No.	Commodity & Specifications	Unit	Quantity	Unit Price (US$)	Amount (US$)
1 2	FOREVER BRAND BICYCLE YE803 26′ TE600 24′ Available colors：blue；green； red；purple；white.	SET SET	600 600	CIFC 5% COPENHAGEN 66. 00 71. 00	39 600. 00 42 600. 00 82 200. 00
	TOTAL CONTRACT VALUE：　　SAY US DOLLARS EIGHTY TWO THOUSAND AND TWO HUNDRED ONLY				

PACKING：TO BE PACKED IN CARTONS OF ONE SET EACH, TOTAL 1200 CARTONS.

PORT OF LOADING & DESTINATION：FROM SHANGHAI, CHINA TO COPENHAGEN, DENMARK.

TIME OF SHIPMENT：TO BE EFFECTED BEFORE THE END OF MAY, 2020 WITH PARTIAL SHIPEMNT AND TRANSHIPMENT ALLOWED.

TERMS OF PAYMENT: THE BUYER SHALL OPEN THOUGH A BANK ACCEPTABLE TO THE SELLER AN IRREVOCABLE LETTER OF CREDIT PAYABLE AT 30 DAYS', AND REMAIN VALID FOR NEGOTIATION IN CHINA UNTIL 15TH DAY AFTER THE DATE OF SHIPMENT.

INSURANCE: THE SELLER SHALL COVER INSURANCE AGAINST ALL RISKS AND WAR RISK FOR 110% OF THE TOTAL INVOICE VALUE AS PER THE RELEVANT OCEAN MARINE CARGO CLAUSES OF THE PEOPLE'S INSURANCE COMPANY OF CHINA DATED 1/1/1981.

CONFIRMED BY:

THE SELLER	**THE BUYER**
GOLDEN SEA TRADING CORP.	F. L. SMIDTH & CO. A/S
MANAGER	MANAGER
李丽(LL M)	Hjorgen F Nissen

REMARKS: (Reverse Clauses)

1. The buyer shall have the covering letter of credit reach the Seller 30 days before shipment, failing which the Seller reserves the right to rescind without further notice, or to regard as still valid whole or any part of this contract not fulfilled by the Buyer, or to lodge a claim for losses thus sustained, if any.

2. In case of any discrepancy in Quality, claim should be filed by the Buyer within 30 days after the arrival of the goods at port of destination; while for quantity discrepancy, claim should be filed by the Buyer within 50 days after the arrival of the goods at port of destination.

3. For transactions concluded on CIF. Basis, it is understood that the insurance amount will be for 110% of the invoice value against the risks specified in the Sales Confirmation. If additional insurance amount or coverage required, the Buyer must have the consent of the Seller before Shipment, and the additional premium is to be borne by the Buyer.

4. The Seller shall not hold liable for non-delivery or delay in delivery of the entire lot or a portion of the goods hereunder by reason of natural disasters, war or other causes of Force Majeure, However, the Seller shall notify the Buyer as soon as possible and furnish the Buyer within 15 days by registered airmail with a certificate issued by the China Council for the Promotion of International Trade attesting such event(s).

5. All disputes arising from the performance of, or relating to this contract, shall be settled through negotiation. In case no settlement can be reached through negotiation, the case shall then be submitted to the China International Economic and Trade Arbitration Commission for arbitration in accordance with its arbitral rules. The arbitration shall take place in Shanghai. The arbitral award is final and binding upon both parties.

6. The Buyer is requested to sign and return one copy of this contract immediately after receipt of the same. Objection, if any, should be raised by the Buyer within 15 days otherwise it is understood that the Buyer has accepted the terms and conditions of this contract.

7. Special conditions: (These shall prevail over all printed terms in case of any conflict.)

第一节　商品品名

国际贸易的标的物(subject matter)是指用于换取对价的货物。一般的,要构成买卖中的标的物必须具备三个条件:① 必须是被卖方所占有的,② 必须是合法的,③ 必须是双方当事人一致同意的。

标的物通常以商品的名称来表示。众所周知,国际贸易在交易过程、交易条件、贸易做法和所涉及的法律问题上,都远比国内贸易复杂。因此,在国际货物买卖合同中,明确买卖的标的物,规定其名称,就成为必不可少的事项。

一、商品名称

"国际贸易从商品名称开始"? 如何给企业的商品起个名字?

1. 商品名称(name/description of commodity)

商品名称是指能使某种货物区别于其他货物的一种称呼,它能够反映商品的自然属性、用途、特性等。商品的名称通常代表商品应具有的品质,所以也称品名,特别是商品的牌名代表了企业商品的一般品质水平。企业的商标或名称代表了企业商品的一定品质,图 2-1 是一些企业商标,你更相信哪些品牌商品质量,其中哪些是国外品牌,哪些是国内品牌?

图 2-1　部分企业商标汇总(摘自百度图片)

合同中的品名条款一般比较简单,通常都是在"商品名称"或"品名"的标题下,列明交易双方成交商品的名称。如,Description of Goods：Sports Shoes Art. No. 3A41,'NIKE' Brand。当然,贸易合同中品名条款的规定,还需要体现成交商品的品种和特点。

2. 商品命名的方法

商品名称通常包含企业牌名和商品特性和特征,当企业的商品走向国际,不可避免地需要满足不同国家的偏好,因而,国内普遍采用的企业牌名和商品名称的命名方法,将不太适宜。比如,了解以下几个国家的主要禁忌,就可以知道自己企业的商品能否出口到这几个国家。日本:不喜欢紫色,最忌讳绿色,忌讳荷花。法国:忌讳黄色,墨绿色,不喜欢紫色,视孔雀为祸鸟,仙鹤是懒汉和淫妇象征。英国:忌讳菊花和百合花,忌讳大象、孔雀和猫头鹰。美国:忌讳黑色,讨厌蝙蝠。因此,定位于国际市场,应该运筹帷幄,在企业发展初期就应该为企业和产品起一个合适牌名和名称。

根据商品的特征和特性给商品命名,通常有以下几个方法。

(1)以商品的主要用途命名。这种方法突出用途,便于消费者按需购买,如旅游鞋(trainers/sneakers/tourist shoes)、自行车(bicycles),杀虫剂(insecticides),自动灌注机(automatic filling machine)等。

(2)以商品的主要成分或原料命名。这种方法突出商品的有效内涵和质量,有利于提高商品身价,如,西洋参蜂王浆、冰糖燕窝、人参珍珠霜(ginseng pearl cream)、羊毛衫(cashmere sweater)、玻璃杯(glass cup)、花生油(peanut oil)、无水乙醇(absolute ethyl alcohol)等。

(3)以商品产地、特殊原料命名。这种命名突出商品的特殊品质,迎合消费者特殊需求,如,青岛啤酒(Tsingtao Peer)、西湖龙井(West Lake Longjing Tea)、云烟(Yun Cigarette)、珍珠口服液(Pearl Oral Liquid)、云南普洱茶(Yunnan Puer Tea)等。

(4)以商品产地名胜古迹、著名人物、传说命名。这种命名目的是引起消费者注意和兴趣,如,孔府家酒(Qufu Confucius Family Liquor)、张小泉剪刀(Zhang Xiao-Quan Scissors)、王守义十三香(Wang Shouyi′s Thirteen Fragrances)等。

(5)以商品自身显著实体形态命名。这种命名有助于消费者从字义上了解该产品,如绿豆(green bean)、纸管(paper tube)、喇叭裤(bell-bottoms trousers)等。

(6)以制作工艺命名。这种命名方法目的在于提高商品声望,增强消费者对商品的信任,如,二锅头烧酒(Erguotou Strong Spirits)、酱香型白酒(Sauce Flavor Chinese Baijiu)、人造毛皮(artificial fur)等。

(7)以美好寓意命名。这种命名方法为迎合喜庆、美好愿望的心理,如,百事可乐、吉利汽车,金利来领带,好孩子童车等。

二、商品质量

🔧 **案例 2-1**

我国北方一外贸公司,急于求成,某年5月份与新加坡商人达成一份合同,我方出口一批大理石板,品质要求:纯黑色,晶墨玉,四边无倒角,表面无擦痕,允许买方到工厂验货,7月份交货。由于品质要求苛刻,加工难度大,批量小,货价低,交货期又紧,生产加工企业都不愿接受。交货期被迫延长,后经努力,终于交出一批货。到货后经检验不合格,买方提出索赔。经仲裁,以我方最终赔偿对方 28 000 美元了结。该案例的经验教训是什么?

教训 要认识到品质条款的重要性。要正确运用各种表示品质的方法,品质条款要有科学性和合理性,同时,可规定一定的品质机动幅度。该案例中,"纯黑色,晶墨玉,四边无倒角,表面无擦痕"标准不统一,生产工艺苛刻。不顾工厂生产加工的局限性,草率签订合同,使我方处于极为被动的地位。因此,对品质要求,一定要从生产实际出发,考虑实际交货的可能性,不做自己做不到的事。

(一)商品质量(quality of goods)

商品质量是指商品的内在质量和外观形态的综合。内在质量是指商品的物理性能、化学成分、生物的特征及成分等内在素质;外观形态指商品的造型、结构、色泽及味觉等技术指标或要求。狭义的商品质量是指产品与其规定的标准技术条件符合程度,以国家或国际规定、商品标准和贸易合同中的有关规定为最低技术条件,是商品质量最低要求和合格依据。广义的商品质量是指商品适合其用途所需的各种特性综合及其满足消费者需求的程度。国际贸易中的商品质量与一般意义的商品质量不是同一个意思,国际贸易中的商品质量是指国际贸易合同规定的商品质量,因此,卖方提交的商品质量是以符合合同规定的商品质量标准为限,即必须提交与合同规定的品质完全一致的商品。

1. 商品质量的保证(quality assurance)

随着贸易全球化和生产国际化的发展,货物在国与国之间流通的同时,消费者除了对产品本身的使用质量和性价比有要求外,他们的消费期望越来越与产品的安全、质量以及环境等方面的要求联系在一起,因此国家、企业和组织联盟制定了各自的产品认证标准和体系。如果一个企业的产品通过了国家著名认证机构的产品认证,就可获得国家级认证机构颁发的"认证证书",并允许在认证的产品上加贴认证标志,这种是国际上公认的、有效的认证方式,可使企业或组织经过产品认证树立起良好的信誉和品牌形象,同时让顾客和消费者也通过认证标志来识别商品的质量好坏和安全与否。

产品质量认证也称产品认证。我国对产品质量认证定义为"依据产品标准和相应技术要求,经认证机构确认并通过颁发认证证书和认证标志来证明某一产品符合相应标准和相应技术要求的活动"。国际标准化组织（International Organization for Standardization,ISO)的定义则是"由可以充分信任的第三方证实某一产品或服务符合特定标准或其他技术规范的活动"。产品认证分为强制认证和自愿认证两种。一般来说,对有关人身安全、健康的认证和其他法律法规有特殊规定者为强制性认证,即"以法制强制执行的认证制度"。其他产品实行自愿认证制度,或者分为安全认证(对商品在生产、储运、使用过程中是否具备保证人身安全与避免环境遭受危害等基本性能的认证,属于强制性认证)和合格认证(依据商品标准的要求,对商品的全部性能进行的综合性质量认证,一般属于自愿性认证)。

国际上,商品质量认证体系 ISO9000,即《质量管理与质量保证——选择与使用指南》,是由国际标准化组织质量管理和质量保证委员会(ISO/TCl76)2000 年修订的有关质量管理和质量保证方面的一系列国际标准。GB/T19000 则是我国国家推荐性标准。其中,GBT19001 和 ISO9001 质量体系都是关于设计/开发、生产、安装、服务的质量保证模式,GBT19002 和 ISO9002 质量体系都是关于生产安装质量的保证模式,GBT19003 和 ISO9003 质量体系都是关于最终试验和试验的质量保证模式,GBT19004 和 ISO9004 都是关于质量管理体系和质量体系要素指南。

另外,国际上还有食品安全管理体系,英文简称 FSMS,即 Food Safety Management System,又称 ISO 22000;社会责任标准,英文简称 SA8000,即 Social Accountability 8 000 International standard,它是世界上第一个国际伦理标准,其目的是确保供应商提供的所有产品符合社会责任标准的要求,包括童工、强迫性劳工、健康与安全、组织工会的自由与集体谈判的权利、歧视、惩戒性措施、工作时间、工资、管理体系等几个方面,适用于世界上任何行业不同规模的公司;ISO14000 环境管理体系,是用来评定生产厂商使用的原材料、生产工艺、加工方法以及产品的使用和用后处置是否符合环境保护标准和法规的要求。

课程思政

"新疆棉事件"

2021 年 3 月 24 日,瑞典服装品牌 H&M 发表在官网上的一份声明,这份名为"H&M 集团关于新疆尽职调查的声明"称,H&M 集团对来自民间社会组织的报告和媒体的报道"深表关注",其中包括对新疆维吾尔自治区少数民族"强迫劳动"和"宗教歧视"的指控。声明表示,H&M 不与位于新疆的任何服装制造工厂合作,也不从该地区采购产品/原材料。

这是反华势力对中国抹黑的一种手段,是美西方一些机构和人员凭空捏造,严重违背事实,以所谓"强迫劳动"问题,阻碍中国发展。美国为首的西方以此为借口,对有关中国企业采取限制措施,违反国际贸易规则,破坏全球产业链、供应链、价值链,是西方赤裸裸的霸凌行径。因此,国际贸易不是简单的经济问题。

"新疆棉事件"是西方利用民主、人权等恶意设置国际贸易障碍,是典型的政治为经济服务案例,暴露西方世界资本不择手段的贪婪本性。为了避免西方阴谋得逞,作为国际贸易业务员,眼界就要放到整个世界,而不能局限在每一笔交易本身,要多关注国际热点,培养自己的政治敏感,维护国家主权和利益,减少国际贸易的损失。

2. 国际通行的商品认证

(1) CE(Conformite Europeenne)。它是一种安全认证标志,被视为制造商打开并进入欧洲市场的护照,代表欧洲统一。凡是贴有"CE"标志的产品就可在欧盟各成员国内销售,无须符合每个成员国的要求,从而实现了商品在欧盟成员国范围内的自由流通。然而值得注意的是,美国、加拿大、日本、新加坡、韩国等国却不接受 CE 标志。

(2) ROHS(Restriction of Hazardous Substances)。它是欧盟立法制定的一项强制性标准,是《电气、电子设备中限制使用某些有害物质指令》的英文缩写。ROHS 针对所有生产过程中以及原材料中可能含有铅、汞、镉、六价铬、多溴联苯和多溴二苯醚等六种有害物质的电气电子产品。主要包括:白家电,如电冰箱、洗衣机、微波炉、空调、吸尘器、热水器等;黑家电,如音频、视频产品,DVD,CD,电视接收机,IT 产品,数码产品,通信产品等;电动工具、电动电子玩具、医疗电气设备等。该标准规范电子电气产品的材料及工艺标准,使之更加有利于人体健康及环境保护。

(3) UL(Underwriters Laboratiories Inc.)。它是保险商试验所英文的简写。UL 安全试验所是美国最有权威的,也是世界上从事安全试验和鉴定的较大的民间机构。它是一个独立的、非营利的、为公共安全做试验的专业机构。它主要从事产品的安全认证和经营安全证明业务,其最终目的是为市场得到具有相当安全水准的商品,为人身健康和财产安全得到保证做出贡献。就产品安全认证作为消除国际贸易技术壁垒的有效手段而言,UL 为促进国际贸易的发展也发挥着积极的作用。

(4) CB(Certification Bodies)。CB 体系(电工产品合格测试与认证的 IEC 体系)是 IECEE 运作的一个国际体系,IECEE 各成员国认证机构以 IEC 标准为基础对电工产品安全性能进行测试,其测试结果即 CB 测试报告和 CB 测试证书,在 IECEE 各成员国得到相互认可。

(5) FCC(Federal communications Commission)。FCC,即美国联邦通信委员会,它是由美国政府的一个独立机构建立的,直接对国会负责。FCC 通过控制无线电广播、电视、电信、卫星和电缆来协调国内和国际的通信。许多无线电应用产品、通信产品和数字产品要进入美国市场,都要得到 FCC 的认可。

(6) CCC(China Compulsory Certification)。它是中国强制性产品认证,是一种法定的强制性安全认证制度,也是国际上广泛采用的保护消费者权益、维护消费者人身财产安全的基本做法。列入《实施强制性产品认证的产品目录》中的包括家用电器、汽车、安全玻璃、医疗器械、电线电缆、玩具等产品。

🐟··· deep seek

欧洲国际认证

作为贸易业务员要了解交易对象所在国或区域的产品认证制度，它将影响到贸易能否顺利进行，表2-1是德国和欧洲主要工业产品认证种类，从中可以了解国际贸易中技术壁垒的问题。

表2-1　德国和欧洲主要工业产品认证汇总表

图形	名称	用途
CE	CE 标志 欧洲通用标志	工业设备、机械设备、通信设备、电气产品、个人防护用具等家用产品
GS	GS 标志 德国安全认证标志	家用产品、音像设备、灯具、电动工具、手工工具、通讯办公设备、机械产品、健身器材等
TUV	TUV 标志 德国零部件产品认证标志	电气零部件，如电源、变压器、调光器、继电器、接插件、插头、导线等机械产品零部件，运动器材零部件
EMC	EMC 标志 德国电磁兼容认证标志	各类电子电气产品，包括家用、工业用产品
E1 e1	E 标志 欧洲机动车辆认证标志	整车，如汽车；摩托车零部件，如车灯、玻璃反光镜、轮胎等
TÜV CERT	TUV 标志 ISO9000 体系认证标志	各类企业的质量保证体系认证，同时也是美国 Qs900 及德国 VDA61 的认证机构
TOXPROOF	TOXPROOF 标志 德国纺织品认证标志	各类纺织品、服装
IGR	德国人体工学认证标志	目前主要适用于显示器，正逐步扩展到其他产品
CB Scheme	CB 国际互认方案	CB 检验—全球性相互认证体系，全世界有34 个委员会。在共同的 IEC 标准下，各验证单位均相互承认彼此核发之 CB 证书及报告，据此，可以迅速地转换他国证书
S N FI D	Nordic 标志 北欧四国安全认证标志	使用产品范围同 CE 标志
TÜVRheinland	NRTL 标志 德国莱茵北美公司产品安全认证标志	家电产品，通信产品，电器零部件等

（续表）

图形	名称	用途
	瑞士、波兰产品安全认证标志	适用产品范围同 GS 标志

（二）商品质量的表示方法

1. 实物表示法

用实物表示商品质量，就是买卖双方在洽谈时，由卖方或买方提出少量足以代表商品质量的实物作为双方交接货物的质量依据。实物表示质量的方法有看货买卖和凭样品买卖两种。

（1）看货买卖（sale as it is/sales by actual quality）：多用于寄售、拍卖和展卖业务中。

看货买卖，即凭成交商品的实际品质进行交易，卖方以买方验看过的商品作为交货方式，这种方式适合于鲜活商品、古董、工艺品以及字画等物品的交易。

（2）凭样品买卖（sale by sample）

凭样品买卖是指买卖双方在洽谈时，由卖方或买方提出少量足以代表商品质量的实物作为样品，要求对方确认，样品一经确认便成为买卖双方交接货物的质量依据，这种表示商品质量的方法称为"凭样品买卖"。其中，样品（Sample）是指以规定的方式从一批商品中抽取，或由生产和使用部门设计加工出来的有代表性的少量实物，它分为买方样品（buyer's sample）和卖方样品（seller's sample，即 the quality is as per seller's samples）两类。凭样品买卖中有关样品的类型有如下几种：

① 代表性样品，又称标准样品（standard sample）、标样或原样（stanclarcl sample or original sample），用以衡量交货品质的样品。作为卖方交货依据，一般经确认后封存、铅封、公证处提存，以备发生商品质量争议时作为检验依据之一。代表性样品作为成交履行合同的依据，卖方承担交付货物质量与样品完全一致的责任，否则买方有权提出索赔或拒收货物。

② 复样（duplicate sample），或称留样（keep sample），即将原样交给对方时，自己所保留的与原样一致的样品。它在生产、交货、纠纷时作为核对用，通常注明编码、日期，便于日后联系，以及交易洽谈时参考。留样要注意保证品质的稳定性，如密封、防潮、防虫害、防污染等。

③ 封样（sealed sample），即买卖双方在签约时共同认可和接受的能够代表成交货物整体品质水平，并作为日后双方履约的品质依据的少量实物。通常在第三方或公证机构（商检机构）备存 1 份，当然也可以送样人自封或买卖双方会同加封。

④ 回样、对等样品（return sample or counter sample），指卖方根据买方样品制作，并交买方确认的样品。

⑤ 参考样品（reference sample），是指买卖的一方提供的样品仅供对方参考（for

reference only),不作为交货依据。参考样品是卖方为了使买方进一步了解产品质量,增加产品的感官认识,向买方寄送的一些参考样品,仅作为宣传介绍用,因此,不作为交货的质量依据。

其他相关的样品类型,诸如有船样(shipment sample),色样/卡(color sample card),剪样(cutting sample),款式样(style/pattern sample),免费样品(free sample),推销样品(selling sample),装运样品(shipping/shipment sample),到货样品(outturn sample),检验用样品(sample for test)等。它们作为辅助交易的样品,最好注明作为参考,若其中有文字说明的,该文字说明也将同样品一起作为日后成品或履行交货义务的质量依据。

deep seek

如何将"凭买方样品买卖"转为"凭卖方样品买卖"? 有什么好处?

分析 通过对等样品,就将"凭买方样品买卖"转为了"凭卖方样品买卖"。凭买方样品成交(又称来样成交),在确认来样成交之前,出口方需要了解特定产品所需原材料供应、加工工艺、设备和生产安排的可靠性,以确保以后履约(作为出口方,可以用买方样品来表示品质),此外,还要防止出现知识产权纠纷。当卖方对样品供货没有确切把握,可以根据买方样品仿制或现有货物选择品质相近的样品提交买方,成为对等样品,对等样品等于把凭买方样品成交变为凭卖方样品成交,这样能够更好地和卖方交货能力匹配。所以,在实际操作中,当买方提供了样品时,我们可以复制一个"对等样品"给对方确认,并掌握生产可能性后,再以"对等样品"作为买卖双方交接货物的质量依据。

案例 2-2

我国某出口公司向英国出口一批大豆,合同规定:"水分最高为14%,杂质不超过2.5%。"在成交前,该出口公司曾向买方寄过样品,订约后该出口公司又电告买方成交货物与样品相似,当货物运至英国后买方提出货物与样品不符,并出示了当地检验机构的检验证书,证明货物的品质比样品低7%,但未提出品质不符合合同的品质规定。买方以此要求该出口公司赔偿其15 000英镑的损失。

分析

(1) 本案中,作为出口方,是以卖方样品来表示品质。

(2) 出口方没有充分理由拒绝赔偿。卖方行为需满足凭样品买卖和凭文字说明买卖双重保证,因此所交货物既要与样品一致,也要符合文字说明。根据合同应该凭文字说明买卖,提交货物符合合同规定即可;我方寄过样品,但没有注明"参考样品"字样,后电告出运货物与样品相似,但买方有理由认为该业务既凭样品又凭说明进行交易,因此,买方检验货物与样品不符,有权索赔。

(3) 本案应吸取的教训:邮寄参考样品,一定要注明"参考"字样;能用一种方法表示质量时,尽量用一种方法,当多个方法表示时,注意保持一致。对于买方来说,当需用多种方法约束品质时,要在合同中订明,以维护自己利益。

2. 文字说明表示法(sale by description)

(1)凭规格买卖(sale by specifications)

它是用反映商品品质的一些主要指标,来表示商品质量的方法。如下是两个实际凭规格买卖的表示方法:

A. 素色绸缎(Plain satin silk):

Width (inch)	Length (Yds)	Weight (m/m)	Composition silk
55	38/42	16.5	100%

B. 活力面筋(Vital wheat gluten):

moisture max 10%
protein min 75%
ash max 2%
water absorption min 150%

(2)凭等级买卖(sale by grade)

像鸡蛋、苹果等产品,在长期生产与贸易实践中,同一类商品分成不同等级,等级不同的商品规格不同,不同等级代表不同质量或规格水平。比如,鲜鸡蛋,蛋壳呈浅棕色、清洁,品质新鲜,大小均匀(Fresh Hen Eggs,shell light brown and clean,even in size)。

Grade AA:60—65gm per egg

Grade A:55—60gm per egg

Grade B:50—55gm per egg

Grade C:45—50gm per egg

Grade D:40—45gm per egg

(3)凭标准买卖(Sale by Standard)

标准是买卖商品规格的标准化,在我国有国家标准、行业标准、地方标准和企业标准。在国外,商品的标准分为五类:团体标准,如美国试验材料协会(ASTM)标准,英国劳氏船级社《船舶规范和条例》等;国家标准,如美国国家标准(ANSI),日本国家标准(JIS)等;区域标准,如欧洲标准化协会(CEN)制定的标准等;国际标准,如国际标准化组织所制定的标准等;还有企业自己制定的企业标准。前文列出的各种认证,就是不同的产品标准。

另外,对一些农副产品不能标准化的,现实中有良好平均品质(大路货,非精选货)(fair average quality,FAQ)和尚好可销品质(good merchantable quality,GMQ)作为评定商品质量的方法,但它们仅是表示适合销售,其表示质量标准比较模糊。

FAQ,一般是指中等货,它有以下两层含义,一是指农产品的每个生产年度的中等货,即由生产国在农产品收获后经过对产品进行广泛抽样,从中制定出该年度的FAQ标准;二是某一季度或某一装船月份在装运地发运的同一种商品的平均品质,即从各批出运货物中抽样后进行综合评定,取其中者作为FAQ标准。在我国出口的农副产品中,也有用FAQ来说明品质的,但我们所说的FAQ一般是指大路货,是与"精选货"(selected)相对而言。如中国桐油(Chinese Tung Oil),FAQ,FFA4% MAX("free fatty acid"意思是"游离脂肪酸")。而GMQ,是指卖方交货品质只需保证为尚好的、适用于销售的品质即可。如冷冻鱼、木材,这种尚好品质含义笼统,难以掌握,如果卖方交货时因采用这一标准而发生争议,通常由同业公会以仲裁方式解决。

(4) 凭说明书和图样买卖(sale by illustrations)

国际贸易中,有些商品,如机器、电器、仪表、大型设备等属于技术密集型产品,由于其结构复杂,制造工艺也复杂,无法用样品或简单的几项指标和规格来反映其质量全貌,除了用其名称、商标牌号、型号等外,还必须用说明书介绍其构造、原材料、形状、性能、使用方法等,有时还附以图样、图片、设计图纸性能分析表,甚至视频等来完整说明其具有的质量特征。这种表示方法,是通常会在合同中规定"品质和技术数据等必须与卖方提供的产品说明书严格相符"(Quality, technical data etc. to be strictly in conformity with the description submitted by the seller)。

(5) 凭商标或牌号买卖(sales by trade mark of brand)

商品牌名是厂商或销售商所生产或销售商品的牌号,商标是牌名的图案化,它本身就是一种品质象征。在市场上行销已久、质量稳定、信誉良好的产品,其牌名或商标往往为消费者或买方所熟悉,因此,用商标或牌名标示质量,容易达成交易。例如:梅林牌辣酱油(Meilin Brand Worcestershire Sauce),红梅牌味精,90 度或以上 (Hongmei Brand monosodium glutamate,Gourmet Powder 90% & up)。

(6) 凭产地名称买卖(sales by origin)

有些地区的产品,尤其是一些传统农副产品,具有独特的加工工艺,在国际上享有一定声誉,这类商品用产地名称和地理标志表示其独特品质。如"四川榨菜"(Sichuan Preserved Vegetable)、"中国梅酒"(China Plum Wine)、"绍兴花雕酒"(Shaoxing Hua Tiao Chew)等。地理标志在关贸总协定乌拉圭回合最终协议文件中已被正式列入知识产权保护范畴,这里也需要注意防止侵权发生。

案例 2-3

韩国 KM 公司向我国 BR 公司订购大蒜 650MT,双方当事人几经磋商最终达成了交易。但在缮制合同时,由于山东胶东半岛地区是大蒜的主要产区,通常我国公司都以此为大蒜货源基地,所以 BR 公司就按惯例在合同品名条款上注明了"山东大蒜"。可是在临近履行合同时,大蒜产地由于自然灾害导致大蒜歉收,造成货源紧张。BR 公司紧急从其他省份征购,最终按时交货。但 KM 公司来电称,所交货物与合同规定不符,要求 BR 公司做出选择,要么提供山东大蒜,要么降价,否则将撤销合同并提出贸易赔偿。

分析　本案是由于商品品名条款所引发的争议。KM 公司的要求是合理的。品名和品质条款是合同中的重要内容,一旦签订合同,卖方必须严格按合同的约定交货。另外,在表示商品品质的方法中,有一种是凭产地名称买卖,产地名称代表着商品的品质。不同产地的同种货物品质可能存在很大差别,因此 KM 公司要求提供山东大蒜的要求是合理的。其实,遇到上述情况,BR 公司可以援引不可抗力条款,及时通知买方,要求变更合同或解除合同。

三、品质公差与品质机动幅度

国际贸易中,由于多种因素的影响,卖方交付的有些货物很难保证完全符合合同对品质的要求,因此,在洽谈合同时,应允许卖方所交付货物在品质上有一定的机动幅度,这样才能保证交易的顺利进行,机动幅度通常包括品质公差和品质机动幅度两种。

1. 品质公差(quality tolerance/allowance)

品质公差是指工业制成品因科技水平和生产能力所限而产生的为国际同行所公认的品质误差,这种误差不可避免。因此,这种公认的误差,即使合同没有规定,只要卖方交货品质在公差范围内,也不能视作违约。但为了明确起见,还是应在合同品质条款中订明一定幅度的公差。国际贸易买卖合同中规定的公差条款通常允许卖方在交货质量上有一定幅度差异,如手表走时的误差、棉纱支数的确定等。

在质量公差以内,交货品质如有差别,一般均按合同价计算,而不另作调整,特殊情况可以在合同当中订明计价的办法。但为了明确起见,还是应在合同中订明一定幅度的公差为好。品质公差的作用主要是可以避免因交货品质与买卖合同稍有不符而造成违约,保证合同的顺利履行。

质量公差表示的方法具体包括:规定一个范围、规定一个极限和规定一个标准。

2. 品质机动幅度

品质机动幅度主要是指对某些初级产品,由于卖方所交货物品质难以完全与合同规定的品质相符,为便于卖方交货,往往在合同品质条款规定的品质指标外,加订一定的允许幅度,卖方所交货物品质只要在允许的幅度内,买方就无权拒收,但可根据合同规定调整价格。因此,品质机动幅度条款就是允许卖方所交货物的质量指标在一定幅度内的差异。

品质机动幅度的方法有三。一是规定范围。对某项货物的品质指标规定允许有一定差异范围。例如:漂布,幅阔 35/36 英寸,即布的幅宽只要在 35 英寸到 36 英寸的范围内,均作为合格。二是,规定极限。对有些货物的品质规格,规定上下极限。规定极限的表示方法,常用的有:最大,最高,最多(maximum,缩写 max.);最小,最低,最少(minimum,缩写为 min.)等。例如:大米碎粒 35%(最高),Rice, long shaped broken grains 35%(max.);水分 15%(最高)(max moisture 15%);杂质 1%(最高)(max admixtures 1%)。三是,规定上下差异。规定上下差异也是使货物的品质规格具有必要的灵活性的有效方法,如:灰鸭毛,含绒量 18%,上下 1%,Grey Duck Feather,down content 18%,1% more or less。

品质公差是国际上所公认的品质误差,即使在合同中不作规定,卖方交货品质在公认的误差范围内,也可以认为符合合同,而品质机动幅度是需要交易双方签订贸易合同时约定的,或依据国际贸易惯例许可的,这是品质公差与品质机动幅度的主要区别。品质机动幅度,一般只对影响商品价格和使用价值的主要指标作具体规定,在机动幅度内不另行计算增减价格,即按照合同价格计收货款。但是有的货物,经买卖双方协商同意,也可按比例计算增减价格,并在合同中订立"增减价条款"。

四、国际贸易合同品名条款实务

商品的品质条款是买卖合同的基本条件,品质条款基本内容是货物品名、规格或商标、牌名等。

1. 商品命名应注意的事项

(1) 内容必须明确具体,避免空泛、笼统地规定。国际贸易中,一个合格的商品名称通常包含品种、型号、产地、等级等,辅助说明商品品质的内容。所以,通常将名称也称为品名。

(2) 条款中规定的品名,必须是卖方能够提供且买方所需要的商品,凡做不到或不必要的描述性的词名不应列入,否则容易造成后续履行合同困难。

(3) 尽可能使用国际上的通用名称。国际社会对商品的分类提出了相关分类标准,为避免采用不同目录分类在关税、贸易和运输中产生分歧,海关合作理事会制定了《协调商品名称及编码制度》(The Harmonized Commodity Description and Coding System,HS,即协调制度),1988 年 1 月 1 日实施,我国 1992 年 1 月 1 日起采用该制度。目前各国的海关统计、普惠制待遇计算都采用 HS 编码制度,所以,国际贸易合同中规定商品的名称应与 HS 编码制度相适应。

(4) 合适的名称,可以降低关税。例如,美国进口链条,如果用在闸门开关上的,进口关税税率为 5%;如果用作自行车上的,进口关税税率为 30%。

(5) 商品名称可能方便进出口和节省运费开支,对运费率和保险费率产生影响。如"参茸××"等以贵重原料命名,在运输时就要付出较高费用,而"象牙餐具"可能会被一些国家海关扣押甚至罚没。

2. 凭样品成交应该注意的问题

(1) 选择样品一定要有代表性。样品质量过高和过低都可能给交易带来困难。

(2) 凭样品成交,交货品质必须与样品一致。若存在一点点的不一致,都可能成为对方索赔、拒收的借口。

(3) 以样品表示品质只能酌情采用。表示样品质量要视商品特性而定,尽量避免与文字说明同时使用。

(4) 对凭样品成交要做出灵活规定,寄送参考样品,要注明"仅供参考(only for reference)"。具体的,寄送样品时,可以注明:交货与样品大致相同(Quality shall be about equal to the samples),交货与样品近似(Quality is nearly same as the samples,with a tolerance of 3 to 5 percent to the goods delivered)。

(5) 在凭样品买卖时,一般应列明样品的编号或寄送日期,有时还加列交货品质与样品一致相符的说明。比如,Quality shall be similar to sample submitted by the seller

on 18, October；The goods to be delivered shall be about equal to seller's sample No. KP202003。

(6) 来样成交中,须防止侵犯知识产权发生。如果不能十分确定,可以在合同中加列保障条款,即万一发生由于买方来样而导致侵犯第三者权益,如专利、商标侵权,应由买方负责。

3. 订立品质条款时应注意的问题

合同中签订的商品品质条件要有科学性和合理性,同时要能够正确运用各种表示品质的方法。

(1) 尽量采用一种方法表示商品品质,避免对所交货物承担双重担保义务。

(2) 要考虑到生产加工的可能性。

(3) 品质的文字要简明,切合实际,对某些商品可规定一定的品质机动条款。

(4) 尊重对方的贸易权利,适用进口国的有关法律与条例的规定。

(5) 当运用品质机动幅度条款时,要注意价格调整问题。根据我国外贸的实践,品质增减价条款有下列几种订法:① 对机动幅度内的品质差异,可按交货实际品质规定予以增价或减价。如对于大豆可规定：水分每±1%,价格∓1%。② 只对品质低于合同规定者减价。在品质机动幅度范围内,交货品质低于合同规定者减价,而高于合同规定者却不增加价格。如,在品质机动幅度内,交货品质低于合同规定,减价1%。③ 为了更有效地约束卖方按规定的品质交货,按商品品质低于合同规定的不同程度规定不同的减价方法,如,在品质机动幅度内,交货品质低于合同规定1%的减价1%;低于1%以上的减价3%。采用品质增减价条款,一般应选用对价格有重要影响而又允许有一定机动幅度的主要质量指标,对于次要的质量指标或不允许有机动幅度的重要指标,则不能适用。例如,番茄酱,28/30 浓缩度(Tomato Paste 28/30 Concentration, 1 degree increase in concentration of actual delivery, 1% increase in price);活黄鳝,每条 75 克以上(Live Ricefield Eel 75g and up per piece);中国芝麻油含油量为 52%,实际交货的含油量高或低 1%,价格相应增减 1%(The oil content of sesame oil in China is 52%, the oil content of actual delivery is 1% higher or lower, and the price increases or decreases by 1%)。

课程思政

经营之道——诚信为本,质量第一

质量是企业的生命,国际贸易中质量事关国家声誉和民族利益。在出口贸易中,交付的产品质量不是越高越好,应以合同为限,当然不能低于合同制定的标准。在进口贸易中,不能进口低价劣质商品,损害国家声誉和人民利益,同时,要注意进口物品给国家带来的卫生健康和生物安全等隐患。

4. 国际贸易合同中,品名条款示例

(1) Description of goods / Name of commodity：Sports Shoes Art. No. 3A41,

'NIKE' Brand.

Deformed steel，bar Φ 18(mm)，HRB335.

（2）Quality：The Seller guarantees that the goods supplied are made of the best materials and superb technology，the trademark is new and unused，and its quality and specifications comply with the instructions given in the contract. The warranty period is 12 months from the arrival of the goods at the port of destination.

（3）Name and specification：

Dynamic Microphone

Type：CD - 28

Freq. Range(Hz)：80 - 12 000

Sensitivity(MV/pa)：1. 7

Output Impedance(Ω)：600

Directivity：Cardioid

Weight(g)：420

5. 案例分析

案例 2 - 4

An import and export company in our country has signed a contract with a trade company of Germany to export "Longkou vermicelli." The payment method is that payment will be effected after the goods arrive at the port of destination for acceptance. After the goods arrived at the port of destination and were accepted by the buyer，the German merchant found that the quality of the goods is inconsistent with the sample，and decided to return the goods and refused to pick up the goods. Later，the goods completely deteriorated due to improper storage，and the German Customs charged our company a storage fee of total 30 000 Deutsche Marks and disposed of deteriorated goods. How does our company handle this?

Analysis   In sold by samples，by sealing or retaining samples to prove that the quality of the goods is consistent with the samples，the liability of seller may be exempted. Investigate the responsibility for the change of goods quality，if it is carrier's responsibility，the buyer should claim against the carrier，otherwise it is the seller's breach of contract.

The buyer has rejected the goods due to the seller's breach of contract，but still needs to keep the goods adequately. If the German buyer fails to fulfill the responsibility of keeping the goods properly，our company shall claim the corresponding cost loss of 30 000 Deutsche Marks to Germany buyer.

➡ ··· deep seek

寄 样

客户在确定下单前会先请卖方提供样品以供查看、检验,对于一般需要样品的客户,可将常规产品作为样品寄给客户确认。除常规样品外,企业还有专门针对特定客户制作的产前样(按客人要求生产出来寄给客户确认)和大货样(也叫船头样、出货样,就是从生产大货中随机抽取寄发给客户确认)。

样品费和快递费的处理:对于新客户,若样品货值较低,免收样品费,但要客户承担快递费,若客户诚意不是很大,样品货值低的也可以收取样品费;若客户要求免费寄样,可以告诉对方,收样品费是公司规定,如果客户下单,费用可以在客户付款时抵除。对于老客户,且资信较好的,样品费和快递费可以都由出口商承担。

寄样品的注意点:

(1)要收到客户的样品费再打样或寄给客户。

(2)寄样前要和客户确认样品的规格型号、寄样地址。

(3)对于出口商,最好是收到客户的运费款后再安排邮寄,即使是运费到付,也可能存在包裹到达时,客户拒收或签收但拒付运费,最后都是快递公司向出口商追索运费,后面可能影响到企业在快递业的信誉。

(4)寄样后要及时跟进。

(5)及时了解客户对样品的评估情况。

(6)不管样品是否在短期内带来订单,都要与客户建立一种稳定联系,并适时推荐新样品,送出新报价。

第二节 商品数量

在国际货物买卖中,货物的数量是国际货物买卖合同中的主要交易条件之一,对于买卖双方顺利达成交易、履行合同具有重要意义。商品数量是指以一定的度量衡表示商品的重量、个数、长度、面积、体积、容积的量。数量的多少直接关系交易价格的高低以及总贸易量对市场的影响。根据《联合国国际货物销售合同公约》的规定,卖方所交付的货物的数量必须与合同规定相符。

《联合国国际货物销售合同公约》规定,按约定的数量交付货物是卖方的一项基本义务。如卖方交货数量大于约定的数量,买方可以拒收多交的部分,也可以收取多交部分中的一部分或全部,但应按合同价格付款;如卖方交货数量少于约定的数量,卖方应在规定的交货期届满前补交,但不得使买方遭受不合理的不便或承担不合理的开支,即使如此,买方仍保留要求损害赔偿的权利。

一、商品的计量单位

国际贸易中使用商品的计量单位很多,究竟采用何种计量单位,除主要取决于商品的种类和特点外,还取决于交易双方的意愿。

1. 按重量(weight)计算

按重量计算是国际贸易中较广泛的一种,像农副产品、矿产品和初级产品,以及贵金属黄金、白银等。常用的计量单位及其换算如下:1 磅(pound, lb)≈0.454 千克(kilogram,kg),1 公吨(metric ton, MT or M/T)≈(UK)0.984 3 长吨(long ton)≈(US)1.103 短吨(short ton),1 盎司(ounce, oz)≈(金,药)31.103 克(gram, g)≈(常)28.35 克。

2. 按数量(number)计算

一般工业制成品,如服装、箱包、机器、零件、玩具、纸张、汽车等,习惯以数量计量。常用的计量单位有台、件、个、打、令等,其中,1 打(dozen, doz./dz.)=12 个(piece, pc.),1 罗(gross, grs.)=12 打=144 个,1 令(ream)=500 张(pc.)。

3. 按长度(length)计算

像绳索、布匹、钢管、胶片等商品,习惯用长度计量。常用的计量单位及其换算如下:1 米(metre, m.)≈1.094 码(yard, yd.),1 英寸(inch, in/″)≈2.54 厘米(centimetre, cm.),1 英尺(foot, ft.)=12 英寸≈30.48 厘米。

4. 按面积(area)计算

像玻璃、木板、地毯、皮革等商品习惯用面积计量。其中,1 平方米(square metre, sq. m)≈10.761 平方英尺(square foot, sq. ft.)。

5. 按体积(volume)计算

像木材、天然气、化学气体等习惯用体积计量。

6. 按容积(capacity)计算

通常谷物、液体商品用容积计量。其中常用的计量单位及其换算如下:1 升(litre, l.)≈1 立方分米(cubic decimetre, or cb. dm.),1 加仑(gallon)≈4.540 升,1 蒲式耳(bushel)≈(UK)36.368 升≈(US)35.238 升,1 桶(barrel)≈(UK)36 加仑≈(UK)163.656 升≈(US)31.5 加仑≈(US)119.228 升。

在国际贸易中,有公制(The Metric System)、英制(The British System)、美制(The US System)和国际单位制(The International System of Units, IS)之分,其中国际单位制是一种统一度量衡制度,供各国普遍采用。表 2-2 以重量为例,说明三者存在的计量差异。

表 2-2 国际上三种重量度量衡区别

计量单位	公斤	市斤	磅
公制(公吨)	1 000	2 000	2 204.6
英制(长吨)	1 016.047	2 032.094	2 240
美制(短吨)	907.2	1 814.4	2 000

二、商品重量的计算

国际贸易中,按重量计量的商品很多,特别是在海洋运输中,都要涉及商品重量的计量,关于重量的计算方法有如下几种。

1. 毛重(gross weight,GW)

毛重是指商品本身重量加上包装物重量,一般的,像粮食、饲料等低值农产品或低运费适用。例:Fish Meal Gunny Bags of 50kg gross for net。

2. 净重(net weight)

净重是指商品本身重量,不包括包装物重量,这是国际贸易中最常见的计重方法。上文的毛重是采用"以毛作净"(gross for net)的办法计重,即以毛重当作净重计价。净重是毛重减去包装物后的实际重量,扣除包装物重量(俗称皮重)又有如下几种方法:

(1) 实际皮重(actual tare)。实际皮重就是包装物的实际重量,是对商品所有包装逐件衡量汇总所得。

(2) 平均皮重(average tare)。当包装物使用的包装比较整齐划一,重量相差不大,可以从整批中抽取部分,衡量其皮重,然后计算出平均皮重,再乘以总件数,得到该批货物的总皮重。

(3) 习惯皮重(customary tare)。它是指商品包装的材料和规格比较定型,其重量被市场公认,如,能够装 100 斤中粮食的机制麻袋,公认重量为 2.5 磅,约 1 公斤。在计算皮重时,用公认的皮重乘以总件数得到该批货物总皮重。

(4) 约定皮重(computed/estimated tare)。它是以双方约定包装物重量作为计算皮重的基础。

无论以哪一种方法求得的皮重,都应该根据商品性质、使用包装物特点、合同的数量以及交易习惯,在合同中订明,以免事后产生争议。

3. 公量(conditioned weight)

国际贸易中的棉毛、羊毛、生丝等商品有较强的吸湿性,其所含的水分受客观环境的影响较大,故其重量很不稳定。国际上通常采用按公量计算的办法,即以商品的干净重(指烘干商品水分后的重量)加上国际公定回潮率与干净重的乘积所得出的重量。其计算公式为:

公量=干净量+标准含水量

＝干净量×(1＋标准回潮率)

＝实际重量×(1＋标准回潮率)/(1＋实际回潮率)

其中,实际重量是货物到达目的地的实际净重,这里,实际回潮率＝实际含水量/干净量,标准回潮率是行业一般认定的标准或经验。

案例 2－5

The contract quantity of raw silk exported by a company is 100 metric tons, and the excess or short shipment is 5％. The agreed standard moisture regain is 11％. The existing raw silk is 104 metric tons, and the actual moisture regain is 9％. Q: (1) The standard quantity of 100 metric tons specified in the contract is equivalent to the actual weight of raw silk? (2) Is the actual quantity in accordance with the weight specified in the over or under loading clause? (3) How much raw silk with 9％ moisture regain should be taken out?

Answer

(1) 100 metric tons actual weight＝metric tons÷(1＋standard moisture regain)×(1＋actual moisture regain)＝100÷(1＋11％)×(1＋9％)＝98.198 (metric tons).

(2) 98.198×(1＋5％)＝103.107 9＜104.

(3) Therefore, 104 metric tons do not conform to the contract.

(4) Take out 104－103.107 9＝0.892 1 (metric tons)

4. 理论重量(theoretical weight)

由于某些按固定规格生产和买卖的商品,像马口铁、钢板等,只要其规格一致,每件重量大体是相同的,一般可以从其件数推算出总量。但是这种计重方法是建立在每件货物重量相同的基础上的,重量如有变化,其实际重量也会产生差异,因此,理论重量一般作为计重时的参考。

5. 法定重量(legal weight)和实物净重(net weight)

按照一些国家海关法的规定,在征收从量税时,商品的重量是以法定重量计算的。所谓法定重量是商品重量加上直接接触商品的包装物料,如销售包装等的重量,而除去这部分重量所表示出来的纯商品的重量,则称为实物净重。

三、国际贸易合同数量条款实务

1. 合同数量条款及其法律意义

交货数量必须与合同规定相符,否则买方可以索赔,以至于拒收多交付的货物。

如果少于规定数量,买方可以要求卖方在交货期届满前补交,但不能使买方遭受不合理的不便或承担不合理的费用,并且买方保留损害赔偿的权利。

如果多交货,买方有权拒收多余部分;也可以收取多交部分的一部分或全部,但按合同价格付款。

2. 合同数量条款的规定

买卖合同中的数量条款内容,主要包括成交商品的数量和计量单位。按重量成交的商品,还需订明计算重量的方法。规定数量条款,需要注意下列事项:

(1) 对出口商品数量的掌握,需要注意:

① 国外市场的供求状况;

② 国内货源供应情况;

③ 国际市场的价格动态;

④ 国外客户的资信状况和经营能力。

(2) 对进口商品数量的掌握,需要注意:

① 国内的实际需要;

② 国内支付能力;

③ 市场行情变化。

3. 溢短装条款(more or less clause)

某些商品在订立买卖合同时无法确定准确的数量,买卖双方便在合同中订明,允许卖方在装运时,根据实际情况多装或少装一定比例的数量,其合同总值也随着数量一起增减,如,"5% more or less both in Quantity and Amount are acceptable"。运用溢短装条款的前提是货物不能准确计量,通常适用于矿产品、煤炭、粮谷、化肥等大宗交易货物。

利用溢短装条款应注意以下问题:

(1) 允许溢短装比例要适当。

(2) 溢短装选择权。溢短装条款的数量的伸缩权,可以是卖方,也可以是买方,还可以是承运人,合同中只需分别注明"at seller's option"(由卖方决定),"at buyer's option"(由买方决定),"at carrier's option(由船公司决定)/at shipper's option(由托运人决定)"。

(3) 溢短装数量的计价。溢短装部分的计价方法通常有如下两种:一是,按合同价格计算;二是,按交货时的国际市场价格计算,这样可以防止拥有伸缩量选择权的当事人利用数量机动幅度获取额外利益。

(4) 必须具体、明确与完整。

4. 贸易合同中,数量条款的示例

(1) Quantity:3 000 metric tons, the seller is allowed to load 5% more or less, the price should be calculated according to the unit price in the contract.

(2) Quantity:3 000 metric tons,5% more or less at buyer's option with more or less potion priced at the market price at the time of shipment.

⟹... deep seek

《跟单信用证统一惯例》(简称《UCP600》)约量条款的规定

约量条款是指实际交货数量可有一定幅度的弹性条款,即在交货数量前加"约"字规定数量机动幅度的方式。例如,约 100 公吨。由于"约量"(approximate or about or circa)一词含糊,国际上对其有不同的解释,有的国家解释为 2%,有的为 5%,也有的为 10%。为了避免履行合同时引起不必要的纠纷,除双方对"约"数已有协议或默认,否则最好不要使用"约量",如果一定要使用约量,双方应于事先明确允许的百分比。

《UCP600》第 30 条关于信用证金额、数量与单价伸缩度解释:

a. 凡约、近似、大约或类似意义的词语用于信用证金额或信用证所列的数量或单价时,应解释为有关金额或数量单价不超过 10% 的增减幅度。

b. 除非信用证规定货物数量不得增减,在支取金额不超过信用证金额的条件下,货物数量允许有 5% 的伸缩。但信用证数量按包装单位或个数计数时,此项伸缩不适用。

《UCP600》第 35、37、52 条的法律释义:

规定卖方必须按合同数量条款的规定如数交付货物。如果卖方交货数量多于约定数量,买方可以收取,也可以拒绝收取多交部分货物的全部或一部分。如果卖方实际交货数量少于约定数量,卖方应该在规定的交货日期届满之前补足,但不得使买方遭受不合理的不便或承担不合理的开支,然而,买方保留要求损害赔偿的权利。

5. 案例分析

案例 2-6

假设有两份销售某种产品的买卖合同:A 合同的数量和单价是"about 650M/T, at USD450.00/MT... ",B 合同的数量规定为"Quantity:500M/T, at USD360.00/MT, 6% more or less both in quantity and amount at Seller's option... "。在这两份合同项下,卖方可分别交付数量和支取金额的最大值和最小值为多少?

解析　依据约量条款,含有约量词 about 或 circa 的数量和单价,交货数量和金额都可以有一定幅度,就是 B 合同所采用的,而 A 合同只能对交货数量有 10% 的幅度伸缩,故结论如下表 2-3 所示。

表 2－3　A、B方案交货数量的伸缩度

项目		合同		备注	
		A	B	A	B
数量（M/T）	最多	715	530	极值＝合同基数×（1±10％）	极值＝合同基数×（1±6％）
	最少	585	470		
总金额（USD）	最多	292 500.00	190 800.00	极值＝合同基数×单价	极值＝数量极限×单价
	最少	292 500.00	169 200.00		

案例 2－7

在某一买卖合同中的数量条件中有如下规定：数量10 000吨，可溢出10％。① 按装运数量计价，但卸货数量短少超过3％时，超过3％部分由卖方负担。卖方装出重量10 000吨，实际卸货重量为9 900吨，请问买方应按多少重量付款？如果实际卸货重量为9 500吨呢？② 又假如合同规定按装运数量计价，但卸货数量短少如超过3％，短少部分全部由卖方负担，当实际卸货重量为9 900吨和9 500吨时，请问买方各应按多少重量付款？

解析

（1）实际卸货9 900吨，短少100吨，短少1％，没有超过3％，故计价数量为10 000吨。若实际卸货数量为9 500吨，短少500吨，短少5％，超过3％。则短少超过的部分2％（200吨），由卖方负责，则计价数量为9 800吨。

（2）实际卸货9 900吨，短少100吨，短少1％，没有超过3％，故计价数量为10 000吨。若实际卸货数量为9 500吨，短少500吨，短少5％，超过3％。则短少超过的部分（500吨），由卖方负责，则计价数量为9 500吨。

课程思政

竞争——强者愈强，弱者愈弱

交易双方都想获得交易的最大化利润（未必是最大的贸易利益），这既考验业务员的预测能力，也需要考察其在交易中的竞争力。短期的最大化利润，未必能够获得长期的贸易利益，只有双方秉持共赢、合作态度，才能维持双方长期的贸易利益。

第三节　商品包装

现代商品包装反映了商品包装的商品性、手段性和生产活动性。商品包装是商品生产的重要组成部分,绝大多数商品只有经过包装,才算完成它的生产过程,才能进入流通和消费领域。出口商品包装的好坏直接关系到出口商品的销售和我国商品的信誉。根据包装在流通过程中的不同作用,分为销售包装(也称内包装)和运输包装(也称外包装)。

《联合国国际货物销售合同公约》第 35 条规定,卖方交付的货物须按照合同所规定的方式装箱或包装。如果合同中没有规定,则货物按照同类货物通用的方式装箱或包装,如果没有此种货物的通用包装方式,则按照足以保全和保护货物的方式装箱和包装。否则,货物即为与合同不符,卖方要根据实际情况承担相应的违约责任。

一、销售包装

销售包装(sales packing),又称内包装(inner packing)、小包装(small packing),是直接接触商品,随商品进入零售市场和消费领域的包装。

1. 销售包装的种类

我们购物或在超市能够看到各种销售包装的形式,比如堆叠式包装、挂式包装、展开式包装、透明包装和开窗包装、携带式包装、易开包装、喷雾包装、配套包装、一次用量包装、礼品包装、习惯性包装等,如果工业品还有箱式包装等。

2. 销售包装的要求

(1) 包装的造型与装潢设计要有利于促销。

(2) 标签的使用不能违反国家有关标签管理条例的规定。

(3) 要有条形码等识别标志。

(4) 包装的设计要有利于再利用、再循环和最终处理,采用绿色包装标志。

各种销售包装,最终要实现便于陈列展示、便于识别商品、便于携带(运输)和便于使用,以及要有艺术吸引力。

其中,常见的识别标志有条形码和二维码。美国统一代码委员会(UCC)编制的 UPC (Universal Product Code) 和国际物品编码委员会(LAN)编制的 EAN 码(European Article Number)是两大条码系统。1991 年 4 月我国正式加入国际物品编码协会,该协会分配给我国的国别号为"690",凡标有"690 - 693"条形码的商品,即表示是中国生产的商品。2002 年美国统一代码委员会和加拿大电子商务委员会加入国际物品编码协会后,2005 年 EAN 正式将组织名称变更为 GS1(Global Standard 1),促成全球统一标志系统(GS1 系统)的建立。

二、运输包装

运输包装(shipping package)又称外包装(outer packing)、大包装(giant packing),它是将货物装入特定容器,或以特定方式成件或成箱地包装。

1. 运输包装分类

（1）按包装方式，可分为单件运输包装和集合运输包装。根据货物的特点和合同要求，单件运输包装（singular packing）通常有如下常见类型：圆桶（drum），琵琶桶（barrel），木箱（wooden case），纸箱（carton），麻包（gunny bag），布包（cloth bale），集合运输包装（coordinate packing）通常有集装箱（container），托盘（pallet），集装包/袋（coordinate bag/bale）。其中，纸箱是应用最广泛的包装制品，按用料不同，有瓦楞纸箱、单层纸箱等，有各种规格和型号，常用的纸箱层数为 3 层或 5 层。托盘便于装卸、搬运单元物资和小数量的物资，按材质不同有木质托盘、塑料托盘、金属托盘等。木质托盘应用最广（使用时要熏蒸），常见规格为 $110 \times 110 \times 15CM$，可以装 1 立方米，一般承重为 1 吨。

（2）按包装造型不同，可分为箱、袋、桶和捆等不同的包装。

（3）按包装材料不同，可分为纸制包装、金属包装、木制包装、塑料包装、麻制品包装、玻璃制品包装、陶瓷制品包装以及竹、柳、草制品包装等。

（4）按包装质地不同，可分为软性包装、半硬性包装和硬性包装。

（5）按包装程度不同，可分为全部包装和局部包装。

不论何种运输包装，要满足如下要求：适应商品的特性，适应各种不同运输方式的要求，考虑有关国家的法律规定和客户的要求，便于各环节有关人员的操作，在保证包装牢固的前提下节省费用。

2. 运输包装标志

为了装卸、运输、仓储、检验和交接工作的顺利进行，防止发生错发、错运和损坏货物，伤害人身的事故，以保证货物安全迅速、准确地交付收货人，就需要在运输包装上书写、压印、刷制各种有关的标志，以便于识别货物和提醒人们操作时注意。运输包装上的标志，按其用途可分为运输标志、提示性标志和警告性标志三种。

（1）运输标志（shipping mark）

运输标志又称唛头，它通常是由一个简单的几何图形和一些字母、数字及简单的文字组成，其主要内容包括：① 目的地的名称或代号；② 收、发货人的代号；③ 件号、批号。此外，有的运输标志还包括原产地、合同号、许可证号、体积与重量等内容。下面是标准的国际运输标志形式及内容。

ABCD——收货人的代号（initials or abbreviated name of consignee or buyer）

543210——参考号（reference number）

SINGAPORE——目的地（destination）

1/30——件数代号（package number）

有的是侧唛标志，会增加重量体积标志（如，gross weight 54 kgs，measurment $42 \times 28 \times 18$ cm）和产地标志等，用来辅助说明包装的货物信息，如图 2-2 是某一商品侧唛。在单证中有时会出现 N/M 一词，其意思是 no mark 的简写，指没有唛头。

FOOTWEAR
ART. NO. CN4313
SIZE ASSORTMENT：
          40　41　42　43　44　45
BLACK　　1　2　5　5　4　3
BLUE　　 1　1　1　1　1　1
BROWN　 1　2　2　2　2　1
          3　5　8　8　7　5　＝36PRS/CTN
G. W. 20KG，N. W. 18KG
MEASUREMENT：46×30.5×38CM

图 2－2　某商品侧唛示例

（2）指示性标志（indicative mark）

指示性标志是提示人们在装卸、运输和保管过程中需要注意的事项，一般都是以简单醒目的图形和文字在包装上标出，故有人称其为注意标志。图 2－3 是常见的指示性标志汇总，国际贸易中，这些标志的下方中文需改作英文，比如"handle with care""no hooks""this side up"等。

（3）警告性标志（warning mark）

警告性标志又称危险货物包装标志。凡在运输危险货物时，都必须在运输包装上标注用于各种危险品的标志，以示警告。图 2－4 是常见的警告性标志汇总。

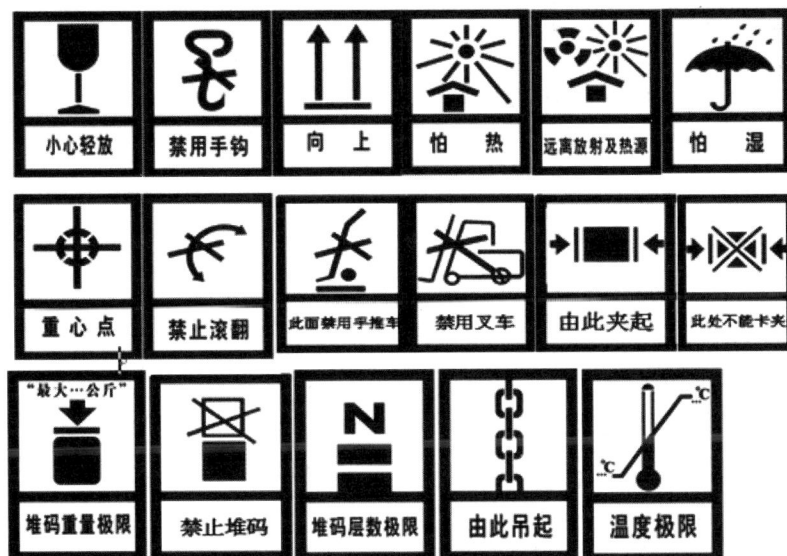

图 2－3　常见指示性标志汇总

危害环境物质和物品标签
W-01 10X10CM

爆炸性物质或物品标签
W-02 10X10CM

易燃气体
W-03 10X10CM

毒性气体
W-04 10X10CM

杂项危险物质标
10X10CM

非易燃无毒气体
W-05 10X10CM

易燃液体
W-06 10X10CM

易燃固体
W-07 10X10CM

易于自燃的物质
W-08 10X10CM

9类电池危险标
10X10CM

易燃液体
W-09 10X10CM

遇水放出易燃气体的物质
W-10 10X10CM

腐蚀性
W-11 10X10CM

阻燃
W-12 10X10CM

空运限量标
10X10CM

有毒
W-13 10X10CM

刺激性
W-14 10X10CM

石棉
W-15 10X10CM

有害
W-16 10X10CM

海运限量标
10X10CM

图 2-4 常见警告性标志汇总

三、定牌、无牌和中性包装

1. 定牌包装和无牌包装

定牌包装指卖方根据买方的要求在出口商品的包装上使用买方指定的商标、牌名,即品牌方与制造商合作的一种模式,品牌方专注于品牌和市场,制作商专注于包装生产,双方通过合作实现共赢。前文提到的 OEM 是制造商按品牌方设计生产产品。

无牌包装指卖方按照买方要求在出口的商品上不使用任何商标和牌号,是一种以功能性、低成本为核心的包装方式,适合价格敏感型市场、基础产品或批发贸易。企业在使用无牌包装时需特别注意目标市场的法规、语言、运输保护和文化差异。无牌包装难以建立品牌忠诚度,不利于提高商品的市场影响力。

2. 中性包装(neutral packaging)

一般的,在商品包装上都标有生产国别和制造商名称,而中性包装是指在商品和内外包装上不注明生产国别、地名和厂商名称的包装,中性包装又分无牌中性包装和定牌中性包装。

中性包装的出现是为了打破某些进口国关税歧视和限制，也是某些出口商为了扩大出口采取的一些灵活的做法，同时，也有利于中间商转售。

在我国出口贸易中，如外商订货量较大，且需求比较稳定，为了适应买方销售的需要和有利于扩大出口，我们可接受定牌包装，具体做法有下列几种：

（1）只用外商所指定的商标或牌号，而不标明生产国别和出口厂商名称。

（2）标明我国的商标或牌号，同时也加注国外商号名称或表示其商号的标记。

（3）在采用买方所指定的商标或牌号的同时，在其商标或牌号下标示"中国制造"字样。

但是，在使用定牌包装时，需要注意防止侵权争议发生。

课程思政

自由 or 保护

自由和保护是国际贸易中一对矛盾。鼓励自由能够扩大对外贸易，有利于促进世界经济的发展，但总存在利用各种贸易措施（诸如反倾销、反补贴、贸易配额等手段）搞贸易保护，阻碍国际贸易发展。特别的，近几年的知识产权保护成为西方国家搞贸易摩擦的常用手段，因此，要注意我们的出口产品是否侵权，以及占用我国产品进口配额现象发生，注意保护自身和国家的利益。

四、国际贸易合同包装条款实务

1. 包装条款的基本内容

国际商品贸易合同中的包装条款一般包括包装材料、包装方式、包装费用和运输标志等内容。比如，纸箱或板条箱，净重约12公斤，每个水果用纸包裹（In cartons or crates of about 12kg net, each fruit wrapped with paper），布袋，内衬聚乙烯袋，每袋净重50公斤（In cloth bags, lined with polyethene bags of 50kg net each），每一套装在一个出口纸箱中，每810个纸箱装在一个40英尺集装箱中（Each set packed in one export carton, each 810 cartons transported in one 40 ft container）。

贸易合同中包装条款常见实例如下：

（1）Packing：Limit the weight of any one of the wooden cases to 50 kgs and metal strap all cases in stacks of three and mark all the cases with an A in the square.

（2）Packing：××××, must be packed in strong wooden cases or cartons. It is suitable for long-distance sea transportation and climate change, and has good moisture-proof and earthquake resistance. If the goods are damaged due to poor packaging or rusted due to poor protective measures，the Seller shall compensate for all losses and expenses.

（3）The Seller shall mark the box number，gross weight，net weight，length，width and height on each container with indelible paint，and write the words "moisture proof"，"handle with care"，"this side up" and shipping.

2．订立包装条款应注意事项

（1）对包装的规定要明确具体，一般不宜采用"海运包装"（seaworthy packing）、"习惯包装"（customary packing）或"卖方惯用包装"（seller's usual packing）之类的术语，因为这些术语缺乏统一的定义和解释，容易引起纠纷。

（2）注意有关国家对包装的特殊要求和风俗习惯。各国对包装的要求越来越严格，有的国家不允许使用玻璃和陶瓷作包装材料，有的国家禁止使用稻草、报纸做包装衬垫，同时，还要符合各国的风俗习惯。

（3）卖方交付的货物，须按合同规定的方式包装。如果包装与合同不符，买方有权索赔，甚至拒收货物。

（4）唛头。一般由卖方决定，如果买方要求指定唛头，则可在合同中规定买方指定唛头的时限，并订明超过时限时卖方可自行决定。

（5）慎重考虑定牌中性包装问题，防止发生侵权诉讼。

（6）明确包装费用由何方负担、包装由谁供应。关于包装费用，一般包括在货价之内，不另计收。但也有不计在货价之内，而规定由买方另外支付。究竟由何方负担，应在包装条款中订明。

3．包装方面其他需要注意的问题

在国际贸易中，有些国家为了本国消费者的福利水平，存在对包装上使用的文字的规定，也由于不同国家不同的政策和风俗习惯，会产生对数字、图案、颜色的禁忌，作为出口方要考虑这些规定和禁忌，避免影响正常贸易。

（1）使用文字的规定

国际贸易中，有些国家对包装中使用的文字有特别规定，我们业务员要注意这些规定。比如，加拿大政府规定进口商品包装上必须同时使用英、法2种文字；我国香港规定，销往香港的食品标签，必须用中文，但食品名称及成分，须同时用英文注明；法国规定，销往法国的产品的装箱单及商业发票须用法文，其中对于包装标志说明，不以法文书写的应附法文译注；销往阿拉伯地区的食品、饮料，必须用阿拉伯文字说明；销往巴西的食品，要附葡萄牙文译文。

（2）数字、图案和颜色的禁忌

国际贸易中，经常会有买方（卖方）提供样品图片以及检验证书等要求，此时要注意数字、图案、颜色等不同国家的禁忌，避免影响到交易的顺利进行。下面列举了不同国家在数字、图案和颜色等方面存在的禁忌。

数字方面，有的国家数字上的禁忌也是包装设计所要注意的问题。如日本忌讳"4"和"9"这两个数字，因此，出口日本的产品，就不能以"4"为包装单位，像4个杯子一套、4瓶酒一箱这类包装，在日本都将不受欢迎；欧美人忌讳"13"。

图案方面,像阿拉伯国家禁用六角星图案(与以色列国旗的图案相似);信奉伊斯兰教的国家禁用猪或类似猪的图案(如熊和熊猫);沙特阿拉伯严禁在文具上印绘酒瓶、教堂、十字架图案;英国商标上忌用人像作商品包装图案,忌用大象、山羊图案,喜好白猫;法国忌核桃、黑桃图案,视孔雀为恶鸟,视马为勇敢的象征。

颜色方面,日本忌绿色,喜红色;美国人喜欢鲜明的色彩,忌用紫色;伊斯兰教徒特别讨厌黄色(象征死亡),喜欢绿色(驱病祛邪);巴西人以紫色为悲伤,暗茶色为不祥之兆;瑞士以黑色为丧服色,而喜红、灰、蓝和绿色;蒙古人厌恶黑色;荷兰人视橙色为活泼色彩,橙色和蓝色代表国家;丹麦人视红、白、蓝色为吉祥色;意大利人视紫色为消极色彩;埃及人以蓝色为恶魔,喜欢绿色;印度人喜欢红色;奥地利、土耳其人喜欢绿色,而法国、比利时、保加利亚人讨厌绿色。

4. 包装单据及其制作

(1) 货物包装的单据类型

装箱单(packing list 或 packing slip),装箱单是信用证经常要求的单据之一,它重点说明包装情况、包装条件和每件的毛重、净重等方面的内容,有的还需要详细装箱单(detailed packing list)。

重量单/磅码单(weight memo/list/note),一般以重量计价的商品,收货人对商品的重量比较重视,或当商品的重量对其质量能有一定的反映时,一般会要求重量单。

尺码单(measurement list),尺码用来表示货物的体积,即每件商品的包装尺码以及总尺码。

包装声明(packing declaration),有些国家对进口货物的包装有一些特殊规定,凡是向以上这些国家出口时,就需要采用包装声明。

规格单(specification list),它用来重点说明包装的规格,如:每箱装24打,每两打装一小盒,每打用塑料袋包装等细节。

花色搭配单(assortment list),它是说明商品花色搭配情况的单据。

(2) 装箱单的缮制

关于包装单据的缮制,下面以装箱单为例。其他包装单据的内容及缮制要点因公司不同、产品不同、合同/信用证中的要求不同,会略有区别,但主体相同。

① 单据的名称。按信用证要求的类型和名称提供。

② 出单方(issuer)。一般情况下,填写出口公司的名称及地址。

③ 抬头人(to)。一般情况下,填写进口公司的名称及地址。

④ 装箱单据的号码、日期(no.,date)。一般填写发票号码、日期。

⑤ 箱号(C/nos.)。即包装件号,应根据实际按序编写,有的信用证规定箱单中应注明件号为"1-UP",这里的 UP 应理解为总箱数。

⑥ 唛头(shipping mark)。与发票和信用证上的规定一致,也可以只注明"as per invoice no. xxx"。

⑦ 商品数量(no. and kinds of packages)。该数量为运输包装单位的数量,而不是计价单位的数量。

⑧ 商品名称。装箱单中所标明的货物应为发票中所描述的货物,但可用与其他单据无矛盾的统称表示。

⑨ 商品的毛重(gross weight,GW)、净重(net weight,NW)和体积(measurement,meas.)。毛重应注明每个包装件的毛重和此包装件内不同规格、品种、花色货物各自的总毛重(subtotal),最后在合计栏处标注所有货物的总毛重;净重、体积的填写与之相类似。

⑩ 签署。装箱单上一般不用签署,除非信用证条款中有特别指示。

包装单据缮制的注意点:如实反映信用证关于装箱的规定;货物如装托盘,尺码单上应同时标明托盘本身尺码和装货后总的尺码;包装单据一般不显示货物的单、总价。实践工作中包装单据常见问题:单据名称与信用证不符,单据中数量和包装件数混淆。

🐟 ... deep seek

装箱单实例

GUANGDONG FOREIGN TRADE IMP. AND EXP. GRANDTON. 285 TIANHE ROAD GUANGZHOU, CHINA FAX:86140220   TEL:86140221

PACKING LIST

TO:A. B. C. TRADING CO. LTD. , HONGKONG
312 SOUTH BRIDGE STREET, HONGKONG

PACKING & SHIPPING MARK	COMMODITY & SPECIFICATION	QUANTITY	NUMBER OF PACKAGES	GROSS WEIGHT	NET WEIGHT	MEAS.
A. B. C. HONGKONG 1 – 160 CARTONS MADE IN CHINA	LUGGAGE SET OF 8PCS	800SETS	80 CTNS	1760 KGS	1600 KGS	10. 266CBM
	LUGGAGE SET OF 6PCS	800SETS	80 CTNS	1760KGS	1600 KGS	10. 266CBM
TOTAL		1600 SETS	160CTNS	3520 KGS	3200KGS	20. 532CBM

SAY ONE HUNDRED AND SIXTY CTNS ONLY.

⚙ **案例 2－8**

某外商欲购我某企业生产的电动工具,该企业有自有品牌"翠花",且该品牌有一定的知名度,外商在洽谈中提出改用该外商拥有的"BOM"牌商标,并不得在包装上注明"Made in China"字样。请问:外商的这种做法叫什么?我方是否可以接受?应该注意哪些问题?

分析 对方要求我方定牌中性包装方式出口,对此我方要谨慎对待。首先要注意对方所用商标是否在国内外已有第三方注册,如有,则不能接受,防止侵权行为发生。其次,不能判明时,应在合同中注明"若有工业产权争议,则应由买方负责(For goods produced with the design, trade mark, and brand provided by the buyer, should there be any disputes arising from the infringement upon the third party's industrial property rights, it is the buyer to hold responsible for it.)"。另外,还要考虑我方品牌在对方市场的销售情况,若有良好市场信誉,则不应接受中性包装条款,否则会影响我方产品的市场地位,造成市场混乱。而且,多数情况下,进口国都要求包装上标明真实生产国别。还有,定牌中性包装要防止转口贸易,避免我们遭受反倾销调查。

案例 2-9

根据提供的销售合同,制定该货物的运输标志。

SALES CONFIRMATION

S/C No. 21SSG-017

Date:AUG. 8 2001

The Seller:Shanghai Textiles I/E Corp.

Address:27. ZHONGSHAN ROAD E. I SHANGHAI CHINA

The Buyer:CRYSTAL KOBE LTD.

Address:1410. BROADWAY, ROOM 300NY, NY10018 USA

Commodity and Specifications:Ladle's 55% acrylic 45% cotton knitted blouse

Quantity:500 dozen

Packing:In 120 cartons

Port of loading & destination:Shipment from Shanghai to NY, USA

分析 制作该商品的标准码头如下:

C. K

21SSG-017

NEW YORK USA

C/No. 1-120

deep seek

世界市场的国际认证

许多国家要求进口的商品要提供某类认证,产品上要贴有某类认证标志,以证明产品的品质符合特定的规定。因此,产品的目标市场不同,所需要的认证也不一样。不同的市场通常需要提供的认证如下:

北美市场:UL,CUL,ETL,CETL,FCC,FDA,EPA,CSA,ICES,NOM 等。

欧洲市场:GS,TUV,CE,Nordic(Nemko,Semko,FImko,Demko),CB,BSI,GOST,EVPU,SIQ,SABS,SEV,KEMA,IMQ,CEBEC,CECC 等。

亚洲市场:PSE,VCCI,EK,MIC,TISI,PSB,SASO 等。

中国市场:CCC,CQC,BSMI 等。

大洋洲市场:RCM,C-tick,SAA 等。

本章小结

本章主要知识点有国际贸易合同标的物的商品品质、数量和包装及其实务,它们之间的知识逻辑关系如图 2-5 所示。

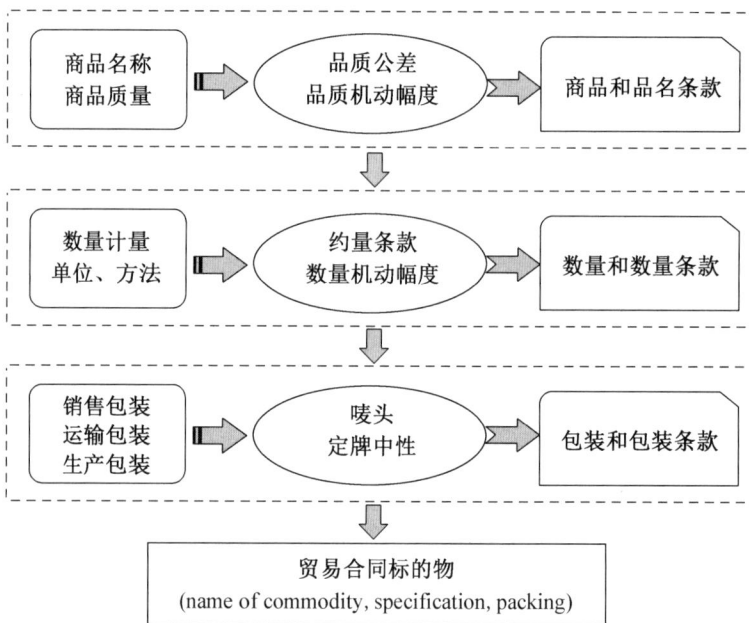

图 2-5　本章知识逻辑关系图

练习题

一、判断对错

1. 如买卖合同中未具体约定货物重量以何种方式计量,以国际惯例,应以货物毛重计算重量。　　　　　　　　　　　　　　　　　　　　　　　　　　　(　　)

2. 理论重量是建立在每件商品的重量都相同的基础上,它只能作为计算实际重量的参考。　　　　　　　　　　　　　　　　　　　　　　　　　　　　　　(　　)

3. 我国采用定牌生产出口商品时,在商品或其包装上只能使用买方指定的商标,而不能注明"中国制造"字样。　　　　　　　　　　　　　　　　　　　　(　　)

4. 在散装货的交易合同中,没有规定溢短装数量与使用"约"字的含义一样,均允许交货数量有5%的机动幅度。　　　　　　　　　　　　　　　　(　　)

5. 为了提高交货灵活性,在规定货物质量指标时,可以采用"大约""合理误差"等用语。
　　　　　　　　　　　　　　　　　　　　　　　　　　　　(　　)

二、单项选择

1. 在凭文字说明买卖,又提供参考样品的情况下,卖方所交货物的品质(　　)。

　　A. 既要符合文字说明,又要与样品完全一致

　　B. 要符合文字说明,样品不作为最后交货依据

　　C. 必须与样品完全一致

　　D. 可以根据实际情况符合其中之一即可

2. 品质机动幅度条款一般用于(　　)。

　　A. 制成品贸易　　B. 初级产品贸易　　C. 机电产品贸易　　D. 仪表产品贸易

3. 国际贸易中,如果卖方交货数量多于合同规定,根据《公约》的解释,买方不可以(　　)。

　　A. 接受全部货物

　　B. 拒绝接受全部货物

　　C. 只接受合同规定货物而拒绝多交部分

　　D. 接受合同规定数量及多交部分中一部分

4. 出口一批大宗商品,国外来证规定:"数量1 000公吨,散装,总金额为100万美元,禁止分批装运"。根据《UCP600》规定,卖方交货的(　　)。

　　A. 数量和金额均可在5%范围内增减

　　B. 数量和金额均可在10%范围内增减

　　C. 数量和金额均不得增减

　　D. 数量可在5%范围内增减,但金额不得超过100万美元

5. (　　)is composed of a specific reference number, abbreviations of consignee, the port of destination and the package number.

　　A. shipping mark　　　　　　　　B. indicative mark

　　C. warning mark　　　　　　　　D. no mark

6. In practice, the examples of packing Clauses in the contract as following below is not reasonable(　　)?

　　A. Packing: in new iron drums of 175kg each, net weight

　　B. Packing: each piece in a polybag, half dozen in a box and 10 dozen in a carton

　　C. Shipping Marks: at seller's option

　　D. Shipping Marks: at buyer's option, the relevant shipping marks should reach the seller 30 days after the time of shipment

7. For goods whose goods and samples cannot be completely consistent, it is generally not appropriate to use(　　).

    A. sale by specification   B. sale by grade

    C. sale by sample   D. sale by description

8. If the contract does not specify the method to calculate the weight of the goods, the measurement method of the goods shall be ( ).

    A. gross weight   B. net weight

    C. conditioned weight   D. gross for net

9. According to the provisions of *the Uniform Customs and Practice for Documentary Credits*, the use of "about", "similar" and other approximate terms in the contract is interpreted as the increase or decrease of the delivered quantity is ( ).

    A. not more than 5%   B. not more than 10%

    C. not more than 15%   D. at the Seller's discretion

10. 包装上仅有买方指定的商标或牌名,但无生产国别的包装方式为( )。

    A. 无牌中性包装   B. 定牌中性包装

    C. 卖方习惯包装   D. 惯常性保障

三、多项选择

1. 《联合国国际货物销售合同公约》规定,如果卖方交货不符合约定的品质条件,买方享有的合同救济权利有( )。

    A. 要求损害赔偿   B. 要求修理或交付替代物

    C. 拒收货物和撤销合同   D. 要求支付违约金

2. 国际标准化组织推荐的标准唛头应包括的内容有( )。

    A. 收货人名称的缩写或代号   B. 目的港(地)

    C. 箱号或件号   D. 参考号(合同或订单号)

3. 溢短装条款主要包括( )。

    A. 数量机动幅度   B. 机动幅度选择权

    C. 交货数量   D. 计量单位

    E. 溢短装部分作价方法

4. Which of the following attentions to Sale by Sample are correct? ( )。

    A. The sample should represent the average quality of the whole lot

    B. The commodity is inadvisable to adopt Sale by Sample when it is difficult to keep the goods in strict accordance with the sample

    C. More methods are better than one method to stipulate the quality of goods

    D. If the buyer insists on sale by sample or can only provide the buyer's sample, the seller can adopt sale by counter sample to transfer from sale by buyer's sample to sale by seller's sample

    E. A reference sample should carry the mark clearly showing "For Reference ONLY", if not, it is considered as the basis of delivery

5. A Chinese export company exported apples to the abroad, both the contract and

credit stipulated that the apple should be Grade Three. But only when the seller made the shipment，they found the stock of Third-grade apples run out，so the seller sent the second-grade apples instead and noted on the invoice that "Apples of Grade Two sold at price of Grade Three"，Do you think it is appropriate for the exporter to replace the inferior by the superior and keep the price fixed as before? (　　).

  A. In this case，selling superior as inferior is also regarded as a breach of contract

  B. If the Third-grade apples are in short supply，we should ask the buyer for advice to choose substitutes，otherwise it still constitutes a breach of contract

  C. If the market is in the poor situation，the other party can reject the goods and claim for compensation

  D. In this case，there is no risk here

6. 为避免交货品质与合同略有不同而造成的违约,可在合同条款中作出某些变通的条款,这些条款称为(　　)。

  A. 凭样品买卖　　　B. 凭标准买卖　　　C. 品质机动幅度　　D. 品质公差

7. The goods as below that must be printed with warning signs on the package are (　　).

  A. inflammable goods　　　　　　　B. explosive substances

  C. moisture prone substances　　　　D. fragile substances

  E. oxidative substances

8. The samples copied by the Seller according to the Buyer's samples and sent to the Buyer for confirmation are called (　　).

  A. duplicate sample　　　　　　　B. return sample

  C. equivalent sample　　　　　　　D. confirmation sample

四、案例分析

1. 我内地某出口企业与外商签订一份买卖合同,条件为:铸铁井盖 5 000 公吨,分十批装运,货物由买方提供图样生产,经买方验收后方可接受;品质条款规定:铸件表面应光洁,铸件不得有裂纹、气孔、砂眼、缩孔和其他铸造缺陷,同时规定签约后 10 日内卖方须向买方预付第一批货款金额的 10% 作为保证金(25 万元 CNY),买方签署质量合格确认书后 5 日返还保证金,否则买方有权拒收货物;不经双方同意,不得单方面中止合同,否则由终止合同一方承担损失。我方签约后很快将 25 万元 CNY 保证金汇交外商,货样生产出来后即让外商来验货但外商借口业务繁忙,一拖再拖,实在拖不过去了,就提出先请当时商检部门代为验货。我商检部门仔细审查合同后发现,光洁是一个比较含糊的概念,容易引起纠纷,使卖方处于被动地位。于是封存样品,并要求买方立即前来验货。外商接到通知后,不但不来验货,反而称卖方不能在规定的期限内生产出合格的产品,属于单方面违约,并要通过法律程序解决,卖方这才意识到外商是在利用合同进行诈骗。请问:该案例中的出口商犯了哪些主要错误？应从中吸取哪些教训？

2. An import and export company in China has exported several batches of wool textiles to a country in the Middle East. When the goods arrived, the buyer received them one by one, without raising any objections. But a few months later, the buyer sent a set of clothing made by wool textiles, claiming that there was an apparent color shading of the dress made by our products and it is difficult to put into the market, thus filing a compensation claim. How to analysis this case?

3. 某出口公司向韩国出口 10 公吨羊毛。在合同中规定按公量计算，标准回潮率定为 11%。经抽样证明，10 公斤纯羊毛用科学方法去掉水分净剩羊毛 8 公斤，即该批货物的实际回潮率为 25%。求上述货物的公量。

4. 某厂外销布匹 4 万米，合同上订明：红、白、黄、绿四种颜色各 1 万米，并附有允许卖方溢短装 10% 的条件。该厂实际交货数量为红色 10 400 米，白色 8 000 米，黄色 9 100 米，绿色 9 000 米，共计 36 500 米。白布虽超过 10% 的溢短装限度，但就四种颜色布的总量来说，仍未超过条件。在此情况下，进口商应怎样处理？

5. Company A of our country imported a batch of penicillin oil from Britain. The contract stipulates that the quality of the product is "subject to the 1953 standard of the British Pharmaceutical Bureau". However, after the arrival of the product at the port of destination, it is found that the product was to be different, so the commodity inspection department is asked to inspect it. After repeated investigations, it is found that there was no specification standard for penicillin oil in the 1953 version of the British Pharmaceutical Bureau. As a result, the commodity inspection personnel could not inspect it, which made Company A's external claim lose its basis. Please analyze what should be paid attention to avoid such incidents.

6. An export company of our company signed a contract with a Hungarian businessman to export fruits. The payment method is payment after the goods are received and accepted. However, after the arrival of the goods, the buyer found that the total weight of fruit was short, and the short amount was more than 10%, and the weight of each fruit was also lower than the contract. The Hungarian businessman refused to pay and take delivery. Later, all the fruits rotted, and the Hungarian customs charged the seller 50 000 dollars for storage and fruit processing. Our export company is in a passive position. What lessons can we learn from this case?

五、实训

（1）在阿里国际站中挑选 5 类商品，分别找出它们的不同包装标志，它们是运输包装标志吗？

（2）从阿里国际站（https：//www.alibaba.com）搜索企业的网页资料，了解跨境电商中交易的商品涉及的名称、质量、数量和包装，与现在所学国际贸易知识的有什么不同？

（3）调查两种不同类商品的技术标准，两者分别有哪些？

第三章
国际贸易术语

责任、义务时刻记心间

... **学习目标**

掌握国际贸易术语概念及其性质

理解国际贸易术语在国际贸易中的重要作用

掌握 INCOTERMS Ⓡ 2020 中主要六种贸易术语的责任、义务、费用和风险的划分，以及与 2010 版的差异

了解 D 组术语在跨境电商的应用

理解与掌握贸易术语的选择实务

... **职场案例**

某公司内贸部门联系了国内几家意向货源,货物信息如下,实物式样如图3-1所示:A,陕西礼泉县嘎啦品牌冰糖心脆甜苹果5 000 kg,纸箱包装,每箱净重5 kg,毛重6.1 kg,每箱尺寸为:35×46×26 cm。B,南通市金凤凰牌北欧简约风床上用品四件套10 000件,塑料袋装,纸箱大包装,每箱8套,纸箱尺寸为:120×85×60 cm。C,江西景德镇和意牌羊脂玉陶瓷茶具套装2 000件,纸箱包装,规格为50×50×30 cm。外贸经理张师傅,安排实习生小李,在2周内为国内货源寻找到国外客户,并尽量促成交易意向。

请你替小李考虑,跟客户交谈磋商前主要考虑我方可以承担哪些责任和义务?在磋商时,如何解决这些问题,提高交易效率?

图 3-1　货源商品实物式样

分析　在国际贸易中,卖方要考虑货物出口清关、国际运输、货损货差,以及安全收到货款等基本问题。再从买方考虑,买方需要支付货款,希望货物安全到达,且能够收到符合要求的货物,以及货物进口清关。当然,贸易双方还会有其他方面的考量,比如,利益、时间、风险等,这些都是外贸业务员要提前准备的,在商务磋商中需重点关注。因此,贸易术语就是能够提高外贸交易磋商效率,用来解决买卖双方基本责任和义务划分的专门用语。

...　**课程思政**

责任与义务

国际贸易交易双方,分别要承担一定的责任和义务,承担的责任和义务越大,收益也可能越大,同时,也可能面临较多的风险。所以,作为外贸业务员,一定要将责任和义务界定清晰,即责任划分清楚,才能更好地履行义务。越是优秀的外贸业务员,失误越少,能够少失误,控制风险能力越强。

第一节　国际贸易术语概述

一、贸易术语定义及其性质

贸易术语(trade terms),又称交易条件、价格术语(price terms),它是一些简短的概念,如"free on board",或由三个字母组成的缩写,如"FOB"。它是用来说明价格的构成,明确买卖双方有关手续、费用、风险和责任的划分,确定卖方交货和买方接货的权利与义务的专门用语。

贸易术语具有交货条件和价格构成的二重性质,其中交货条件是指交货地点、交货方式、风险转移界限、双方需交接哪些单据、采用何种运输方式等。价格构成又是一种费用构成,包括谁负责办理货物的运输、保险手续,谁负责办理通关过境手续,并负担相关费用。

贸易术语能够简化交易手续、缩短洽商时间、节约费用开支、有利于交易的达成、促进贸易的发展等,所以,一些国际机构根据国际贸易的习惯制定贸易术语,成为国际普遍遵守的惯例。

由于贸易术语确定了买卖双方的部分合同义务,合同中采用了某种贸易术语,比如采用 CIF 术语,就使得该合同具有一定的特征,所以实践中常称之为"CIF 合同"等。

二、有关贸易术语的惯例

目前有关国际贸易术语的国际惯例主要有国际法协会制定的《1932 年华沙-牛津规则》,美国商业团体制定的《1990 年美国对外贸易定义修订本》,以及国际商会制定的《国际贸易术语解释通则》。这里先介绍前两个惯例,第三个惯例在下一节专门介绍。

(一)《1932 年华沙-牛津规则》

国际法协会对成本加保险费及运费(C、I、F)条件的详细解释。1928 年华沙会议制定了 C、I、F 买卖合同的统一规则,即《1928 年华沙规则》,共 22 条。后经 1930 年牛津纽约会议、1931 年巴黎会议和 1932 年牛津会议修订,为 21 条,定名为《1932 年华沙-牛津规则》(Warsaw-Oxford Rules 1932),一直沿用至今。其中对包括卖方在船舶装运、保险、制备单据,提交证件及保证货物的品质等方面的责任,买方在偿付货款、接受货物与检查货物等方面的权利与义务,以及货物风险及所有权的转移时间等,都有详细规定。这个规则对任何进出口交易都没有法律上的约束力,仅供买卖双方自愿采用,只有当双方在买卖合同中注明采用此项规则时才适用。《华沙-牛津规则》中的任何一条都可以由买卖双方在合同中加以修改和补充,如合同条款与该规则有抵触时,以合同规定为准。它对后来国际商会制定的贸易术语解释起到启发和借鉴作用。

（二）《美国对外贸易定义修订本》

1.《美国对外贸易定义修订本》简介

美国对外贸易修订本（United States Foreign Trade Regulations，FTR）是由美国商务部下属的普查局（Bureau of the Census）和工业与安全局（Bureau of Industry and Security，BIS）共同管理的。这些规定旨在确保美国的出口活动符合国家安全和外交政策目标。1919年，美国一些商业团体制订了有关对外贸易定义的统一解释，后鉴于贸易习惯和经营做法的演变，在1940年举行的美国第27届全国对外贸易会议上要求对原有定义进行修改。1941年7月30日，美国商会、美国进口商全国理事会和全国对外贸易理事会所组成的联合委员会正式通过并采用了此项定义，并由全国对外贸易理事会发行。具体到参与制定美国对外贸易修订本的9个商业团体，这个数字和名单并不是固定的，因为不同的修订可能会涉及不同的利益相关者。

在修订本中，除对原产地交货、装运港船边交货、装运港交货运费在内、装运港交货运费保险费在内和目的港码头交货等贸易术语做了解释外，还对装运港船上交货（FOB）贸易术语做了解释。它把FOB分为六种类型，其中只有第五种，即指定的装运港船上交货（FOB Vessel），才同国际贸易中一般通用的国际商会的FOB贸易术语的含义大体相似，而其余五种FOB的含义则完全不同。为了具体表现买卖双方在各种贸易术语下相应的权利与义务，在此修订本所列的各种贸易术语之后，还附有注释，这些注释实际上是贸易术语定义的组成部分。目前较新的版本是《1990美国对外贸易定义修订本》（下面简称《修订本》），由美国9个商业团体参与制定，它越来越接近国际贸易的一般习惯与做法。通常，参与此类过程的商业团体可能包括但不限于：美国商会（U S Chamber of Commerce），全国制造商协会（National Association of Manufacturers，NAM），美国进出口银行（Export-Import Bank of the United States，EXIM），美国对外贸易委员会（National Foreign Trade Council，NFTC），美国国际商业机器公司（International Business Machines Corporation，IBM）等大型跨国公司，美国零售联合会（National Retail Federation，NRF），美国农业局联合会（American Farm Bureau Federation，AFBF），美国汽车制造商协会（Alliance of Automobile Manufacturers），美国化学理事会（American Chemistry Council，ACC）。

2.《修订本》FOB规定的六种情况

（1）FOB（named inland carrier at named inland point of departure）（在国内指定起运地点的指定内陆运输工具上交货），它相当于国际商会的FCA。

（2）FOB（named inland carrier at named inland point of departure）Freight Paid to（named point of exportation）（在国内指定起运地点的指定内陆运输工具上交货，运费预付至指定出口地点），它相当于国际商会的CPT。

（3）FOB（named inland carrier at named inland point of departure）Freight Allowed to（named point）（在国内指定起运地点的指定内陆运输工具上交货，扣除至指

定地点运费）

（4）FOB（named inland carrier at named point of exportation）（在指定出口地点的指定国内运输工具上交货）。

（5）FOB Vessel（named port of shipment）（指定装运港船上交货），它相当于国际商会的FOB。

（6）FOB（named inland point in country of importation）（进口国指定内陆地点交货）。它相当于国际商会的DDP。

美国贸易修订本与国际商会对FOB的解释差异主要表现在：a，美国把FOB笼统地解释为在任何一种运输工具上交货；b，在费用负担上，规定买方要支付卖方协助提供出口单证的费用以及出口税、因出口而产生的其他费用。所以，即使美国贸易修订本的FOB Vessel相当于国际商会的FOB，也存在出口手续的税费负担不同，前者由买方负担，后者由卖方负担，同时，FOB Vessel规定卖方有义务协助买方取得由出口国签发的为货物出口或在目的地进口所需的各种证件。因此，与北美国家进行贸易时应该注意在合同中进行事先约定使用哪个版本的术语。

下面举例说明美国贸易定义修订本的FOB六种价格的异同：

假设我国某公司打算从美国以FOB贸易术语进口一批货物，由我国进口方派船到美国旧金山接货，该批货物集中在内陆城市雷诺市，货物在雷诺市交货为每磅0.91美元，雷诺市到旧金山的运费为0.01美元，则卖方交货的价格如下：

按第一种解释交货，价格为0.91美元；

按第二种解释交货，价格为0.92美元；

按第三种解释交货，价格为0.91美元；

按第四种解释交货，价格为0.92美元；

按第五种解释交货，价格为0.93美元（假设装船费为0.01美元）；

按第六种解释交货，价格为1.25美元（假设包括了全程运费、保险费）。

3.《修订本》的其他五种贸易术语

（1）EXW（Ex works），工厂交货。根据货物存放地不同，可以有制造厂交货（Ex factory），工厂交货（Ex mill），矿山交货（Ex mine），农场交货（Ex plantation），仓库交货（Ex warehouse）等形式。也有称其为factory gate pricing（工厂门口交货价）。

（2）FAS（free along side），运输工具边交货。其中FAS vessel（named port of shipment）为船边交货，意思基本同国际商会的术语FAS。

（3）CFR，基本同国际商会的术语CFR。

（4）CIF（cost，insurance，freight），成本加保险费、运费。其意思基本同国际商会的术语CIF，但若卖方应买方要求投保战争险所支出的费用则需要由买方负担。

（5）DEQ（delivered Ex quay），码头交货。若其后面附加"duty paid"字样则进口通关手续、税款等均由卖方负责。因此，我国外贸企业与美洲国家进行交易时，应予特别注意。

第二节 国际商会贸易术语

一、《国际贸易术语解释通则》

(一)《国际贸易术语解释通则》简介

《国际贸易术语解释通则》(International Rules for the Interpretation of Trade Terms,INCOTERMS)是国际商会(The International Chamber of Commerce，ICC)创立的对各种贸易术语解释的正式规则。它是订立国际销售合同的国际惯例,是国际贸易合同订立,责任、风险、费用划分的规则,是进出口商、对外运输、金融结算、货物保险、一关三检等与国际贸易有关单位处理贸易纠纷的准则。INCOTERMS 由 International Commercial Terms 三字合成,其早期版本有副标题: International Rules for the Interpretation of Trade Terms,我国通常译为《国际贸易术语解释通则》,简称《通则》。

1. INCOTERMS Ⓡ 规则规定内容

义务:买卖双方各自义务,如谁组织货物运输或者负责保险,谁负责装运单据和进出口许可证。

风险:风险于何时、何地由卖方转移给买方,由谁承担相应的货物灭失风险。

费用:运输、包装或装卸费用,货物查验或与安全有关的费用的承担者。

2. INCOTERMS Ⓡ 规则不作规定内容

INCOTERMS Ⓡ 规则不是一份销售合同,不能代替销售合同法律文本。贸易中需要买卖双方订立销售合同,并就其中的履行、违约及法律适用等法律问题进行约定,但可将 INCOTERMS Ⓡ 规则并入合同文本,成为合同一部分。买卖双方一般可以选择某方国家法律作为准据法,或者适用如《联合国国际货物销售合同公约》等国际法。

规则不规定内容(需在合同中明确约定)有:销售合同是否存在,价款支付的时间、地点、方式或币种,违约救济,知识产权,货物权利转移,争议解决方式等。

3. INCOTERMS Ⓡ 2020 规则与 INCOTERMS Ⓡ 2010 贸易术语关系

国际贸易术语不存在"新法取代旧法"问题,买卖双方仍可根据实际情况选择是否使用新版贸易术语。INCOTERMS Ⓡ 2020 就 INCOTERMS Ⓡ 2010 有了新变化,如 DAT(运输终端交货)变成 DPU(卸货地交货),增加 CIP(运费和保险费付至)的保险范围等,需要买卖双方在选择贸易术语时引起关注。

4. 如何正确书写 INCOTERMS Ⓡ 规则

标准的表达方式为:"[所选择的 INCOTERMS Ⓡ 规则][指定的港口、地方或点] INCOTERMS Ⓡ 年份"。如选择 INCOTERMS Ⓡ 2020:CIF Shanghai INCOTERMS Ⓡ 2020,或者选择 INCOTERMS Ⓡ 2010:DAP No. 123, ABC Street, INCOTERMS

Ⓡ 2010。

因此,选择贸易术语一定要书写具体年份,即 INCOTERMS Ⓡ 2020 或 INCOTERMS Ⓡ 2010 等,如遗漏了年份,将由法官或仲裁员根据合同内容决定适用 INCOTERMS Ⓡ 规则的哪个版本。《通则》的制定原则是旨在尽可能清楚而精确地界定买卖双方当事人的义务;为期获得商业界广泛采用本规则,以现行国际贸易实务上最普遍的做法为基础而修订;所规定卖方义务系最低限度的义务。因此,当事人在其契约中可以以本规则为基础,增加或变更有关条件,加重对方义务以适宜其个别贸易情况的特别需要。但是,它为国际贸易中最普遍使用的贸易术语提供一套解释的国际规则,以避免因各国不同解释而出现的不确定性,或至少在相当程度上减少这种不确定性。

INCOTERMS 对解释通则进行了基本适用范围的说明:① 只涉及销售合同中买卖双方的关系,但不可避免地对其他合同(如运输合同、保险合同)产生影响。② 不涉及应付价格或支付方式,货物所有权的转移、违约后果等。③ 国际贸易与国内贸易均可适用。④ 合同各方应当清楚强制适用的本地法可能推翻买卖合同的任何条款,包括所选择的国际贸易术语在内。⑤ 可以在解释的基础上进行变形,但要说明风险和费用是否发生改变。⑥ 作为惯例,使用时,应该注明应用的版本(applicable version),可以部分适用或修改适用(exclusion or modification)。

(二)《国际贸易术语解释通则》修订与补充

国际商会(ICC)于 1936 年首次公布了一套解释贸易术语的国际规则,命名为 INCOTERMS1936,以后又于 1953 年、1967 年、1976 年、1980 年、1990 年、2000 年、2010 年和 2020 年进行多次修订,关于 ICC 的贸易术语解释通则,可以参考网站 https://iccwbo. org/resources-for-business/incoterms-rules。

1. 版前本

国际商会于 1921 年在伦敦举行的第一次大会,授权搜集各国所理解的贸易术语的摘要。

摘要的第一版于 1923 年出版,内容包括几个国家对下列几种术语的定义:FOB,FAS,FOT 或 FOR,Free Delivered,CIF 以及 C&F。摘要的第二版于 1929 年出版,内容有了充实,摘录了 35 个国家对上述 6 种术语的解释,并予以整理。

2. 1936 年版

将解释贸易术语的规则定名为 INCOTERMS 1936,副标题为 International Rules for the Interpretation of Trade Terms(国际贸易术语解释通则)。至于 INCOTERMS 一词系 International Commercial(法语 commericial 一词等于英语的 trade)Terms 的缩写,《通则》成为全球交易者指南。

1936 版 11 种贸易术语如下:

(1) Ex works(Ex factory,Ex mill,Ex plantation,Ex warehouse, etc.),即工厂交货;

(2) FOR(free on rail)... named departure point or FOT(free on truck)... named

departure point,即铁路交货/火车上交货;

(3) Free... named Port of shipment,即装运港港口交货;

(4) FAS(free alongside ship)... named port of shipment,即装运港船边交货;

(5) FOB(free on board)... named port of shipment,即装运港船上交货;

(6) C&F (cost and freight)... named port of destination,即成本加运费;

(7) CIF(cost,insurance,freight)... (named port of destination),即成本、保险费加运费;

(8) Freight or carriage paid to... named port of destination,即运费付至;

(9) Free or free delivered... named port of destination,目的港交货;

(10) Ex ship... named port,即到货港船上交货;

(11) Ex quay... named port,即到货港码头交货。

3. 1953 版

国际商会于 1953 年 5 月在奥地利维也纳召开会议,审议 INCOTERMS 的修订案。同年 10 月修订完成,并颁布新修订的 INCOTERMS,定名 INCOTERMS 1953,以 INCOTERMS1936 为基础整理及归纳,将很少用的 Free＋named port of shipment 及 Free or free delivered＋named point of destination 两术语删除。

4. 1967 版

鉴于边境交货和缴纳进口税后到达指定地点交货的贸易方式的出现,增加两个贸易术语:DAF(边境交货)和 DDP(完税后交货)。

5. 1976 版

鉴于航空运输业快速发展,市场对空运需求增加,FOB 交货方式与空运不符,因此,增加 1 个贸易术语:FOB Airport(启运机场交货)。

6. 1980 版

鉴于铁路运输的发展,增加了三个非海洋运输方式的贸易术语,1980 版术语如下。

(1) 工厂交货(Ex works),制造厂交货、农场交货、仓库交货等(Ex factory, Ex mill, Ex plantation, Ex warehouse, etc.);

(2) 铁路交货/敞车交货(FOR/FOT),铁路交货/敞车交货……指定起运地点((free on rail/free on truck... (named departure point));

(3) 船边交货(FAS),船边交货……指定装运港(free alongside ship... (named port of shipment));

(4) 船上交货(FOB),船上交货……指定转运港(free on board... named port of shipment);

(5) 成本加运费(C&F),成本加运费……指定目的港(cost and freight... named port of destination);

(6) 成本、保险费加运费(CIF),成本、保险费加运费……指定目的港(cost, insurance,freight... named port of destination);

（7）目的港船上交货（EXS）……指定目的港（Ex ship... named port of destination）；

（8）目的港码头交货，关税已付（EXQ）……指定港口（Ex quay duty paid... named port）；

（9）边境交货（DAP）……边境指定交货地点（Delivered at frontier... named place of delivery at frontier）；

（10）完税后交货（DDP）……指定的进口国目的地（Delivered duty paid... named place of destination in the country of importation）；

（11）起运机场交货……指定起运机场（FOB airport... named airport of departure）；

（12）货交承运人（FCA）……指定地点（Free carrier... named point）；

（13）运费付至（CPT）……指定目的地（Freight or carriage paid to... named point of destination）；

（14）运费、保费付至（CIP）……目的地（Freight carriage and insurance paid to... named point of destination）。

7. 1990 版

《通则 1990》修订的主要原因是为了使贸易术语适应电子资料交换（EDI）日益频繁运用的需要。修订通则的另一个原因是不断革新运输技术，尤其是集装箱联合运输、多式联运和"近海"海运中使用公路车辆和铁路货车的滚装滚卸运输。《通则 1990》中的术语"货交承运人……指定地点"（FCA）适用于各种形式的运输，而不论其是什么方式，以及不同方式的联合运输。为此，这一次修订本中对两个特殊运输方式（FOR/FOT 和 FOB 机场交货）的规定删去。

第一组"E 组"（Ex works），卖方在其自己的地点把货物交给买方；

第二组"F 组"（FCA、FAS 和 FOB），卖方须将货物交至买方指定的承运人；

第三组"C 组"（CFR、CIF、CPT 和 CIP），卖方必须签订运输合同，但货物灭失或损坏的风险以及装船和启运后发生事件所产生的额外费用，卖方不承担责任；

第四组"D 组"（DAF、DES、DEQ、DDU 和 DDP）卖方必须承担把货物交至目的地国家需要的全部费用和风险。

8. 2000 版

2000 年版本主要修改了 FAS 和 DEQ 的 INCOTERMS 规则的"许可证，授权和手续"部分，以符合大多数海关当局处理记录出口商和进口商的问题的方式。

《通则 2000》共包括四组即 E 组、F 组、C 组和 D 组，13 个术语。

E 组，EXW 工厂交货；

F 组，FCA 货交承运人，FAS 船边交货，FOB 船上交货；

C 组，CFR 成本加运费，CIF 成本、保险费加运费，CPT 运费付至，CIP 运费和保险费付至；

D 组，DAF 边境交货，DES 目的港船上交货，DEQ 目的地港码头交货，DDU 未完税交货，DDP 完税后交货。

9. 2010 版

INCOTERMS ® 2010 版本合并了 D 系列规则,删除了 DAF(在边境交货),DES(在交货前交货),DEQ① 和 DDU②,用两个可以不顾及运输模式的新术语 DAT③ 和 DAP④ 代替了《通则 2000》中的 DAF、DES、DEQ 和 DDU 术语。其他修改包括增加了买卖双方在信息共享方面进行合作的义务。

DAT 和 DAP 术语都规定需在指定目的地交货,二者的主要区别是:在 DAT 术语下,卖方承担将货物从运输工具上卸下并交买方处置的义务;而在 DAP 术语下卖方只需将货物交由买方处置即可,无须承担将货物从交通工具卸下的义务。

对于 FOB、CFR、CIF,则取消装运港越过船舷规定,改为装运港船上交货。

10. 2020 版

相比 2010 版,2020 版将 DPU 取代 DAT,对内容的解释更符合现实习惯,其他贸易术语则名称和分类不变。

适合任何运输方式的术语(rules for any modes of transport):

EXW(Ex works):工厂交货;

FCA(free carrier):货交承运人(INCOTERMS ® 2020 规定 FCA 可以是货交承运人的仓库或船只);

CPT(carriage paid to):运费付至;

CIP(carriage and insurance paid to):运费、保险费付至;

DAP(delivered at place):目的地交货;

DPU(delivered at place unloaded)[替换 2010 版的 DAT(delivered at terminal)]:目的地卸货后交货;

DDP(delivered duty paid):完税后交货,仅适合海上或内河水上运输方式的术语(Rules for sea and inland waterway transport);

FAS(free alongside ship):船边交货;

FOB(free on board):船上交货;

CFR(cost and freight):成本加运费;

CIF(cost,insurance and freight):成本加保险费、运费。

这里罗列的国际商会贸易术语的演变主要展示了术语名称的变化,省略了具体解释内容的变化和结构变化等。工作中将主要用到 2000、2010 和 2020 三个版本。从 2010 版开始,贸易术语的使用强调了术语的版权,即术语+INCOTERMS ® 2010 形式。

---

① 目的港码头交货(DEQ),卖方在指定的目的港码头将货物交给买方,不办理进口清关手续,即完成交货。卖方应承担将货物运至指定的目的港并卸至码头的一切风险和费用。

② 未完税交货(DDU),卖方将货物运至国家指定地点,但买方需自行支付进口关税。

③ 运输终端交货(⋯⋯指定目的地)。

④ 目的地交货(⋯⋯指定目的地)。

贸易术语不断修订的原因主要有:无关税区的不断扩大,商业交易中电子信息使用的增加,货物运输中对安全问题的进一步关注,运输方式的变化,以及一些特殊情况的出现等。由于参与制定规则的主要是西方国家的专家或实务专业人士,贸易术语通则的演变是为了更适合于欧洲,因此,我们使用时要注意我们的适用性。

(三) 2000 版、2010 版和 2020 版贸易术语的比较

1. INCOTERMS ® 2010 相比 INCOTERMS 2000 的主要变化

(1) 术语总量由 13 条减少为 11 条,并按照所适用的运输方式划分为两大类,而非原来的按首字母分组的四大类。但 INCOTERMS 2010 实施之后并非 INCOTERMS 2000 就自动作废。当事人在订立贸易合同时仍然可以选择适用 INCOTERMS 2000,甚至 INCOTERMS 1990。

(2) 加入两个新的贸易术语 DAT 和 DAP,同时取消了 4 个,即 DAF、DES、DEQ 和 DDU。DAT(运输终端交货)是指当卖方在指定港口或目的地的指定运输终端将货物从抵达的载货运输工具上卸下(once unload)但未通关,交由买方处置时,即为交货,卖方应承担将货物运至指定的目的地的一切风险和费用(除进口费用外)。这里的运输终端可以是任何地点,如仓库、集装箱堆积场或公路、铁路、空运货站,也可以指港口,因此,完全可适用 DEQ 适用的场合。DAP(目的地交货)是指当卖方在指定目的地将仍处于抵达的运输工具之上,且已做好卸载准备(ready for unloading)的货物交由买方处置时,即为交货,卖方应承担将货物运至指定的目的地的一切风险和费用(除进口费用外)。这里的指定目的地也可以是港口,因此 DAP 术语完全可取代 DAF、DES、DDU。

(3) 取消了"船舷"的概念,FOB、CFR、CIF 三个术语中删除了以越过船舷为交货标准,而代之以将货物装上船。

(4) 加入了术语的使用范围,强调也适用于国内贸易,从其副标题可以明确:ICC rules for the use of domestic and international trade terms。考虑到对于一些大的区域贸易集团内部贸易的特点,像东盟和欧洲单一市场的存在,使得原本实际存在的边界通关手续变得不再那么有意义,规定 INCOTERMS 2010 不仅适用于国际销售合同,也适用于国内销售合同。

(5) 保险的险别引入了 ICC2009 版本。2010 通则在涉及运输和保险合同的 A3/A4 条款中罗列了有关保险责任的内容,原本它们属于内容比较泛化而且有着比较泛化标题"其他义务"的 A10/B10 款。在这方面,为了阐明当事人的义务,对 A3/A4 款中涉及保险的内容作出了修改。

(6) 加入与反恐有关系的内容。

(7) 加入终端处理费用的归属,以保证不出现真空。2010 术语有助于船舶管理公司分清码头处理费(THC)的责任方,防止买方在货物到港后被要求双重缴付码头处理费,一是来自卖方,一是来自船公司。按照"C"组术语,卖方必须负责将货物运输至约定目的地:表面上是卖方承担运输费用,但实际上是由买方负担,因为卖方早已把这部分费用包含在最初的货物价格中。运输成本有时包括货物在港口内的装卸和移动费用,或者集装

箱码头设施费用,而且承运人或者码头的运营方也可能向接收货物的买方收取这些费用。在这些情况下,买方就要注意避免为一次服务付两次费,一次包含在货物价格中付给卖方,一次单独付给承运人或码头的运营方。2010 通则在相关术语的 A6/B6 条款中对这种费用的分配作出了详细规定,旨在避免上述情况的发生。

(8) 在 2010 版术语 FAS、FOB、CFR 和 CIF 等术语中加入了货物在运输期间被多次买卖(链式交易)的责任义务的划分。在一连串销售中间的销售商并不将货物"装船",因为它们已经由处于这一销售链中的起点销售商装船。因此,连串销售的中间销售商对其买方应承担的义务不是将货物装船,而是"设法获取"已装船货物。着眼于贸易术语在这种销售中的应用,2010 通则的相关术语中同时规定了"设法获取已装船货物"和将货物装船的义务。

(9) 由于电子通信通则的早期版本已经对需要的单据作出了规定,这些单据可被电子数据交换信息替代。所以,2010 通则赋予电子通信方式完全等同的功效,只要各方当事人达成一致或者在使用地是惯例。

(10) 有关安全的核准书及这种核准书要求的信息。如今对货物在转移过程中的安全关注度很高,因而要求鉴定货物不会因除其自身属性外的原因而造成对生命财产的威胁。因此,在各种术语的 A2/B2 和 A10/B10 条款内容中包含了取得或提供帮助取得安全核准的义务,比如货物保管链(保证货物没有被篡改)。

2. INCOTERMS ® 2020 相比 INCOTERMS ® 2010 的主要变化

(1) 结构变化

2010 版贸易术语的解释内容结构安排如下:

THE SELLER'S OBLIGATIONS	THE BUYER'S OBLIGATIONS
A1 General obligations of the seller	B1 General obligations of the buyer
A2 Licences, authorizations, security clearances and other formalities	B2 Licences, authorizations, security clearances and other formalities
A3 Contracts of carriage and insurance	B3 Contracts of carriage and insurance
A4 Delivery	B4 Taking delivery
A5 Transfer of risks	B5 Transfer of risks
A6 Allocation of costs	B6 Allocation of costs
A7 Notices of the buyer	B7 Notices of the seller
A8 Delivery document	B8 Proof of delivery
A9 Checking—packaging—marking	B9 Inspection of goods
A10 Assistance with information and related costs	B10 Assistance with information and related costs

在 INCOTERMS ® 2020 中解释内容的结构安排如下,内容变化很小:

A1/B1 General obligations

A2/B2 Delivery/Taking delivery

A3/B3 Transfer of risks

A4/B4 Carriage

A5/B5 Insurance

A6/B6 Delivery/transport document

A7/B7 Export/import clearance

A8/B8 Checking/packaging/marking

A9/B9 Allocation of costs

A10/B10 Notices

（2）术语名称变化

在适合多种运输方式中用 DPU（delivery at place unloaded）取代 DAT，其他名称未变。

（3）细节变化

与 2010 版的《国际贸易术语解释通则》相比，2020 版主要在以下六个方面进行改动，具体而言如下。

① The FCA rule now contains an additional element relating to bills of lading. Under this option，the buyer and seller agree that the buyer's carrier will issue an on-board bill of lading to the seller after loading，which the seller will then tender to the buyer (likely through the banking chain). A problem with the old FCA rule was that it ended before the loading of the goods，which prevented the seller from obtaining an on-board bill of lading. However，bills of lading are generally required by banks under letters of credit and therefore the FCA rule was revised to take account of this market reality.

修订后的《国际贸易术语解释通则》中 FCA 术语下就提单问题引入了新的附加机制。根据该新引入的附加选项，买方和卖方同意买方指定的承运人在装货后将向卖方签发已装船提单，然后再由卖方向买方做出交单（可能通过银行链）。现行的 FCA 术语中存在的一个主要问题是该术语的效力在货物装船前就已经随货交承运人而截止，这就导致卖方无法获得已装船提单。但是在一般情况下，已装船提单是银行在信用证项下的常见单据要求，因此对 FCA 规则的修订充分考虑到这一市场上的实际情况。

② Costs are now consistently listed in A9 (seller's obligations) and B9 (buyer's obligations)，providing a "one-stop list of costs" for each rule. This new consolidated costs section appears in addition to the allocation of cost under the relevant obligation. For example，in an FOB sale，the costs involved in obtaining the delivery/transport document appear in both A6/B6 and A9/B9.

各个贸易术语项下买卖双方的费用承担在 A9（卖方承担）和 B9（买方承担）中详细载明，该部分为每一个贸易术语都提供了"一站式费用清单"。也就是说除了在具体规定有关义务的条款中对承担该义务产生的费用成本进行分配以外，还新加入将买方卖方各自承担的费用成本一并汇总的部分。例如，在 FOB 贸易术语项下，取得交付或运输相关单据产生的成本除在说明该项义务的 A6/B6 部分载明外，在汇总费用承担的 A9/B9 部分也有载明。

③ The level of minimum insurance in CIF and CIP terms has diverged. CIF terms continue to require the seller to obtain cargo insurance complying with Clauses（C）of the LMA/IUA Institute Cargo Clauses. However，in CIP trades the level of minimum insurance has been increased to that complying with Clauses（A）of the Institute Cargo Clauses（meaning "all risks" cover，subject to exclusions）.

CIF 和 CIP 术语中的最低保险范围的规定也有所不同。CIF 术语继续要求卖方购买符合 LMA/IUA《协会货物保险条款》(C)条款要求的货物保险。但是，在适用 CIP 术语的贸易中，最低保险范围已经提高到《协会货物保险条款》(A)条款的要求（"一切险"，不包括除外责任）。

④ Provision has been made for the seller or buyer to employ their own means of transportation rather than employing a third-party carrier，as was assumed in the INCOTERMS 2010. The changes are reflected in the FCA，DAP，DPU and DDP rules.

当采用 FCA、DAP、DPU 和 DPP 术语进行贸易时，买卖双方可以使用自有运输工具，而不再像 2010 版那样推定使用第三方承运人进行运输。

⑤ The DAT（Delivered at Terminal）rule has been renamed DPU（Delivered at Place Unloaded）. This is to reflect that the destination can be any place and not just a terminal.

DAT（Delivered at Terminal）术语已被重命名为 DPU（Delivered at Place Unloaded）。这是为了反映作为目的地的交货地点可以是任何地方而不仅仅是终点。

⑥ An express allocation of security-related obligations has been added to A4 and A7 of each INCOTERM，the costs of which are included in A9/B9. For example，A4 of the FOB INCOTERM states "The seller must comply with any transport-related security requirements up to delivery". These provisions reflect the increasing prevalence of concerns relating to security in international trade.

每个国际贸易术语项下的 A4 和 A7 部分都明确规定了与安全有关的义务的分配规则，为履行该义务产生的费用的承担方式也在 A9/B9 部分载明。例如，FOB 术语项下的 A4 部分载明"卖方必须遵守任何与运输安全有关的要求，直至交付"。这些规定反映了当前国际贸易领域对安全问题日益增长的关注。

课程思政

国际规则公正吗？

非官方组织国际商会的《国际贸易术语解释通则》基于国际贸易发展需要而制定，积极推动了国际贸易的发展,同时,我们也应该注意到参与制定的人员以 OECD 成员国人员为主,像 2020 版的贸易术语,我国只有一名大型企业的工作人员参与。所以,我们能够理解为什么国际商会的贸易术语更普遍适用于欧盟国家的国际贸易,某种程度上更多地考虑欧盟成员国的利益和便利,因此,我们国际贸易业务员在选用贸易术语时,要根据实际情况自主安排。从此点也可知,当前世界的其他组织和机构制定的惯例或规则,同样的是更多地维护发达国家的利益,只有联合国的一些组织或机构制定的规则在一定程度上考虑了普遍发展中国家的利益。

二、《通则》中适用水运方式的三种常用贸易术语

(一) FOB 术语

1. FOB(船上交货)含义

Free on board 是指在指定装运港将货物装至买方指定的船上,或取得已如此交付货物,卖方完成交货。当货物被交到船上时,风险转移。自该时刻起,买方负担货物灭失或损坏的风险,并支付一切费用。

"Free on board" means that the seller delivers the goods on board the vessel nominated by the buyer at the named port of shipment or procures the goods already so delivered. The risk of loss or damage to the goods passes when the goods are on board the vessel, and the buyer bears all costs from that moment onwards.

FOB 术语的用法:FOB + named port of shipment INCOTERMS ® 2020。如,We offer to sell T-shirt 1000 dozens USD 50.00 per dozen FOB Shanghai INCOTERMS ® 2020 delivery during August。

这里注意:取得已交付至船上货物(procuring the goods so delivered,意指原货主已将转售货物装船),这样规定迎合大宗货物在运送途中转售的需要,该术语仅适用于海运或内河运输。当货物装在集装箱里时,卖方通常将货物在集装箱码头移交给承运人,而非交到船上,这时,FOB 术语不适合,而应当使用 FCA 术语。

2. FOB 合同下买卖双方的基本责任划分

根据解释通则,卖方交货示意用图形表现如图 3 - 2 所示,买卖双方基本责任划分如表 3 - 1 所示。

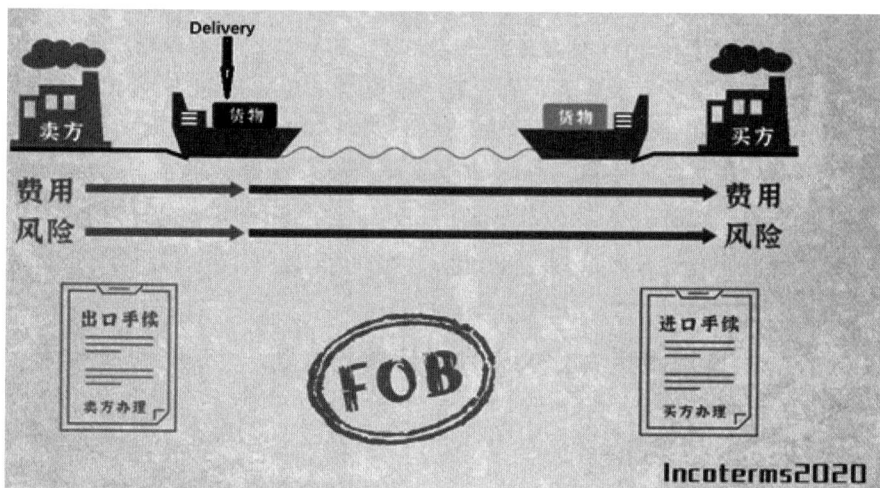

图 3-2　FOB 术语下买卖双方的主要责任划分示意图

表 3-1　FOB 术语下买卖双方的基本责任

卖方基本责任	买方基本责任
交货(按合同规定)、移交单据	付款、接单、提取货物
办理出口清关手续、支付费用	办理进口清关手续、支付费用
	租船订舱、支付运费
	订立保险合同
承担货物装上船前的一切风险和费用	承担货物装上船后的一切风险和费用

3. FOB 合同下需注意的问题

（1）货交船上

在 INCOTERMS ® 2010 的序言指出：FOB、CFR、CIF 三个术语中省略了以船舷作为交货点的表述，取而代之的是货物置于"船上"时构成交货，这样的规定更符合当今商业现实，且能避免那种已经过时的"风险在一条假想垂直线上（'船舷'）摇摆不定"的情形出现。

INCOTERMS ® 2010 在 FOB 导言中指出：FOB 可能不适合于货物在上船前已经交给承运人的情况，例如用集装箱运输的货物通常是在集装箱码头交货。在此类情况下，应当使用 FCA 术语。

特别情况，有的港口不适合指定的船舶停靠，需要用到驳船，才能将货物装上船，按照 FOB 的解释，需要支付的驳船转运的运费应由卖方支付，货运风险的划分是在远洋货轮的船上，而不是以驳船上为界。所以，实践中，FOB 术语下买卖双方的费用划分往往按运费的结构、港口习惯或买卖双方的约定做必要的调整，而非一定以装上船为界。

(2) 关于船货衔接问题(link-up of vessel and goods)

如果买方未通知指定的船舶名称,或船舶未准时到达,或船舶不能装载该货物或者提前停止装货,卖方都有权拒绝交货,由此产生的各种风险和费用由买方自行承担。

如果买方按期派船,而卖方未备妥货物,由此产生的各种损失由卖方承担。

所以,这里就涉及三个通知:备货通知、装船通知、派船通知。FOB 下买卖双方都有义务给对方以及时、充分的通知,并且要通知到,否则要承担相应损失/损害赔偿责任。

🔧 案例 3－1

我与美商达成的合同中采用的术语为 FOB 上海,合同规定的交货时间为 3—4 月,可是到了 4 月 30 日,买方指派的船只还未到达上海港,问:① 货物在 5 月 2 日因仓库失火而全部灭失。发生灭失的风险应由谁来负担? ② 船于 5 月 2 日到达并装运,由此为保存货物而发生的额外费用由谁负担?

分析

(1) FOB 条款规定,买方必须按照下述规定承担货物灭失或毁坏的一切风险:当其指定的船只未按时到达,或未接受货物,或较规定通知的时间提早停止装货,则自约定的交货日期或交货期限届满之日起开始承担。所以风险由买方承担。

(2) 本案属于船只未按时到达而引起损失,故,本案中的额外费用应该由买方承担。

(3) 注意风险提前转移

根据船货衔接问题,下列情况属于风险提前转移:① 在约定的时间,买方拟派的船只未到,导致码头仓储费用或货物停留造成损失,此时风险应提前转移给买方。② 船只虽按约定的时间到港,但是停靠码头时要排队,此时卖方的风险应提前转移给买方。③ 若只约定装运期,未约定买方何时派船到装运港,过了装运期船只才到,那么在装运期届满时,货物受损的风险就提前转移给买方,而不管买方所派船只是否到达。④ 买方按时派船,但是由于各种原因(可能是船不适航或不适货)不能装货上船,或者提前结束装船,此时风险应提前转移给买方。⑤ 船按时到港,但是卖方没能及时装船,如果原因在于买方未给卖方留出足够的时间装运货物,则由买方承担责任。无论是风险的正常转移还是风险的提前转移都有前提条件,即货物需特定化(specialization),即货物已经适当地划归本合同,意思是货物已清楚地分开或以其他方式特定为该合同项下的货物。

🔧 案例 3－2

美国出口商与韩国进口商签订了一份 FOB 合同,合同规定由卖方出售 2 000 公吨小麦给买方。小麦在装运港装船时是混装的,共装运了 5 000 公吨,准备在目的地由船公司负责分拨 2 000 公吨给买方。但载货船只在途中遇高温天气,货物发生变质,共损失 2 500 公吨。卖方声称其出售给买方的 2 000 公吨小麦在运输途中全部损失,并认为根据 FOB 合同,风险在装运港装上船时已经转移给买方,故卖方对损失不负责任。买方则要求卖方履行合同。双方发生争议,后将争议提交仲裁解决。问:仲裁机构的裁决结果会如何?

分析 裁决结果应该是由卖方负担损失,因为风险并未随货物装上船而转移。风险条件转移有两个前提条件:货物需特定化,卖方交货无过错。

(4) 注意《美国对外贸易定义修订本》和《通则》中 FOB 的差异(前文已述,此处略)

(5) 注意买方指定货代问题

指定货代是指由国外买方选择货代,货物出口时出口商只能向指定货代订舱而不能向其他货代或船公司订舱,并且提单的制作、FOB 本地费用的支付、提单的取得,都需要通过指定货代。指定的货代还可以帮忙安排拖车、商检、报关等事宜,因此,指定货代的运费一般较高。因为在货装上船之前,产生的所有费用都是由发货人支付的,若货量少,而走整箱,可能货代会对卖家增加港口人民币费用。FOB 术语出口,海运费是到付的,而指定货代在没有收到海运费的情况下把货物运送到目的港,可能出现无单放货情况,这是指定货代情况下理论上可能存在的风险,但是这种情况一般还是不会发生的。买方指定货代服务,可能存在对卖方服务态度差和乱收费现象,这时卖方可以向买方投诉,指定货代为了不失去客户,会改进工作中不足。买方也可能委托卖方帮忙租船订舱,这种情况下,卖方只能是以买方代理人的身份进行租船订舱,否则,卖方将承担无法租到船舶的责任。

案例 3-3

中国 A 公司与非洲 B 公司签订了出口小麦的 FOB 术语的合同。合同规定分 4 批交货。合同中的装运条款规定:"买方接货船只必须于装船前 8 日内到达装运港口;否则 由此引起的卖方的任何损失和费用由买方承担。"同时还规定:"买方必须于船只到达港口前 5 天将船名和到达装运港的时间以电讯方式通知卖方。"在合同的执行过程当中,前三批货物按合同顺利执行,但最后一批,买方迟迟不派船,A 公司反复催促。B 公司回电称船源紧张,租不到船只,要求我方租船订舱。A 公司立即复电指出:"按照合同规定,B 公司派船接运,如确有困难,我方可例外同意你方延期装运,但 B 公司应当赔偿合计达 20 万美元。"此后,A 公司和 B 公司展开了讨价还价,将赔偿金额降到了 15 万美元,B 公司得以缓期两个月派船。在这个案例中,我方能否租船订舱?

分析 答案是否定的,如果能够租到船,可以与买方沟通,但也应该以买方的代理人租船订舱。

(6) 注意买方作为提单托运人问题

买卖双方按 FOB 条件成交,若合同规定以信用证支付,买方开立的信用证中规定卖方提交的提单要注明托运人为买方。若把买方作为提单托运人,则卖方交货后得到的提单需注明买方为托运人,但结汇时可能存在因单证有不符点,被银行拒付并退单。同时,货物在运输途中,买方以提单的托运人的名义指示承运人将货物交给他指定的收货人,这样,卖方虽控制着作为物权凭证的提单,然而货物却已被买方指定的收货人提走。这就是买方作为提单托运人可能存在的风险。

（7）注意 FOB 合同下的保险

FOB 合同项下，买方负责保险，但买方的保险效力是从货装上船后的海外运输保险，这时，货物从卖方仓库到港口货物装上船之间的货物保险存在真空，需要卖方自己购买保险保障货物的损失。

（8）关于装船费用的负担

FOB 合同项下，卖方负责货装上船之前的费用，但卖方可以根据情况的需要将装上船的费用让买方承担，即改变 FOB 费用划分问题，同时，在装上船这个点上，仍然存在货物平整的费用，所以，实践中，存在 FOB 贸易术语变形，以解决装船费用的负担问题。FOB 贸易术语变形的种类及其装船费用划分如表 3-2 汇总。

表 3-2　FOB 术语变形种类及其装船费用划分汇总

FOB 班轮条件（FOB liner terms）	按 FOB 的班轮条件成交，是指装货费按班轮办法处理，由支付运费的买方负担
FOB 吊钩下交货（FOB under tackle）	指卖方将货物交到买方指定船舶的吊钩所及之处，从货物吊装开始装货费用由买方负担
FOB 包括理舱（FOB stowed，FOBS）	指卖方负责将货物装入船舱并负担包括理舱费在内的装船费用
FOB 包括平舱（FOB trimmed，FOBT）	指卖方负责将货物装入船舱并负担包括平舱费在内的装船费用
FOB 包括平舱理舱（FOB stowed and trimmed，FOBST）	指卖方负责将货物装入船舱并负担包括平舱费和理舱费在内的装船费用

INCOTERMS ® 2010 在序言中指出：不禁止变通，但提醒这样做是有风险的。若 FOB 的上述变形，只为解决相关费用的负担问题，不改变交货地点以及风险划分的界限，则应在合同中作出明确的说明。

案例 3-4

买卖双方签订 FOBS 合同，在日本某港装货，装到一半时突然遇到台风，为避免船舶之间发生碰撞，港务部门要求船舶离开泊位，到锚地避风。由于时间仓促，加上尚未装完船，所以已装上船的货物未能理舱，结果货物在台风中受损。对于这部分损失由谁承担的问题，买卖双方之间发生了争议。你认为损失该由谁承担，为什么？

分析　在签订合同时，有必要明确规定贸易术语的变形仅仅限于费用的划分，还是包括了风险在内。实务中，要看合同具体情况：若变形没有转移风险，则应该由买方承担损失，因为，FOB 规定货装上船，风险转移给买方，即买方承担货装上船之后的货物损失或灭失的风险。

➡️ ··· deep seek

FOB 下 shipper(托运人)支付的运杂费

1. 交给货代的杂费

码头操作费(THC),文件费(DOC),电放费(TLX),舱单录入费(AMS 或 ACI,美国、加拿大、墨西哥收取),操作费(handling charge),拼箱费(CFS)。

其他杂费,如苏伊士运河通行附加费(SCTS)、汇率调整指数附加费(CAF)、油价调整指数附加费(BAF),以及 ISPS(International Ship and Port Facility and Security Code,国际海事组织在 9·11 后的关于航运港口安全方面的新规定)则一般是放在运费里一起收取。

2. 其他类型费用

拖车费(工厂到码头),出口报关费,商检费,其他费用(木质包装的熏蒸费,客户要求的开立特定的商检证书等)。

👥↗ 课 程 思 政

理论联系实际

如何理解运用 FOB 所要注意的问题,或者说如何做到理论联系实际? 答案是:细分业务过程,以一个业务员的角色去履行各个业务职责。相当于,在学习中进行实践模拟,提高自己发现问题、分析问题和解决问题的能力,不能读死书,不能为知识而学知识,要学以致用,灵活运用。"古之学者为己,今之学者为人。"(《论语·宪问第十四》)

(二) CFR 术语

1. CFR(成本加运费)含义

CFR(cost and freight)是指卖方必须在合同规定的装运期内在装运港将货物交至开往指定目的港的船上,或取得已如此交付货物,卖方完成交货。"取得"已交付至船上货物(procuring the goods so delivered,即原货主已将转售货物装船),视为卖方交货。货物灭失或损坏的风险在货物交到船上时转移,同时买方承担自那里起的一切费用。卖方必须签订合同,并支付必要的成本和运费,将货物运至指定目的港。

CFR 术语的用法:CFR + named port of destination INCOTERMS® 2020,如,We offer to sell T-shirt 1 000 dozens USD 50.00 per dozen CFR London INCOTERMS® 2020 delivery during August.

注:①《通则 2000》指出,CFR 是全球广泛接受的"成本加运费"术语唯一标准代码,不应再使用 C&F(或 C and F,C+F,CNF)这种传统的术语代码。虽然在《通则 2020》中

没有再明确指出这个问题,但鉴于现实中仍有企业使用 CNF 等不规范的代码,这里需要提醒注意。② 该术语仅适用于海运或内河运输。③ 当货物装在集装箱里时,卖方通常将货物在集装箱码头移交给承运人,而非交到船上。这时,CFR 术语不适合,而应当使用 CPT 术语。

2. CFR 合同下买卖双方的基本责任划分

CFR 下卖方交货点同 FOB 一样,但承担的基本责任不同,如表 3-3 所示:

表 3-3　CFR 术语下买卖双方的基本责任划分

卖方基本责任	买方基本责任
交货(按合同规定)、移交单据	付款、接单、提取货物
办理出口清关手续、支付费用	办理进口清关手续、支付费用
租船订舱、支付运费	
	订立保险合同
承担货物装上船前的一切风险和费用	承担货物装上船后的一切风险和费用

3. CFR 合同项下需注意的问题

(1) 卖方负责订立国际运输合同时,要做到三个"通常"

三个"通常"是指卖方应按通常条件,订立以运送约定货物通常所用类型的海运船舶(或视情形,内河运输船舶),经过通常航线,将货物运至指定目的港的运输契约。卖方只需承担能够满足三个通常的义务,无需承担额外的义务。

(2) 注意"目的港"的选择问题

CFR+目的港是装运合同,实务中目的港有下列三种表现形式:① 某一特定港口,如,CFR London。② 地域港口,如,European main ports,EMP。③ 选择港,如,CFR London/Hamburg/Rotterdam optional。所以,一是要注意世界上的同名异港,防止货物被运错目的地,二是,当出现选择港时,一般会有额外的选港费用,要注意选港费用的负担,卖方可以在合同中约定"... Optional charges for buyer's account",由买方承担选港费。

课程思政

同名异港产生原因

近现代的国际贸易历史是以炮舰为后盾的贸易剥削史。自由资本主义时期,资本借助炮舰开拓国际市场,同时,又借宣扬其资本主义民主和制度,建立资本主义殖民地,往往以发达国家的君主名字和城市的名称命名殖民地的城市、港口等,因此,世界上同名异港就发生了。当前,独立的殖民地仍然与宗主国有千丝万缕的联系,原西方宗主国仍妄图维持以前殖民与被殖民的剥削关系。

（3）防止日后指定船公司

按 CFR INCOTERMS ® 2020 条件成交,卖方有义务安排船运,卖方按照通常条件及惯常航线,自费订立运输合同,将货物用通常类型可供装载该项货物之用的海运船舶（或适当的内河运输船只）,装运至约定目的港,并负担运费。因此,指定船公司是卖方的权利与义务。所以,在 CFR 条件下,信用证上指定船公司是不合理的行为。除非有特殊约定,出口商一般不要接受这类信用证,对于因进口商指定船公司而使出口商遭受的损失,出口商可以要求进口商给予补偿。若买方指定船公司,可能存在风险,比如,届时船舶不能按规定的期限到达装运港,或者该船舶没有船期,都会影响到货物按时装运,或届时无单放货。

（4）卖方发"充分通知"

卖方要在时间上毫不迟疑、内容上详尽,通知买方运输船舶、货物装船情况,便于买方为货物购买保险,以及后续跟踪、接收货物。

案例 3－5

中国 A 公司（买方）与澳大利亚 B 公司（卖方）于某年 3 月 20 日订立了 5 000 公斤羊毛的买卖合同,单价为 314 美元/KG,CFR 张家港,规格为型号 T56FNF,信用证付款,装运期为当年 6 月,我公司于 5 月 31 日开出信用证。7 月 9 日卖方传真我方称,货已装船,但要在香港转船,香港的船名为 Safety,预计到达张家港的时间为 8 月 10 日。

但直到 8 月 18 日 Safety 轮才到港,我方去办理提货手续时发现船上根本没有合同项下的货物,后经多方查找,才发现合同项下的货物已在 7 月 20 日由另一条船运抵张家港。但此时已造成我方迟报关和迟提货,被海关征收滞报金人民币 16 000 元。我方向出口方提出索赔。我方向出口索赔是否合理?

分析 在船名船期通知错误这一问题上,责任在卖方是不容置疑的。因为根据 CFR 的规定,卖方有义务将转船的变化情况及时通知买方,以便买方能采取通常必要的措施来提取货物。可是本案的卖方没有这样做,使得我方不得不设法打听货物的下落甚至支付滞报金之类的额外费用。故,仲裁庭裁决出口方赔偿滞报金给我方。

（5）CFR 合同项下目的港卸货费的划分

CFR 合同项下卖方租船订舱并负担海运费,将货物运到目的港,在目的港存在船公司收取卸货费用的情况,这时,需要明确买卖双方的卸货费用的负担问题。关于卸货费用负担,可以通过贸易术语的变形来确定,但在合同中,若对 CFR 进行变形,它只为解决卸货费用的负担问题,要注明并不改变交货地点以及风险划分的界限。CFR 术语变形有如下几种。

① CFR liner terms（CFR 班轮条件）,该卸货费用由船方负责,即含在运费中,由卖方负担。

② CFR landed （CFR 卸至码头）,该卸货费用卖方承担,还包括可能涉及的驳船费用。

③ CFR Ex tackle(CFR 吊钩下交货),该条款下卖方负责将货物从船舱吊起一直卸到吊钩所及之处,即卖方负责做好卸货准备,故卸货费用由买方负担,当不能靠岸时,驳船费也由买方负担。

④ CFR Ex ship's hold(CFR 舱底交货),该条款下买方自行负担卸货费用。

(三) CIF 术语

1. CIF(成本加保险费、运费)术语的含义

CIF(cost, insurance and freight)指卖方必须在合同规定的装运期内在装运港将货物交至开往指定目的港的船上,或取得已如此交付的货物,完成交货。卖方负担货物交至船上的一切货物灭失或损坏的风险及由于各种事件造成的任何额外费用,并负责办理货运保险,支付保险费,以及负责租船订舱,支付从装运港到目的港的正常运费。

CIF 术语用法:CIF＋named port of destination INCOTERMS ® 2020,如,We offer to sell T-shirt 1 000 dozens USD 50.00 per dozen CIF London INCOTERMS ® 2020 delivery during August。

注:① 当货物装在集装箱里时,卖方通常将货物在集装箱码头移交给承运人,而非交到船上。这时,CIF 术语不适合,而应当使用 CIP 术语。② CIF 合同是装运合同,不是交货合同。

2. CIF 合同下买卖双方的基本责任划分

CIF 下卖方交货点同 FOB 一样,但承担的基本责任不同,如表 3-4 所示

表 3-4　CIF 术语下买卖双方的基本责任划分

卖方基本责任	买方基本责任
交货(按合同规定)、移交单据	付款、接单、提取货物
办理出口清关手续、支付费用	办理进口清关手续、支付费用
租船订舱、支付运费	
订立保险合同	
承担货物装上船前的一切风险和费用	承担货物装上船后的一切风险和费用

3. CIF 合同项下需注意的问题

(1) 货物的保险

CIF 术语规定卖方有订立保险的义务,但同时规定,如无相反的明示协议或特定贸易中的习惯做法,卖方只需按《伦敦保险协会货物条款》(ICC)的 C 险,或其他类似的保险条款如中国保险条款(CIC)的平安险,投保保险责任最低的险别。最低保险金额应为合同规定的价款加 10％,即按 CIF 的发票金额加 10％,并以合同货币投保。

案例 3－6

我国某公司与外商签订了一份 CIF 出口合同,我国公司在中国人民保险公司办理了保险。货物发出后,银行议付了货款。但货到目的港后发现严重破损,而保险中没有投保破损险(因为买方没有指明),买方要求我国公司到保险公司办理索赔事宜。问:我方应否办理?

分析 买方要求不合理。此案涉及 CIF 合同的性质。

(1) 根据《2020 通则》,CIF 属于象征性交货术语,即卖方只要交出符合合同或信用证规定的正确完整的单据,就算完成了交货义务,而无须保证到货,所以不是到岸价。

(2) CIF 虽然由卖方办理保险,但投保金额和险别必须事先约定,如果没有约定,只能按照国际惯例办理,即按 CIF(CIP)货价×(1+10%)投保平安险。

(3) 在 CIF 术语下,卖方办理保险仅为代理性质,应由买方处理索赔事宜。如果买方要求卖方代替办理索赔事宜,则责任和费用由买方承担。

本案例,买方显然是在推卸责任。因此我方不能答应对方要求。

(2) 租船订舱

按照三个"通常"条件租船订舱,同 CFR 要求。一般不接受买方指定的货代/船公司等,但实际业务中客户会选择国外服务较好的马士基、APL 等知名船运公司,在和买方确认好运费、船期后,也可以接受。

(3) CIF 卸货费用的负担。

同 CFR 变形和卸货费用划分,且要求相同。实务中,CIF 中一般用 Port to Port 即港至港条款,启运港的费用由卖方承担,目的港的费用则由买方承担。

(4) 象征性交货

只要单据齐全(主要是提单、保险单和商业发票)和正确(符合合同要求),卖方提交单据即推定为履行交货义务,买方凭单据履行付款义务。按 CIF 单据达成的交易可以认为是一种典型的"单据买卖"和"象征性交货"(symbolic delivery),即卖方凭单交货,买方凭单付款,因此,买方的付款义务不以交运的货物是否存在为前提,卖方也不负责货物到达。我们通常所说的到岸价是卖方负担的费用到目的港,但风险转移点仍然在装运港船上。

案例 3－7

我国某出口公司,对加拿大魁北克某进口商出口 500 吨三露核桃仁,合同规定价格为每吨 4 800 加元 CIF 魁北克,装运期不得晚于 10 月 31 日,不得分批和转运,并规定货物应于 11 月 30 日前到达目的地,否则买方有权拒收,支付方式为 90 天远期信用证。

加方于 9 月 25 日开来信用证。我方于 10 月 5 日装船完毕,但船到加拿大东岸时已是 11 月 25 日,此时魁北克已开始结冰。

承运人担心船舶驶往魁北克后出不来,便根据自由转船条款指示船长将货物全部卸在哈利法克斯,然后从该港改装火车运往魁北克。待这批核桃仁运到魁北克已是 12 月 2 日。

于是进口商以货物晚到为由拒绝提货,提出除非降价 20% 以弥补其损失。几经交涉,最终以我方降价 15% 结案,我公司共损失 36 万加元。在该案例中我们业务员犯了什么错误,应该吸取什么教训?

分析

(1) 本案中的合同已非真正的 CIF 合同。CIF 合同是装运合同,卖方只负责在装运港将货物装上船,装上船之后的一切风险、责任和费用均由买方承担。本案在合同中规定了货物到达目的港的时限条款,改变了合同的性质,使装运合同变成了到达合同,即卖方须承担货物不能按期到达目的港的风险。

(2) 吸取教训。卖方对货轮在途时间估算不足;对魁北克冰冻期的情况不了解。在 CIF 合同中添加到货期等限制性条款将改变合同性质。像核桃仁等季节性很强的商品,进口方往往要求限定到货时间,卖方应采取措施减少风险。

课程思政

西方国家的契约精神

诚信是一切交易的基石,必须认真履行合同。经验是宝贵的财富,有助于交易达成和履行,而年轻的业务员却缺乏经验。解决这个问题的基本办法,只有善于学习、勤于总结,不断提高自己发现问题、解决问题的能力。同时要警惕对方信用缺失,而西方社会习惯于拿契约说事。

4. FOB、CFR、CIF 的比较

实践中,FOB、CFR、CIF 这三个仅适用于水运的贸易术语都常用,如何正确选择,必须清楚他们的区别与联系,表 3-5 是对这三个贸易术语异同点总结。

表 3-5 贸易术语 FOB、CFR、CIF 的异同点汇总

相同点	交货方式相同:都是象征性交货,即卖方凭单交货、买方凭单付款				
	运输方式相同:都适用于水上运输				
	交货地点相同:都在出口国装运港口				
	风险转移点相同:都以货物装运港装上船为风险转移				
	出口清关手续义务相同:都是卖方义务				
不同点	运输责任/费用		办理保险/费用		装船后卖方是否及时通知买方
	FOB	买方	FOB、CFR	买方	CFR、FOB、CIF 及时通知
	CFR、CIF	卖方	CIF	卖方	

三、《通则》中适用多种运输方式的三种常用贸易术语

(一) FCA 术语

1. FCA(free carrier)含义

FCA(货交承运人)是指卖方在指定地点将已经出口清关的货物交付给买方指定的承运人,完成交货。FCA 术语适用于各种运输方式,包括多式联运。FCA 含义图解如图 3-3 所示(https://www.sohu.com/a/425456432_468675)。

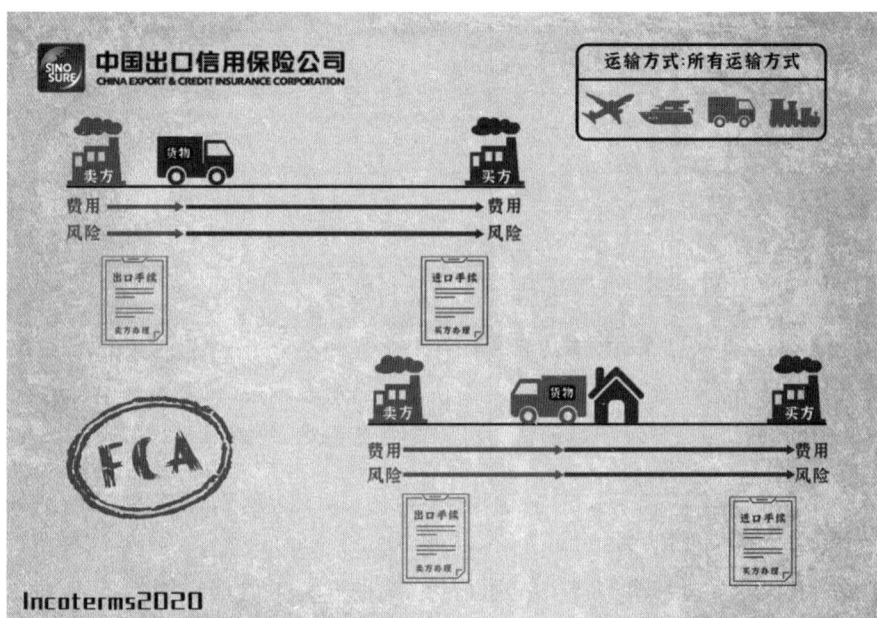

图 3-3　贸易术语 FCA 含义示意图

为了适应市场需求,相比于其他版通则,FCA INCOTERMS ® 2020 增加了新的解释,即经交易双方同意,买方将指示其承运人在将货物装上船前,向卖方签发并交付海运提单(bill of lading)时,卖方有义务通过银行渠道将签发的已装船提单转交给买方。

FCA 术语用法:FCA＋named place INCOTERMS ® 2020,如,We offer to sell T-shirt 1 000 dozens USD 50.00 per dozen FCA Shanghai CFS INCOTERMS ® 2020 delivery during August.

2. FCA 术语买卖双方基本责任划分

根据国际商会的贸易术语的解释,FCA 术语下买卖双方责任划分如表 3-6 所示。

表3-6 FCA术语下买卖双方的基本责任划分

卖方基本责任	买方基本责任
交货（按合同规定）、移交单据	付款、接单、提取货物
办理出口清关手续、支付费用	办理进口清关手续、支付费用
	办理运输、支付运费
	办理保险、支付保险费
承担货物交付承运人控制之前的一切风险和费用	承担货物交付承运控制之后的一切风险和费用

3. FCA合同项下需要注意的问题

（1）卖方交货义务问题

《通则2020》对FCA贸易术语下卖方的交货义务做了如下规定：

① 若指定的地点是卖方所在地，则当货物被装上买方指定的承运人或代表买方的其他人提供的运输工具时，完成交货义务。

② 若指定的地点不是卖方所在地，而是其他任何地点，则当货物在卖方的运输工具上，尚未卸货而交给买方指定的承运人或其他人或由卖方按照A3选定的承运人或其他人处置时即可。同时又具体规定：若在指定的地点没有约定具体交货点，且有几个具体交货点可供选择时，卖方可以在指定的地点选择最适合其目的的交货点；若买方没有明确指示，则卖方可以根据运输方式或货物的数量和/或性质将货物交付运输。

（2）风险转移问题

FCA贸易术语与装运港交货的3种贸易术语不同，风险转移不是以船上为界，而是以货交承运人为界，这不仅是在海运以外的其他运输方式下如此，即使在海洋运输方式下，卖方也是在将货物交给海运承运人时即算完成交货，风险就此转移。但是，由于在FCA贸易术语条件下，由买方负责订立运输契约，并将承运人名称及有关事项及时通知卖方，卖方才能如期完成交货义务，并实现风险的转移。如果买方未能及时通知卖方，或由于买方的责任，使卖方无法按时完成交货，其后的风险按《通则2020》的解释，发生上述情况，则自规定的交付货物的约定日期或期限届满之日起，买方要承担货物灭失或损坏的一切风险。

可见，对于FCA贸易术语下风险转移的界限问题不能简单化理解。一般情况下，是在承运人控制货物后，风险由卖方转移给买方。但是，如果由于买方的责任，使卖方无法按时完成交货义务，只要"该项货物已正式划归合同项下，即特定化"，那么风险转移的时间可以前移。

（3）责任和费用问题

FCA贸易术语适用于包括多式联运在内的各种运输方式。卖方的交货地点因采用的运输方式的不同而不同。有时须在出口国的内陆办理交货，如车站、机场或内河港口。不论在何处交货，根据《通则2020》的解释，卖方都要自负风险和费用，取得出口许可证或其他官方批准证件,并办理货物出口所需的一切海关手续。随着我国对外贸易的发展,内地省份的出口货物有一些不一定在装运港交货,而采取就地交货和交单结汇的做法会越来越多,为适应这一需要,FCA贸易术语的使用将逐渐增多。

(4)受托订立运输合同

按照FCA贸易术语成交,一般是由买方自行订立从指定的地点承运货物的合同,但是,如果买方有要求,并由买方承担风险和费用的情况下,卖方也可代替买方指定承运人并订立运输合同。当然,卖方也可以拒绝订立运输合同,如果拒绝应立即通知买方,以便买方另行安排。

(5)额外运输费用

按照FCA贸易术语成交,买卖双方承担费用的划分也是以货交承运人为界,即卖方负担货物交给承运人控制之前的有关费用,买方负担货交承运人之后所发生的各项费用。但是买方委托卖方代办一些属于自己义务范围内的事项所产生的费用,以及由于买方的过失所引起的额外费用,均应由买方负担。

(6)FCA与FOB的区别

两者区别表现在交货责任不同、货物风险转移时间地点不同、适用的运输方式不同,《2020通则》下提交的运输单据已经相同,即都可以提交海运提单。

案例 3-8

北京A公司拟向美国纽约B公司出口某商品5 000箱,B公司提出按FOB新港成交,而A公司主张采用FCA北京的条件,试分析A、B公司各自提出上述条件的原因。

分析 FCA北京与FOB新港的风险转移和费用划分分别在北京城市某指定地点和新港的装运港船上,所以对于卖方来说,FCA北京比FOB新港风险前移,少负担货到港口的部分费用,所以,卖方主张FCA成交,而买方主张FOB成交。

(二)CPT术语

1. CPT(carriage paid to)术语含义

CPT(运费付至)是指卖方应向其指定的承运人交货,支付将货物运至目的地的运费,办理出口清关手续,买方承担交货之后的一切风险和其他费用。CPT术语适用于各种运输方式,包括多式联运。CPT 含义如图 3-4 所示(https://www.sohu.com/a/425456432_468675)。

CPT术语用法:CPT+ named place of destination INCOTERMS ® 2020,如,We offer to sell T-shirt 1 000 dozens USD 50.00 per dozen CPT London CFS INCOTERMS ® 2020 delivery during August。

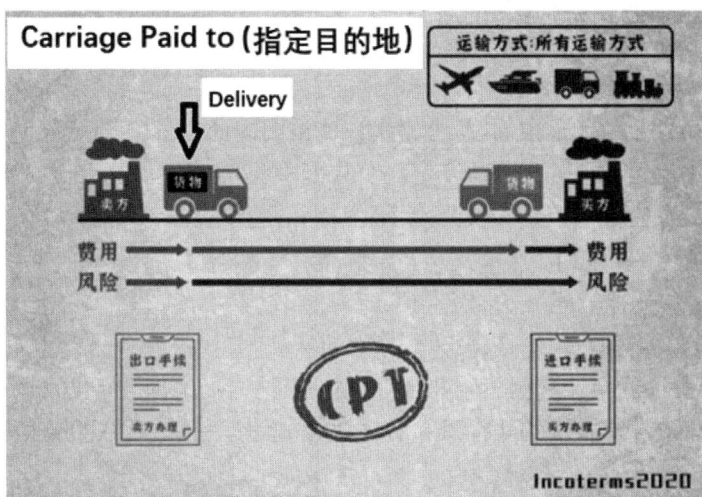

图 3 - 4　CPT 术语含义示意图

2. CPT 术语买卖双方基本责任划分

根据国际商会的贸易术语的解释,CPT 术语下买卖双方责任划分如表 3 - 7 所示。

表 3 - 7　CPT 术语下买卖双方的基本责任划分

卖方基本责任	买方基本责任
交货(按合同规定)、移交单据	付款、接单、提取货物
办理出口清关手续、支付费用	办理进口清关手续、支付费用
办理运输、支付运费	
	办理保险、支付保险费
承担货物交付承运人控制之前的一切风险和费用	承担货物交付承运控制之后的一切风险和费用

3. CPT 合同项下需要注意的问题

(1) 风险转移

当指定地点为 border,卖方只是负责安排运输并付至边境某地的运费,卖方的交货地点为边境指定地点,所以用 CPT 术语成交时,交易双方应该明确,卖方承担的风险只有在边境指定地点完成交货时才转移给买方,而不是在此之前。

(2) 交货通知

买方应及时办理货物运输保险和进口手续、报关和接货。交货通知的内容通常包括合同号或订单号,信用证号、货物名称、数量、总值、运输标志、启运地、启运日期、运输工具名称及预计到达目的地日期等。如果买方需要卖方提供特殊信息,应在买卖合同中约定或在信用证中作出规定。若卖方未按惯例规定发出或未及时发出交货通知,使买方投保无依据或造成买方漏保,货物在运输过程中一旦发生灭失或损坏,应由卖方承担赔偿责任。

（3）交货地点的选择

当有几个可供交货的地点时,双方当事人应该明确商定其中某一地点作为交货地点,以免在履约时引起争执。如果双方在定约时未能就具体的交货地点作出明确规定,卖方有权自行选择最适宜的地点作为交货地点。

（4）CPT 与 CFR 区别

区别包括:① 适用的运输方式不同。② 交货地点不同,CPT 在第一承运人营业处所,而 CFR 在装运港船上。③ 风险转移点不同,CPT 以货交第一承运人,而 CFR 以装上船。④ 卖方应提供的运输单据不同,CPT 运输单据上不必注明"on board",而 CFR 则须注明。⑤ 货物所有权的转移不同,CFR 仅通过提交海运提单,而 CPT 则不行。

（三）CIP 术语

1. CIP(carriage,insurance paid To)术语含义

CIP(运费、保险费付至)是指卖方将货物交给其指定的承运人,支付将货物运至指定目的地的运费,为买方办理货物在运输途中的货运保险,买方则承担交货后的一切风险和其他费用。CIP 术语适用于各种运输方式,包括多式联运。其含义如图 3-5 所示（https://www.sohu.com/a/425456432_468675）。

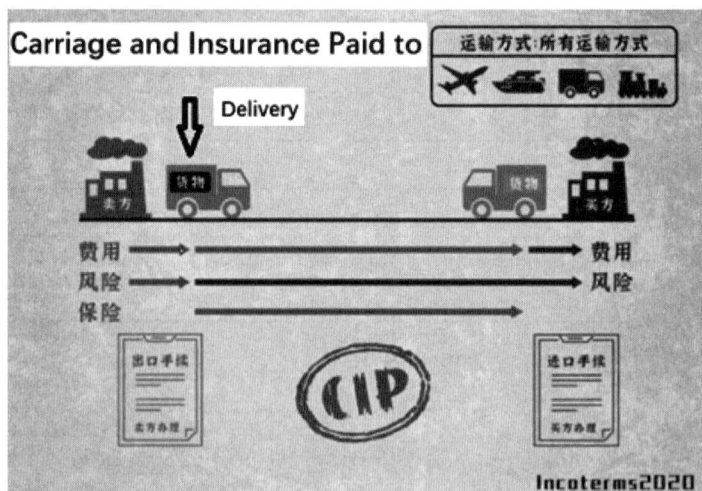

图 3-5 CIP 术语含义示意图

CIP 术语用法:CIP + named place of destination INCOTERMS ® 2020,如,We offer to sell T-shirt 1 000 dozens USD 50.00 per dozen CIP London CFS delivery during August.

2. CIP 术语买卖双方基本责任划分

根据国际商会的贸易术语的解释,CIP 术语下买卖双方责任划分如表 3-8 所示。

表 3-8　CIP 术语下买卖双方的基本责任

卖方基本责任	买方基本责任
交货(按合同规定)、移交单据	付款、接单、提取货物
办理出口清关手续、支付费用	办理进口清关手续、支付费用
办理运输、支付运费	
办理保险、支付保险费	
承担货物交付承运人控制之前的一切风险和费用	承担货物交付承运人控制之后的一切风险和费用

3. CIP 合同项下需要注意的问题

(1) INCOTERMS ® 2020 中 CIP 保险投保险别变化

CIP 术语下卖方投保时,需要投最高险别(如 CIC 一切险或 ICC(A)险),而 CIF 术语下投保险别则要求保持不变,仍投最低基本险别即可。

(2) CIP 与 CIF 的区别

主要区别如下:① 运输方式适用不同。② 交货地点不同。CIP 在第一承运人营业处所,而 CIF 在装运港船上。③ 风险转移点不同。CIP 以货交第一承运人时,而 CIF 以货交装运港船上。④ 卖方应提供的运输单据不同。CIP 运输单据上不必注明"on board",而 CIF 则须注明。⑤ 货物所有权的转移不同。CIF 仅通过提交海运提单,而 CIP 则不行。⑥ 费用的负担不同。CIF 卖方承担到目的港的运费和保险费;CIP 卖方则承担货物运到目的地的运费和保险费。

案例 3-9

某年 5 月,美国某贸易公司(以下简称进口方)与我国江西某进出口公司(以下简称出口方)签订合同购买一批日用瓷具,价格条件为 CIF LOSANGELES,支付条件为不可撤销的跟单信用证,出口方需要提供已装船提单等有效单证。出口方随后与宁波某运输公司(以下简称承运人)签订运输合同。8 月初出口方将货物备妥,装上承运人派来的货车。

途中由于驾驶员的过失发生了车祸,耽误了时间,错过了信用证规定的装船日期。得到发生车祸的通知后,我出口方即刻与进口方洽商要求将信用证的有效期和装船期延展半个月,并本着诚信原则告知进口方两箱瓷具可能受损。美国进口方回电称同意延期,但要求货价降 5%。

我出口方回电据理力争,同意受震荡的两箱瓷具降价 1%,但认为其余货物并未损坏,不能降价。但进口方坚持要求全部降价。最终我出口方还是作出让步,受震荡的两箱降价 2.5%,其余降价 1.5%,为此受到货价、利息等有关损失共计达 15 万美元。

请分析该案例的经验与教训。

分析

(1) 对于更多采用陆海联运或陆路出口的内陆地区来说,CIP比CIF更合适。

原因如下:

① 从适用的运输方式看,CIP比CIF更灵活,更适合内陆地区出口。

② 从出口方责任看,使用CIP术语时,出口方风险与货物的实际控制权同步转移,责任可以及早减轻。

③ 从使用的运输单据看,使用CIP术语有利于内陆出口业务在当地交单结汇。

(2) 在该案例中,出口方耗费了时间和精力,损失也未能全部得到赔偿,这充分表明了CIF术语自身的缺陷使之在应用于内陆地区出口业务时显得"心有余而力不足",教训如下:

① CIF术语下风险转移严重滞后于货物实际控制权的转移。

在采用CIF术语订立贸易合同时,在出口方向承运人交付货物,完成运输合同项下的交货义务后,却并不意味着他已经完成了贸易合同项下的交货义务。出口方仍要因货物装上船前的一切风险和损失向进口方承担责任。而在货物交由承运人掌管后,托运人(出口方)已经丧失了对货物的实际控制权。承运人对货物的保管、配载、装运等都由其自行操作,托运人只是对此进行监督。让出口方在其已经丧失了对货物的实际控制权的情况下继续承担责任和风险,这非常不合理。尤其是从内陆地区装车到装运港船上,中间要经过一段较长的时间,会发生什么事情,谁都无法预料。也许有人认为,在此期间如果发生货损,出口方向进口方承担责任后可依据运输合同再向承运人索赔,转移其经济损失。但是对于涉及有关诉讼的费用、损失责任承担无法达成协议,再加上时间耗费,出口方很可能得不偿失。本案例中,在承运人掌管之下发生了车祸,他就应该对此导致的货物损失、延迟装船、仓储费用负责,但由此导致的货价损失、利息损失的承担,交易双方却无法达成协议,使得出口方受到重大损失。

② CIF术语下对运输单据规定的限制致使内陆出口方无法在当地交单。

只有当货物运至装运港装船后出口方才能拿到提单或得到在联运提单上"已装船"的批注,然后再结汇。可见,这种对单据的限制会直接影响到出口方向银行交单结汇的时间,从而影响出口方的资金周转,增加了利息负担。本案例中信用证要求出口方提交的就是提单,而货物走的是陆路,因此他只能到港口换单结汇。如果可凭承运人内地接货后签发的单据当地交单结汇的话,出口方虽然需要就货损对进口方负责,但他可以避免货价损失和利息损失。

③ CIF术语下内陆地区使用CIF术语还有一笔额外的运输成本。

在CIF价格中包括的运费应该从装运港到目的港这一段的运费。但从内陆地区到装运港装船之前还有一部分运输成本,如从甘肃、青海、新疆等地区到装运港装船之前的费用一般要占到出口货价的一定比例,有一些会达20%左右。

四、《通则》的其他贸易术语

（一）EXW(Ex works)术语

1. EXW 术语含义

EXW (… named place)，意思是工厂交货(指定地点)，是指卖方将货物从工厂(或仓库)交付给买方。按 EXW 术语成交时，卖方承担的风险、责任以及费用都是最小的。按照这个原则，除非另有规定，卖方不负责将货物装上买方安排的车或船上，也不办理出口报关手续，买方负担自卖方工厂交付后至最终目的地的一切费用和风险。

在交单方面，卖方只需要提供商业发票或电子数据，如合同有要求，才需提供证明所交货物与合同规定相符的证件。

2. 使用 EXW 术语应注意的问题

（1）在 EXW 术语后面要尽可能清楚地写明指定交货地点内的交付点。如果在指定交货地点没有约定特定的交付点，且有不止一个交付点可供使用时，卖方可以选择对其来说最方便的交付点。

（2）当买方提出要求并承担风险和费用时，卖方有义务及时向买方提供或协助买方取得货物进出口相关单证和信息，包括安全信息，而买方仅有限度地承担向卖方提供货物出口相关信息的责任。

（3）在 EXW 术语项下，风险和费用通常一起转移，有时也可以提前转移。风险提前转移的前提就是货物已经完成"特定化"。所谓货物的特定化，是指在货物的包装上刷喷头，打上适当的标记，向买方发出通知。这表明该批货物已被划归于本合同下，与其他货物清楚地分开。如果货物没有完成特定化，是不能发生风险的提前转移的。

（4）关于货物的包装问题。EXW 术语相当于国内贸易，卖方不需要提供出口运输的包装。

（5）关于检验费用问题。EXW 下，装船前检验费用(pre-shipment inspection，PSI)，包括出口国当局强制要求检验的费用皆由买方承担。

（二）FAS 术语

1. FAS(free alongside ship)术语含义

FAS 意思是装运港船边交货(……指定装运港)，是指卖方在指定装运港将货物交到买方指定的船边(例如码头上或驳船上)，即完成交货。从那时起，货物灭失或损坏的风险发生转移，并且由买方承担所有费用。FAS 是国际贸易术语中象征性交货的一种贸易术语，FAS 贸易术语交货地点是装运港船边，FAS 贸易术语仅适用于海运或内河运输方式。

FAS 贸易术语风险转移点在装运港船边，卖方必须在买方指定的装运港，在买方指定的装货地点，在约定的日期或期限内，按照该港习惯方式将货物交至买方指定的船边。

FAS 外贸术语要求卖方办理出口清关手续,卖方必须支付交货前与货物有关的一切费用,货物出口应办理的海关手续费用及应缴纳的关税、税款和其他费用。

2. 使用 FAS 术语需要注意的问题

(1) 船货衔接问题。买方必须支付由于买方指定的船只未按时到达,或未装载上述货物,或比通知的时间提早停止装货,或由于买方未按照规定给予卖方相应的通知,而发生的任何额外费用。如果买方指定的船不能靠岸,卖方则要负责用驳船将货物运至船边完成交货义务,费用由买方承担。

(2) 注意《美国对外贸易定义修订本》和《通则 2020》对 FAS 的不同解释。

(3) 充分通知。卖方应该通知买方,说明货物已交至指定的船边,买方必须通知卖方船名、装船点和要求交货时间。

(三) DAP 术语

1. DAP(delivered at place)术语的含义

DAP(目的地交货)是指在指定的目的地,将到达的运输工具上待卸下的货物交由买方处置时,卖方完成交货。

2. 使用 DAP 术语应注意的问题

(1) 做好货物的交接工作,目的地及其内的特定地点应尽量规定。DAP 的交货地点既可以是在两国边境的指定地点,也可以是在目的港的船上,也可以是在进口国内陆的某一地点。并且交货地址,最好能具体到指定目的地内特定的点。如果没有约定特定的交货点或该交货点不能确定,卖方可以在指定目的地选择最适合其目的的交货点。

(2) 卸货费用应该在运输合同中约定责任。卖方要保证货物可供卸载,因此,卖方在签订运输合同时应注意运输合同与买卖合同相关交货地点的协调,如果卖方按照运输合同在指定目的地发生了卸货费用,除非双方另有约定,卖方无权向买方要求偿付。

(3) 卖方办理货物出口清关,但无义务办理货物进口清关。

(4) 如买方拟由卖方负担进口清关,支付关税等,应使用 DDP 术语。

(四) DPU 术语

1. DPU(delivered at place unloaded)术语含义

DPU(目的地卸货后交货)是指卖方在指定目的地卸货后将货物交给买方处置即完成交货,卖方承担将货物运至卖方在指定目的地或目的港集散站的一切风险和费用,除进口费用外。

其中,卖方的主要义务是:① 卖方承担用运输工具把货物运送到达目的地,并将货物卸载到目的地指定的终点站交付给买方之前的所有风险和费用,包括出口货物时报关手续和货物装船所需的各种费用和风险。② 提供符合合同规定的货物。③ 办理出口手续。④ 办理货物运输。⑤ 移交有关货运单据或数字信息。《通则 2020》对卖方的清关义务解释如下:

A7 Export/import clearance

a) Export and transit clearance

Where applicable, the seller must carry out and pay for all export and transit clearance formalities required by the country of export and any country of transit (other than the country of import), such as: export/transit license, security clearance for export/transit, pre-shipment inspection, and any other official authorization.

b) Assistance with import clearance

Where applicable, the seller must assist the buyer, at the buyer's request, risk and cost, in obtaining any documents and/or information related to all import clearance formalities, including security requirements and pre-shipment inspection, needed by the country of import.

而买方的主要义务有：① 在卖方按照合同规定交货时受领货物,按合同规定支付价款;承担自收货之时起一切关于货物损坏和灭失的风险,支付自交货之时起与货物有关的一切费用。② 如需办理清关事宜,则买方必须自负风险和费用办理清关手续,缴纳进口关税、捐税及其他进口费用。否则,买方必须承担由不履行该项义务而产生的一切货物损坏和灭失的风险,并支付由此带来的一切额外费用。③ 买方需承担从到达的运输工具上为收取货物所需的一切卸货费用。④ 应卖方请求并在卖方承担风险和费用的前提下,及时向卖方提供货物运输和出口或通过任何国家所需的文件及信息,并给予协助。否则,买方必须支付由未及时提供信息和协助而产生的一切损失及费用。⑤ 支付装船前检查的费用,但由出口国主管部门进行的强制检查产生的费用除外。

2. 使用 DPU 术语需要注意的问题

(1) 卖方需要将符合合同规定的货物在合同规定的期限内运到指定目的地并卸货后交给买方或其代理人处置,所以 DPU 术语是货物到达合同。

(2) 在货物交给买方或其代理人处置之前,所有出口清关、运输与保险、目的港或目的地卸货手续均由卖方办理,由此产生的费用及风险也由卖方承担。

(3) 买方或其代理人在终点站受领卖方交付的货物后,需要自行办理进口清关、转运等手续,并承担由此产生的相关费用及风险。

(五) DDP 术语

1. DDP(delivered duty paid) 术语含义

DDP(... named place of destination),即完税后交货(……指定目的地),要求卖方在指定的目的地办完清关手续将在交货的运输工具上尚未卸下的货物交给买方处置,即完成交货。卖方承担将货物运至目的地的一切风险和费用,包括在需要办理海关手续时在目的地应缴纳的任何进口税费。

DDP 术语是 11 种贸易术语中卖方承担的责任最大、负担的费用最多的一个术语,若卖方不能直接或间接地取得进口许可证,则不应使用此术语。但是,如果当事方希望将进口所要支付的一切费用(如增值税)从卖方的义务中排除,则应在销售合同中明确。该术语适用于各种运输方式。

2. 使用 DDP 术语需要注意的问题

(1) 在 DDP 的交货条件下,卖方是在办理了出口结关手续后在指定目的地交货的,这实际上是卖方已将货物运进了进口方的国内市场。如果卖方直接办理进口手续有困难,也可要求买方协助办理。如果卖方不能直接或间接地取得进口许可或办理进口手续,则不应使用 DDP 术语。

(2) 如果双方当事人愿从卖方的义务中排除货物进口时需支付的某些费用,如增值税,则应就此意思加注字句,如"完税后交货,增值税未付(插入指定目的地)",以使之明确。

(3) 卸货费用。买方负责在指定目的地将货物从到达的运输工具上卸下,但卖方要保证货物可供卸载。卖方在签订运输合同时应注意运输合同与买卖合同相关交货地点的协调,如果卖方按照运输合同在指定目的地发生了卸货费用,除非双方另有约定,卖方无权向买方要求偿付。

第三节　国际贸易术语实务

一、国际商会贸易术语的选择

1. 不同贸易术语的区别

在国际商品的流动的不同环节对应不同外贸业务环节,贸易术语将不同环节的责任与义务进行划分,如图 3－6 所示;不同贸易术语约定了买卖双方的风险和费用划分,如图 3－7 所示。总体上,① E 组术语(启运术语,departure),卖方责任最小;② F 组术语(主运费未付术语,main carriage unpaid),买方指定承运人;③ C 组术语(主运费已付术语,main carriage paid);④ D 组术语(到达术语,arrival)。以 D 组术语成交的合同属于到达合同,或称为到货合同,即进口国交货。而 C 组术语的风险划分界限与费用划分界限相分离,出口国交货,卖方办理运输。以 F 组和 C 组术语成交的合同都属于装运合同,不属于到货合同。所以,外贸业务员应该根据货物特点、业务习惯等选择不同的贸易术语,进行合理贸易术语选择之前,必须熟悉它们的基本责任,具体如表 3－9 所示,同时还要掌握应该注意的问题。

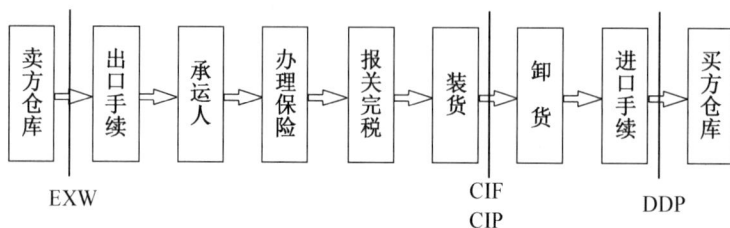

图 3－6　贸易术语对商品流动环节责任划分示意图

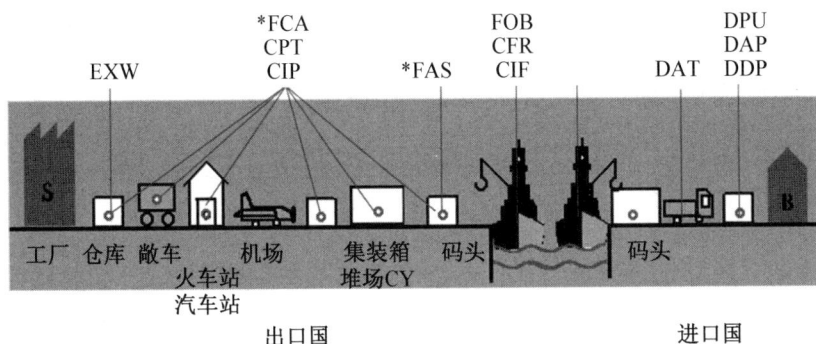

图 3－7 不同贸易术语的费用、风险划分示意图

表 3－9 国际商会贸易术语(2010 版和 2020 版)的基本责任划分汇总

术语	交货地点 风险界限	运输	保险	报关	运输方式	交货性质
EXW	工厂货交买方	买方	买方	买方	任何	实际
FCA	启运地货交承运人	买方	买方	分别	任何	象征
FAS	装运港船边	买方	买方	分别	水上	象征
FOB	装运港船上	买方	买方	分别	水上	象征
CFR	装运港船上	卖方	买方	分别	水上	象征
CIF	装运港船上	卖方	卖方	分别	水上	象征
CPT	启运地货交承运人	卖方	买方	分别	任何	象征
CIP	启运地货交承运人	卖方	卖方	分别	任何	象征
DAT	运输终点站货交买方	卖方	卖方	分别	任何	实际
DPU	卸货地交货	卖方	卖方	分别	任何	实际
DAP	目的地货交买方	卖方	卖方	分别	任何	实际
DDP	目的地货交买方	卖方	卖方	卖方	任何	实际

2. 选用贸易术语应考虑的主要因素

出口方应根据货物所在地、装运地,以及到达目的地的距离、时间、环境、市场等各种因素,尽量避免或减少在不同环节的费用、风险等。选择贸易术语要考虑如下各种因素。

(1) 考虑运输条件、运输方式;

(2) 考虑货源情况;

(3) 考虑运费、运价变动情况;

(4) 考虑运输途中的风险;

(5) 考虑办理进出口货物结关手续有无困难;

(6) 贸易术语与合同条款相一致;

（7）贸易术语与支付方式一致；

（8）视装运港条件使用贸易术语。

所以，鉴于对风险的控制，一般地，我们出口应尽量使用 CIF，而进口应尽量使用 FOB。

3. 贸易术语与贸易合同关系

（1）贸易术语是决定买卖合同性质的重要因素。贸易术语用以明确买卖双方在商品交接过程中的义务划分，说明交货的地点划分风险、责任和费用，因此，贸易术语是确定合同性质的重要因素，一般的，贸易术语的性质与贸易合同的性质吻合。所以，FOB 术语成交的合同，常称为 FOB 合同，就是这个道理。

（2）贸易术语并非决定合同性质的唯一因素。贸易术语是惯例，不是法律，如合同作出与术语矛盾的规定，合同规定高于惯例。为减少贸易摩擦，尽量避免贸易术语与买卖合同中的其他条件矛盾。

（3）贸易术语与合同条款的关系。贸易术语是买卖合同中单价条款的一部分，由于贸易术语除了明确商品价格构成之外，还涉及运输、保险、货物交接地点、风险转移等问题，所以，贸易术语必然会与合同中的其他交易条款有关联，因此，我们要注意贸易术语与价格条款、装运条款、保险条款、支付条款、检验条款之间存在逻辑关系。

二、国际贸易术语与跨境电商

传统外贸企业中一国的进/出口商通过另一国的出/进口商集中进/出口大批量货物，然后通过境内流通，最后到达有进/出口需求的企业或消费者。也就是说传统外贸企业进行贸易的时候，需要经过生产制造企业、出口商、进口商、渠道商、批发商、零售商和客户。而跨境电商出口环节少，流程简单，客户通过跨境卖家的网站下单，然后跨境卖家在跨境平台下单，跨境平台卖家就直接将货发到客户手里。这样，跨境平台解决了卖家库存、物流、清关等问题。

跨境电商 B2C 的报价中没有使用到贸易术语，但跨境电商平台报价与贸易术语价格本质相同，要考虑商品的物流费用和风险等，跨境电商平台的价格相当于 DPU 价格。特别的，跨境电商企业在国外建立"海外仓"（海外仓是跨境电商出口卖家为提升订单交付能力而在国外接近买家的地区设立的仓储物流节点，通常具有境外货物储存、流通加工、本地配送，以及售后服务等功能），这时，商品从国内到海外仓，用到的贸易术语可以是 DDP。所以，在跨境电商中，可能不采用我们常见的贸易术语，而是考虑使用 D 组术语。

三、贸易术语实训

（一）充分通知实例

1. Shipping Instruction

Dear Sirs，

　　Re：1×40′ FCL of Sports Goods series under S/C No. ××，L/C No. ××．

　　We plan to ship through COSCO. Please ship the goods on or before Sept. 10，2022 and inform us of the shipping details by fax immediately upon fulfillment. The detailed information of the shipping agent is as following：

　　Company Name：Hong Yun International Shipping Agency Co.，Ltd.

　　Address：No. 328，Yan'an (M) Road，Shanghai 200003，China.

　　Contact Person：Mr. Liu Jian Min

　　Tel：021－⋯

　　Fax：021－⋯

2. Shipping Advice

Dear Sirs，

　　Re：1×40′ FCL of Sports Goods series under S/C No. ××，L/C No. ××．

　　We are very pleased to inform you that the goods were shipped in Shanghai through COSCO on Sept. 8，2022. Please make insurance of the goods on your side. The shipping details are as follows：

　　S/C No. ××

　　L/C No. ××

　　Commercial Invoice No. VL05J156

　　Total Value：USD56,428.00

　　B/L No. SHWH100475

　　Container No. HDMU2127974

　　Seal No. C05627

　　Name of the Carrying Vessel：LISBO V011W

　　Destination：Vancouver

　　On board date：Sept. 8，2022

　　ETD (Shanghai)：Sept. 9，2022

　　ETA (Vancouver)：Sept. 30，2022

（二）案例分析

1. An exporter exports a batch of Christmas gifts to an English buyer with CIF London and as the Christmas gifts are seasonal，they contract that the buyer shall open

a credit with the seller before the end of September and the seller shall ship the goods to Hamburg not later than 5th December. Or else, the buyer has the right to cancel the contract and get a refund from the seller. Is this amended contract still a CIF contract? Why?

Analysis

The amended contract is not a CIF contract, because:

(1) CIF contracts are shipment contracts, according to which the seller should deliver the goods on board the nominated ship at port of loading for shipment to the destination within specified time and bear no risks or expenses during the shipment of the goods. In the above case, the seller shall ship the goods to Hamburg not later than 5th December or else, the buyer has the right to cancel the contract. This substantially alters the character of shipment contracts.

(2) CIF is used for symbolic delivery in which the seller delivers the goods against documents while the buyer pays against documents. In this case, if the goods do not arrive at the specified time, the Seller shall refund to the Buyer. This has changed the characteristics of symbolic delivery.

2. 瑞士 A 公司(卖方)和中国 B 公司(买方)以 CIF 条件签订了一笔 1 万吨钢材的买卖合同,支付条件为信用证,交货期为 2021 年 7 月 20 日。

买方向对方及时开出了信用证。A 公司也在 7 月 20 日之前按照合同规定的装运条件出运。此后不久,A 公司以传真通知买方,"装运给贵公司的 1 900 吨钢材与另外发给厦门的 20 000 吨钢材一起装在一条船上"。买方收到传真后,立即通知 A 公司,"这条船应先在黄埔港卸完我们的货后再驶往厦门"。A 公司回复传真说,该船将先靠黄埔港。不料,该船先靠了厦门港,并在那里停留了差不多一个月后才驶往黄埔港。在此期间,人民币与美元的兑换比率已有很大变动,买方需要支付更多的人民币才能兑换出足够支付这批钢材所需的美元。其结果使得买方不但得不到预期利润 80 000 美元,而且还需要赔偿 20 000 美元,共计损失 100 000 美元。

于是,买方在对方货物迟迟不到的情况下,以 A 公司单据与信用证不符为由通知了银行拒付货款。货物到达目的港黄埔港之后,我方认为对方违反其"先靠黄埔港"的承诺,而且人民币对美元贬值,即使买方接受该批货物亦无利可图。于是,我方拒收该批货物。由于我方拒收,直接导致 A 公司所派的船不能够按时卸货,对方不得不支付滞期费 40 000 美元,并将货卖给另一买主。A 公司认为 CIF 合同下,作为卖方,其已经在合同规定的期限内,在装运港把货物装上船,即他完成了交货义务。认为我方没有理由拒收货物,并要求我方赔偿其滞期费损失。我方以对方违约在先为由拒赔。于是 A 公司将争议提交中国国际贸易促进委员会进行仲裁。

请分析案例中各方陈述的理由是否成立。

分析

（1）卖方在合同规定期限内，将合同货物装上船，并向议付行提交了装运单据。为此，卖方已经完成了交货义务。

（2）依据国际贸易术语CIF解释，卖方没有义务，也无法保证载货船舶何时抵达何港或先停靠何港。除非卖方作出了明确承诺，他不应对此承担责任，本案卖方A公司告诉买方B载货船舶将先停靠黄埔港并不构成发货人的正式承诺。因此，他对载货船舶先靠厦门港这一事实不应承担责任。

（3）买方以人民币与美元的兑换率发生变动为由拒绝收货，违反国际贸易习惯。风险在装上船时开始转移，故货币兑换率变动的风险应由被诉人承担。

（4）根据上述事实和理由，买方应赔偿申诉人40 000元滞期费损失和利息，买方的反诉不成立。

另外，本案仲裁费2 000美元由B公司承担。

本章小结

本章主要知识点有国际商会的"贸易术语解释通则"及其演变，国际贸易术语性质、常用的六种国际贸易术语，以及国际贸易术语实务，它们之间的知识逻辑关系如图3-8所示。

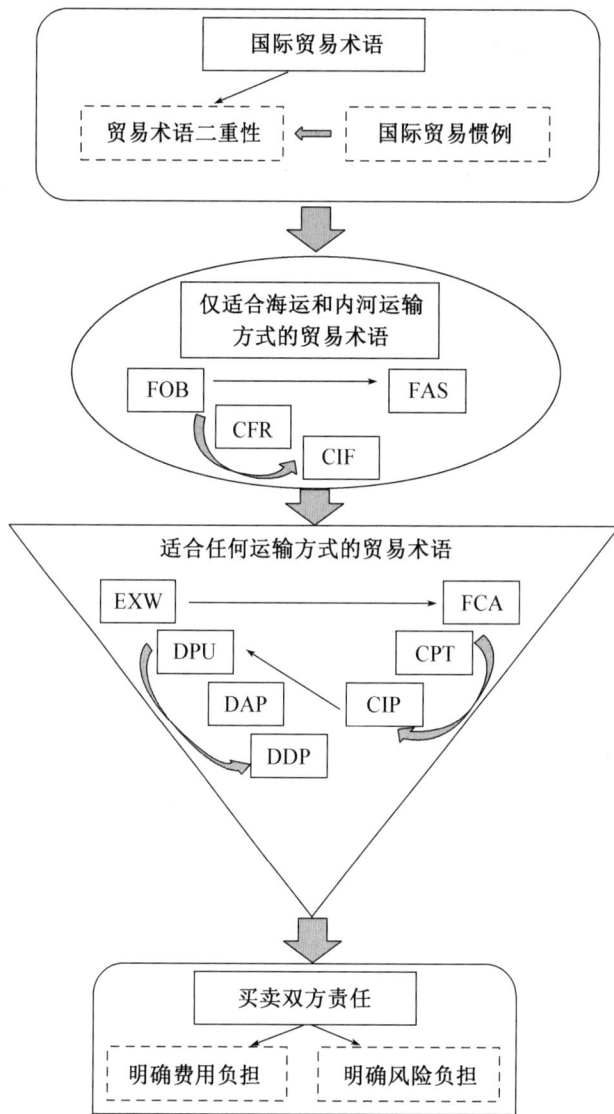

图 3-8 本章知识逻辑关系图

... 练习题

一、判断对错

1. 在 FOB 条件下,如合同未规定"装船通知"条款,卖方将货物装船后可不发装船通知,此做法不算违约。　　　　　　　　　　　　　　　　　　　　　　（　　）

2. 我国从汉堡进口货物,如按 FOB 条件成交,需由我方派船到汉堡口岸接运货物;而按 CFR 条件成交,则由出口方洽租船舶将货物运往中国港口,可见,我方按 FOB 进口承担的货物运输风险比按 CFR 进口承担的风险大。　　　　　　　　　　　　（　　）

3. CIF 条件下由卖方负责办理货物运输保险,CFR 条件下买方投保,因此运输途中货物灭失和损失的风险,前者由卖方负责,后者由买方负责。　　　　　　(　　)

4. In INCOTERMS® 2020,the delivery place of group E and group F terms are at the site of shipment;while the delivery place of group C and group D terms are at the destination. 　　　　(　　)

5. In practice,it is customary to call CIF "Landed Price". That is,if a contract signs in CIF terms,the seller shall bear all responsibilities,expenses,and risks before the goods arrive at the port of destination. 　　　(　　)

二、单项选择

1. 在 FOB 条件下采用租船运输,若卖方不愿承担装船费及理舱费,应采用(　　)。
　　A. FOB Liner Terms　　　　　　B. FOB Stowed
　　C. FOB Under Tackle　　　　　　D. FOB Trimmed

2. 采用 FCA 贸易术语,应由(　　)。
　　A. 买方负责办理运输和保险
　　B. 卖方负责办理运输和保险
　　C. 由买方负责办理运输,卖方负责保险
　　D. 由卖方负责办理运输,买方负责保险

3. 根据 INCOTERMS® 2020,在 FAS 条件下,若买方指派船只不能靠岸,则应由(　　)。
　　A. 买方租用驳船把货运到船边
　　B. 卖方租用驳船把货运到船边,交货在码头进行
　　C. 承运人租用驳船把货运到船边
　　D. 卖方租用驳船把货运到船边,交货在船边进行

4. Under(　　)term,it is important for the seller to provide shipment notice to the buyer.
　　A. CFR　　　　B. FAS　　　　C. FOB　　　　D. CIF

5. FOB and CIF share one thing that (　　).
　　A. Risk is transferred when the goods are loaded on board the vessel
　　B. They can be used in any mode of transport
　　C. The seller will be responsible for the unloading at the port of destination
　　D. The buyer will be responsible for the loading at the port of shipment

6. 我国某电商公司欲出口一批货物到自己某海外仓,需要自己承担进口报关和进口关税,根据 INCOTERMS® 2020,应采取的贸易术语是(　　)。
　　A. DAF　　　　B. DAT　　　　C. DPU　　　　D. DDP

7. 我国 A 公司拟采用海陆空多式联运方式出口货物到比利时,向比利时 B 公司报价使用了 CFR 术语,根据 INCOTERMS® 2020,采用的贸易术语应改为(　　)。
　　A. FAS　　　　B. CPT　　　　C. DPU　　　　D. CIP

8. If the contract signed by the Buyer and the Seller determines to use sea transportation，the port of shipment is NEW YORK，and the trade terms shall comply with *the 1941 Amendment to the Definition of Foreign Trade in the United States*. Our importer hopes that the American exporter will assume the same trade terms as the interpretation of FOB delivery place in INCOTERMS ® 2020. The trade term that should be used is（   ）.

    A. FOB Vessel New York

    B. FOB New York

    C. FOB Liner Terms New York

    D. FOB Stowed New York

9. Company A shall import soybeans from abroad on FOB basis and transport them by voyage charter. If Company A is unwilling to bear the shipping cost，the trade term used in the contract shall be（   ）.

    A. FOB Trimmed Stowed   B. FOB Vessel

    C. FOB Under Tackle   D. FOB Liner Terms

10. The goods are transported from Shanghai to New York. According to INCOIERMS ® 2010，if the trade term CIF NEWYORK is adopted，the Seller's risk liability limit for the goods is（   ）.

    A. Before the goods are unloaded from the Seller's vehicle in Shanghai

    B. Before the goods are loaded into the Buyer's vehicle in New York Port

    C. Before the goods are loaded on board in Shanghai

    D. Before the goods are unloaded from the ship in New York

三、多项选择

1. 采用 CFR 术语成交,卖方欲不承担卸货费可选用（   ）.

    A. CFR Ex tackle   B. CFR Ex ship's hold

    C. CFR liner terms   D. CFR landed

2. 贸易术语是在长期的国际贸易实践中产生的,它可以用来（   ）.

    A. 表示商品价格构成   B. 确定交货条件

    C. 明确定价方式   D. 确定货物等级

    E. 说明买卖双方在交接货物时各自承担的费用、风险和责任的划分

3. The INCOTERMS requires the buyer to handle the import customs clearance under（   ）.

    A. EXW   B. FCA   C. DDP   D. DAT

4. 有关国际贸易术语的国际惯例主要有（   ）.

    A. Warsaw-Oxford Rules 1932

    B. International Rules for the Interpretation of Trade Terms

    C. Uniform Customs and Practice for Documentary Credits 2007 Revision

D. Revised American Foreign Trade Definitions 1990

5. The duality of trade terms is shown as (　　).

　　A. Reflect the production cost of the commodity

　　B. Reflect the price composition of the commodity

　　C. Describe the transaction conditions of the commodity

　　D. Describe the delivery conditions of the commodity

　　E. Describe the transaction conditions of the commodity

6. The international trade practice is of great significance to China's international trade practice (　　).

　　A. Be conducive to foreign trade business

　　B. Enforce contract performance

　　C. Avoid or reduce trade disputes

　　D. When the contract is inconsistent with the practice, provide the judicial arbitration agency with the basis for adjudication

　　E. In case of dispute, quote a practice to reduce unnecessary losses

7. Generally, the trade terms that the buyer bears the risk after the goods are loaded are (　　).

　　A. FAS　　　　　B. FCA　　　　　C. FOB　　　　　D. CIP

　　E. DAT

8. The following trade terms belong to main freight unpaid (　　).

　　A. FAS　　　　　B. FCA　　　　　C. DAF　　　　　D. CPT

　　E. CIF

四、案例分析

1. A China company exports a batch of frozen chicken on FOB terms. After signing the contract, our company received a call from the buyer saying that it was difficult to charter the ship, and entrusted us to charter the ship on behalf of the buyer, and the relevant expenses shall be borne by the buyer. In order to facilitate the performance of the contract, we accepted the other party's request. However, at the time of shipment, we are unable to charter a suitable ship at the specified port of shipment, and the buyer does not agree to change the port of shipment. Therefore, the goods had not been loaded at the expiration of the shipment period. As the sales season was coming to an end, the buyer wrote to cancel the contract on the grounds that we failed to charter the ship to fulfill our delivery obligations on time. How should we handle it?

2. 有一份 CIF 合同,出售一批小麦。合同规定:"CIF 汉堡,卖方必须提交提单、保险单和商品检验证书三项单据,买方凭单据付款。"事后卖方向买方提交上述三项单据,但买方发现提单和检验证书有擦改的痕迹,买方提出异议并暂停付款。事后查明,擦改的是配舱的舱位号,并且是在单据签字前擦改的。试问:在上述情况下,买方能否坚持拒收单据和拒付货款? 为什么?

3. 我北京某外贸公司与英商签订一批货物出口合同,在商谈好价格后,我北京公司坚持用 FCA 北京贸易术语,英商坚持用 FOB 天津贸易术语,试分析原因。

4. An import and export company in China exported a batch of watches to Spain and signed a contract according to FCA Shanghai Airport. The delivery date was August. On August 31, the export enterprise shipped the watch to Shanghai Hongqiao Airport, and the airline issued an air waybill. The seller has telexed the shipping advice to Spain. The watch arrived in Madrid on September 2, and the arrival notice was sent to Madrid with the invoice and air waybill. The bank immediately informed the Spanish merchant to pick up the goods and make payment, but the Spanish merchant refused to accept the goods on the ground of late delivery. Is the practice of Spanish merchant reasonable?

5. Our exporter exports a batch of clothes to Europe in CIF term. The contract stipulated that insurance shall be covered by the exporter against all risks with CICC and pay with credit. Our exporter ships the goods to the nominated port of shipment within the specified time, and the shipping company signs bills of lading, and then our exporter negotiates with the Bank of China. On the second day, our exporters were informed that the shipping vessel has caught fire in the sea, and all the clothes were burnt down. The buyer requires our exporter to lodge a claim with CICC, or else to refund. Our exporter absolutely refused this requirement and put forward settlements, specified the obligations of both parties, and the buyer should bear the risk of goods damage in this case. How do you think the reasons to both parties?

6. 我国某内陆出口公司于 2020 年 2 月向日本出口 30 吨甘草膏,每吨 40 箱共 1 200 箱,每吨售价 1 800 美元,FOB 新港,共 54 000 美元,即期信用证,装运期为 2 月 25 日之前,货物必须装集装箱。该出口公司在天津设有办事处,于是在 2 月上旬便将货物运到天津,由天津办事处负责订箱装船,不料货物在天津存仓后的第二天,仓库午夜着火,抢救不及,1 200 箱甘草膏全部被焚。办事处立即通知内地公司总部并要求尽快补发 30 吨,否则无法按期装船。结果该出口公司因货源不济,只好要求日商将信用证的有效期和装运期各延长 15 天。请分析此案例。

第四章
国际货物运输

不出户知天下，不窥牖见天道

学习目标

熟悉各种国际运输方式，并能根据实际情况合理选用恰当的运输方式
掌握交货与运输条款的具体内容，掌握海运提单的性质与作用
能够正确计算海运费
能够正确计算出两种常用规格集装箱的装货量
能够正确制订合同装运条款
了解办理国际货物运输的操作程序与注意事项

职场案例

我国某公司7月与美国某公司签订了合同，进口一套乳胶制品生产线设备。合同规定，价格为 USD1 276 000.00 CIF 新港；交货期为 7 月 31 日以前，允许分 3 批装运。在规定的交货期内，美国公司分 3 批交货。第一批和第三批交货正常，但第二批收货后，发现有严重的零部件短少和设计缺陷，导致公司无法按期安装并蒙受重大损失，于是我公司要求美商赔偿损失并主张合同无效，而美商则只同意补交第二批货中短少的零部件。张师傅安排实习生小李查阅相关资料，继续向对方据理力争。你觉得能够说服对方赔偿吗？

分析　我国该公司要求美商赔偿损失并主张合同无效理由正当。因为，根据《联合国国际货物销售合同公约》第七十三条第(3)款，买方宣告合同对任何一批货物的交付为无效时，可以同时宣告合同对已交付的或今后交付的各批货物均为无效，如果各批货物是互相依存的，不能单独用于双方当事人在订立合同时所设想的目的，可以主张合同无效。乳胶制品生产线设备各批次所交货物之间，相互依存，密不可分。第二批交货存在的零部件短少和设计缺陷问题，会影响到整套乳胶制品生产线设备的安装运营，故依据《联合国国际货物销售合同公约》，可以主张合同无效。

... 课程思政

如何做出正确选择?

货物在从卖方仓库到达买方仓库的过程中,难免遇到各种货损货差,甚至完全灭失,只有通过购买保险保障双方利益。因此,需要业务员工作细心、敬业,并有良好的沟通能力,密切跟踪货物的流转,以防意外发生,并能够及时处理货损货差,减少损失。交易双方远隔万里,如何预见各种货损货差,需要外贸业务员具备"不出户知天下,不窥牖见天道"的能力,即不必经历千山万水,但能知晓万千困难,具备较强的分析能力,因此要博学。外贸业务员也只有具备"不出户知天下,不窥牖见天道"的能力,才能在面对众多的选择时,作出正确判断和选择。

第一节　国际货物运输方式

国际货物运输包括海洋运输、铁路运输、航空运输、集装箱运输、国际多式联运,以及国际河流运输、公路运输与管道运输等运输方式,这些运输方式都具有各自的特点及其独特的经营方式。因此,买卖双方商定进出口合同时,必须从实际需要出发,约定适当的运输方式,确保进出口运输任务的完成,而在约定运输方式前,首先应了解各种运输方式的特点以及国际货物运输的相关知识。

一、运输方式的类别

(一)海洋运输(ocean transportation)

国际贸易中,通过海洋运输的货运量占国际货运总量的70%左右。海洋运输具有船舶载运量大、通过能力强、运费相对较低的优势,但也有容易受气候和自然条件的影响、航期不准确、货运速度相对较慢、风险较大等不足之处。

1. 海运所涉及的主要当事人

(1)承运人。是指承办运输货物事宜的人,如船公司、船方代理,他们有权签发提单。

(2)托运人。是指委托他人办理货物运输事宜的人,如出口商。

(3)货运代理人。是指货运代理人接受货主或者承运人委托,在授权范围内以委托人名义或以代理人身份,办理货物运输事宜的人。受货主委托的代理人称"货代",受承运人委托的代理人称"船代"。他们熟悉运输业务,掌握各条运输路线的动态,通晓有关的规章制度,精通各种手续,因此,多数出口企业都委托货运代理承办订舱装运等事宜。

2. 海运营运方式

按照海洋运输船舶营运方式的不同,可分为班轮运输和租船运输。

(1) 班轮运输(liner transport)

班轮运输是指在固定的航线上,以既定的港口顺序,按照事先公布的船期表航行的水上运输方式。班轮运输适合于货流稳定、货种多、批量小的杂货运输,它是国际海洋货物运输中最重要的方式,它具有以下四个特点:

① 四固定。即固定的航线、停靠港口、船期和相对固定的运费费率。

② 船方管装管卸。装卸费包括在运费中,货方不再另付装卸费,船、货双方也不计算滞期费和速遣费。

③ 船、货双方的权利、义务与责任豁免,以船方签发的提单条款为依据。

④ 码头仓库交接货物,各类货物都可接受。班轮承运货物的品种繁多、数量灵活,货运质量有保证,且一般在码头仓库交接货物,为货主提供了便利。

(2) 租船运输(shipping by chartering)

租船运输是指租船人向船东租赁船舶用于货物运输的一种方式。租船运输中有关航线、港口、运输货物的种类以及航行的时间等,都按照承租人的要求,由船舶所有人确认。它适用于大宗货物运输,租船人与出租人之间的权利义务以双方签订的租船合同确定,通常具有三种方式。

① 定程租船(voyage charter),又称航次租船,是指由船舶所有人负责提供船舶,在指定港口之间进行一个航次或数个航次,承运指定货物的租船运输。定程租船就其租赁方式的不同可分为:单程租船,又称单航次租船;来回航次租船;连续航次租船;包运合同。定程租船的特点有:船舶的经营管理由船方负责,规定一定的航线和转运的货物汇总类、名称、数量及装卸港,船方对货物运输负责。一般情况下,运费按所运货物数量计算,并规定一定的装卸期限或装卸率,并计算滞期费、速遣费,双方责任与义务,以航次租船合同为准。

② 定期租船(time charter),又称期租船,是指由船舶所有人将船舶出租给承租人,供其使用一定时期的租船运输。承租人也可将此期租船充作班轮或程租船使用。定期租船的特点有:在租赁期间船舶经营管理由租船人负责,只规定船舶航行区域,除特别规定外,可以装运任何合法货物,船方负责船舶维护、修理和机器的正常运转,不规定装卸期限和装卸率,不计滞期、速遣费,租金按租期每月每吨若干金额计算,双方责任与义务以定期租船合同为准。

③ 光船租船(bareboat charter)是船舶所有人将船舶出租给承租人使用一个时期,但船舶所有人所提供的船舶是一艘空船,既无船长,又未配备船员,承租人自己要任命船长、船员,负责船员的给养和船舶营运管理所需的一切费用。

④ 航次期租(time carter on tip basis,TCT)。它是一种介于定程租船与定期租船之间的租船方式,即航次期租,它按完成一个航次运输所需的时间和约定的租金率计算租金。

以上四种租船运输方式中使用较多的是定程租船。

➥ ... deep seek

部分船公司中英文对照

中远集装箱运输有限公司(COSCO)：CONTAINER LINES CO,LTD，中国

中海集装箱运输股份有限公司(CSCL)：CHINA SHIPPING CONTAINER LINES CO,LTD，中国

中外运集装箱运输有限公司(SINOTRANS)：SINOTRANS CONTAINER LINES CO,LTD，中国

东方海外货柜航运有限公司(OOCL)：ORIENT OVERSEAS CONTAINER ILNE LTD，中国香港

德翔航运有限公司(T S LINE)：T S LINES LIMITED，中国香港

长荣海运股份有限公司(EVERCREEN)：EVERGREEN MARINE CORP，中国台湾

中国台湾阳明海运股份有限公司(YANGMING)：YANG MING MARINE TRANSPORT CORP，中国台湾

万海航运股份有限公司(WANHAI)：WAN HAI LINES LTD，中国台湾

日本邮船株式会社(NYK)：NIPPON YUSEN KABUSHI KAISHA，日本

商船三井株式会社(MOL)：MITSUI O S K LINES LTD，日本

川崎汽船株式会社(KLINE)：KAWASAKI KISEN KI KAISHA, LTD，日本

韩进海运株式会社(HANJIN)：HANJIN SHIPPING CO,LTD，韩国

现代商船株式会社：HYUNDAI MERCHANT MARINE CO, LTD，韩国

高丽海运株式会社(KMTC)：KOREA MARINE TRANSPORT CO, LTD，韩国

长锦商船株式会社(SINKOR)：SINOKOR MERCHANT MARINE CO, LTD，韩国

A．P．穆勒-马士基有限公司(MSK)：A P MOLLER-MAERSK A/S，丹麦

地中海航运公司(MSC)：MEDTTERRANEAN SHIPPING COMPANY S A，瑞士

法国达飞海运集团(CMA)：CMA CGM S A，法国

美国总统轮船有限公司(APL)：AMERICAN PRESIDENT LINES LIMITED，美国

赫伯罗特货柜航运有限公司（HAPAG-LLOYD)：HAPAG-LL0YD CONTAINER LINE GMBH，德国

以星轮船有限公司(ZIM)：ZIM ISRAEL NAVIGATION CO, LTD，以色列

北欧亚航运有限公司(NORASIA)：NORSIA CONANER LINES LTD，马耳他

智利航运国际有限公司(CCNI)：COMPANIA CHILENA DE NAVEGACION INTEROCEANICA S A，智利

太平船务有限公司(PIL)：PACIFIC INTERNATIONAL LINES (PTE) LITD，新加坡

（二）国际主要海运航线

目前，世界海运集装箱航线主要有：

（1）远东—北美航线，也称为泛太平洋航线。它又分远东—北美西海岸航线和远东—加勒比、北美东海岸航线。远东—北美西海岸航线包括从中国、朝鲜、日本、俄罗斯远东海港到加拿大、美国、墨西哥等北美西海岸各港的贸易运输线。

（2）北美—欧洲、地中海航线，也称为跨大西洋航线。北美—欧洲、地中海航线实际由三条航线组成，分别为北美东海岸、海湾—欧洲航线，北美东海岸、海湾—地中海航线和北美西海岸—欧洲、地中海航线。主要港口有西欧（鹿特丹、汉堡、伦敦、哥本哈根、圣彼得堡）—北欧（斯德哥尔摩、奥斯陆等）—北大西洋—北美洲东岸（魁北克等）、南岸（新奥尔良港，途经佛罗里达海峡）。

（3）欧洲、地中海—远东航线，也称欧地航线，或被称为欧洲航线。它又可分为远东—欧洲航线和远东—地中海航线两条。远东—欧洲航线是世界上最古老的海运定期航线。这条航线在欧洲地区涉及的主要港口有荷兰的鹿特丹港，德国的汉堡港、不来梅港，比利时的安特卫普港，英国的费利克斯托斯港等。这条航线大量采用了大型高速集装箱船，组成大型国际航运集团开展运输。航线将中国、日本、韩国和东南亚的许多国家与欧洲联系起来，贸易量与货运量十分庞大。与这条航线配合的，还有西伯利亚大陆桥、新欧亚大陆等欧亚之间的大陆桥集装箱多式联运。远东—地中海航线由远东，经过地中海，到达欧洲，与这条航线相关的欧洲港，主要有西班牙南部的阿尔赫西拉斯港、意大利的焦亚陶罗港和地中海中央马耳他南端的马尔萨什洛克港。

（4）远东—澳大利亚航线。远东—澳大利亚航线主要分为两条路径。第一条路径是从中国北方沿海地区及日本各港口出发，经过琉球群岛，穿过加罗林群岛，进入所罗门海、珊瑚海，最终到达澳大利亚东海岸和新西兰港口。第二条路径则是从中、日各港口出发，经过菲律宾的民都洛海峡进入苏拉威西海，然后穿过印尼的望加锡海峡和龙目海峡，最终到达澳大利亚西海岸各港口。

（5）澳、新—北美航线。由澳、新至北美海岸，多经苏瓦、火奴鲁鲁等太平洋上重要航站到达。至北美东海岸则取道社会群岛中的帕皮提，过巴拿马运河而至。

（6）欧洲、地中海—西非、南非航线。

中国，在贸易地理上属于远东地区，与中国有关的主要是如下航线：

① 远东—北美西海岸各港航线。该航线指东南亚国家、中国、东北亚国家各港，横渡北太平洋至美、加西海岸各港。本航线是国际货运量最大的航线之一。

② 远东—加勒比海、北美东海岸各港航线。该航线不仅要横渡北太平洋，还越过巴拿马运河，因此一般偏南，横渡大洋的距离也较长，夏威夷群岛的火奴鲁鲁港是它们的航站，船舶在此添加燃料和补给品等。本航线也是太平洋货运量最大的航线之一。

③ 远东—南美西海岸各港航线。该航线与前两条航线相同的是都要横渡大洋，航线长，要经过太平洋中枢站，不同的是不必过巴拿马运河。该线也由先南行至南太平洋的枢纽港，后横渡南太平洋到达南美西岸。

④ 远东—澳、新及西南太平洋岛国各港航线。该航线较短，但货运量也比较大。

⑤ 东亚—东南亚各港航线。指中国各港及日本、韩国、朝鲜、俄国远东西南行至东南亚各港口。该航线短，但往来频繁，地区间贸易兴旺，且发展迅速。

⑥ 远东—北印度洋、地中海、西北欧航线。该航线大多经马六甲海峡往西,也有许多初级产品,如石油等,经龙目海峡与北印度洋国家间往来。经苏伊士运河至地中海、西北欧的运输以制成品集装箱运输为多,本航线货运也比较繁忙。

⑦ 东亚东—南非、西非、南美东海岸航线。该航线大多经东南亚过马六甲海峡或过巽他海峡西南行至东南非各港,或再过好望角去西非国家各港,或横越南大西洋至南美东海岸国家各港。该航线以运输资源型货物为主。

二、航空运输(air transport)

航空运输是一种现代化的运输方式,它与海洋运输、铁路运输相比,具有运输快、货运质量高、不受地面条件限制等优点。此外,航空运输货物,还能节省包装费与保险费,并因运行速度快而便于货物抢行应市和卖上好价。因此,航空运输最适宜运送急需物资、鲜活商品、精密仪器和贵重物品。

近年来,随着国际贸易的迅速发展以及国际货物运输技术的不断发展,采用空运方式也日趋普遍,国际航空运输方式包括以下几种。

1. 班机运输(scheduled airline)

班机是指有固定飞行时间、固定始发站和目的站营运的飞机,通常班机是客货混合型飞机,一些大的航空公司也有开辟定期全货机航班的。班机因有定时、定航班、定站等特点,因此比较方便。

2. 包机运输(chartered air transportation)

包机是指包租整架飞机或由几个发货人(或航空货运代理公司)联合包租一架飞机来运送货物,由此分为整包机和部分包机两种形式,前者适用于运送数量较大的商品,后者适用于有多个发货人但他们货物的到达站是同一目的地的货物运输。

3. 集中托运(consolidation)

集中托运是指航空货运公司(集中托运人,consolidator)把若干单独发运的货物(每一货主货物要出具一份航空运单)组成一整批货物,用一份总运单(附分运单)整批发运到预定目的地,由集中托运人在目的地的代理人收货、报关、分拨后交给实际收货人。集中托运的运价比国际空运协会(International Air Transport Association,IATA)公布的班机运价低 7%—10%,故发货人比较愿意将货物交给航空货运公司安排,是目前普遍使用的一种航空运输方式。

4. 航空快递业务(aviation express delivery)

航空快递业务又叫航空急件传送,是当前国际航空运输中最快捷的运输方式。它不同于航空邮寄和航空货运,而是有一个专门经营此项业务的机构与航空公司密切合作,由专人用最快的速度在货主、机场、收件人之间传送急件,特别适用于急需的药品、医疗器械、贵重物品、图纸资料、货样及单证等的传送,被称为桌到桌运输(desk to desk service)。

🐟 deep seek

国际航空运输协会

国际航空运输协会(International Air Transport Association,IATA)是一个由世界各国航空公司所组成的大型国际组织,其前身是 1919 年在海牙成立并在二战时解体的国际航空业务协会,总部设在加拿大的蒙特利尔,执行机构设在日内瓦。和监管航空安全和航行规则的国际民航组织相比,它更像是一个由承运人(航空公司)组成的国际协调组织,管理在民航运输中出现的诸如票价、危险品运输等问题。我国从事国际航空业务的航空公司也是 IATA 的成员。

三、其他运输方式

1. 铁路运输(railway transportation)

铁路运输具有运量较大、运输速度较快、运输风险较小、有高度的连续性等特点。此外,收发货人可在就近的车站托运和提货,办理货运的手续也较海洋运输简便。因此,在国际货运总量中,铁路货运量仅次于海洋货运量。但铁路运输初期投资高,建设周期长,货物在运输过程中的中转或装卸容易使货物损坏、遗失,且托运手续复杂并办理时间长,运输路线不灵活,近些年受公路运输竞争的压力很大。

铁路货物运输包括国内铁路货物运输和国际铁路货物联运两种。

(1) 国内铁路货物运输(domestic railway freight transportation)

国内铁路货物运输是指在本国范围内按《铁路货物运输规程》的规定办理的货物运输。我国出口货物从产地运到港口装船和进口货物从口岸运到内地用货部门,往往离不开铁路运输。我国内地经由铁路供应港澳地区的货物,也属国内铁路货物运输的范畴。

(2) 国际铁路货物联运(international railway through transportation)

凡是使用一份统一的国际联运票据,由铁路部门负责经过两国或两国以上铁路的全程运送,并且由一国铁路部门向另一国铁路部门移交货物时不需发货人和收货人参加的运输,都称为国际铁路货物联运。

2. 公路运输(road transportation)

公路运输是在公路上运送旅客和货物的运输方式。现代所用运输工具主要是汽车,因此,公路运输一般即指汽车运输。在地势崎岖、人烟稀少、铁路和水运不发达的边远和经济落后地区,公路为主要运输方式,它具有机动灵活、快捷方便等优点。但公路运输也有不足之处,如载货量有限、运输成本高、容易发生货损事故。

公路运输在我国进出口货物运输中占有日益重要的地位,它担负着我国进出口货物在港口、车站和机场集散的运输任务。我国同许多周边国家及我港澳地区有公路相连通,进出口货物可以经由公路运输。随着我国高速公路建设的快速发展,公路运输在实现多式联运和门到门运输中,将担负更重要的角色。

3. 邮件运输(the carriage of postal matters)

邮件运输是一种较简便的运输方式,各国邮政部门之间通过相互签订的协定和公约,可以互相传递邮件包裹,从而形成国际邮件运输网。国际邮件运输具有国际多式联运和门到门运输的性质,托运人只需按邮局章程一次托运并付清足额邮资,取得邮件包裹收据(parcel post receipt),即算完成交货手续。

邮件在国际间的传递,则由各有关国家的邮政部门负责办理。邮件到达目的地后,收件人可凭邮局到件通知向有关邮局提取。由于此种运输手续简便,费用也不高,故其成为国际贸易中普遍采用的运输方式之一。重量轻、体积小的货物均适于邮件运输。

近年来,随着民航快递服务和特快专递业务的迅速发展,世界上许多国家和地区都设有类似 EMS 和 DHL 的机构,传递范围遍及全球各地。

☞ ... deep seek

国际快递

A. EMS,特快邮递服务(英文全称:Express Mail Service,译名:特快专递/快捷邮件),是由万国邮政联盟(UPU)邮政部成员提供的一种国际特快邮政服务,由消费者付出较贵的费用以获得快速的邮政传递服务,常应用于必须快速发送的重要信函或邮件。

经国务院批准,2010 年 6 月由中国邮政集团联合各省邮政公司共同发起设立国有股份制公司——中国邮政速递物流股份有限公司,经营 EMS 业务,邮递方式多样,方便快捷。业务首重规定为 20 元,2012 年 9 月,部分城市收费调低至 8 元起。其特点是:采用实重计费、不计体积、无燃油和偏远地区附加费、价格优惠,走小件又不要求时间的货物较合适。

B. DHL,一家创立自美国,目前为德国邮政集团 100% 持股的快递货运公司,是目前世界上最大的航空快递货运公司之一,全球快递和物流业的领导者。DHL 是 Adrian Dalsey、Larry Hillblom 及 Robert Lynn 三人于 1969 年在旧金山创立,DHL 三个字母就是这三个创始人姓氏的首字母缩写。1986 年,DHL 与中国对外贸易运输集团总公司各注资 50% 在中国成立了第一家国际航空快递公司,名为中外运敦豪国际航空快递有限公司(DHL-SINOTRANS),这是中国成立最早,也是经验最丰富的国际航空快递公司,日常使用 DHL 名称;DHL 在我国台湾目前已舍弃中文名称,直接称呼为 DHL;在我国香港,公司的正式注册名称为敦豪国际,但日常仍然使用 DHL。DHL 特点是:时效很快,安全稳定,小货发欧美、东南亚地区价格有优势,时效稳定,小货是其最大的优势。

C. UPS,中文名为美国联合包裹运送服务,是目前全球最大的快递公司,UPS 主要服务地区和市场是美国和欧洲,美国地区的物流服务占据九成。

但随着近几年中国跨境电商的快速发展,亚洲市场的物流需求也有了很大的提升。UPS 快递拥有独立的航空资源,提供专业的物流服务,其中包括一体化的供应链管理。

UPS特点是:发大件货在南美、欧美的价格相对有优势,发小货整体优势不明显,排仓时间久。

D. Fedex,中文名为美国联邦快递公司,是美国最大的快递公司之一,其主要的服务地区也是美国,通过空运邮寄的方式较多,其物流运送高效便捷。

FedEx快递是一家环球运输、物流、电子商务和供应链管理服务供应商。FedEx通过在全球多个地区设立的独立网络子公司,为客户提供高效的、一体化的业务解决方案。FEDEX特点是:快递走东南亚、美国、欧洲地区价格优惠,旺季会出现排仓现象。

E. TNT,全称是TNT Post Group,是荷兰的一家国际知名物流公司,TNT集团是全球领先的国际快递公司服务供应商,可为全球220多个国家和地区提供物流服务。其主要市场为欧洲市场,物流业务主要集中于汽车运输,提供快递发货服务,目前在全球拥有上百个仓库。TNT特点是:国际快递发澳大利亚、加拿大、欧洲、新西兰、中东地区,货物在21KG左右有价格优势。

F. 顺丰,我国顺丰快递的国内物流服务以安全、高效受大家的欢迎,在国际快递方面也延续了这一特点,顺丰国际的收件范围为中国内地及港澳台地区,以及其他7个亚洲国家、俄罗斯、美国,服务地区为亚洲、欧洲和美国、加拿大。顺丰快递的物流服务效率高、清关快、下单便捷、性价比高。

4. 江河运输(river transportation)

江河运输是水上运输的重要组成部分,它是连接内陆腹地与沿海地区的纽带,在运输和集散进出口货物中起着重要的作用。我国拥有四通八达的江河航运网,长江、珠江等主要河流中的许多港口已对外开放,我国同一些邻国还有国际河流相通连,这就为我国进出口货物通过江河运输和集散提供了十分有利的条件。

5. 管道运输(pipeline transportation)

管道运输是将运输通道和运输工具合二为一的一种特殊的单向运输方式,它借助高压气泵的压力将液体或气体货物输往目的地。这种方式不受地面气候影响,可以连续作业,并具有运量大、速度快、运输成本低、货损货差小的优越性。但是,管道运输设施的投资大。

管道运输在欧美以及石油输出国组织的石油运输方面起到了积极的作用。我国从俄罗斯进口石油以及向朝鲜出口石油都主要通过管道运输。随着我国对石油需求的不断增长和石油工业的继续发展,管道运输在我国国民经济和对外贸易中将起到日益重要的作用。

四、选择运输方式的注意事项

1. 要充分考虑各种运输方式的特点

各种运输方式都有其自身的优越性和不足之处,在洽商运输方式时,应注意比较海运、空运、铁路和公路等各种运输方式的优缺点,权衡利弊,综合考虑,力求使约定的运输方式合理而有利。

2. 要考虑成交商品的种类及其特点

商品种类繁多,各有特性,因而对运输的要求也不相同。如有些商品系危险品,需要专门的防护设施和特定的运输条件;有些商品属易腐货物,除需要有专门的防护设施外,在途时间也不宜过长,以免中途腐烂变质。因此,在洽商运输方式时,必须注意成交商品的种类和特性,以确保货物在运输过程中的安全。

3. 要考虑成交商品数量的大小

成交商品数量的大小与选用的运输方式有关。如系大宗交易,货运量很大,一般适于采用海洋运输或铁路运输,以降低运输成本;如系小额贸易,成交量很少,也可酌情选用其他适当的运输方式。

4. 要考虑运输距离的远近

货物运输距离的远近,关系到运送时间的长短,而运送时间的长短,又与采用的运输方式有关。由于运送距离是固定的,而运送速度是可变的,因此,在实际业务中,应根据运输距离并结合运送速度酌情选用适当的运输方式。

5. 要考虑轻重缓急

各种运输方式的运送速度不一,一般地说,除管道运输外,航空运输速度最快,公路和铁路运输次之,海洋运输速度较慢,江河运输速度最慢。因此,在选用运输方式时,应注意轻重缓急,如系抢行应市的急需商品,或运输时间不宜长的鲜活商品以及易腐货物,则应采取快速的运输方式。

6. 要考虑运费因素

各种运输方式的运输成本高低不一。一般来说,航空运输成本最高,公路运输次之,铁路运输和江河运输成本相对较低,海洋运输最低。运输成本的高低,对货物运输费用的收取有直接影响。

7. 要考虑货运安全

各种运输方式的风险大小和货运安全程度不同,例如,海洋运输易受狂风巨浪的袭击,江河运输相对平稳,铁路和公路运输的货物易受车辆振动的影响而招致破损。因此,在选用运输方式时,必须考虑货运安全。

第二节　集装箱运输

一、集装箱运输的特点

集装箱运输是以集装箱作为运输单位进行货物运输的一种现代化运输方式,它可适用于海洋运输、铁路运输及国际多式联运等。集装箱运输与传统运输方式相比,具有下列特点:

（1）集装箱运输适用各种运输方式，从而使传统单一的运输变为连贯的成组运输。

（2）由于集装箱货物交接为堆场到堆场、货站到货站或门到门，从而大大简化了货运手续，为交接货物提供了方便。

（3）采用集装箱运输有利于提高运输质量，保证货物安全并减少货损货差。

（4）集装箱运输的装卸效率高，有利于加速车船周转和降低运输成本。

二、集装箱货的装载方式

集装箱运输有整箱货与拼箱货之分。

整箱货（full container loading，FCL），是指货主将货物装满整箱之后，以箱为单位进行托运的货物。一般做法是由承运人将空箱运到工厂或者仓库后，货主把货装入箱内、加封、铅封后交给承运人，并取得站场收据，最后用站场收据换取提单。

拼箱货（less than contain loading，LCL），是指某一货主托运的货物数量不足一整箱，承运人或者代理人便将众多货主的小票货物，根据货类性质和目的地进行分类、整理、集中装在同一个集装箱内，运到目的地后再拆箱将货物分别交给各个收货人。

三、集装箱货的交接地点

集装箱运输中，整箱货和拼箱货在船货双方之间的交接地点有以下 9 种：

（1）门到门（door to door），由发货人货仓运至收货人的货仓的全程运输，CY 是 container yard 的缩写。

（2）门到场（door to CY），由发货人货仓运至目的地或卸箱港的集装箱装卸区堆场。

（3）门到站（door to CFS），由发货人货仓运至目的地或卸箱港的集装箱货运站，CFS 是 container freight station 的缩写。

（4）场到门（CY to door），由起运地或装箱港的集装箱装卸区堆场运至收货人货仓。

（5）站到门（CFS to door），由起运地或装箱港的集装箱货运站运至收货人的货仓或工厂仓库。

（6）场到站（CY to CFS），由起运地或装箱港的集装箱装卸区堆场运至目的地或卸箱港的集装箱货运站。

（7）场到场（CY to CY），由起运地或装箱港的集装箱装卸区堆场运至目的地或卸箱港的集装箱装卸区堆场。

（8）站到场（CFS to CY），由起运地或装箱港的集装箱货运站运输至目的地或卸箱港的集装箱装卸区堆场。

（9）站到站（CFS to CFS），由起运地或装箱港的集装箱货运站运输至目的地或卸箱港的集装箱货运站。

➡ 🐟 ... deep seek

CY 与 COC

CY(container yard)是集装箱堆场,一般是码头或火车站、飞机场附近堆放整箱集装箱的场站;CFS(container freight station)是集装箱货运站,一般是码头或火车站、飞机场附近拆箱配送等操作的地方。

COC(container of carrier),即船东柜,集装箱归船公司所有;SOC(shipper own container),称货主柜,是发货人自备的集装箱,船公司一般不接受使用货主柜的货物运输。

四、集装箱货常见的交货方式与交接地点的对应关系

满箱货对应的交接地点是仓库门或集装箱堆场,拼箱货对应的交接地点是集装箱货运站。所以,上述集装箱货 4 种交接方式与 9 种交接地点的对应组合关系可以归纳如下,汇总如表 4-1 所示。

(1)门到门、门到场、场到门、场到场这 4 种交接地点适宜于整箱交,整箱接。

(2)门到站、场到站这 2 种交接地点适宜于整箱交、拆箱接。

(3)站到门、站到场这 2 种交接地点适宜于拼箱交、整箱接。

(4)站到站这种交接地点适宜于拼箱交、拆箱接。

表 4-1　集装箱货常见的装载方式与交接地点的对应组合关系

货物装载方式	装箱人	拆箱人	交接地点	表示方法
整箱交、整箱接 (FCL/FCL)	货方	货方	门到门 门到场 场到门 场到场	door to door door to CY CY to door CY to CY
整箱交、拆箱接 (FCL/LCL)	货方	承运人	门到站 场到站	door to CFS CY to CFS
拼箱交、整箱接 (LCL/FCL)	承运人	货方	站到门 站到场	CFS to door CFS to CY
拼箱交、拆箱接 (LCL/LCL)	承运人	承运人	站到站	CFS to CFS

⇨ ··· deep seek

集装箱装货量计算

国际标准化组织制定的通用集装箱标准规格有13种,最常用的有20英尺和40英尺两种。集装箱在装载货物时,由于货物的包装不同、间隙大小不同、堆叠方式不同,运载工具容积的利用率根本不可能达到100%。因此,在理论计算时,集装箱最大的实际装载容积通常是按照集装箱容积的80%左右进行计算。另外,货运集装箱本身有一定的重量,因此,根据国际货运行业和有关国家的规定,各船公司对集装箱的最大实际载货量也有一定的限制。航运业普遍认同的两种常用集装箱的实际载货容积和实际载货重量见表4-2所示。

表4-2　常用的干货柜集装箱的实际载货量

集装箱规格	箱内尺寸 (米)	空柜重量 (吨)	内容积 (CBM)	载货重量上限 (吨)	载货容积 (CBM)
20尺柜	5.9×2.38×2.38	2.33	33	22	24—28
40尺柜	12.03×2.35×2.38	4	67	27	54—56
40尺高柜	12.03×2.35×2.69	4.2	76	29	68—70
45尺高柜	13.58×2.34×2.71	4.88	86	27	72—74

案例4-1

某出口商品,8台装一纸箱,纸箱的尺码是55×40×45立方厘米,每箱毛重50千克,试按理论计算方法计算该商品分别使用20尺柜和40尺柜集装箱时的最大装载量。

解析　出口商品每箱的体积:0.55×0.40×0.45=0.099(立方米)

(1) 20尺柜集装箱按实际载货容积计算:25÷0.099=252.52(箱),取整数252(箱)

按实际载货重量计算:17 500÷50=350(箱)

(2) 40尺柜集装箱

按实际载货容积计算:55÷0.099=555.55(箱),取整数555(箱)

按实际载货重量计算:26 000÷50=520(箱)

因为,理论计算出来的集装箱所装货物的箱数必须同时满足集装箱的"实际载货容积"和"实际载货重量"两个指标,所以,按照"选小不选大"的原则取舍。

即:20英尺集装箱选择252箱(按载货容积计算)

$$252×8=2 016(台)$$

40英尺集装箱选择520箱(按载货重量计算)

$$520×8=4 160(台)$$

第三节　国际多式联合运输与大陆桥运输

一、国际多式联运(international multimodal transport)

国际多式联运是在集装箱运输的基础上产生和发展起来的一种综合性的连贯运输方式,它通常是以集装箱为媒介,把海、陆、空各种传统的单一运输方式有机地结合起来,组成一种国际间的连贯运输。由多式联运经营人按照多式联运合同,把货物从一国境内接运货物的地点运至另一国境内指定交付货物的地点。

(一) 构成国际多式联运应具备的条件

(1) 有一个多式联运合同,合同中明确规定多式联运经营人和托运人之间的权利、义务、责任和豁免。

(2) 必须是国际间两种或两种以上不同运输方式的连贯运输。

(3) 使用一份包括全程的多式联运单据,并由多式联运经营人对全程运输负总的责任。

(4) 必须是全程统一运费费率,其中包括全程各段运费的总和、经营管理费用和合理利润。

(二) 多式联运经营人(multimodal transportation operator)

多式联运经营人是指以本人名义,自己或通过其代表与发货人订立多式联运合同的当事人。多式联运经营人负责履行或者组织履行多式联运合同,对全程运输享有承运人的权利并承担承运人的义务。他可以是实际承运人,也可以是无船承运人。

(三) 国际多式联运的优点

开展国际多式联运是实现"门到门"运输的有效途径,它简化了手续,减少了中间环节,加快了货运速度,降低了运输成本,提高了货运质量。货物的交接地点也可以做到门到门、门到站、站到站、站到门等。

二、大陆桥运输(land bridge transportation)

大陆桥运输是指利用横贯大陆的铁路(公路)运输系统,作为中间桥梁,把大陆两端的海洋连接起来的集装箱连贯运输方式。简单地说,就是两边是海运,中间是陆运,大陆把海洋连接起来,形成海陆联运,而大陆起到了"桥"的作用,所以称为"大陆桥",它达到了缩短运输里程、降低运输成本、加速货物运输的目的。目前,世界上主要有三条大陆桥。

1. 北美大陆桥

北美大陆桥是指从日本利用海路运输到北美西海岸,再经由横贯北美大陆的铁路线,陆运到北美东海岸,再经海路运送到欧洲的"海—陆—海"运输结构。

北美大陆桥包括美国大陆桥运输和加拿大大陆桥运输。美国大陆桥又有从西部太平洋沿岸分别至东部大西洋沿岸和东南部墨西哥湾沿岸的两条运输线路。

北美大陆桥是世界上历史最悠久、影响最大、服务范围最广的陆桥运输线。北美大陆桥运输对巴拿马运河的冲击很大。由于陆桥运输可以避开巴拿马运河宽度的限制,许多海运承运人开始建造大型集装箱船,增加单艘集装箱船的载运箱量,放弃使用巴拿马运河,使集装箱国际海上运输的效率大为提高。

2. 西伯利亚大陆桥

西伯利亚大陆桥(或称亚欧第一大陆桥)全长1.3万公里,东起俄罗斯东方港,西至俄芬(芬兰)、俄白(白俄罗斯)、俄乌(乌克兰)和俄哈(哈萨克斯坦)边界,过境欧洲和中亚等国家。

3. 新亚欧大陆桥

新亚欧大陆桥也称亚欧第二大陆桥,东起中国的连云港,西至荷兰鹿特丹港,全长10 837公里,其中在中国境内4 143公里,从新疆阿拉山口站换装出境进入中亚,与哈萨克斯坦德鲁日巴站接轨,西行至阿克陶,进而分北中南三线接上欧洲铁路网,途经中国、哈萨克斯坦、俄罗斯、白俄罗斯、波兰、德国和荷兰7个国家,可辐射到30多个国家和地区。

1990年9月,中国铁路与哈萨克铁路在德鲁日巴站正式接轨,标志着该大陆桥的贯通。与第一条亚欧大陆桥比较,新亚欧大陆桥在缩短运输路程、减少运输时间、提高运输速度、简化清关手续、增强信息服务能力等方面均具有较大优势。

➡ … deep seek

中欧班列

大陆桥运输是随集装箱运输的发展而产生的,最早出现于1967年,当时苏伊士运河封闭,航运中断,而巴拿马运河又堵塞,远东与欧洲之间的海上货运船舶,不得不改道绕航非洲好望角或南美,致使航程距离和运输时间倍增,加上油价上涨、航运成本猛增,而当时正值集装箱运输兴起。在这种历史背景下,大陆桥运输应运而生。从远东港口至欧洲的货运,于1967年底首次开辟了使用美国大陆桥运输路线,把原来全程海运改为海—陆—海运输方式。

20世纪90年代贯通的新亚欧大陆桥,经陇海、兰新铁路,西出边境站阿拉山口,分别运送至阿拉木图、莫斯科、圣彼得堡等地,运量逐年增长,对促进我国经济发展具有重要作用。但是,由于受我国和中亚各国铁轨宽度不一致、通关模式不同、气候条件等限制,该大陆桥长时间处在半瘫痪状态。

2011年9月,西安国际港务区趁举办欧亚经济论坛之机,发起了新筑亚欧大陆桥活动,通过深入实地了解亚欧大陆桥沿线地区国际贸易、国际物流发展的瓶颈和障碍,探索新亚欧大陆桥大通关模式,推动我国与欧亚国家的经济合作。

2013年9月,国家主席习近平对中亚4国进行友好访问时提出"用创新的模式共建丝绸之路经济带"的大战略,在政策和法律上为区域经济融合"开绿灯"。亚欧大陆桥的建设和完善,已从区域发展目标上升到国家战略层面。2013年11月28日上午,西安首发途经俄罗斯莫斯科或哈萨克斯坦阿拉木图至荷兰鹿特丹的"长安号"中欧国际货运班列,经过5年的运营,取得较大成绩:2018年全年,"长安号"国际货运班列共开行1235列,运送货物120.2万公吨,重载率、货运量和实际开行量均位居全国第一。

2023年,中欧班列全年开行超1.7万列,累计发送货物190万标箱(TEU)。中欧班列中,我国枢纽城市有重庆、成都、西安、郑州、义乌,如"渝新欧"班列年开行量超5000列。

第四节　国际货物运费

一、国际海运运费

(一) 班轮运费

班轮运输的货物,有班轮件杂物和集装箱货两种。前者是把带包装(如纸箱、木桶等)的货物直接堆放在班轮货仓里,后者是把货物先装进集装箱,然后再把集装箱堆放在班轮上。货物体积较大、包装不规则、航线短、运量小,通常按班轮件杂物运输;货物体积较小、包装整齐、航程长、运量大,通常采用集装箱运输。

1. 班轮件杂物运费

班轮件杂物运费包括基本运费和附加费两部分。

(1) 基本运费(basic freight)

基本运费是按各船公司班轮运价表所规定的货物的等级、计收标准和基本运费率按航线收取的。运价表上的计费单位是运费吨,每运费吨的运费称为运价,也叫基本运费率,常用 f 表示。

因货物的等级不一样,其运价高低不同,班轮运价表常用的形式是等级运价表。通常将承运的货物分为20个等级,每一等级对应有一个基本运费率。在班轮运价表中,通常采用下列几种计收标准:

① 按重量吨(weight ton)计收。重量吨是按毛重计算,一般以1公吨作为1重量吨,在运价表上用 W 表示。

② 按尺码吨(measurement ton)计收。尺码吨是按体积计算,以1立方米作为1尺码吨,在运价表上用 M 表示。

③ 按重量吨或尺码吨择高计收。在运价表上用"W/M"表示,这种计收标准在实践

中运用最普遍。

④ 按货物的价格计收。在运价表上用"Ad. Val."或"A V"表示,俗称从价运费。

⑤ 按重量吨或尺码吨或从价运费择高计收。在运价表上用"W/M or A V"表示。

⑥ 按重量吨或尺码吨中收费较高的作为计收标准,再另行加收一定百分比从价运费。在运价表上用"W/M plus A V"表示。

⑦ 按货物的件数(per unit/per head)计收。

⑧ 按议价(open rate)计收。

班轮运价表里的计费单位称为"运费吨",又叫计费吨,可用 F. T 表示。这里"运费吨"的"吨"只是一个计费标志,而不是真正意义上的重量单位。

当采用"W/M"作为计收基本运费的标准时,根据其重量和体积哪个数值大按哪个计费。若重量为 1 公吨的货物体积不足 1 立方米,按 1 重量吨计费;若体积为 1 立方米的货物重量不足 1 公吨,按 1 立方米计费。所以,班轮表上的运费吨既可能是重量吨,也可能是尺码吨。

案例 4－2

上海某公司出口自行车零件 267 箱,货物毛重为 15 692 千克,尺码为 22.069 立方米,货物由上海港运往日本的大阪港(Osaka),试计算基本运费。(计收标准 W/M,每运费吨 80 美元)

解析

(1) 先将毛重的单位千克换算成公吨,15 692 千克＝15.692 公吨

(2) 计收标准是 W/M,因 22.069＞15.692,尺码数值较大,所以选择尺码吨作为计收运费标准。

(3) 求出总运费:F＝22.069×80＝1 765.52(美元)

即基本运费总额为 1 765.52 美元

(2) 附加费(additional charges)

班轮公司除收取基本运费外,还根据不同情况征收不同的附加费,附加费一般用占基本运费的百分比来表示,即:

运费附加费＝基本运费×附加费率之和

常规的附加费有以下几种:

① 超重附加费(heavy lift add),是指每件商品的毛重超过规定重量时所增收的附加运费,各船公司规定不一,有 2 公吨,也有 3 公吨或 5 公吨的。超重附加费是按重量计收的,重量越大,其附加费越高,如需转船时,每转船一次,加收一次。

② 超长附加费(long length add),超长货物的装卸作业比较困难,或在积载上需特殊处理,使船方增加开支。该费用起收点一般规定为 9 米,费率按长度分级递增。

③ 选卸附加费(additional on optional discharging port),托运人预先指定的选择卸货港,必须是船舶该航次原定的停靠港。选卸附加费通常视航线上港口的多少,按照为每

一运费吨所规定的附加额计收。如果选卸港口增加,则按照港口增加的比例计收。

④ 直航附加费(direct surcharge),是指船公司应托运人的要求,将一批货物不经过转船而直接从装运港运抵该航线上的某一非基本港口时所加收的附加运费。通常船公司都规定,托运人只有交运一定数量(如1 000吨以上)的货物,船公司才同意船舶直航非基本港口,并按规定加收直航附加费。

⑤ 转船附加费(transshipment surcharge),是指运往非基本港口的货物,如在中途转船而运到指定目的港,船公司向货主加收的费用。一般除按基本运费费率收费外再收百分之若干,也有规定具体费额的。

⑥ 港口附加费(port surcharges),是指船方对运往条件差、经常发生堵塞、装卸效率较低或收费较高的港口的货物所增收的费用。一般按基本运费的百分比计收。它与拥挤附加费不同,较为固定。有的港口直接规定每运费吨增收的费用。

⑦ 燃油附加费(bunker adjustment factor,BAF),是航运公司和班轮公会收取的反映燃料价格变化的附加费。该费用以每运输吨多少金额或者以运费的百分比来表示。

⑧ 货币贬值附加费(devaluation surcharge 或 currency adjustment factor,CAF),一般用百分数表示,基本运费和附加费都要加收。

⑨ 绕航附加费(deviation surcharge),是班轮运输中,由于运输航线上发生了战争、运河关闭或航道阻塞等意外情况,为了船、货安全,船舶绕取其他航道/线航行,延长了运输距离,船公司开支增大,为此船公司向托运人加收的临时性附加费用。

(3)件杂物运费的计算

班轮运输方式下,件杂物的运费是其基本运费与附加费之和,其计算公式为:

$$F=f \times Q \times (1+S_1+S_2+\cdots+S_n)$$

式中,F为运费,f为基本运费率,Q为计运费吨,$S_1 \cdots S_n$ 为各项附加费相对于基本运费率的百分比。如各项附加费 $S_1 \cdots S_n$ 以每运费吨多少的绝对数表示,则运费计算公式可写为:

$$F=f \times Q+(S_1+S_2+\cdots+S_n) \times f \times Q$$

案例 4-3

上海运往肯尼亚蒙巴萨港口"门锁"一批计100箱。每箱体积为20厘米×30厘米×40厘米,每箱重量为25千克。当时燃油附加费为基本运费的40%,蒙巴萨港口拥挤附加费为10%。试计算该货物的运费。

解析

(1)查阅货物分级表

门锁属于小五金类,其计收标准为 W/M,等级为10级。

(2)计算货物的体积和重量

100箱货物的体积为:M=(0.2×0.3×0.4)×100=2.4(立方米)

100箱货物的重量为:W=0.025×100=2.5(公吨)

因 W/M:2.5＞2.4,故计收运费标准为重量吨。

(3) 查阅"中国—东非航线等级费率表",10级货费率为443港元,根据公式:

$F＝f×Q(1+S_1+S_2+\cdots+S_n)$,则运费为:

$$F ＝443×2.5×(1+40\%+10\%)$$
$$＝1\,107.5×1.5$$
$$＝1\,661.25(港元)$$

即上海运往肯尼亚蒙巴萨港100箱门锁,其应付运费为1 661.25(港元)。

在计算班轮件杂货的运费时,实践中要考虑到包装:

不同的商品如混装在一个包装内(集装箱除外),则全部商品按其中收费最高的那种商品计收运费;

同一种商品因包装不同而计费标准不同,如托运时未申明具体包装形式时,全部货物均要按运价高的包装对商品计收运费;

同一提单内有两种以上不同计价标准的商品,托运时如未分列货名和数量时,计价标准和运价全部要按高者计算;

对无商业价值的样品,凡体积不超过0.2立方米,重量不超过50公斤时,可要求船方免费运送。

2. 集装箱货海运费的计算

集装箱货的海运费除包括装运地(港)至目的地(港)的基本运费和超重附加费、燃油附加费、港口附加费等常规附加费外,还包括内陆或装运港市内运费、拼箱服务费、堆场服务费、集装箱及其设备使用费等运杂费。集装箱海运费的计收方法按集装箱货是拼箱货还是整箱货分为两种,分别按件杂货等级运价表上每运费吨的运费或以一个集装箱的包干运价为计费单位计算出基本海运费,然后再加收各种常规附加费和集装箱运杂费。

集装箱的包干运价称为包箱费率,根据各船公司和航线的不同而高低不一,表4-3列举了部分中国—新加坡航线集装箱FAK包箱费率。

表 4－3　中国—新加坡航线集装箱 FAK 包箱费率(2021 年)　　　(单位:美元)

装运港	货类	CFS/CFS	CY/CY	
		Per F. T	20′FCL	40′FCL
大连	杂货	78.50	1 125.00	2 310.00
新港	杂货	70.00	1 125.00	2 035.00
上海	杂货	70.00	1 150.00	2 035.00
黄埔	杂货	63.00	950.00	1 750.00

⇨ ··· deep seek

集装箱包箱费率(box rates)

它是各公司根据自身情况,按集装箱的类型制定的不同航线的包干运价,既包括集装箱海上运输费用,也包括在装、卸船港码头的部分费用。目前包箱费率主要有3种形式:

1. FAK 包箱费率(freight for all kinds)

这种包箱费率是对每一集装箱不细分箱内货物的货类级别,只要货量是在重量限额以内,就按箱型统一规定的费率计费,也称为均一包箱费率。

2. FCS 包箱率(freight for class)

这种费率是按不同货物种类和等级制定的包箱费率。使用这种费率计算运费时,先要根据货名查到等级,然后按货物大类等级、交接方式和集装箱尺度查表,即可得到每只集装箱相应的运费。

3. FCB 包箱费率(freight for class and basis)

FCB 包箱费率是指按不同货物的类别、等级及计算标准制定的。使用包箱费率计算运费时,首先要查清货物的类别等级,还要确定货物应按体积还是按重量作为计算单位,然后根据等级、计算标准、交接方式及集装箱类别型号查到每只集装箱的运费。

案例 4－4

我某公司以 CFR 价从大连出口一批货物到新加坡,共计五个 20′集装箱,已知包箱费率为 1 250 美元,另加收燃油附加费 20%,港口拥挤费 40%。在不考虑集装箱运杂费的情况下,试计算海运费。

解 海运费 F ＝1 250×5×(1＋20%＋40%)
$$＝1\ 250×5×1.6$$
$$＝10\ 000(美元)$$

(二)定程租船的运费计算

(1) 定程租船的运费计算方式、支付时间以及装卸费的负担,均由租船人与船方在租船合同中具体注明,其运费计算方式有两种:

① 按运费率(freight rate)。即规定每单位重量或单位体积的运费额,同时要规定究竟是按装船时的货物重量还是按卸船时的货物重量来计算总运费;

② 整船包价(lump-sum freight)。即不管轮船实际装货多少,一律按照整船包价付费。

(2) 关于定程租船情况下货物装卸费负担的四种方法

① 按班轮条件(Liner Terms),装卸费均由船方负担;

②船方只负担装货费而不管卸货费(free out,FO);

③船方只负担卸货费而不管装货费(free in,FI);

④船方不负担装卸费(free in and out,FIO),此种规定办法,一般适用于散装货。

(3)定程租船运费的支付方式包括以下两种:

①运费预付(freight prepaid),运费在货尚未从装运港运出之前支付。如果我方采用 CFR 或 CIF 术语从事出口业务,需先支付全部海运费后,承运人才启运货物。

②运费到付(freight collected),运费在货到目的港时才支付。通常,我国进出口企业采用 FOB 术语做出口业务,由国外客户指定船公司,我方只需付国内费用,海运费由国外客户在货到目的港时支付。

二、航空运费

空运货物运费是指承运人为运输货物对规定的重量单位或体积或货物的价值所收取的费用。运价包括起运机场至目的地机场间的航空运费,但不包括承运人、代理人或托运人收取的其他费用。关于空运货物的航空运费的详细知识可以在"国际货运代理实务"课程中学习获得。

空运货物运费主要包括以下几个方面。

(一) 计费重量

航空公司一般是按货物的实际重量(公斤)和体积重量(以 6 000 立方厘米或 366 立方英寸折合 1 公斤)两者之中较高者为准,计重的最小单位为 0.5 kg。

(二) 运价种类

航空公司对运价有以下四种计收方式:

1. 一般货物运价(general cargo rate,GCR)

一般货物运价也称普通货物运价,是适用范围广泛的一种运价,不含有贵重元素,并按普通货物运价收取运费的货物称普通货物。如果一批货物没有可适用的等级运价,也没有特种货物运价,就用一般货物运价。

2. 特种货物运价(special cargo rate,SCR)

特种货物运价通常是承运人根据在某一航线上经常运输某一类货物的托运人的请求,或为促进某地区某一类货物的运输,经国际航空运输协会(International Air Transport Association,IATA)同意所提供的优惠运价。这种运价通常低于一般货物运价。

3. 货物的等级运价(class cargo rate,CCR)

货物的等级运价适用于规定的地区或地区之间的少数货物的运输,通常表示为在普通货物运价的基础上增加或减少一定的百分比。

4. 起码运价(minimum rate, MR)

起码运价是指一票货物自始发地机场至目的地机场航空运费的最低限额。它是航空公司在考虑办理即使是一笔很小货物所产生的固定费用后制定的。出运的货物按其计费重量,对照适用的航空运价而计算所得的运费,与航空公司最低运费相比,两者取较高者。

计算航空运费中,通常要涉及如下几个概念:volume 体积,volume weight 体积重量,chargeable weight 计费重量,applicable rate 适用运价,air freight 航空运费。

案例 4 - 5

货物运输信息:Routing:BEIJING, CHINA(BJS) to TOKYO, JAPAN (TYO);

Commodity:sample;

Gross weight:25.2 kgs;

Dimensions:82 cm×48 cm×32 cm;

运价如下:

BEIJING	CN	BJS	
Y. RENMIBI	CNY	KGS	
TOKYO	JP	M	230.00
		N	37.51
		45	28.13

请计算该票货物的航空运费。

解

Volume:82 cm×48 cm×32 cm=125 952 cm^3

Volume weight:125 952 cm^3÷6 000 cm^3/kg=20.99 kgs=21.0 kgs

Gross weight:25.2 kgs

Chargeable weight:25.5 kgs

Applicable rate:GCR N 37.51 CNY/KG

Weight charge:25.5×37.51=CNY956.51

(三)货物的声明价值

根据《华沙条约》的规定,如果由于承运人的失职而导致货物损失,发货人欲按货物发生货损货差时全额赔偿,则发货人在托运货物时就应向承运人声明货物的价值,但须支付一笔"声明价值附加费",一般按声明价值的 0.4%—0.5%收取。

(四)其他规定

航空公司还可能收取的费用包括运费到付服务费、货运单费、中转手续费和地面运输费等。

三、国际快递费的计算

国际快递计算运费,是采取毛重和体积重量较高者为计费重量,其中体积重量的计算方法为:长(cm)×宽(cm)×高(cm)÷5 000。如一箱货物实际重量为 20 kg,外箱的长宽高分别为 60 cm、50 cm、50 cm,那么这箱货物的体积重量为 $60×50×50÷5\,000=30$ kg,则该箱货物的实际计费重量为 30 kg。下面以香港 DHL 在广州的某代理公司的广州至德国的报价为例:

(1) 货物总重在 21 kg 以下:以 0.5 kg 为计算单位。首重 125 元,续重 25 元。即当货物重量在 0.5 kg 以下时,收取运费 125 元,超过 0.5 kg 的部分,每增加 0.5 kg,则加价 25 元。比如 1 kg 的货,运费就是 $125+25=150$ 元;10 kg 的货,运费就是 $125+25×19=600$ 元。

(2) 货物总重量大于或等于 21 kg 并小于 31 kg 时:运费为 40 元/kg。比如 25 kg 的货,运费则为 $40×25=1\,000$ 元。

(3) 货物总重量大于或等于 31 kg 并小于 51 kg 时:运费为 39 元/kg。比如 40 kg 的货,运费为 $39×40=1\,560$ 元。

(4) 货物总重量大于或等于 51 kg 并小于 71 kg 时:运费 38 元/kg。比如 60 kg 的货,运费则为 $38×60=2\,280$ 元。

(5) 货物总重量大于或等于 71 kg 并小于 101 kg 时:运费为 37 元/kg。比如 90KG 的货,运费则为 $37×90=3\,330$ 元。

……

以上报价已经包含燃油附加费,价格仅供参考。

注:燃油附加费是一个经常变化的数值,具体以各快递公司或航空公司最新公布的为准。比如 UPS 的燃油附加费经常有 20% 左右的变动。为方便起见,一般快递公司、航空公司或其代理公司报的价格都会包含燃油费附加费等费用。

除去基本的运费之外,在某些偏远地区,国际快递公司会收取一定的偏远附加费。发货前,请自行在快递公司网站上查询(或直接询问快递公司)收货地址是否偏远,若为偏远地址,了解费用为多少。以 DHL 为例,偏远附加费以 RMB3.6/kg 收取,最低收取 RMB180,并且需要加上燃油附加费。同一个地址,不同快递公司对其是否是偏远地区的定义可能会有不同,以邮编为 06930 的法国某地为例,DHL 认定其为偏远地区,但是 FedEx 则将其列为非偏远地区。这样一比较,选择 FedEx 会比选择 DHL 节省不少偏远附加费。

第五节　国际运输单据

运输单据是承运人收到承运货物后签发给托运人的证明文件,它是交接货物、处理索赔以及向银行结算货款或进行议付的重要单据。在国际货物运输中,运输单据的种类很多,国际商会《UCP600》所涉及的单据有海运提单、海运单、铁路运输单据、航空运单、多式联运单据和邮件收据等,现将这些主要运输单据分别介绍如下。

一、海运提单

(一) 海运提单的性质和作用

海运提单(ocean bill of lading,B/L)是证明海上运输合同和货物由承运人接管或装船,以及承运人据以保证交付货物的凭证。它的性质和作用体现在下列几个方面。

1. 货物收据

提单是承运人(或其代理人)出具的货物收据,证明承运人已收到或接管提单上所列的货物。

2. 物权凭证

海运提单是货物所有权的凭证,它在法律上具有物权证书的作用,船货抵达目的港后,承运人应向海运提单的合法持有人交付货物。海运提单可以通过背书转让,以实现货物的所有权的转移。

3. 运输契约的证明

海运提单本身并不是运输契约,它只是承运人与托运人之间订立的运输契约的证明。海运提单条款中明确规定了承运人、委托人双方之间的权利与义务、责任与豁免,它是处理承运人与托运人之间争议的法律依据。

(二) 海运提单的基本内容

1. 提单正面记载的内容

提单正面的记载事项,分别由托运人和承运人或其代理人填写,通常包括下列事项:托运人、收货人、被通知人、装货港、卸货港、船名及航次、唛头及件号、货名及件数、重量与体积、运费预付或运费到付、正本提单的份数、船公司或其代理人的签章、签发提单的地点及日期。

2. 提单背面印就的条款

在班轮提单背面,通常都有印就的运输条款,这些条款是作为确定承运人与托运人之间以及承运人与收货人及提单持有人之间的权利和义务的主要依据。国际上为统一提单背面条款内容,先后签署了三个有关提单的国际公约:

(1) 1924 年签署的《关于统一提单的若干法律规则的国际公约》,简称《海牙规则》;

(2) 1968 年签署的《布鲁塞尔议定书》,简称《维斯比规则》;

(3) 1978 年签署的《联合国海上货物运输公约》,简称《汉堡规则》。

(三) 海运提单的分类

1. 根据货物是否装船划分

根据货物是否已经装船来划分,可分为已装船提单和备运提单。

(1) 已装船提单(on board B/L)

已装船提单是指轮船公司已将货物装上指定船舶后所签发的提单,其特点是提单上必须以文字表明货物已装在某条船上,并载有装船日期,同时由船长或其代理人签字。国际贸易中,一般要求卖方提供已装船提单。

(2) 备运提单(received for shipment B/L)

又称收讫待运提单,是指船公司已收到托运货物等待装运期间所签发的提单。

2. 根据货物外表有无不良批注划分

根据提单对货物外表有无不良批注来划分,可分为清洁提单和不清洁提单。

(1) 清洁提单(clean B/L)

清洁提单是指货物在装船时"表面状况良好",船公司在提单上未加注任何有关货物受损或包装不良等批注的提单。

(2) 不清洁提单(unclean B/L,foul B/L)

不清洁提单是指轮船公司在提单上对货物表面状况或包装有不良或存在缺陷等批注的提单。银行通常不接受不清洁提单。

案例 4-6

某公司以班轮运输方式出口一批货物,货到目的港卸货时,买方发现有部分缺损,而卖方提交的提单却是清洁的,买方向卖方提出索赔,而卖方以提单是清洁的为理由,拒绝赔付。请问:哪一方理由正当? 为什么?

解析　卖方理由正当。

因为卖方提交的清洁提单,说明交货时货物完好无损,无论采用什么贸易术语,货物在运输途中发生货损货差,都与卖方无关。买方可向承运人或保险公司索赔。

3. 根据运输方式划分

根据运输方式来划分,有直达提单(direct B/L)、转船提单(transshipment B/L)、联运提单(through B/L)。

直达提单是由承运人或其代理人(轮船公司)签发的,由同一条船将托运货物从起运港直接运达目的港的提单。由于这种提单不能带有中途转船批语,所以既快又稳妥,而且装货和交货是同一轮船公司,权责分明,免致纠纷。凡信用证条款规定不准转船者,均须提供直达提单。

转船提单是由承运人或其代理人(轮船公司)签发一份包括全部航程但须中途换船转运的提单。即装载托运货物的船舶从起运港不直接驶往目的港,而须在其他港口换船转运,甚至多次改装其他船只才能运至目的港,由签发提单的轮船公司负责代办转运手续。由于中途换船转运要增加转船的有关费用,且易使货主承担因转船而发生丢失、损坏货物的风险,有时还会因货物不能及时改装到第二程船舶,导致货物运抵目的港的时间推迟,所以在一般情况下进口商不愿接受转运提单。但按国际惯例,如信用证条款中没有明确规定禁止换船转运时,承运人在签发包括全部航程的提单中注明货在中途转船者,银行在议付这类单据时,不能因此而拒付,而应视作直达提单予以接受。

联运提单是托运货物的承运人一次签发包括运输全程但用于陆海或海陆或海河或海海联合运输的提单。联运提单和转船提单虽都包括运输全程,但二者既有联系又有区别,转船提单属于联合运输中的海海联运提单,而联运提单则是陆海联运或海陆联运或海河联运或海海联运提单。因此,联运提单中包括转船提单,但转船提单则不能包括联运提单。需注意的是,签发联运提单的承运人,只对第一程运输负承运人的责任,当货物运达转运地时,第一承运人只代发货人将货物交与下一段运程的承运人,但不负担下一运程中的一切责任。关于计收运费问题,因第一承运人签发的联运提单是包括运输全程,所以由第一承运人按规定费率计收全程运费,其中包括转装和舱租等费用,但若事先声明另外计收转装及舱租等费用者,则按规定费率另行计收。

4. 根据抬头划分

根据抬头(收货人)不同来划分,有记名提单(straight B/L)、不记名提单(bearer B/L)和指示提单(order B/L)三种。

(1) 记名提单(straight B/L)

记名提单是指提单上的收货人栏内填明特定收货人名称,只能由该特定收货人提货。由于这种提单不能通过背书方式转让给第三方,不能流通,故其在国际贸易中很少使用。

(2) 不记名提单(bearer B/L)

不记名提单是指提单收货人栏内没有任何收货人名称,谁持有提单,谁就可以提货,承运人交货,只凭单,不凭人。采用这种提单风险大,故其在国际贸易中也很少使用。

(3) 指示提单(order B/L)

指示提单是指在提单上的收货人栏内填写"凭指定"(to order)或"凭某某人指定"(to order of...)字样。凭某某人指定又分为凭托运人指定(此种提单发货人背书转让前,物权仍归发货人)、凭开证申请人指定和凭开证银行指定等情况,这种提单可经过背书转让,故其在国际贸易中广为使用。

指示提单的背书有"记名背书"和"空白背书"之分。记名背书除了背书人签章外,还要注明被背书人的名称;空白背书是由背书人(提单转让人)在提单背面签章,但不注明被背书人的名称,也叫不记名背书。记名背书提单如再行转让必须再加背书,空白背书提单其后则不必再作背书就可转让。目前业务中使用最多的是凭指示并经空白背书的提单,习惯上称其为"空白抬头、空白背书"提单。

进出口业务中,买方对提单的要求如:Full set(3/3)of clean on board ocean bills of lading made out to order and blank endorsed marked freight prepaid and notify the buyer/applicant.

5. 根据内容繁简划分

根据内容繁简不同来划分,可分为全式提单(long form B/L)和简式提单(short form B/L)。

(1) 全式提单(long form B/L)

全式提单是指既有提单正面条款又有提单背面条款的提单,提单背面条款一般详细规定了承运人与托运人的权利和义务。

(2) 简式提单(short form B/L)

简式提单是指仅有提单正面条款,而没有提单背面条款的提单。

6. 根据运费支付方式划分

根据运费支付方式不同来划分,可分为运费预付提单(freight prepaid B/L)和运费到付提单(freight to be collected B/L)。

(1) 运费预付提单(freight prepaid B/L),指表明运费已预先支付的提单。

(2) 运费到付提单(freight to be collected B/L),指表明运费在目的港由收货人支付的提单,并且提单上注明运费到付。

7. 根据船舶运营方式划分

根据船舶营运方式的不同来划分,可分为班轮提单(liner B/L)和租船提单(charter party B/L)。

(1) 班轮提单(liner B/L)是指由班轮公司承运货物后所签发给托运人的提单。

(2) 租船提单(charter party B/L)是指承运人根据租船合同而签发的提单。

8. 根据提单使用效力划分

根据提单使用效力的不同来划分,可分为正本提单(original B/L)和副本提单(non-negotiable or copy B/L)。

(1) 正本提单(original B/L)

正本提单是指提单上有承运人、船长或其代理人签字盖章并注明签发日期的提单。这种提单在法律上和商业上都是公认有效的单证。提单上必须标明"ORIGINAL"字样。

(2) 副本提单(non-negotiable or copy B/L)

副本提单是指提单上没有承运人、船长或其代理人签字盖章,而仅供工作上参考之用的提单,在副本提单上一般都有"COPY"字样。

➤ ... deep seek

提单抬头

提单的抬头决定着物权的归属,要特别引起重视。如:B公司在装运后从船方取得了三份正本海运提单,提单抬头由A进口商指定,B公司将其中一份提单按照进口商要求直接邮寄给进口商,其余两份连同其他单据一起提交出口银行办理议付,遭到开证行拒付。理由是提单被通知人一栏漏打开证申请人的电话号码,单证不符,不能接受。我方立即与外轮代理取得联系,要求更改提单,但被告知,货物已被收货人凭一份正本提单提走。

分析

提单抬头由 A 进口商指定,同时卖方又寄一份正本提单给 A 进口商,这样使 A 进口商实实在在地掌握了货物所有权,给其制造了不付款的有利条件。因此,对于资信较差的客户,应严格控制这样的条件。

9. 其他种类提单

(1)集装箱提单(container B/L)

集装箱提单是指由负责集装箱运输的经营人或其代理人,在收到货物后签发给托运人的提单。

集装箱提单以码头收据换取,是一张收货待运提单。在大多数情况下,船公司根据发货人的要求,在提单上填注具体的装船日期和船名后,该收货待运提单也便具有与已装船提单同样的性质。

(2)舱面提单(on deck B/L)

舱面提单是指承运货物装在船舶甲板上所签发的提单,故又称为甲板货提单。根据UCP600 规定,除非信用证另有规定,银行不接受舱面提单。

(3)过期提单(stale B/L)

过期提单是指超过规定的交单日期或者晚于货物到达目的港的提单。前者,是指卖方超过信用证规定的交单日或在提单签发日期后 21 天才到银行交单议付的提单。按《跟单信用证统一惯例》规定,如信用证无特殊规定,银行将拒绝接受迟于提单装运日期 21 天才到银行议付的提单。在近洋运输时,此种情况容易出现,故在近洋国家间的贸易合同中,一般都订有"过期提单可以接受"的条款(stale B/L is acceptable)。

(4)倒签提单(anti-dated B/L)

货物装船完毕的时间如果晚于信用证的规定,托运人请求承运人以早于该票货物实际装船完毕的日期作为提单签发的日期,以使提单的签发日期(货物装船日期)符合信用证关于装运期的规定,此种提单叫倒签提单。倒签提单是一种不诚信行为。

(5)预借提单(advanced B/L)

在货物尚未装船或尚未装船完毕的情况下,由承运人提前签发已装船提单,使卖方能赶在信用证有效期届满前顺利结汇,此种提单叫预借提单。预借提单也是一种不诚信行为,其危害性比倒签提单更大。

👥📈 **课程思政**

敬业与诚信

国际贸易合同履行中,经常会在某个环节出现误差,导致合同履行受到障碍,通过团队协作,以及敬业和良好沟通,可以有效避免这种情况的发生。但是,如果发现提单是倒签提单或预借提单,银行会拒收。当买方发现提单是倒签提单或预借提单时,会对产生的货损货差以卖方违约为由而拒付/拒收,或提出索赔。

🐟 ... deep seek

海运提单实例

INTERNATIONAL OCEAN BILL OF LADING
NOT NEGOTIABLE UNLESS CONSIGNED "TO ORDER"
（SPACES IMMEDIATELY BELOW FOR SHIPPER'S MEMORANDA）

SHIPPER/EXPORTER (COMPLETE NAME AND ADDRESS) **DELING TRADE BV P. O. BOX 100 3700 GC BUNSEN,HOLLAND**	BOOKING NO. **HLS410700**	BILL OF LADING NO. **SEAU871107100**
	EXPORT REFERENCES	
CONSIGNEE (COMPLETE NAME AND ADDRESS) **TO ORDER**	FORWARDING AGENT/F M C NO. **ESPOO FINLAND**	
	POINT AND COUNTRY OF ORIGIN **FINLAND**	
NOTIFY PARTY (COMPLETE NAME AND ADDRESS)	ALSO NOTIFY-ROUTING & INSTRUCTIONS	
	FINAL DESTINATION （OF THE GOODS NOT THE SHIP)	

VESSEL VOY FLAG LINDOE MAERSK 711E DE	PORT OF TRANSHIPMENT ROTTERDAM, HOLLAND	LOADING PIER/TERMINAL	ORIGINAL(S) TO BE RELEASED AT HELSINKI, FINLAND
PORT OF DISCHARGE DALIAN	PLACE OF DELIVERY BY ON-CARRIER	TYPE OF MOVE(IF MIXED, USE BLOCK 20 AS APPROPRIATE) CONTAINER YARD TO CONTAINER YARD	

PARTICULARS FURNISHED BY SHIPPER				
MKS. & NOS/ CONT NOS	NO. OF PKGE.	DESCRIPTION OF PACKAGES AND GOODS	GROSS WEIGHT	MEASUREMENT
CH/99/66. 908 ---------- **DALIAN CHINA**	**4 760**	**7 X 20′DC CONTAINERS S. T. C. BAGS DEMINERALIZED WHEY POWDER AS PER CONTRACT NO. CH/99/66. 908 AS PER SPECIFICATION SHIPPER ON BOARD SEA NORDICA 15. 09. 1999 FROM HELSINKI SHIPPER LOAD STOWAGE & COUNT FREIGHT PREPAID**	**121 380. 00 K**	

(续表)

DECLARED VALUE	IF SHIPPER ENTERS A VALUE, CARRIERS PACKAGE LIMITATIONS OF LIABILITY DOES NOT APPLY AND THE AD VALOREM RATE WILL BE CHARGED.			FREIGHT PAYABLE AT/BY		

FREIGHT CHARGES	RATED AS PER	RATE	PREPAID	COLLECT	CURRENCY	RATE OF EXCHANGE
TOTALS						

THE RECEIPT CUSTODY, CARRIAGE AND DELIVERY OF THE GOODS ARE SUBJECT TO THE TERMS APPEARING ON THE FACE AND BACK HEREOF AND TO CARRIER'S APPLICABLE TARIFF.	* APPLICABLE ONLY WHEN USED FOR MULTIMODEL OR THROUGH TRANSPORTATION
In witness where of 3 original bills of lading all the same tenor and date one of which being accomplished the others to stand void, have been issued by Sea-land Service. Inc. or its designated agent on behalf of itself, other participating carriers, the vessel, her master and owners or charters.	* INDICATE WHETHER ANY OF THE CARGO IS HAZARDOUS MATERIAL UNDER DOT. IMCO OF OTHER REGULATIONS AND INDICATE CORRECT COMMODITY NUMBER IN BOX 20.
SEAU871107110　　**15/09/2020**	AT ………… **HELSINKI** ………… BY ………… **FOR SEA-LAND SERVICE，INC**

二、海运单(sea waybill，ocean waybill)

1. 海运单及其性质

海运单是证明海上运输合同和货物由承运人接管或装船,以及承运人保证据以将货物交付给单证所载明的收货人的一种不可流通的单证,故称不可转让海运单(non-negotiable sea waybill)。

海运单与海运提单相比少了"物权凭证"这个重要特征,收货人是凭身份证明就可以提货。海运单的正面内容与提单的基本一致,但是印有"不可转让"的字样。海运单的放货方式在本质上跟电放没有区别,收货人都不需要凭正本提单即可提货。

海运单是一种方便快捷的放货方式,在实际中的运用有加大的趋势。海运单不能背书转让,收货人无需凭海运单,只需出示适当的身份证明,就可以提取货物。因此海运单迟延到达、丢失等均不影响收货人提货,同时也可以有效地防止错误交货的发生。但它同时也是一种风险较大的放货方式,对发货人来讲,如果还没有收齐货款,而货已被提走,有可能会造成钱货两空;对船公司来讲,也可能会产生运费还未收到货已经被提走的情况。

2. 使用海运单的好处和适宜使用海运单的情况

海运单仅涉及托运人、承运人、收货人三方,操作简单,有利于货物的转移。使用海运单,收货人凭身份证明就可以提货,也无须出示海运单,这既解决了近洋海运货物已到而提单未到的常见问题,又避免了延期提货所产生的滞期费、仓储费等,还可避免提单遗失所产生的后果。海运单是一种安全凭证,它不可转让,不具流通性,从而也避免了不法之人伪造提单,影响正常贸易。

以下情况适合使用海运单:

(1) 买方已付清全部货款。

(2) 收货人和发货人的贸易合作关系已久,双方充分信任。

(3) 交易的其中一方是另一方的分支机构,或者交易双方是同一家公司的下属公司。

(4) 货物通常比提单更早到达的短途海运。

(5) 无资金风险的私人物品,或用于商业用途的样品。

3. 海运单与海运提单的区别

(1) 海运单不是物权凭证,不能背书或转让,而提单是物权凭证,可以背书或转让。

(2) 海运单上必须详尽标明收货人,一般情况下,除收货人以外,其他人不得提货,而提单上不必标明确切的收货人名称。

(3) 海运单背面一般没有印上运输合同的条款,而提单背面印有运输合同条款。

deep seek

提单电放

电放(telex release)是船公司根据托运人的要求,在装货港不签发正本提单或收回已签发的正本提单,以 E-mail 或 FAX 等方式通知船公司的目的港代理将货放给收货人。收货人无需凭正本提单即可提货。电放就是凭电子的、电传的或传真件放行的意思。

一般情况下,收货人要凭提单正本才能提货。但是在实际操作中,比如从我国香港到新加坡,由于船期很短,船已抵达目的港,可是邮寄的提单还未收到;又比如因为种种原因提单迟迟出不来,货物已经到港,为不影响提货,收货人会要求发货人向船公司申请电放。发货人填写电放申请函,其中应有如下字样:"Please kindly release cargo to the consignee without presentation of original Bill of Lading (在不提交正本 B/L 情况下请将此票货放给收货人)"。船公司收到发货人的电放申请函后,会给出一个电放号(为阿拉伯数字或英文字母),或者出具电放信,然后通过传真的形式通知目的港代理。为简化操作,客户提出电放申请后,船公司于电放申请函上盖印"电放章"即"提单章"传真给客户即可。

在目的港,收货人只要凭提单传真件和收货人的身份证明就可以换取提货单提货。

提单若不是船东单而是货代单,也可以申请电放,向货代申请电放的操作和以上相仿。

三、铁路运输单据

1. 国际铁路联运运单(international through railway bill)

国际铁路联运运单是国际铁路联运的主要运输单据,它是参加联运的发送国铁路与发货人之间订立的运输契约,其中规定了参加联运的各国铁路和收、发货人的权利与义务。它对收、发货人和铁路都具有法律约束力。

该运单从始发站随同货物附送至终点站并交给收货人,它不仅是铁路承运货物出具的凭证,也是铁路同货主交接货物、核收运杂费用,以及处理索赔与理赔的依据。国际铁路联运运单副本,在铁路加盖承运日期戳记后发还给发货人,它是卖方凭此向银行结算货款的主要单据之一。

铁路运单一式五联,第一联为运单正本,随货走到达终点站时连同第五联和货物一并交给收货人;第二联为运行单,也随货走,是铁路办理货物交接、清算运费、统计运量和收入的原始凭证,由铁路留存;第三联为运单副本,由始发站盖章后交发货人凭以办理货款结算和索赔用;第四联为货物交付单,随货走,由终点站铁路留存;第五联为到达通知单,在终点站随货物交收货人。

2. 承运货物收据(cargo receipt)

承运货物收据是指承运人出具给托运人的收据,也是承托双方的运输合同,它适用于铁路、轮船、公路、航空等单种和多种联合运输。收据背面印有"承运简章",载明承运人的责任范围,我国内地通过铁路运往我国港澳地区的出口货物,不论是以港澳为目的地还是作为中转站,发货人委托中国外贸运输公司或外地分公司承运货物装车后,都将由上述部门签发"承运货物收据",发货人据此连同其他相关单据结汇,而收货人凭此收据提货。

四、航空运单(air waybill)

航空运单是承运人与托运人之间签订的运输契约,也是承运人或其代理人签发的货物收据。

航空运单还可作为承运人核收运费的依据和海关查验放行的基本单据。但航空运单不是代表货物所有权的凭证,也不能通过背书转让。收货人提货不是凭航空运单,而是凭航空公司的提货通知单。

在航空运单的收货人栏内,必须详细填写收货人的全称和地址,而不能做成指示性抬头。

航空运单依签发人的不同可分为主运单(Master Air Waybill)和分运单(House Air Waybill)。前者由航空运输公司签发,后者由集中托运人在办理集中托运业务时签发。

航空运单共有正本一式三份,第一份正本注明 Original for the Shipper,应交托运人;第二份正本注明 Original for the Issuing Carrier,由航空公司留存;第三份正本注明 Original for the Consignee,由航空公司随机带交收货人。

➤ ... deep seek

航空货运代码

国家代码：中国——CN，美国——US，英国——GB，德国——DE，日本——JP。

常见城市代码：北京——BJS，广州——CAN，上海——SHA，伦敦——LON，名古屋——NGO。

机场代码：首都国际机场——PEK（中国），戴高乐机场——CDG（法国），成田机场——NRT。

航空公司代码：中国国际航空公司——CA，中国南方航空公司——CZ，中国东方航空公司——MU，国泰航空公司——CX（香港）。

航空货运操作代码：AVI——活动物，EAT——食品，PER——易腐货物，HEA——单件150公斤以上的货物，PEF——鲜花，OBX——有强烈异味的货物。

常见危险品代码：RCL——低温液体，RCM——易腐蚀货物，RFL——易燃液体。

五、邮件收据(parcel post receipt)

邮件收据是邮件运输的主要单据，是邮局收到寄件人的邮包后所签发的凭证。当邮包发生损坏或丢失时，它还可以作为索赔和理赔的依据，但邮件收据不是物权凭证。

邮寄证明(certificate of posting)是邮局出具的证明文件，据此证实所寄发的单据或邮包确已寄出并作为邮寄日期的证明。有的信用证规定，出口商寄送有关单据、样品或包裹后，除要出具邮件收据外，还要提供邮寄证明，作为结汇的一种单据。

专递收据(courier receipt)是特快专递机构收到寄件人的邮件后签发的凭证。根据《跟单信用证统一惯例》规定，如信用证要求邮件收据或邮寄证明，银行在接受的邮件收据或邮寄证明表面注有信用证规定的寄发地处盖戳并加注日期，该日期即为装运或发运日期；如信用证要求专递或快递机构出具的单据，银行对这种快递单据将予以接受。

六、多式联运单据(documents of multi-model transportation)

多式联运单据是指证明多式联运合同，以及证明多式联运经营人接管货物并负责按照合同条款交付货物的单据。按《联合国国际货物多式联运公约》规定，多式联运单据是多式联运合同的证明，也是多式联运经营人收到货物的收据和凭以交付货物的凭证，同一多式联运单据须包括全程运输。根据发货人的要求，多式联运单据可以做成可转让的，也可以做成不可转让的。

多式联运单据如签发一套一份以上的正本单据，应注明其份数，其中一份完成交货后，其余各份正本即失效。副本单据没有法律效力。为了促进国际多式联运的开展，国际商会曾制定《联合运输单据统一规则》，该规则对多式联运单据做了明确具体的规定。

第六节 国际货物运输实务

运输条款是国际货物买卖合同中的主要条款，要约定装运时间、装运地(港)与目的地(港)、是否允许分批装运和中途转运、发装运通知的义务等项内容。

如我国某企业出口一批货物到新加坡的一份CFR合同中的运输条款为：Shipment Item：Before June 30，2018 from Tianjin to Singapore with partial shipment allowed，transshipment not allowed，seller shall give notice of shipment to buyer after the shipment is affected immediately(装运条款：在2018年6月30日之前，由天津运往新加坡。允许分批装运，不允许转运，卖方在装船后立即向买方发送装船通知)。

一、装运期与交货期

(一) 装运期与交货期的含义及其区别

装运期(time of shipment)与交货期(time of delivery)是两个不同的概念。前者是指卖方在约定的装运地点，将其出售的货物装上运输工具或交给承运人装运的时间，后者是指卖方在约定的交货地点将货物交给买方处置的时间。

在买卖双方签订诸如EXW产地交货合同或FAS、FCA、FOB、CFR、CIF、CPT和CIP等装运合同的情况下，卖方在约定的装运地和装运时间将货物装上运输工具或交给承运人监管，就算完成了交货义务，如单就时间概念而言，装运期与交货期是一致的。但在DAT、DAP和DDP这类到达合同下，装运期与交货期是不同的。

为了避免引起误解，在装运合同中以统一使用装运期这一术语更为合适。

根据国际贸易中有关法律与惯例的解释，装运期与交货期都是买卖合同中的主要条件，合同当事人必须按约定时间装运或交付货物。在这里，需要特别指出的是，人们一般认为延迟装运或延迟交货才算违约行为，似乎提前装运或交货不算什么问题，这是一种误解。实际上，提前或延迟装运以及提前或延迟交货，同样都是违反装运期或交货期的行为。买卖双方约定的装运期或交货期，不单是约束卖方的条款，买方也应密切配合和共同执行。

进出口合同履行过程中，装运期与交货期问题很容易引起买卖双方之间的争议。因此，无论是买方还是卖方，都应高度重视合同中有关装运期与交货期条款的规定，使其具体明确和切实可行，以利于合同的履行和双方贸易关系的发展。

(二) 约定装运期与交货期的方法

在装运期与交货期条款中，应当写明成交商品装运与交付的期限。如属装运合同，卖方在装运地或装运港装运货物的时间,都要在合同的装运期栏内列明。关于装运期的规定方法,由买卖双方共同商定,常见的有下列几种。

1. 规定明确、具体的装运时间

通常在合同中订明某年某月/某季度装运或某年某月某日前装运等,把装运时间确定在一段时间内(而不是确定在某一个日期上)。如:7/8/9 月份装运(Shipment during july/aug. /sep.);9月底或以前装运(Shipment at or before the end of sep.)等,这种规定方法使用比较广泛。

2. 规定收到信用证后若干天装运

如规定收到信用证后 30 天内装运(Shipment within 30 days after receipt of L/C)。为防止买方不按时开证,一般还规定:买方必须不迟于某月某日将信用证开到卖方(The relevant L/C must reach the seller not later than...)的限制性条款。这种规定方法主要适用于下列情况:

(1) 按买方要求的花色、品种和规格或专为某一地区或某商号生产的商品,或者是一旦买方拒绝履约难以转售的商品,为了防止遭受经济上的损失,则可采用此种规定方式。

(2) 在一些外汇管制较严的国家和地区,或实行进口许可证或进出口配额制的国家,为促成交易,有时也可采用这种方法。

(3) 对某些信用较差的客户,为促使其按时开证,也可酌情采用这一方法。

3. 规定近期装运术语

如规定:立即装运(immediate shipment)、即期装运(prompt shipment)、尽快装运(shipment as soon as possible)等。此种规定容易引起交易双方纠纷,建议尽量少用。

(三)约定装运期与交货期的注意事项

1. 应充分考虑货源的供应与需求情况

卖方首先要考虑货源情况,根据生产周期来确定装运期和交货期;买方应根据实际需要来确定装运期和交货期,不能过迟影响实际需要,也不能过早到货,增加库存和费用开支。

2. 应充分考虑运输方面的各种因素

负责运输的买方或卖方,必须充分考虑运输方面的各种因素,如自身运输能力、市场船源供求情况、安排运输的时间和装卸条件等。

3. 应注意装运期、交货期同信用证之间的衔接

约定装运期和交货期的同时,应一并约定开证日期。通常,信用证应在装运期或交货期开始前一个合理的时间开到卖方,以便给卖方留出必要的备货和安排运输时间。为了便于卖方在装运或交货之后有时间缮制单据和办理结汇手续,通常信用证有效期应比装运期或交货期延长半个月或一个月,防止出现“双到期”的情况,可在买卖合同中约好“信用证有效期至装运或交货后××天在卖方所在地到期”的条款。

4. 约定装运期与交货期应考虑装卸地的具体情况和气候条件

有些港口节假日停止装卸作业;有些地区有冰冻期或季风季节,影响船舶航行或正常装卸作业,这都是要考虑的因素。同时,尽量避免高温季节和经赤道运输,以免货物损坏。对某些季节性商品的时间性很强,对装运期和交货期的要求非常严格,可将限期到港交货和商品增减价条款结合。如在合同中规定,"在目的港交货截止日期为 10 月 31 日,提前一天交货,增价 1%,提前 5 天以上,增价 5%;推后 1 天,减价 1%,如 11 月 5 日不到货,买方可撤销合同。"

🐟 ... deep seek

国际货物海运流程汇总

国际货物海上运输实务中,货物从仓库、装上船到出口之前,一般经过如图 4-1 所示的出口流程环节,最后一步,即第 8 步是获得海运提单(B/L)。

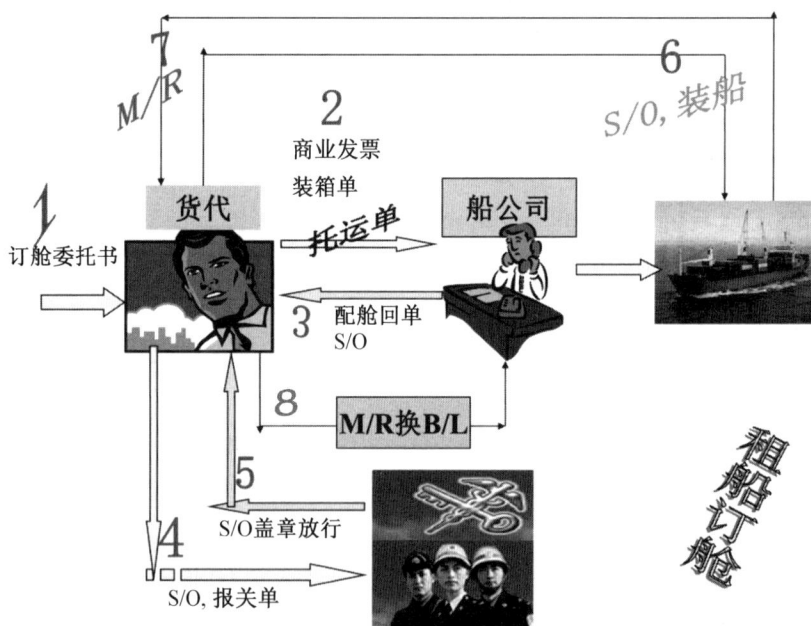

图 4-1 国际货物海上运输出口流程环节示意图

二、装运地(港)与目的地(港)

装运地是指开始装运货的地点,目的地是指最终卸货的地点。如"FOB Shanghai",上海便是装运港,"CIP International Airport,New York",纽约国际机场就是目的地。在国际货物贸易中,装运地一般由卖方提出,经买方同意后确定;目的地一般由买方提出,经卖方同意后确定。由于国际货物运输中可能采用各种不同的运输方式,因此,装运地和目的地可能包括港口、车站、机场等不同的场所。鉴于国际货物通过海洋运输的比重最大,故本节阐述的装运地和目的地,主要侧重装运港和目的港。

在国际货物买卖合同中,约定装运地(港)和目的地(港),既有利于卖方按约定地点组织货源和发运货物,也有利于买方按约定地点接运或受领货物。

如果签订合同后任何一方当事人要求变更装运港,必须遵循两项原则:一是必须征得对方的同意,二是必须承担因要求变更港口而引起的额外增加的费用。

(一) 约定装运地(港)与目的地(港)的方法

在国际货物买卖合同中,一般对装运地和目的地分别规定各为 1 个,并列明其具体名称。根据实际业务的需要,也可酌情分别规定 1 个以上的装运地或目的地。

就海运港口的规定而言,通常有下列几种规定方法。

(1) 分别规定 1 个装运港与 1 个目的港,并分别列明其具体名称。如装运港:上海(Port of Shipment:Shanghai);目的港:伦敦(Port of Destination:London)。

(2) 分别规定 2 个或 2 个以上的装运港或目的港,并分别列明其具体名称。如装运港:新港/上海(Port of shipment:Xingang/Shanghai);目的港:伦敦/利物浦(Port of destination:London/Liverpool)。

(3) 规定采用选择港(optional ports)的办法,其中可在 2 个或 2 个以上港口中任选一个,如 CIF 伦敦/汉堡/鹿特丹(CIF London/Hamburg/Rotterdam);也可笼统规定某一航区的主要港口为装运港或目的港,如欧洲主要港口(European Main Ports)。

(二) 约定装运地(港)与目的地(港)的注意事项

1. 要注意装运地(港)与目的地(港)的具体条件

在选择装运地(港)与目的地(港)时,应考虑当地管理制度和办法、社会治安状况、是否堵塞和拥挤、气候变化情况、有无冰封期、有无直达班轮航线、装卸设施的好坏、装卸效率的高低,以及运费、附加费、装卸费用的多少等。

2. 要注意装卸地(港)与目的地(港)有无重名的问题

在世界范围,有十几个港口重名,如维多利亚(Victoria)、波特兰(Portland)等。为了避免错发错运,合同中应明确注明港口所在国家和地区的名称。

3. 合理运用选择港的办法

当海运进口货物需要运用选择港时,其选择的港口应在同一航区、同一航线上,通常以不超过 3 个为宜。对外签约,不能把其他国家的名称当作目的港。

4. 应按就近的原则选定装运地(港)与目的地(港)

为加速货运和节省运费,一般情况下,装运地(港)应尽可能靠近货源地,目的地(港)应尽可能靠近用货单位。

5. 装运地(港)与目的地(港)的选择应当规定明确

在订立进出口合同时,若规定了多条航线和多个目的港,要同时明确规定由谁来选择,以免履约困难或发生纠纷。

三、分批装运(partial shipment)

1. 分批装运的含义

分批装运是指一个合同项下的货物分若干批装运,但是,在不同时间将不同港口的货物装在同一航次、同一条船上,由于这条船上所载的货物同时到达目的港,故不能称其为分批装运。

2. 约定分批装运的注意事项

交易双方如同意分批装运,应在买卖合同中具体列明每批货物装运的时间和数量。同时,应根据需要和可能来规定分批装运。对每批装运的时间要有适当的间隔。一笔交易的货物,不宜规定在短时间内分若干批装运,以免给安排装运带来实际困难,从而影响整个合同的履行。

3. 关于分批装运的国际惯例

国际商会制定的《跟单信用证统一惯例》规定,除非信用证另有规定,否则允许分批装运。可是有些国家的法律却规定,如合同未规定允许分批装运,则不得分批装运。为了避免争议,交易双方是否允许分批装运,应在买卖合同中具体注明。一般地说,在国际货物大宗交易中,约定分批装运,卖方交货比较主动。

买卖双方一旦约定了分批装运条款,则应严格按该条款的规定分批装运,只要其中任何一批没有按规定装运,根据《跟单信用证统一惯例》规定,则该批和以后各批均告失效。

📖 ⋯ deep seek

《UCP600》中关于分批装运的规定

第三十一条:分批支款或分批装运

a. 允许分批支款或分批装运。

b. 使用同一运输工具并经由同次航程运输的数套运输单据在同一次提交时,只要显示相同目的地,将不视为分批发运,即使运输单据上标明的发运日期不同或装卸港、接管地或发送地点不同。如果交单由数套运输单据构成,其中最晚的一个发运日将被视为发运日。

含有一套或数套运输单据的交单,如果表明在同一种运输方式下经由数个运输工具运输,即使运输工具在同一天出发运往同一目的地,仍将被视为分批发运。

c. 一份以上快递收据、邮政收据或投邮证明的交单,如果单据看似由同一地或邮政机构在同一地点和日期加盖印戳或签字并且表明同一目的地,将不视为分批发运。

第三十二条:分期支款或分期装运

"如信用证规定在指定的时间段内分期支款或分期发运,任何一期未按信用证规定期限支取或发运时,信用证对该期及以后各期均告失效。"

案例 4-7

我某公司出口大米 10 000 公吨,合同规定,"自 2 月份开始,每月装 1 000 公吨,分 10 批交货"。卖方交货到第 5 批大米时,大米霉变,因而买方以此为由,主张撤销合同。问:买方能否这样做?

解析　根据《UCP600》第 32 条的规定,买方可以主张第 5 批及以后各批失效,但不能撤销全部合同。

提示　《联合国国际货物销售合同公约》(下面简称《公约》)与 UCP600 对分批装运的相关规定是有差异的。《公约》第 73 条规定:

(1) 对于分批交付货物的合同,如果一方当事人不履行对任何一批货物的义务,便对该批货物构成根本违反合同,则另一方当事人可以宣告合同对该批货物无效。

(2) 如果一方当事人不履行对任何一批货物的义务,使另一方当事人有充分理由断定对今后各批货物将会发生根本违反合同,该另一方当事人可以在一段合理时间内宣告合同今后无效。

(3) 买方宣告合同对任何一批货物的交付为无效时,可以同时宣告合同对已交付的或今后交付的各批货物均为无效,如果各批货物是互相依存的,不能单独用于双方当事人在订立合同时所设想的目的。

《公约》第 73 条规定了"分批装运","UCP600"第 31 条规定了"分批支款或分批装运",第 32 条规定了"分期支款或分期装运",而国际贸易买卖合同往往都规定分批装运条款,没有分期装运条款。因此,我们首先要明确分批装运是否与分期装运完全相同,然后要明白"UCP600"第 32 条是否适用于分批装运或者在什么情况下适用于分批装运,也就是说什么情况下分批装运应该被视为分期装运。现实中对分批装运一般有三种规定方法:① 只规定"允许分批装运",不加任何限制;② 订明分若干批次装运,而不规定每批运的数量;③ 订明每批装运的时间和数量,即定期、定量分批装运。

前两种正如上面所分析的,与装运时间无关,是完全的分批装运,可以按照《公约》第 73 条解决相关的问题;而第三种方法则明确了装运时间,即按照具体的时间或期限以及数量交货,这与上面按照 UCP600 第 32 条所分析的结论一致,则定期、定量分批装运其实是分期装运。因此,在定期、定量分批装运时出现的相关问题应该按照 UCP600 第 32 条"分期支款或分期装运"解决。

四、转运(transshipment)

(一)转运的含义

转运是指一个合同项下的货物从装运地运至目的地的运输过程中,中途需要转换运输工具。例如,卖方出售的货物,如没有直达船驶往目的港或船期不固定或航次间隔时间太长,为了便于装运,卖方往往要求在合同中增加允许转运(transshipment to be allowed)的条款。但由于中途转运,既延误时间和增加中转费用,又容易产生货损货差,故买方一般不愿意中途转运,而往往要求在合同中增加限制转运的条款。

☞... deep seek

转运的国际惯例

《跟单信用证统一惯例》(UCP600)第二十条 b、c、d 款关于转运的规定:

b. 就本条款而言,转运意指在信用证规定的装货港到卸货港之间的海运过程中,将货物由一艘船卸下再装上另一艘船的运输。

c. i. 只要同一提单包括运输全程,则提单可以注明货物将被转运或可被转运。

ii. 银行可以接受注明将要发生或可能发生转运的提单。即使信用证禁止转运,只要提单上证实有关货物已由集装箱、拖车或子母船运输,银行仍可接受注明将要发生或可能发生转运的提单。

d. 对于提单中包含的声明承运人保留转运权利的条款,银行将不予置理。

(二)约定转运条款的注意事项

合同当事人约定转运条款时,应当注意下列几点:

(1)载明交易双方同意转运,并对转运的办法和转运费的负担作出明确具体的约定。

(2)转运条款通常是与装运时间条款结合起来规定的。例如:1/2/3 月份装运,允许由香港转运。

(3)合同中是否规定允许转运或不准转运条款,应视具体情况而定。一般地说,不准转运通常都是由买方提出,经卖方同意后确定。但应特别指出的是,在 FOB 进口合同中,买方则不宜提出不准转船的条款,以免约束自己而导致不利的后果。

五、海运的装卸时间、装卸率与滞期费、速遣费

在国际货物运输中,当大量货物需要采用程租船运输时,通常在租船合同中约定好装卸时间、装卸率和滞期费、速遣费条款,以促使租船人快速装卸。但实际上负责装卸货物

的不一定是租船人,而往往是买卖合同的一方当事人。因此,负责安排租船的买方或卖方,为了便于日后签订租船合同,便先在买卖合同中约定装卸时间、装卸率和滞期费、速遣费条款。

(一) 装卸时间、装卸率与滞期费、速遣费的含义

装卸时间(time for loading and unloading)是指允许完成装卸任务所约定的时间,通常以天数或小时数来表示。

1. 装卸时间(lay time)规定的方法有:

按天数(days)或连续天数(running or consecutive days/hours)计算

按工作日(working days)

按晴天工作日(weather working days)

连续 24 小时晴天工作日(weather working days of consecutive 24 hours)

累计 24 小时工作日(working days of 24 hours)

WWDSHE(weather working days sundays and holidays excluded)是"晴天工作日,星期日、节假日除外"。

WWDSHEXUU (WWD sundays and holidays excluded,unless used)是"星期日、节假日除外,除非使用",也就是不用不算,用了还是要计算的;

WWDSHEXIU(WWD sundays and holidays excluded even if used),另一种是"星期日、节假日除外,即使已经使用",也就是无论是否使用,均不作装卸时间计算;

WWDSHE (WWD sunday and holiday excluded,unless used,but only time actually used to count)良好工作日,周日和节假日除外,除非已经使用,但仅按实际使用时间计算。

2. 装卸时间起算。起算时间需要船舶满足以下条件:船舶抵达租船合同规定的装卸地点;船舶已经备妥可装卸货物;在第一装港或第一卸港,船长要递交装卸准备就绪通知书(NOR)。真正起算还可能要经过一个通知时间(notice time),即递交装卸准备就绪通知书之后 12 小时或 24 小时起算;如果船长递交装卸准备就绪通知书在受载期之前,那么装卸时间要等到受载期开始时才能起算,而且如果间隔时间不足通知时间还需等到通知时间届满。但是,无论如何,如果承租人提早进行装卸货物,装卸时间都要从实际开始进行装卸作业时开始起算。

3. 装卸率(rate of loading and unloading)是指每日装卸货物的数量,它是按港口正常装卸速度来确定的。

4. 滞期费(demurrage charges),是指因不是出租人的责任所造成的超过装卸时间的船舶延迟而支付给出租人的约定金额。但滞期不适用装卸时间的除外。

5. 速遣费(despatch money),承租人所用的实际装卸时间少于合同规定的允许使用时间,节省部分的时间为速遣时间,速遣费等于速遣时间与约定的速遣费率的乘积,速遣费率通常是滞期费率的一半,合同另有规定的除外。

鉴于大宗货物一般多通过租船运输,而租船合同中都有装卸时间、装卸率和滞期费、

速遣费条款,故交易双方签订买卖合同时,应考虑随后签订的租船合同的要求,并与之相衔接,以利于租船合同和买卖合同都切实可行。

按 FOB 条件成交,由买方安排租船,而由卖方负责装货;按 CFR 或 CIF 条件成交,则由卖方负责安排租船,由买方负责卸货。为了使负责装货或卸货的一方当事人依约定时间和速度装卸货物,故在买卖合同中应对装卸时间、装卸率和滞期费、速遣费条款作出明确合理的规定。在买卖合同中约定好此项条款,不仅有利于订立运输合同和确保买卖合同的顺利履行,而且有助于促使早日完成装卸任务、加速船舶周转和提高经济效益。

(二)约定装卸时间、装卸率与滞期费、速遣费条款的注意事项

1. 装卸时间的约定

应明确合理地约定装卸时间,以利于滞期费与速遣费的计算与支付。

2. 要注意实事求是地约定

装卸率、滞期费及速遣费与约定的装卸率密切相关。装卸率指每日装卸货物的数量,一般应按照装卸港的正常装卸速度来确定。

3. 要注意滞期费与速遣费的比例

速遣费通常为滞期费的一半,这是船方片面维护自身利益的习惯做法,它不符合对等的原则。但是,在船多货少的情况下,这种习惯做法也是可以打破的。

六、装运通知(shipment advice)

(一)装运通知的含义

装运通知也叫装船通知,主要指的是出口商在货物装船后发给进口方的包括货物详细装运情况的通知,其目的在于让进口商做好筹措资金、付款和接货的准备。在国际贸易实际业务中,交易双方为了相互配合,便于交接货物和办理货运保险,彼此都要在事前或事后承担相互通知的义务,以利于合同的履行。因此,装运通知就成为运输条款中不可缺少的一项重要内容。

就卖方而言,装运通知除便于交接货物外,主要表明其交付货物的运输风险已转由买方负担。就买方而言,装运通知则更具有便于办理货运保险、便于早日着手准备提货事宜、便于预售货物等多方面的意义。

➼ … deep seek

装运通知的国际惯例

《国际贸易术语解释通则 2020》在买卖双方各自应该承担的义务的第 7 条中都规定

了互相通知的义务。如,在 CFR 术语下,具体规定为:A7——通知买方,卖方必须通知买方货物已按照 A4 规定交货。卖方必须给予买方任何有必要的通知,以便买方能够为接收货物而采取通常必要的措施。B7——通知卖方,买方有权决定发运货物的时间和/或指定的目的地/或接收货物目的地的具体地点,买方必须就此给予卖方充分通知。

(二)装运通知的主要内容

装运通知以英文制作,无统一格式,但一定要符合信用证的规定,一般只提供一份。

通知内容,主要包括所发运货物的合同号或信用证号、品名、数量、金额、运输工具名称、开航日期、启运地和目的地、提运单号码、运输标志等,并且与其他相关单据保持一致,如信用证提出具体项目要求,应严格按规定出单。此外通知中还可能出现包装说明、ETD(船舶预离港时间)、ETA(船舶预抵港时间)、ETC(预计装船完成时间)等内容。

(三)发送时间

装运通知的发送时间以信用证约定的时间为准,常见的有以小时为准(如 within 24/48 hours)和以天为准(如 within 2 days after shipment date)两种情形,信用证没有规定时应在装船后尽早发出,如信用证规定 immediately after shipment(装船后立即通知),应掌握在提单出单日后三天之内。

(四)具体做法

按国际贸易实际业务的一般做法,如买卖双方按 FOB 条件成交时,卖方一般在约定的装运期开始前 30 天或 45 天向买方发出货物备妥通知,以便买方派船接运货物,防止出现有货无船或货等船的情况。买方接到此项通知后,应将其所派船舶的名称及到港受载日期等事项及时通知卖方,以便卖方安排装船事宜,防止出现有船无货或船等货的情况,我们称其为装运须知。装船完毕后,由卖方向买方告知货物已装船,称为装运通知,该通知副本(copy of telex/fax)常作为卖方向银行交单议付的单据之一。如采用 CFR 条件成交,卖方按约定时间、地点装船后,应及时将合同项下的货物装载情况向买方发出充分的通知,以便买方及时投保货运险,并做好接货准备和安排办理进口通关手续。如漏发该通知,则货物装船后的风险仍由卖方承担。

(五)约定装运通知的注意事项

(1)交易双方彼此都有相互通知的义务。

(2)CFR/CPT 交易条件下发送装运通知更具必要性。

(3)通知应按合同或信用证规定的时间、方式、内容及份数发出。

(4)两个近似概念的区别。shipping advice 是由出口商(受益人)发给进口商(申请人)的"装运通知";shipping instructions 意思是"装运须知",一般是进口商发给出口商的。

七、海运提单的缮制

海运提单的名称必须注明"提单"(marine/ocean bill of lading)字样,表 4-4 为一海运提单实例,下面根据这个实例介绍它的每一项内容的缮制要求。

表 4-4 海运提单实例

托运人 Shipper	中国对外贸易运输总公司			
收货人或指示 Consignee or order	CHINA NATIONAL FOREIGN TRADE TRANSPORTATION CORP GA			
通知地址 Notify address	联运提单			
前段运输 Pre-carriage by	收货地点 Place of receipt	COMBINED TRANSPORT BILL OF LADING 　RECEIVED the goods in apparent good order and condition as specified below unless otherwise stated herein. 　The Carrier，in accordance with the provisions contained in this document. 1) Undertakes to perform or to procure the performance of the entire transport from the place at which the goods are tasked in charge the place designated for delivery in this document，and 2) Assumes liability as prescribed in this document for such transport. One of the Bills of Lading must be surrendered duly indorsed in exchange for the goods or delivery order.		
海运船只 Ocean vessel	装货港 Port of loading			
卸货港 Port of discharge	交货地点 Place of delivery	运费支付地 Freight payable at	正本提单份数 Number of original Bs/L	
标志和号码 Marks and Nos.	件数和包装种类 Number and kind of packages	货名 Description of goods	毛重(公斤) Gross weight (kgs.)	尺码(立方米) Measurement(m³)
以上细目由托运人提供 ABOVE PARTICULARS FURNSHED BY SHIPPER				
运费和费用 Freight and charges	IN WITNESS where of the number of original Bills of Lading stated above have been signed, one of which being accomplished，the other(s) to be void.			
	签单地点和日期 Place and date of issue			
	代表承运人签字 Signed for or on behalf of the Carrier 　　　　　代理 　　　　　as Agents			

（1）托运人（shipper），一般填出口方。

（2）收货人（consignee），该项在托收方式，填 to order 或空白此栏；在信用证项下，按照信用证规定填写。信用证中的规定一般有三种：to order（of shipper），或 to order of applicant，或 to order of issuing bank。信用证常用语：issued…，made out…，或 consigned 等，填写时注意用具体的单位名称和地址代替 shipper、applicant 和 issuing bank。

（3）被通知人（notify party），在"notify party"一栏，记载实际收货人（通常为进口商）或其指定的报关运输单位的名称和详细地址，如信用证有具体规定，要严格按照信用证规定缮制。

（4）船名与航次（vessel voyage no.），这里填写船舶名称和航次。

（5）提单编号（B/L no.），这里填写提单号码。

（6）收货地点（place of receipt），这一栏专门为联合运输而设，填写收货的港口或地点。

（7）交货地点（place of delivery），这一栏填写最终目的地，如果最终目的地就是卸货港，可留空不填。

（8）装货港（port of loading），在信用证项下，如果信用证上面写明具体出运地点或者出运港口，根据信用证填写。如果信用证上面有关栏目只写出口国国名，则填写实际装货港名称。

（9）卸货港（port of discharge），卸货港也就是目的港，这一栏填写卸货港名称。在转运情况下，在目的港后面填写 with transhipment at（转运港）。

（10）唛头与箱号（marks and nos.），提单上的唛头必须跟发票上的一致，必须按信用证或合同的规定填写。如无唛头规定时可注"no marks"或（N/M）。

（11）集装箱号码（container seal no.），这里填写集装箱号码，如 ABHU1234567，ABHU123456 - 7/7654321 4 300 kgs（tare）等。

（12）包装件数和货物描述（nos. & kinds of pakegs, description of goods），这一栏填写内容有：① 货物名称，可以用统称，与信用证货名一致为原则；② 包装件数；③ 包装材料；④ 包装方式；⑤ 信用证规定其他内容，如信用证号码，已装船等。此栏的填注可以依据发票"数量与货物描述"一栏提供的信息。

（13）毛重（gross weight），这一栏填写货物的总毛重，毛重一般以公斤为单位。

（14）尺码（measurement），这一栏填写货物的总尺码，以立方米为单位，小数保留3位。

（15）运费（freight and charges），这一栏根据贸易术语填写"运费预付（freight prepaid）"或"运费到付（freight collect）"，它们根据合同中的贸易术语而定。

（16）货物总包装件数的大写（total number of containers or packages（in words）），这一栏填写货物外包装的总件数，注意应为大写。

（17）正本份数（number of original B/L），这一栏填写提单正本份数（注意大写）。

（18）签发日期与地点（place and date of issue），这里填写提单签发日期与地点。提单的签发地点按照装运地点填写,提单签发日期不得迟于装船日期,两个日期必须一致。

(19) 提单出单人签字(signed for or on behalf of the carrier),根据"UCP600"规定,提单必须由四类人员签署证实,即承运人或承运人的具名代理人、船长或船长的具名代理人。

在审核单证中,关于提单审核要点有:① 是否注明"已装船",提单本身有已印就的"已装船"字样除外;② 装运港、卸货港与信用证是否相符;③ 收货人与信用证是否相符;④ 被通知方与信用证是否相符;⑤ 是否按信用证要求注明"运费已付"或"运费到付";⑥ 是否注明正本份数或小写;⑦ 是否注明货物包装的总件数;⑧ 在空白抬头和以受益人为收货人的情况下,是否漏掉背书。

海运提单一般是根据出口商或其货运代理人提交的"货物托运单"填写,表 4-5 所示为货物托运单实例,可以参考提供的托运单,填写出一份海运提单。

表 4-5 货物托运单示例

Shipper **XIAMEN YUZHOU ENTERPRISE GENERAL CORP.** **15 LUJIANG ROAD XIAMEN, CHINA**				D/R No. (编号)	
Consignee **TO ORDER**					
Notify Party **WEIDA TRADE ENTERPRISE** **MAILING ADDRESS:P. O. BOX 668 NEWYORK,CA98368** **PLANT ADDRESS:9525 E. 17th ST. ,NEWYORK,CA98471**				Container Booking Note	
Pre-carriage by Place of Receipt					
Ocean Vessel Vol No. Port of Loading **KOTA WIJAYA V. 096 XIAMEN**					
Port of Discharge Place of Delivery Final Destination **NEW YORK U. S. A**					
Container No **HUNU 3865232R ULU4695348**	Seal No. Marks & No. **WEIDA YL01245 C/NOS 1 - 17000 MADE IN CHINA**	No. of containers Or Pakegs, **2X20'CONTS 17000CTNS**	Kind of Packages; Description of Goods **34000KGS CHINESE SAND SHRIMP OR BIG HARD SHELL SHRIMP BLOCK FROZEN SHRIMP (PTO),**	Gross Weight KGS 36550KGS	Measurement 66. 400CBM
Total Number of containers or Packages (IN WORDS)	**SAY SEVENTEEN THOUSAND CARTONS ONLY.**				

（续表）

Freight & Charges		Revenue Tons	Rate	Per	Prepaid ✓	Collect
Ex Rate	Prepaid at **XIAMEN**			Payable at		Place of Issue
	Total Prepaid **USD600**			No. of Original B(S)/L THREE		**XIAMEN**
Service Type on Receiving ☑—CY ☐—CFS ☐—DOOR		Service Type on Delivery ☑—CY ☐—CFS ☐—DOOR		Reefer-Temperature Required		F　C
Type of Goods	☑Ordinary, ☐Reefer, ☐Dangerous ☐Auto. ☐Liquid, ☐Live Animal, ☐Bulk ☐_____			危险品	Class: Property: IMDG Code Page: UN No.	
可否转船 NOT ALLOWED	可否分批 ALLOWED					
装期 JUL31. 2020		效期				
效期金额 USD 173 050.00						
制单日期 JUL. 12. 2020						

八、案例分析

1. 我国某公司以 CFR 条件,信用证付款方式,从加拿大进口一批大豆,因在约定的日期没收到卖方的已装船通知,所以未能及时办理保险事宜。当我方收到经开证行转来的对方全套合格单证,付款赎单提货后,经检查发现,部分货物在运输途中因遭到海上风暴而损失。试分析,该笔损失该由谁承担?

分析　从理论上讲,这笔损失应该由卖方承担。

因为,按 CFR 条件成交,虽货物在海运途中的风险应由买方承担,但卖方必须在装货后及时向买方发出已装船通知,以便买方及时办理投保事宜,若货物在运输途中发生了保险责任范围内的损失时,保险公司可予以承担。否则,卖方就不能推卸因自己没及时发装船通知而使买方漏保,导致保险公司不承担运输途中风险所造成损失的责任。

具体处理上,我国该公司应立即请求开证行止付货款,如果开证行已向对方议付行支付了货款,该公司就要尽快准备好各种证明文件,向卖方提出索赔。因为,根据国际贸易信用证付款方式的特点,只要卖方提交的单据合格,买方就得履行付款义务。我国该公司已根据对方提交的合格单据支付了货款,就只能根据开证行是否已把此笔款项转交国外议付行,采取请求开证行止付货款或向卖方索赔的补救措施。

2. An export company of China exported 30 000 cases commodities to British customers. The contract stipulated that the goods should be shipped in equal quantities from May to October, 6 000 cases per month, and payment should make by irrevocable letter of credit at sight. The buyer opened the letter of credit on time, and the total amount and quantity of the letter of credit are consistent with the contract, but the shipping clause stipulated that "the latest shipment date shall not be later than October 31, and partial shipments". Our export company shipped 9 000 cases in May, 6 000 cases in June, and 15 000 cases in July. The buyer found out and objected to seller. Is the objection raised by the buyer reasonable? Can the seller get the payment from the bank smoothly?

Analysis If only by the terms of the letter of credit, the seller does so, can get the payment from the bank smoothly, because "partial shipment" does not specify the monthly shipment quantity, as long as the shipment completed before October 31. However, a letter of credit is not a contract. You can regard it as a conditional letter of payment. As long as the contract stipulates, if your delivery at one time, you will violate the contract, and the seller may face the problem of not receiving payment.

Although the seller has met the terms of the letter of credit and can guarantee our receipt of the bill, the seller cannot avoid the buyer requiring the seller to bear the liability for breach of contract according to the contract, because it is stipulated in the contract that "shipment shall be made in equal quantities from June to October", the seller should ship according to the terms of the contract, to meet the requirements of the contract and the provisions of the letter of credit.

本章小结

本章主要知识点有国际运输方式、国际运输单据、海运费、国际运输条款实务等,它们之间的知识逻辑关系如图 4-2 所示。

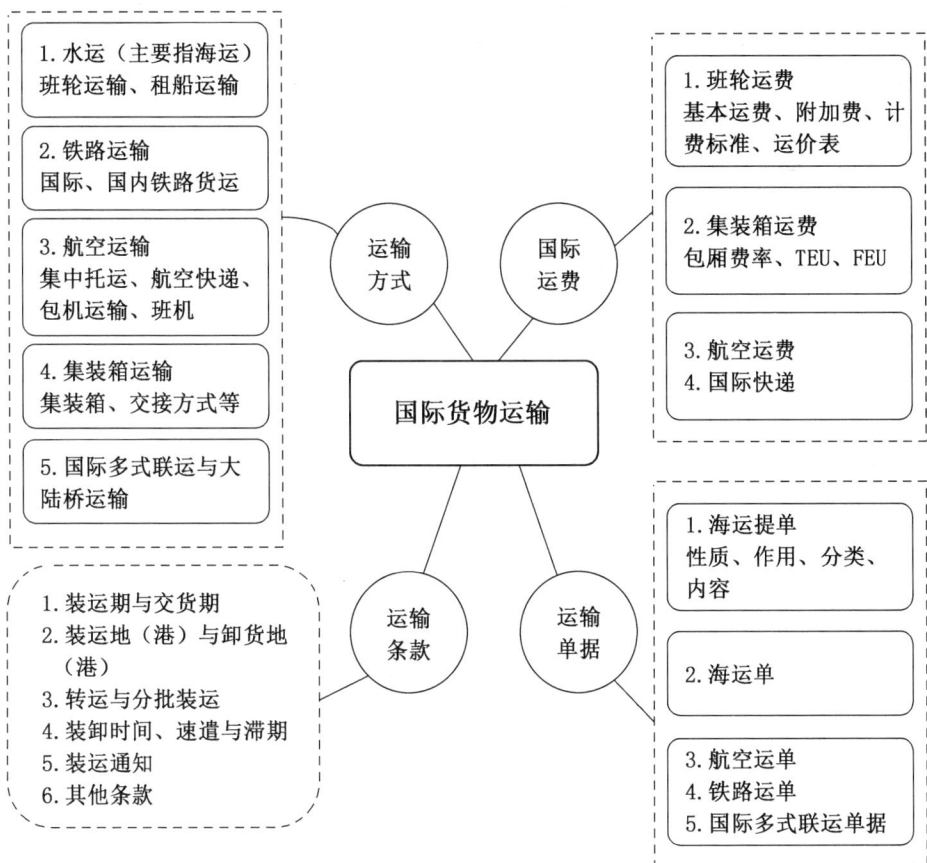

图 4-2 本章知识逻辑关系图

... 练习题

一、判断对错

1."凭托运人指示"的提单在托运人背书转让前,物权仍归托运人,但"凭指示"的提单则不同。 （ ）

2.集装箱拼箱货是由货运代理人负责在集装箱货运站完成拼装的。 （ ）

3.国际多式联运中承担全程运输责任的是承运人。 （ ）

4.在国际贸易中,交货往往意味着装运,因此无论以何种贸易术语成交,都需订立装运条款。 （ ）

5.不记名提单不载明具体的收货人,无需背书就可以转让,使用十分便捷,所以在国际贸易中使用较多。 （ ）

二、单项选择

1.国际贸易中最主要的运输方式是（ ）。

A. 航空运输　　　B. 铁路运输　　　C. 海洋运输　　　D. 公路运输

2. 在班轮运价表中用字母"M"表示的计收标准为（　　）。

A. 按货物毛重计收　　　　　　B. 按货物体积计收

C. 按商品价格计收　　　　　　D. 按货物件数计收

3. 仅次于海洋运输的一种主要运输方式是（　　）。

A. 铁路运输　　　B. 公路运输　　　C. 航空运输　　　D. 管道运输

4. 小件急需品和贵重货物,其有利的运输方式是（　　）。

A. 海洋运输　　　B. 邮包运输　　　C. 航空运输　　　D. 公路运输

5. 在国际买卖合同中,使用较普遍的装运期规定办法是（　　）。

A. 明确规定具体的装运时间

B. 规定收到信用证后若干天装运

C. 收到信汇、电汇或票汇后若干天装运

D. 笼统规定近期装运

6. 在规定装卸时间的办法中,使用最普遍的是（　　）。

A. 日或连续日　　　　　　　　B. 累计 24 小时好天气工作日

C. 连续 24 小时好天气工作日　　D. 24 小时好天气工作日

7. In import and export business, documents that can be transferred after endorsement are（　　）.

A. railway waybill　　　　　　B. ocean bill of lading

C. air waybill　　　　　　　　D. parcel receipt

8. According to the consignee's title, the bills of lading widely used in international trade are（　　）.

A. straight bill of lading　　　　B. bearer bill of lading

C. instruction bill of lading　　　D. liner bill of lading

9. Which of the following type of vessels would NOT be adopted in charter transportation in general practice（　　）.

A. voyage charter　　　　　　B. liner boat charter

C. time charter　　　　　　　D. bare boat charter

10. In general practice, the port of destination is usually nominated by（　　）and further conformed by（　　）.

A. the seller, the buyer　　　　B. the contractor, the carrier

C. the buyer, the seller　　　　D. the carrier, the contractor

三、多项选择

1. 海洋运输的优点是（　　）。

A. 通过能力大　　B. 载运量大　　C. 运输成本低　　D. 风险大

E. 速度快

2. 航空运输优点在于（　　）。

A. 运输速度快　　　　　　　　　B. 运行时间短
C. 货物中途破损率小　　　　　　D. 运量较大

3. 装运时间的规定办法通常有(　　　)。
A. 明确规定具体装运期限　　　　B. 规定在收到信用证后若干天
C. 规定在某一天装运完毕　　　　D. 规定在某一天内若干小时装运
E. 笼统规定近期装运

4. 按照提单收货人抬头分类,提单有(　　　)。
A. 清洁提单　　　B. 不清洁提单　　　C. 记名提单　　　D. 不记名提单
E. 指示提单

5. According to the mode of transportation, the bill of lading has (　　　).
A. through bill of lading　　　　B. transshipment bill of lading
C. deck bill of lading　　　　　D. container bill of lading

6. According to whether the bill of lading has bad comments, it can be divided into
(　　　).
A. clean bill of lading　　　　　B. unclean bill of lading
C. straight bill of lading　　　　D. bearer bill of lading
E. instruction bill of lading

7. When we adopt the method of Weather Working Days of 24 Hours, we further deduct all the following elements (　　　).
A. the un-working hours　　　　B. the bad weather
C. the force majeure events　　　D. the consecutive days

8. Read the shipment clause below, and pick out the true statements(　　　).

Shipment: to be shipped on/before July 30, 2019 subject to acceptable L/C reaching the seller by the end of July 17, 2019 with partial shipments allowed transshipment prohibited.

Loading port: shanghai and/or Guangzhou, China

Port of destination: London optional Liverpool, United Kingdom

A. July 30, 2019 is both the time of delivery and shipment
B. The buyer should send an acceptable L/C on or before July 17, 2019
C. An acceptable B/L is required by the seller to ensure on time delivery
D. The commodities under this contract should be arranged for shipment in more than one lot

四、案例分析

1. 某出口商品,我方报价每公吨 500 港元 FOB 新港,外商要求改报 CFR 香港,我方业务员查运价表知,该商品从新港到香港每运费吨基本运费是 50 港元,于是按每公吨 550 港元 CFR 香港报价,成交 150 公吨。请问,这样报价可以吗?

2. 我国某公司出口到海湾国家某种商品 100 箱,每箱体积 40 CM×30 CM×30 CM,

每箱毛重 30 KG;已知该商品按货物分级表规定计费标准为 W/M,每运费吨的运价为 222 港元,另加收货币附加费 10%,燃油附加费 15%。我国某公司应向船公司付运费多少?

3. 某公司向西欧推销箱装货,原报价为每箱 50 美元 FOB 上海,现客户要求改报 CFR 汉堡。在不减少收汇的条件下应如何报价?(该商品每箱毛重 40 千克,体积 0.05 立方米。在运费表中的计费标准为 W/M,每运费吨基本运费为 200 美元,另加燃油附加费率 10%)。

4. 上海某公司有一批打字机需从上海出口到澳大利亚的悉尼,对外报价 CFR 悉尼 20 美元/台,客户要求改报 FOB 价。已知:货物用纸箱装运,每箱的尺码为 44 cm×44 cm×30 cm,每箱毛重是 35 千克,每箱装 4 台。共计 800 箱。计收标准 W/M,每运费吨运价 110 美元,货币贬值附加费率为 10%,试报 FOB 上海价多少美元一台? 出口总额是多少?

5. 一份买卖日用品的 CIF 合同规定"9 月份装运",即期信用证的有效期为 10 月 15 日。卖方 10 月 6 日向银行办理议付提交的单据中,包括 9 月 29 日签发的已装船清洁提单。经银行审核,单单相符,单证相符,银行接受单据并支付了货款。但买方收到货物后,发现货物受损严重,且短少 50 箱。买方因此拒绝收货,并要求卖方退回货款。请问:
① 买方有无拒收货物并要求退款的权利? 为什么? ② 此案中的买方应如何处理此事才合理?

6. 根据以下资料,用中英文制订国际货物买卖合同中的装运条款。

资料:出口 TJ1318 型 54 寸长城牌彩色电视机 800 台,单价 300 美元 CIF 加拿大多伦多。装运期为 2023 年 6 月和 7 月,由中国天津运往加拿大多伦多。允许分批装运,不允许转运,卖方在装船后立即向买方发送装船通知。

7. Our company exported a batch of 2 000 metric tons of chemical products to South Africa by letter of credit. The letter of credit issued by the buyer stipulate that "partial shipment is prohibited and transshipment is allowed." The letter of credit also indicate that it shall handle by UCP600. As the seller know now that the shipment date is approaching, and a cargo ship, "Huangshi" bound for South Africa, has booked. The vessel will first call at Xingang and then Qingdao. There are 1 000 metric tons of this batch of chemical products in Xingang and Qingdao respectively, which have not concentrated. If you are the operator of this business, You'd better choose which method to handle it? Why?

8. A Chinese exporter exported 1 000 tons of tungsten ore. The letter of credit stipulates "partial shipment is not allowed." Later, the exporter loaded 500 tons of goods on the same ship in Fuzhou and Xiamen respectively. And the bill of lading also indicated different ports of loading and different dates of shipment. Does this practice break the rule?

9. 某年 3 月,国内某公司(以下简称甲方)与加拿大某公司(以下简称乙方)签订一设备引进合同。根据合同,甲方于该年 4 月 30 日开立以乙方为受益人的不可撤销的即期信用证。信用证中要求乙方在交单时,提供全套已装船清洁提单。该年 6 月 12 日,甲方收到开证银行进口信用证付款通知书。甲方业务人员审核议付单据后发现乙方提交的提单存在以下疑点:① 提单签署日期早于装船日期。② 提单中没有已装船字样。根据以上疑点,甲方断定该提单为备运提单,并采取以下措施:① 向开证行提出单据不符,并拒付货款;② 向有关司法机关提出诈骗立案请求;③ 查询有关船运信息,确定货物是否已装船发运;④ 向乙方发出书面通知,提出甲方疑义并要求对方作出书面解释。

乙方公司在收到甲方通知及开证行的拒付函后,知道了事情的严重性并向甲方作出书面解释,并片面强调船务公司方面的责任。在此情况下,甲方公司再次发函表明立场,并指出由乙方原因,设备未按合同规定期限到港并安装调试已严重违反合同并给甲方造成了不可估量的损失。要求乙方及时派人来协商解决问题,否则,甲方将采取必要的法律手段解决双方的纠纷。乙方遂于某年 7 月派人来中国。在甲方出具了充分的证据后,乙方承认该批货物由于种种原因并未按合同规定时间装运,同时承认了其所提交的提单为备运提单。最终,经双方协商,乙方同意在总货款 12.5 万美元的基础上降价 4 万美元,并提供三年免费维修服务作为赔偿,同意取消信用证,付款方式改为货到目的港后以电汇方式支付。请分析该案例。

第五章

国际货物运输保险

保商品保利益,更是保信用 📱

学习目标

了解货物在国际运输中的风险,以及发生的损失和费用

掌握我国海洋运输货物的保险条款

了解伦敦保险协会的保险条款

了解其他国际运输方式的保险

熟悉国际货物运输保险的实务

职场案例

经过两周努力,不断地寻找、沟通、跟踪,实习生小李开发了一位南苏丹朱巴的新客户,就江西景德镇和意牌羊脂玉陶瓷茶具(套装 2 000 件,纸箱包装,规格为 50 cm×50 cm×30 cm)这批国内货物达成 CIF 合同交易意向,正在向外贸经理张师傅汇报工作进展情况。请你帮助小李分析,后续工作应该给她哪些建议?

分析 第一要确定是按我国海洋运输保险条款还是按伦敦保险协会的保险条款投保;其次,按习惯进行加一成投保;然后,对货物是陶瓷的特性,货物到达目的地要经过国际海盗猖獗海域,南苏丹的政治局势不稳定,新客户的信用等因素综合考虑,防止因货物途中破碎、收货不着、拒收、战争、罢工等情况造成的货物损失,并思考如何保障卖方利益。

课程思政

国际旧秩序与贸易

世界发展是不平衡的。造成不平衡发展的重要原因是旧的国际秩序,以及发达国

160

家对发展中国家输入的民主、人权等意识形态,造成世界多处区域局势动荡,从而影响到国际贸易。作为国际贸易业务员,应该了解当前复杂的国际政治与经济形势,避免贸易利益受损。合作、共赢、绿色、和谐、互不干涉内政的国际秩序新原则,才能真正促进国际贸易长期稳定与繁荣。

在国际旧秩序主导的国际贸易规则下,意外或危难发生时,还是要通过保险手段保障自身的贸易利益。在企业危难时刻,祖国永远是我们的坚强后盾。

第一节　保险概述

保险,是指投保人根据合同约定,向保险人支付保险费,保险人对于合同约定的可能发生的事故因其发生所造成的财产损失承担赔偿保险金责任,或者被保险人死亡、伤残、疾病或者达到合同约定的年龄、期限等条件时承担给付保险金责任的商业保险行为。

一、保险相关概念

保险标的物(subject matter insured),也称保险对象,是作为保险对象的财产及其有关利益,或者人的生命和身体,它也是保险利益的载体。

1. 投保人(applicant)

投保人是申请保险的,也是负有缴付保险费义务的人。具体来讲,投保人又称为要保人,是指与保险公司订立保险合同,并按照保险合同负有支付保险费义务的人。投保人必须是成年人和有完全民事行为能力的人,未成年人或不具备民事行为能力的人不能做投保人。

2. 保险人(insurer/underwriter)

保险人又称"承保人",是指经营保险业务的组织和法人,通常指与投保人订立保险合同,并承担赔偿或者给付保险金责任的保险公司。

3. 被保险人(the insured)

被保险人是指根据保险合同,其财产利益或人身受保险合同保障,在保险事故发生后,享有保险金请求权的人,投保人往往同时就是被保险人,它是保险的承保对象。国际货物保险中,被保险人通常是进口商,有时投保人和被保险人不一致。

4. 保险受益人

保险受益人是指保险合同中由被保险人或者投保人指定的享有保险金请求权的人,投保人、被保险人可以为受益人。如果投保人或被保险人未指定受益人,则他的法定继承人即为受益人。国际货物保险中,保险受益人往往是被保险人,即进口商。

5. 保险价值(insured value)

保险价值是指保险合同当事人议定的保险标的的价值,是确定保险金额的依据。据《中华人民共和国保险法》(以下简称《保险法》)第 55 条,投保人和保险人约定保险标的的保险价值,并在合同中载明时,保险标的发生损失时,以约定的保险价值为赔偿计算标准。投保人和保险人未约定保险标的的保险价值的,保险标的发生损失时,以保险事故发生时保险标的的实际价值为赔偿计算标准。

保险金额(insured amount)是指一个保险合同项下保险公司承担赔偿或给付保险金责任的最高限额,即投保人对保险标的的实际投保金额,同时又是保险公司收取保险费的计算基础。

保险金额不得超过保险价值。超过保险价值的,超过部分无效,保险人应当退还相应的保险费。保险金额低于保险价值的,除合同另有约定外,保险人按照保险金额与保险价值的比例承担赔偿保险金的责任。

6. 保险金

它是指保险中,保险事故发生后,保险公司依照保险合同的约定向被保险人或其受益人支付的款项(一定金额的现金)。

7. 保险费(insurance premium)

保险费简称保费,它是指投保人购买保险所支付的价款,如同消费者购买电视机、电冰箱向商家支付的货款一样。

8. 保险委付(abandonment)

保险委付是指当保险标的发生推定全损时,如被保险人要求保险人按全部损失赔偿,应向保险人委付保险标的。委付(abandonment)是被保险人让与对货物的权利与义务,而要求全部赔偿的行为。在被保险人要求委付时,被保险人须通知保险人,并给予授权书,经保险人接受后,即完成委付手续。被保险人取得实际全损的利益,保险人则在利益或权利移转时取得代位求偿权。委付的成立须具备一定条件,一般应就保险标的的全部委付,具有不可分性。委付不得附条件,经保险人承诺或法院判决为有效后,保险标的的物即为保险人所有。

9. 保险代位权(right of subrogation)

保险代位权,是指保险人按照合同规定,对保险标的的全部或部分损失承担赔偿责任后,即在赔偿范围内取得被保险人对保险标的的所有权,以及其对负有赔偿责任第三人的追偿权利。

代位追偿权是保险基本原则之一,即保险人代理被保险人向第三者行使请求赔偿权利。因第三者对保险标的损害而造成保险事故的,保险人自向被保险人赔偿之日起,在赔偿金额范围内,取得代位行使被保险人对第三者请求赔偿的权利。赔偿产生原因主要有三种:① 侵权行为。由第三者的故意或过失致使保险标的遭受损失。② 合同责任。第三者违约造成保险标的的损失。③ 不当得利。由第三者的不当得利产生的民事责任引起的代位追偿。保险人的代位求偿金额以其保险赔款金额为限,如从第三者处获得的金额超过其赔偿额,应偿还给被保险人。

10. 保险免赔率

保险免赔率是指不赔金额/损失金额的比率。免赔率分为相对免赔率(franchise)与绝对免赔率(deductible)两种。绝对免赔率是指保险标的的损失必须超过保单规定的免赔百分数,保险公司负责赔付其超过绝对免赔率的损失部分。相对免赔率是指保险标的的损失只要达到保单规定的免赔率时,保险公司不作任何扣除而全部予以赔偿。

免赔率主要针对一些特定的货物,如散装粮食,易碎、易损耗等项货物所作的特殊的"免赔"规定。而不计免赔率(irrespective of percentage,IOP)是指发生事故时,只要符合赔偿条件,可以获得100%的赔偿。

二、保险原则

1. 保险利益原则

财产保险的被保险人在保险事故发生时对保险标的的应有的保险利益。保险利益是指被保险人或投保人对保险标的具有的法律上承认的利益。判定保险利益存在的条件有:合法的利益、经济有价的利益、确定的利益、有利害关系的利益。

2. 近因原则

近因是指风险和损失之间,导致损失的最直接最有效起决定作用的原因,用以确定保险赔偿责任。英国1906年颁发的《海上保险法》第55条第1款规定:"根据本法规定,除保险单另有约定外,保险人对由其承保危险近因所致的任何损失,均负赔偿责任,但对非由其承保危险近因所致的任何损失,均不负赔偿责任。"

3. 损失补偿原则

保险事故发生后,被保险人从保险人得到的赔偿正好填补被保险人因保险事故造成的保额范围内的损失。实际运用过程中,应当以实际损失为限,以保额为限,以保险利益为限。

损失补偿原则有三个派生原则,即重复保险分摊原则,代位追偿原则,委付原则。其中分摊原则是指在重复保险的条件下,为了避免被保险人因保险事故获得超额赔偿,而采用顺序、限责和分摊等原则。

4. 最大诚信原则

最大诚信是指诚实、守信,即保险合同双方当事人在订立和履行合同时,必须以最大的诚意履行约定义务,恪守承诺,互不欺骗,互不隐瞒。保险合同就是建立在诚实信用基础上的一种射幸合同,射幸合同(aleatory contract),就是指合同当事人一方支付的代价所获得的只是一个机会,对投保人而言,他有可能获得远远大于所支付的保险费的效益,但也可能没有利益可获;对保险人而言,他所赔付的保险金可能远远大于其所收取的保险费,但也可能只收取保险费而不承担支付保险金的责任。

保险合同的射幸性,即保险合同是一种机会性合同,投保人购买保险后能否获得保险金的赔付取决于在保险合同有效期内保险事故是否发生。保险合同的这种射幸性是由保险事故的发生具有偶然性的特点决定的,即保险人承保的危险或者保险合同约定的给付保险金的条件的发生与否,均为不确定。我国《保险法》第五条规定,保险合同当事人行使权利、履行义务应当遵循诚实信用原则。它主要通过保险合同双方的诚信义务来体现,具体包括投保人或被保险人如实告知的义务及保证义务,保险人的说明义务及弃权和禁止反言义务。

第二节　国际海洋运输保险

国际海洋运输中,可能在装卸、转运中存在风险和损失,或发生船难等,因此,海上运输的风险较大。为了降低货损货差带来的损失,需要给货物投保合适的保险险别,但选择合适险别的前提是,业务员要能够识别出货物在国际运输中可能出现的风险和损失等,然后才能结合货物特点,投保合适的险别。

一、海上风险、损失与费用

(一) 海上货物运输风险

风险是指人们在生产、生活或对某一事项做出决策的过程中,对未来结果的不确定性。保险业把海上货物运输的风险分成海上风险和外来风险两类。

1. 海上风险

海上风险又称海难,一般指船舶或货物在海上运输过程中发生的,或随附海上运输所发生的风险,包括自然灾害、意外事故。

(1) 自然灾害(natural calamity)指恶劣气候(heavy weather)、雷电(lightning)、洪水(flood)、流冰(drift ice)、地震(earthquake)、海啸(tsunami)、火山爆发(volcanic eruption)以及其他人力不可抗拒的灾害,而非指一般自然力所造成的灾害。

(2) 意外事故指的主要是船舶搁浅(stranding)、擦浅(grounding)、倾覆(capsized)、触礁(striking a reef)、碰撞(collision)、爆炸(explosion)、火灾(fire)、沉没(sunk)、船舶失踪或其他类似事故。

2. 外来风险

外来风险是指海上风险以外的原因所造成的风险,分为一般外来风险、特别外来风险和特殊外来风险。

(1) 一般外来风险。是指被保险货物在运输中由于偷窃(thief, pilferage)、提货不着(non-delivery)、短量(short delivery)、淡水雨淋(fresh water and rain damage)、玷污(contamination)、渗漏(leakage)、破碎(breakage)、碰损(clash)、受热受潮(sweating and

heating)、串味(taint of odor)、混杂(intermixture)、钩损(hook damage)、锈损(rust)、抛弃(jettison)、船长船员恶意行为(barratry of the master and mariners)等一般外来原因所造成的风险。

(2) 特别外来风险。它是指由于国家政策法令、行政措施等外来原因所造成的风险。如交货不到、被拒绝进口,或没收、受损货物仍须按完好货物完税等。

(3) 特殊外来风险。它是指由于战争、罢工等外来原因所造成的风险。

(二) 海运货物保险承保的损失

海上损失又称海损,是指被保险货物在运输途中,因遭遇海上风险或施救所造成的各种损失。海损也包括与海运相连的陆运和内河运输过程中的货物损失。

1. 按照损失程度划分

按照货物损失程度不同,可以将海运货物保险承保的损失分为全部损失和部分损失。

(1) 全部损失(total loss)

简称全损(TL),指整批或不可分割的一批被保险货物在运输途中全部遭受损失。全损又可分为实际全损和推定全损。

① 实际全损(actual TL)。是指被保险货物在运输途中完全灭失,或受到严重损坏完全失去原有的形体、效用,或不能再归被保险人所拥有。

② 推定全损(constructive TL)。是指被保险货物在运输途中受损后,实际全损已经不可避免,或为避免发生实际全损所需支付的费用与继续将货物运抵目的地的费用之和超过保险价值,也就是恢复、修复受损货物并将其运送到原定目的地费用将超过该货物在实际完好状态时的价值。

(2) 部分损失(partial loss)

部分损失是指不属于实际全损和推定全损的损失,即没有达到全部损失程度的损失。

2. 按照造成损失性质划分

按照货物损失的性质,可以将海运货物保险承保的损失分为共同海损与单独海损两种。

(1) 共同海损(general average)

共同海损是指在同一海上航程中,船舶、货物和其他财产遭遇共同危险,为了共同安全,有意地、合理地采取措施所直接造成的特殊牺牲、支付的特殊费用。

构成共同海损,必须具备以下条件:第一,船方在采取措施时,当时必须确有危及船、货的共同安全的危险存在;第二,船方所采取的措施,必须是为了解除船、货的共同危险,有意识而且是合理的;第三,所作的牺牲具有特殊性,支出的费用是额外的,是为了解除危险,而不是由危险直接造成的;第四,牺牲和费用的支出最终必须是有效的,也就是说经过采取某种措施后,船舶和货物的全部或一部分最后安全抵达航程的终点港或目的港。

共同海损的牺牲和费用都是为了使船舶方、货物方和运费方免于遭受损失而支出的,因而应该由船舶方、货物方或运费方按最后获救价值由所有的获益方共同按比例分摊,这种分摊叫共同海损的分摊(G A contribution)。

（2）单独海损（particular average）

单独海损是指仅涉及船舶或货物所有人单方面的利益的损失。这种损失仅仅属于特定方面的特定利益方，并不涉及其他货主和船方，该损失仅由各受损者单独负担。

单独海损与共同海损的主要区别：第一，造成海损的原因不同。单独海损是承保风险所直接导致的船、货损失；共同海损，则不是承保风险所直接导致的损失，而是为了解除或减轻共同危险人为地造成的一种损失。第二，承担损失的责任不同。单独海损的损失一般由受损方自行承担；而共同海损的损失，则应由受益的各方按照受益大小的比例共同分摊。第三，损失构成不同，单独海损一般是指货物本身的损失，不包括费用损失，而共同海损不仅包括货物损失，也包括因采取共同海损措施而引起的费用损失。

（三）海运货物保险承保的费用

海上货运保险的费用是指为营救被保险货物所支出的费用，分为施救费用和救助费用：① 施救费用（sue and labor charges），又称单独海损费用，是指当被保险货物遭受保险责任范围内的自然灾害和意外事故时，被保险人或其代理人或其受让人等为了避免或减少损失，采取各种抢救或防护措施而支付的合理费用，保险人对施救费用负责赔偿。② 救助费用（salvage charges），是指被保险货物遭受承保范围内的灾害事故时，除保险人和被保险人以外的第三方采取救助措施，获救成功，被救方应向救助的第三方支付的报酬，救助费用应由保险人负责赔偿。保险人在赔付时，必须要求救助成功，一般称为"无效果-无报酬"（no cure-no pay）。

施救费用与救助费用的主要区别：① 采取行动的主体不同。施救费用是由被保险人及其代理人等采取的行为，而救助费用是由保险人和被保险人以外的第三者采取的行为。② 支付报酬的原则不同。施救费用不论有无效果，都须赔偿，而救助费用则"无效果，无报酬"。③ 保险人的赔付责任不同。施救费用可以在保险标的的本身的保额之外，再赔偿，而救助费用以不超过获救财产的价值为限。④ 费用的责任范围不同。施救费用在保额之外，而救助费用在保额之内，即救助费用与保险标的的本身损失的赔偿之和不超过保险标的的保额。

案例 5－1

一次船舶海上发生搁浅事故，后又发生火灾，为解决搁浅抛货 300 万元，为救火导致其他货物和船舶损失 300 万元，已知该船受益各方的原价值如表 5－1 所示，请计算各受益方应该分摊的共同海损损失。

表 5－1　受益各方原值汇总

受益各方	受益原值	分摊金额
1. 船舶（船公司）	900	
2. 货物	1 500	

（续表）

受益各方	受益原值	分摊金额
其中:甲公司	300	
乙公司	500	
丙公司	150	
丁公司	550	
3.运费（船公司和代理）	200	
合　计	2 600	

解析　共同海损 USD600 万,受益各方的船、货、运费原值共计 USD2 600 万,则分摊比例为 23.08%。因此各方分摊的共同海损分别为船舶 207.72 万元,甲公司 69.24 万元,乙公司 115.40 万元,丙公司 34.62 万元,丁公司 126.94 万元,运费方 46.26 万元。

二、我国海上运输货物保险

我国进出口货物保险采用中国人民财产保险股份有限公司(Property and Casualty Company Limited,PICC)制定的各种涉外保险业务条款,总称为《中国保险条款》(China Insurance Clause,CIC)。我国海上运输货物保险的险别分类如表 5-2 所示。保险险别是指保险人对风险和损失的承保责任范围,又是承保人责任义务大小及被保险人缴付保费数额的依据。我国《海洋运输货物保险条款》(Ocean Marine Cargo Clause)规定海洋运输货物保险的基本险别有平安险、水渍险和一切险三种,还有专门适用于海运冷藏货物的海洋运输冷藏货物保险、海运散装桐油的海洋运输散装桐油保险以及活牲畜、家禽运输保险。附加险是基本险的补充和扩大,《中国保险条款》中的附加险有一般附加险和特殊附加险两种。

表 5-2　我国海上运输货物保险的险别分类

基本险 (basic risks)	平安险(free from particular average,FPA)	不包括由于自然灾害造成的部分损失
	水渍险(with particular average,WA/WPA)	包括平安险和由于自然灾害造成的部分损失
	一切险(all risks)	包括水渍险和一般附加险
附加险 (additional risks)	一般附加险(general additional risks)	承保由于一般外来原因造成的损失
	特殊附加险(special additional risks)	战争险、罢工险
	特别附加险	交货不到险、进口关税险、舱面险、拒收险、黄曲霉素险、港澳存仓险、易腐货物险

（续表）

	其他附加险	海运进口货物国内转运期间保险责任扩展条款、码头检验条款、海关检验条款、进口集装箱货物运输保险特别条款、卖方利益险
专门险 （special risks）	冷藏险（frozen products risks）	
	散装桐油险（bulk wood oil risks）	

（一）基本险

1. 平安险（free from particular average）

平安险是我国海运货物保险条款中保险责任最小的一种险别，因此费用也最低，一般适用于大宗、低值、粗糙无包装货物，如钢铁、木材、矿产产品的投保。平安险负责赔偿的责任范围如下：

（1）被保险货物在运输途中由于恶劣气候、雷电、海啸、地震、洪水等自然灾害所造成的全损或推定全损。

（2）运输工具遭到搁浅、触礁、沉没、互撞、与流冰或其他物体碰撞以及失火、爆炸等意外事故造成保险标的的全部或部分损失。

（3）在运输工具已经发生搁浅、触礁、沉没、焚毁等意外事故的情况下，货物在此前后又在海上遭受恶劣气候、雷电、海啸等自然灾害造成的部分损失。

（4）货物在装卸或转运时一件或数件落海造成的全损或部分损失。

（5）被保险人对遭受承保责任内危险的货物采取抢救、防止或减少货损的措施而支付的合理费用。但其费用以"不超过该批货物的保险金额"为限。

（6）运输工具遭遇海难后，在避难港由于卸货所引起的损失以及在中途港、避难港由于卸货、存仓和运送货物所产生的特别费用。

（7）共同海损的牺牲分摊和救助费用。

（8）运输合同中订有"船舶互撞责任"条款，根据该条款规定，货方应该负担船方的损失。

2. 水渍险（with particular average）

水渍险覆盖范围除担负平安险的各项责任外，还对被保险货物由于恶劣气候、雷电、海啸、地震、洪水等自然灾害所造成的部分损失负赔偿责任。

3. 一切险（all risks）

一切险又称"综合险"，保险公司除担负水渍险的各项责任外，还对被保险货物在运输途中由于一般外来原因而遭受的全部或部分损失负赔偿责任，即11种"一般附加险"所包含的责任。之所以称为"一切险"，是由于该险别基本覆盖了一般交易下的各种风险，但不是全部风险。

平安险、水渍险和一切险这三种基本险别中，被保险人可以选择一种进行投保。三种基本险别的索赔时效为自保险事故发生之日起算,最多不超过 2 年。

(二)附加险

1. 一般附加险

一般附加险覆盖的范围是海上一般外来风险造成的损失,不能单独投保,但其已包括在一切险内,以下是 11 种一般附加险:

(1)偷窃、提货不着险(theft,pilferage and non-delivery)。承保被保险货物因偷窃行为所致损失和整件提货不着等损失。

(2)淡水、雨淋险(fresh water and/or rain damage clauses)。承保被保险货物因直接遭受雨淋或淡水所造成的损失,但包装外部应有雨淋或淡水雨淋痕迹或其他适当证明。

(3)短量险(shortage clause)。承保被保险货物在运输过程中因外包装破裂或散装货物发生数量散失和实际重量短缺的损失,但不包括正常的途耗。

(4)混杂、玷污险(intermixture and contamination clause)。承保被保险货物在运输过程中因混进杂质或被玷污所造成的损失。

(5)渗漏险(leakage clause)。承保被保险货物在运输过程中因容器破坏而引起的渗漏损失,或用液体储藏的货物因液体的渗漏而引起的货物腐败等损失。

(6)碰损、破碎险(clash & breakage clause)。承保被保险货物在运输过程中因震动、碰撞、受压所造成的破碎和碰撞损失。

(7)串味险(taint of odor clause)。承保被保险食物、中药材、化妆品原料等货物在运输过程中因受其他物品的影响而引起的串味损失。

(8)受潮受热险(sweating & heating clause)。承保被保险货物在运输过程中因气温变化或由于船上通风设备失灵致使船舱内水汽凝结、发潮或发热所造成的损失。

(9)钩损险(hook damage clause)。承保被保险货物在装卸过程中因遭受钩损而引起的损失,并对包装进行修补或调换所支付的费用负责赔偿。

(10)包装破裂险(breakage of package clause)。承保被保险货物在运输过程中因搬运或装卸不慎,致使包装破损所造成的短少、玷污等损失。此外,为继续运输安全需要而产生的修补包装或调换包装所支付的费用也均由保险公司负责赔偿。

(11)锈损险(rust clause)。对保险的金属或金属制品类货物在运输过程中发生的锈损赔偿。

上述 11 种一般附加险,若投保了一切险,则不需要再加保一般附加险。

2. 特殊附加险

(1)战争险(war risks)

我国《海洋运输货物战争险条款》规定,战争险负责赔偿直接由于战争、类似战争行为和敌对行为、武装冲突或海盗行为所致的损失,以及由此而引起的捕获、拘留、扣留、禁止、扣押所造成的损失。还包括各种常规武器(包括水雷、鱼雷和炸弹)所致的损失,以及由于上述责任范围而引起的共同海损的牺牲分摊和救助费用。但对使用原子或热核武器所造成的损失和费用不负赔偿责任。

（2）罢工险（strike risks）

对被保险货物由于罢工者、被迫停工工人或参加工潮、暴动和民众斗争的人员的行动或任何人的恶意行为所造成的直接损失，以及上述行动或行为所引起的共同海损的牺牲分摊和救助费用负责赔偿。但对于罢工期间由于劳动力短缺或不能承担履行正常职责所造成的被保险货物的损失，包括因罢工而引起的动力或燃料缺乏使冷藏机停止工作所致的冷藏货物的损失不负赔偿责任。

罢工险对保险责任起讫的规定与其他海运货物保险险别一样，采取"仓至仓"条款。按国际保险业惯例，在加保战争险的情况下，如果还要加保罢工险，不需另行缴付保费，如单独要求加保罢工险，则需按战争险保费率缴付保费。

（3）交货不到险（failure to deliver）。对不论由于任何原因，从被保险货物装上船舶时开始，不能在预定抵达目的地的日期起 6 个月内交货的，负责按全损赔偿。

（4）进口关税险（import duty risk）。当被保险货物遭受保险责任范围内的损失，而被保险人仍须按完好货物价值完税时，保险公司对损失部分货物的进口关税负责赔偿。

（5）舱面险（on deck risk）。对被保险货物存放舱面时，除按保险单所载条款负责外，还包括被抛弃或被风浪冲击落水在内的损失。

（6）拒收险（rejection risk）。对被保险货物在进口港被进口国的政府或有关当局拒绝进口或没收，按货物的保险价值负责赔偿。

（7）黄曲霉素险（aflatoxin）。对被保险货物因所含黄曲霉素超过进口国的限制标准，被拒绝进口、没收或强制改变用途而遭受的损失负责赔偿。

（8）存仓火险（fire risks extension clause）。

货物出口到香港（包括九龙）或澳门存仓火险责任扩展条款（Fire Risk Extension Clause for Storage of Cargo at Destination Hongkong, Including Kowloon or Macao, FREC）。被保险货物运抵目的地香港（包括九龙）或澳门卸离运输工具后，如直接存放于保单载明的过户银行所指定的仓库，本保险对存仓火险的责任至银行收回押款解除货物的权益为止，或运输险责任终止起满 30 天为止。

基本险及一般附加险的关系：① 水渍险包含平安险，一切险包含水渍险和平安险。因此，一批货物只需投保 3 种基本险别中的任何一种即可。② 所有的附加险别，包括一般附加险和特殊附加险都不能单独投保。③ 一切险里已经包括了一般附加险的全部责任。

（三）专门险

专门险是保险公司根据某些商品的特性以及某些特殊需要开设的属于"基本险别"性质的承保险别，可以直接投保。

1. 卖方利益险（seller's contingent interest risks）

卖方利益险是海上货物运输保险业务中的一种特殊的独立险别，依照此种险别，在买方拒收时，保险人对被保险人卖方的利益承担责任，赔偿保险单载明承保险别的条款责任范围内的货物损失。

2. 海运货物冷藏险(risk for shipment of frozen products)

海洋运输冷藏货物保险险别分为冷藏险和冷藏一切险。

(1) 冷藏险(risks for frozen products)。它的责任范围除负责水渍险承保的责任外，还负责赔偿由于冷藏机器停止工作连续达 24 小时以上造成的被保险货物的腐败或损失。

(2) 冷藏一切险(all risks for frozen products)。它的责任范围，除包括冷藏险的各项责任外，还负责赔偿被保险货物在运输途中由于一般外来原因所造成的腐败或损失。

(3) 除外责任。海洋运输冷藏货物保险的除外责任，除包括上述海洋运输货物保险的除外责任外，对被保险货物在运输过程中的任何阶段因未存放在有冷藏设备的仓库或运输工具中，或辅助运输工具没有隔湿设备所造成腐烂的损失，以及在保险责任开始时被保险货物因未保持良好状态，包括整理加工和包装不妥，冷冻上的不合规定及肉食骨头变质引起的腐败和损失不负责任。

(4) 责任起讫。海洋运输冷藏货物保险的责任起讫与海洋运输货物三种基本险的责任起讫基本相同。但是，货物到达保险单所载明的最后目的港，如在 30 天内卸离海轮，并将货物存入岸上冷藏仓库后，保险责任继续有效，但以货物全部卸离海轮时起算满 10 天为限。如果在上述期限内货物一经移出冷藏仓库，保险责任即告终止。如果货物卸离海轮后不存入冷藏仓库，保险责任至卸离海轮时终止。

3. 海洋运输散装桐油险(ocean marine insurance wood oil bulk)

海洋运输散装桐油保险是保险公司承保不论何种原因造成的被保险散装桐油的短少、渗漏、沾污或变质的损失。

海洋运输散装桐油保险的责任起讫也按"仓至仓"条款负责，但是，如果被保险散装桐油运抵目的港不及时卸载，则自海轮抵达目的港时起满 15 天，保险责任即告终止。

deep seek

产品责任险

产品责任险(product liability insurance)是专门保障企业因产品缺陷导致第三方(消费者、使用者等)人身伤害或财产损失，依法应承担的经济赔偿责任的保险。它与"公众责任险"不同，聚焦于产品本身的风险，是企业风险管理的重要工具，尤其对生产、销售、出口企业至关重要。

一、核心保障范围

(1) 人身伤害：因产品缺陷造成消费者受伤、疾病或死亡，如，药品副作用、电器漏电。

(2) 财产损失：产品问题导致他人财产损坏，如，劣质电池爆炸烧毁房屋。

(3) 法律抗辩费用：诉讼费、律师费、取证费、和解或判决赔偿金等。

(4) 扩展责任(可选)：产品召回费用、跨境责任(出口企业)、广告或包装侵权责任等。

二、适用企业

(1) 生产商：电子产品、医疗器械、儿童用品、汽车零部件等。

（2）销售商/进口商：电商、零售商、贸易公司（可能被连带追责）。

（3）食品饮料行业：加工厂、餐饮品牌。

（4）出口企业：需符合欧美等地的强制保险要求，如美国 UL、欧盟 CE。

三、常见免责条款

（1）故意或违法行为，如，明知缺陷仍销售。

（2）产品未投入流通或非正常使用，如，私自改装。

（3）合同责任（需单独投保"履约保证险"）。

（4）环境污染（需"环责险"覆盖）。

（5）企业自身财产损失（需"财产险"覆盖）。

四、保费关键影响因素

（1）产品风险等级：高风险，如医疗设备、玩具，保费高；低风险，如文具、服装，保费低。

（2）销售地区：法律严格、索赔高的地区，如美国、欧盟，保费更高。

（3）年销售额/产量：业务规模越大，潜在责任越大，保费越高。

（4）历史索赔记录：过往事故频发可能导致保费上涨或拒保。

五、投保建议

（1）保额充足：出口美国建议保额大于或等于 100 万美元（部分州强制要求）。

（2）关注条款细节：是否承担"跨境责任""召回费用"？ 免责条款是否苛刻？

（3）合规需求：出口企业需确认保单符合目的国法规，如，欧盟《产品安全指令》。

（4）风险管控：完善质量控制、产品检测、使用说明，降低事故概率。

（四）保险责任起讫

1. 基本险的责任起讫

中国人民保险公司按照目前国际惯例对保险责任的起讫，采用"仓至仓"条款（warehouse to warehouse clause，W/W）规定的办法处理，即保险公司所承担的保险责任从被保险货物运离保险单所载明的起运地仓库或储存处所开始运输时生效，直至货物到达保险单所载明的目的地收货人最后仓库或储存处所或被保险人用作分配、分派或非正常运输的其他储存处所为止。

如果被保险货物在卸载港卸离海轮后，并未抵达上述仓库或储存处所，则保险责任以被保险货物在最后卸载港全部卸离海轮后满 60 天为止，或者如果货物需要转运至非保险单所载明的目的地，保险责任从转运开始时终止，即"从装上转运的运输工具后立即结束"。

如果发生了被保险人无法控制的运输延迟、绕道、被迫卸离、重新装载、转载或承运人运用运输契约赋予的权限所作的任何航海上的变更或终止运输契约，致使被保险货物运到非保单所载明目的地时，在被保险人及时将获知的情况通知保险人，并在必要时加交保险费的情况下，保险责任仍继续有效，此时保险责任按下列规定终止：① 被保险货物如在非保单所载明的目的地出售,保险责任至交货时终止,但不论何种情况,均以被保险货物在卸载港全部卸离海轮后满 60 天为止。② 被保险货物如在上述 60 天期限内继续运往保险单所载明的原目的地或其他目的地时,保险责任仍按上述①款的规定终止。

2. 战争险的责任起讫

战争险的保险责任期限不采用"仓至仓"条款,而仅以水面危险为限。即从货物装上保险单所载明的海轮或驳船时开始至卸离驳船时为止;如不卸离海轮或驳船,则从海轮到达目的港的当日午夜起算满 15 天,保险责任自行终止。如在中途转船,不论货物在当地卸货与否(但要在水面上,而非码头上),保险责任以海轮到达该港或卸货地点的当日午夜起满 15 天为止,待再装上续运的海轮时恢复有效。

(五) 除外责任

除外责任是保险人不负责赔偿的范围,中国人民财产保险对下列原因造成的损失和费用不负赔偿责任:

(1) 被保险人的故意行为或过失所造成的损失。

(2) 属于发货人责任所引起的损失。

(3) 在保险责任开始前,被保险货物已经存在的品质不良或数量短缺所造成的损失。

(4) 被保险货物的自然损耗、本质缺陷、特性以及市价跌落、运输延迟所引起的损失或费用。

(5) 属于海运货物战争险条款和货物运输罢工险条款规定的责任范围和除外责任。

案例 5 - 2

我国 A 公司与某国 B 公司于 2021 年 10 月 20 日签订购买 52 500 吨化肥的 CFR 合同。A 公司开出信用证规定,装船期限为 2022 年 1 月 1 日至 1 月 10 日,由于 B 公司租来运货的"顺风号"轮在开往某外国港口途中遇到飓风,结果装货至 2022 年 1 月 20 日才完成。承运人在取得 B 公司出具的保函的情况下,签发了与信用证条款一致的提单。"顺风号"轮于 1 月 21 日驶离装运港。A 公司为这批货物投保了水渍险。2022 年 1 月 30 日,"顺风号"轮途经巴拿马运河时起火,造成部分化肥烧毁。船长在命令救火过程中又造成部分化肥湿毁。由于船在装货港口的延迟,使得该船到达目的地时正遇上了化肥价格下跌,A 公司在出售余下的化肥时价格不得不大幅度下降,给 A 公司造成很大损失。请根据上述事例,回答以下问题:

(1) 途中烧毁的化肥损失属于什么损失,应由谁承担? 为什么?

(2) 途中湿毁的化肥损失属于什么损失,应由谁承担? 为什么?

(3) A 公司可否向承运人追偿由于化肥价格下跌造成的损失? 为什么?

解析

(1) 途中烧毁的化肥属于单独海损,首先应由受损方 A 公司承担损失。因为依 CFR 术语,风险由 A 公司即买方承担,而 A 公司购买了水渍险,保险人承保范围包括失火造成的货损,因此,最终由保险公司承担。

（2）湿毁的化肥属于共同海损,首先应该由 A 公司和船公司分别承担,由于共同海损属于保险人承保范围,最终由保险公司承担。

（3）可以,因为承运人延迟装船,又倒签提单,须对延迟交付负责。

三、伦敦保险协会海上货物运输保险

伦敦保险协会制定的协会货物条款(Institute Cargo Clauses,ICC)的种类有:① 协会货物(A)险条款(简称 ICC(A)),② 协会货物(B)险条款(简称 ICC(B)),③ 协会货物(C)险条款(简称 ICC(C)),④ 协会战争险条款(货物)(Institute War Clause—Cargo),⑤ 协会罢工险条款(货物)(Institute Strikes Clauses—Cargo),⑥ 恶意损害险条款(Malicious Damage Clauses)。其中只有恶意损害险条款不可以单独投保,其他险别都可以单独投保。

（一）ICC(A)险

ICC(A)采用承保"除外责任"之外的一切风险的概括式规定方法。

1. 一般除外责任

具体包括:① 归因于被保险人故意的不法行为造成的损失或费用;② 自然渗漏、重量或容量的自然损耗或自然磨损;③ 包装或配载不足或不当所造成无法抵抗运输中发生的通常事故所造成的损失或费用;④ 保险标的内在缺陷或特性所造成的损失或费用;⑤ 直接由于迟延所引起的损失或费用;⑥ 由于船舶所有人、经理人、租船人或经营人之无力偿债或债务失信所引起的损失或费用;⑦ 由于使用任何原子或核子裂变或聚变或其他类似反应或放射性物质的武器或设备直接或间接造成的损失或费用。

2. 不适航和不适货除外责任

不适航和不适货主要是指被保险人装船时已知该船实际经不起风浪或船员不合格等的不适航、不适货的情况。

3. 战争除外责任

战争除外责任有:① 由于战争、内战、敌对行为所引起的内乱,或来自交战国或针对交战国的任何敌对行为所致的损失和费用。② 捕获、拘留、扣留、禁制或扣押(海盗除外)及其结果,或任何此项之企图所致的损失和费用。③ 遗弃的水雷、鱼雷、炸弹或其他遗弃的战争武器所致的损失和费用。

4. 罢工和恐怖主义除外责任

具体包括:① 由罢工工人、停工工人或参与工潮、暴动或内乱之人造成的损失和费用。② 因罢工、停工、工潮、暴动或内乱造成的损失和费用。③ 恐怖主义行为或与恐怖行为相联系,任何组织通过暴力直接实施的旨在推翻或影响法律上承认的或非法律上承认的政府的行为所造成的损失和费用。④ 任何人出于政治、信仰或宗教目的实施的行为所致的损失和费用。

（二）ICC(B)险

ICC(B)款采用承保"除外责任"之外列明风险的办法列明承保范围,即将其承保的风险——列举出来。ICC(B)险具体承保的风险包括:

（1）灭失或损害合理归因于下列原因者:① 火灾、爆炸;② 船舶或驳船触礁、搁浅、沉没或倾覆;③ 陆上运输工具倾覆或出轨;④ 船舶、驳船或运输工具同水以外的外界物体碰撞;⑤ 在避难港卸货;⑥ 地震、火山爆发、雷电。

（2）灭失或损害由于下列原因造成者:① 共同海损牺牲;② 抛货;③ 浪击落海;④ 海水、湖水或河水进入船舶、驳船、运输工具、集装箱、大型海运箱或贮存处所;⑤ 货物在装卸时落海或摔落造成整件的全损。

ICC(B)险的除外责任与 ICC(A)险的规定不同之处有下列两点:第一,在 ICC(A)险中,恶意损害的风险被列为承保风险;而在 ICC(B)险中,保险人对此项风险却不负赔偿责任。第二,在 ICC(A)险中,标明"海盗行为"不属除外责任;而在 ICC(B)险中,保险人对此项风险不负保险责任。

（三）ICC(C)险

ICC(C)险采取列明风险方式列明覆盖范围,凡属于列明承保范围内的损失,无论全损还是部分损失,保险人按损失程度负责赔偿。

ICC(C)承保风险如是灭失或损害合理归因于下列原因者:火灾、爆炸;船舶或驳船触礁、搁浅、沉没或倾覆;陆上运输工具倾覆或出轨;船舶、驳船或运输工具与水以外的任何外界物体碰撞;在避难港卸货;共同海损牺牲;抛货。

ICC(C)险的除外责任与 ICC(B)险的完全相同。

（四）ICC 战争险

ICC 战争险主要承保由于下列原因造成标的物的损失:

（1）战争、内战、革命、叛乱、造反或由此引起的内乱,或来自交战国或针对交战国的任何敌对行为所致的损失和费用。

（2）捕获、拘留、扣留、禁制或扣押(海盗除外)及其结果,或任何此项之企图所致的损失和费用。

（3）遗弃的水雷、鱼雷、炸弹或其他遗弃的战争武器所致的损失和费用。

（4）上述原因导致的共同海损和救助费用。

战争险的除外责任与 ICC(A)险的"一般除外责任"及"不适航、不适货除外责任"大致相同。

（五）ICC 罢工险

罢工险主要承保由于下列原因造成标的物的损失:

（1）罢工者、被迫停工工人或参与工潮、暴动或民主骚扰者所造成的损失和费用。

（2）恐怖主义行为或与恐怖行为相联系，任何组织通过暴力直接实施的旨在推翻或影响法律上承认的或非法律上承认的政府的行为所造成的损失和费用。

（3）任何人出于政治、信仰或宗教目的实施的行为所致的损失和费用。

（4）为避免或有关避免以上承保风险所造成的共同海损或救助费用。

罢工险除外责任与 ICC（A）险的"一般除外责任"及"不适航、不适货除外责任"大致相同。

（六）ICC 恶意损害险

它承保被保险人以外的其他人（如船长、船员等）的故意破坏行为所致被保险货物的灭失或损坏。但出于政治目的的，不属于恶意损害险范围，是属于罢工险承保范围。恶意损害险已在 ICC（A）的承保范围内，所以，只有投保 ICC（B）和 ICC（C）险的情况下，才需要加保。

案例 5-3

Ship A was hit by a storm and bumped violently on the way, and the ceramic products on board were partially broken due to collision. Ship B collided with ship C, and the glass products on board were also broken.

Please think: FPA for ships A and B? WPA? or ICC (c) insurance? How about the compensation?

Analysis The insurance company pays compensation is as follows:

	FPA	WPA	ICC(C)
A	NO	YES	NO
B	YES	YES	YES

deep seek

保险利益

国际运输保险与国内保险一样，需秉承诚实信用、损失补偿等原则，但不是不分条件，也不会存在额外收益，因此，国际贸易业务员应该考虑，如何选择合适的保险险别和最小的保费来投保。一般的，出口贸易中，保险受益人是进口方，若出口方购买保险，就需按照合同约定投保，若没有约定，则只需按照惯常条件投保。做国际贸易，跟做人一样仍然要诚信为本。

第三节　其他运输方式保险

一、陆路运输货物保险

1. 陆运风险与损失

（1）车辆碰撞、倾覆和出轨，路基坍塌、桥梁折断和道路损坏，以及火灾和爆炸等意外事故；

（2）雷电、洪水、地震、火山爆发、暴风雨以及霜雪冰雹等自然灾害；

（3）战争、罢工、偷窃、货物残损、短少、渗漏等外来原因所造成的风险。

2. 陆运货物保险的险别

陆运货物保险的基本险别有陆运险（overland transportation risks）和陆运一切险（overland transportation all risks）。此外，还有陆上运输冷藏货物险。陆运险的承保范围同海运水渍险相似，陆运一切险同海运一切险相似。上述责任范围，均适用于火车和汽车运输，并以此为限。陆运险和陆运一切险的责任的起讫也采用"仓至仓"责任条款。

陆运货物在投保上述基本险的基础上可以加保附加险，也有一般附加险和战争险（火车）等特殊附加险。陆运货物战争险（火车）的责任起讫，是以货物置于运输工具时为限，保险责任以货物到达目的地卸离火车时为止，若货物不卸离火车，则保险责任以火车到达该地当日午夜起计算 48 小时为止。若运输中途转车，则保险责任以火车到达该地当日午夜起计算，满 10 天为止。

二、航空运输货物保险

1. 空运风险与损失

货物在空运中常见的风险有：雷电、火灾、爆炸、飞机遭受碰撞、倾覆、坠落、失踪、战争破坏以及被保险货物由于飞机遇到恶劣气候或其他危难事故而被抛弃等。

2. 空运货物保险的险别

空运货物保险的基本险别有航空运输险（air transportation risks）和航空运输一切险（air transportation all risks）。

航空运输险和航空运输一切险的责任起讫也采用"仓至仓"条款，与海运保险责任不同的是：保险责任为货物到达保险单所载明的目的地而未运抵保险单所载明的收货人仓库或储存住所，则以被保险货物在最后卸载地卸离飞机后满 30 天为止。

航空运输战争险的责任期限是自货物装上飞机时开始至卸离保险单所载明的目的地的飞机时为止。如果不卸离飞机，则以载货飞机到达目的地的当日午夜起计算，满 15 天为止。若中途转运时，保险责任以飞机到达转运地的当日午夜起算，满 15 天为止；待装上装运的飞机,保险责任再恢复有效。

三、邮包运输货物保险

邮包运输通常须经海、陆、空辗转运送,实际上属于"门到门"运输,可能遭受自然灾害、意外事故以及各种外来风险和损失。邮包运输保险的险别有邮包险(parcel post risks)和邮包一切险(parcel post all risks)。

邮包险的承保范围是负责赔偿被保险邮包在运输途中由于恶劣气候、雷电、海啸、地震、洪水自然灾害,或由于运输搁浅、触礁、沉没、碰撞、出轨、倾覆、坠落、失踪,或由于火灾、爆炸意外事故所造成的全部或部分损失或费用。邮包一切险承保责任范围在邮包险范围外,还承保运输途中一般外来原因所致的全部或部分损失。

邮包险和邮包一切险的保险责任的起讫是自被保险邮包离开保险单所载起运地点寄件人的处所运往邮局时开始生效,直至被保险邮包运达保险单上所载明的目的地邮局发出通知书给收件人当日午夜起算满 15 天为止,但在此期限内,邮包一经递交收件人,责任即终止。

第四节   国际货物运输保险实务

一、保费的计算

保险金额(insured amount)指被保险人对保险标的的实际投保金额,是保险人承担赔偿或给付保险金责任的最高限额,也是保险人计算保险费的基础。保险金额是根据保险价值(insurable value)确定的。保险价值一般包括货价、运费、保险费以及预期利润等。在国际货物买卖合同中,一般是在 CIF(或 CIP)货价的基础上增加一定的百分率,即所谓"保险加成",来计算保险金额。

保险金额和保险费的计算公式是:

$$保险金额＝CIF(CIP)价×(1＋投保加成率)$$

如果已知货价为 CFR(CPT),则需要把 CFR(CPT)转化为 CIF(或 CIP),这样保险金额的计算公式为:

$$保险金额＝\frac{CFR(CPT)价}{1－(1＋加成率)×保费率}×(1＋加成率)$$

如已知货价为 FOB(FCA),则需要把 FOB(FCA)转化为 CIF(或 CIP),这样保险金额的计算公式为:

$$保险金额＝\frac{FOB(FCA)价＋运费}{1－(1＋加成率)×保费率}×(1＋加成率)$$

保险费是指保险公司经营业务的基本收入,也是被保险人获得损失赔偿权利的对价。其计算公式如下:

$$保险费＝保险金额×保险费率$$

保险公司的赔偿金额计算公式如下：

$$赔偿金额＝保险金额×\frac{货物完好价值－受损后价值}{货物完好价值}$$

🔧 案例 5－4

我国甲外贸企业向英国乙公司销售一批服装，共计 1 000 件，装于一个 20 英尺集装箱内，原报价为每件 USD30 FOB QINGDAO。乙公司要求甲外贸企业该报 CIF LONDON 的价格，甲企业表示接受。已知从青岛到伦敦的海洋运输费用是每个 20 英尺集装箱 USD3 000，投保一切险和战争险，保费率分别为 0.1％和 0.05％，投保加成10％。请计算：甲企业应该报出的单价最低是多少？支付的保费是多少？

解析

（1）$CIF＝\frac{FOB 价＋运费}{1－(1＋加成率)×保费率}＝\frac{30＋3\ 000/1\ 000}{1－(1＋10\%)×0.15\%}＝33.05USD$

故报出的最低单价为 CIF＝33.05 USD/PC

（2）支付的保费

$I＝CIF×(1＋10\%)×0.15\%×1\ 000＝33.05×1.1×0.15\%×1\ 000＝54.53USD$

二、保险单据

保险单据是保险公司和投保人之间订立的保险合同，是保险人的承保证明，也是被保险人向保险公司索赔和保险公司进行理赔的依据。我国进出口业务中使用的保险单据主要有以下几种。

（1）保险单（insurance policy）。保险单俗称大保单，是承保指定航程内某一批货物的运输保险证明，是最为正规、使用最广的一种保险单据，表 5－3 所示保险单是我国企业常用的一种保险单式样。

表 5－3　保险单实例

中国人民保险公司
总公司于北京　　　　　　一九四九年成立 HEAD OFFICE：BEIJING　　　ESTABLISHED IN 1949
发票号码　　　　　保　险　单　　　　保险单号 Invoice No. FIN－301　INSURANCE POLICY　Policy No.：××××××
中国人民保险公司（以下简称本公司） This policy of Insurance witnesses（that The People's Insurance company of China called "The? Company"）

根据＿＿＿＿＿＿＿＿＿＿＿＿＿＿＿＿＿（以下简称被保险人）的要求，由被保险人向本公司缴付约定的保险费，按照本保险单承保险别和背面所载条款与下列特款承保下述货物运输保险，特立本保险单。

At the request of <u>NINGBO LIGHT IND. PRODUCTS I/E CORP..</u> （Here in first called the "insured"）?，and in consideration of the agreed premium paying to the company by the insured，undertakes to insure the undermentioned goods in transportation subject to the conditions of the policy as per the Clauses printed overleaf and other special clauses attached hereon.

标记 Marks & notes	包装及数量 Quantity	保险货物项目 Description of goods	保险金额 Amount insured
KASSAR NEWYORK NO. 1 - UP	**1125 GROSSES**	**SPORTS GOODS**	**USD62986**

总保险金额

(Total Amount Insured) SAY U. S. DOLLARS SIXTY-TWO THOUSAND NINE HUNDRED AND EIGHTY—SIX ONLY.

保费　　　　费率　　　　装载运输工具

Premium AS ARRANGED Rate AS ARRANGED Per conveyance S. S <u>DONGFENG V. 32 TO BE TRANSHIPPED AT HONGKONG ON YAXING V. 688（DONGFENG V. 32/YAXING V. 688 AT HONGKONG）</u>

开航日期　　　　　　　　从　　　　　　　　　至

Slg. On or abt. <u>AS PER B/L</u>　　From <u>NINGBO</u> to <u>NEWYORK</u> via <u>HONGKONG</u>

承保险别

conditions. INSTITUTE CARGO CLAUSES A（1/1/1982）WAR RISKS AND INSTITUTE WAR CLAUSES(CARGO)（1/1/1982）INCLUDING WAREHOUSE TO WAREHOUSE CLAUSE UPTO FINAL DESTINATION AT <u>NEW YORK</u>

所保货物，如遇出险，本公司凭本保险单及其他有关证件给付赔款。所保货物，如发生本保险单项下负责赔偿的损失或事故，应立即通知本公司下述代理人查勘。

Claims，if any，payable on surrender of this Policy together with other relevant documents. In the event of accident where by loss or damage may result in a claim under this Policy immediate notice applying for Survey must be given to the company's Agent as mentioned hereunder.

赔款偿付地点

Claim payable at <u>HONGKONG IN U. S. DOLLARS..</u>　　　中国人民保险公司广州分公司

（续表）

THE PEOPLES INSURANCE COMPANY OF CHINA, GUANGZHOU BRANCH

日期
DATE OCT. 2,2020　　地点：SHANGHAI

地址：中国广州中山路 56♯ TEL：87562398 TELEX：87568924
Address：56 ZHONGSHAN RD. , GUANGZHOU, CHINA.

×××

GENERAL MANAGER

（2）保险凭证（insurance certificate）。保险凭证俗称小保单，是一种简化的保险单据。它与保险单具有同等的法律效力。

（3）预约保单（open policy）。预约保单又称预约保险合同（open cover），它是被保险人（一般为进口人）与保险人之间预先签订的一份承保一段时期内发运的一切货物的总合同。合同中规定一段时期内承保货物的范围、险别、费率、责任、赔款处理等条款，凡属合同约定的运输货物，一经起运，在合同有效期内自动承保。

（4）联合凭证（combined certificate）。联合凭证是一种将发票和保险单相结合的，比保险凭证更为简化的保险单据。即保险公司将承保的险别、保险金额以及保险编号加注在投保人的发票上，并加盖印戳，其他项目均以发票上列明的为准。

（5）保险批单（insurance endorsement）。保险单出立后，投保人如需要补充或变更其内容时，可根据保险公司的规定，向保险公司提出申请，经同意后即另出一种凭证，注明更改或补充的内容，这种凭证即称为批单。

（6）暂保单（binder，binding slip）。暂保单又称"临时保险书"，即保险单或保险凭证签发之前，保险人发出的临时单证。暂保单的内容较为简单，仅表明投保人已经办理了保险手续，并等待保险人出立正式保险单。

暂保单既不是保险合同的凭证，也不是保险合同订立的必经程序，而仅仅是签发正式保险单之前的权宜之计，一般在以下几种情形中使用：

① 保险代理人获得保险业务而保险人未正式签发保险单之前，向投保人所签发的凭证。

② 保险公司的分支机构在接受需要总公司批准保险业务后，在未获得批准之前所签发的书面凭证。

③ 投保人与保险人就保险合同的主要条款达成协议，但一些具体事宜仍需进一步的协商，保险人签发的书面凭证。

④ 在办理出口贸易结汇时，签发保险单之前，保险人所出具的保险证明文件作为结汇的文件之一，以证明出口货物已经办理保险。

三、贸易合同的保险条款

保险条款是贸易合同的重要组成部分之一,保险条款包含投保险别、投保加成率、保险单证、保险适用条款等。

1. 投保险别的选择

(1) 根据货物的性质和特点选择合适的保险险别。例如,粮食类商品易受潮、受热、发霉,故应投保一切险,或在水渍险的基础上加保受潮受热险及短量险。

(2) 根据货物包装方式的特点选择合适的投保险别。

(3) 根据不同的运输方式与运输工具而选择不同投保险别。

(4) 根据运输路线和停靠港口的不同而选择不同投保险别。

2. 订立保险条款时应注意的问题

(1) 明确保险单据形式。

(2) 明确投保险别。如需另加某一种或几种附加险也应一并写明。

(3) 明确投保方。

(4) 明确投保加成率。国际上,默认的投保加成率为 10%,如超过 10% 由此而产生的保险费应由买方负担。

(5) 保险单的签单日期不能迟于装运日期。

(6) 保险货币应与发票货币一致,以避免汇率风险。

但国际货物运输保险合同(保险单据)的内容要丰富很多,包括保险人名称、被保险人名称、保险标的、保险价值、保险金额、保险责任和除外责任、保险期间、保险费等内容。

3. 保险条款示例

(1) Insurance:Insurance to be covered by the seller for 110% of total invoice value against All Risks, War Risks and SRCC as per the relevant Ocean Cargo Clause of the People's Insurance Company of China dated Jan. 1, 1981.

(2) Insurance:The seller shall cover insurance against WPA for 110% of the total invoice value as per the relevant ocean marine cargo clause of PICC dated 1/1/1981.

(3) Insurance:Insurance Policy or Certificate, covering War Risks and all risks including TPND, Breakage and Leakage irrespective of percentage and indicating "In the event of loss or damage, request for survey upon arrival of the cargo at the port of destination should be made to the China Commodity Inspection Bureau of that port".

(4) Insurance:Insurance shall be affected for the amount of the seller's CIF invoice value plus 10% against ICC(B). Any additional insurance required by the buyer shall be at his own expense.

四、保险索赔(insurance claim)

进出口货物在保险责任有效期内发生属于保险责任范围内的损失,被保险人按保险单的有关规定向保险公司提出赔偿要求,称为保险索赔。在索赔工作中,被保险人应做好下列工作:

1. 损失通知

当被保险人获悉或发现被保险货物发生属于保险责任范围内的损失,应在保险索赔时效内立即通知保险公司或其代理人,并申请对受损货物进行检验。因为一经通知,即说明索赔行为已开始,从而可不受索赔时效的限制。如果超过规定的时间,保险公司就不再受理,中国保险条款的索赔时效为两年。

2. 向相关责任方提出索赔

被保险人或其代理人在提货时发现被保险货物整件短少或有明显残损痕迹,除向保险公司报损外,还应立即向承运人或有关当局索取货损货差证明,及时以书面形式向有关责任方提出索赔,并保留追偿权利,有时还要申请延长索赔时效。

3. 采取合理的施救、整理措施

被保险货物受损后,被保险人应迅速对受损货物采取必要合理的施救、整理措施,防止损失的扩大。因抢救、阻止或减少货损的措施而支付的合理费用,可由保险公司负责,但以不超过该批被救货物的保险金额为限。

4. 备妥索赔证件

被保险货物的损失经过检验,并办妥向承运人等第三者责任方的追偿手续后,应立即向保险公司或其代理人提出赔偿要求。提出索赔时,除应提供检验报告外,通常还须提供其他单证:保险单据、海运提单或其他运输单据、发票、装箱单或重量单、货损货差证明、向承运人等第三方责任方请求赔偿的证件、海事报告摘录、索赔清单。

5. 做好委付(abandonment)工作

在推定全损的条件下,被保险人向保险公司提出委付通知,将保险标的物的残余部分的所有权转移给保险公司,保险公司同意后,向被保险人支付全部保险金额的赔偿。否则,保险公司就认为被保险人准备保留标的残余部分的所有权,只给予部分损失赔偿。

6. 代位追偿

被保险人在获得赔偿的同时签署一份权益转让书,作为保险人取得代位权的证明。保险人便可凭此向第三者责任方进行追偿。

7. 注意免赔率

免赔率是指保险人对于保险货物在运输途中发生的货损货差,在一定比率内不负赔偿责任。对易碎和易短量货物的索赔,应了解是否有免赔的规定。因为这些货物由于其本身的特点或在装运作业中,必然会发生损失,是正常现象,而非偶然事故,所以保险公司不予赔偿。

五、保险单的缮制

根据表 5-3 保险单实例,保险单的各项内容缮制要求如下:

(1) 保险人,在保险单顶端已经用中英文印制好保险公司的名称。

(2) 保险单据名称,必须与合同和信用证的要求一致。

(3) Invoice number,此处填写发票号码。

(4) Contract no.,填写本批货物的合同号码。

(5) Policy no.,填写保险公司编制的保险的保险单号码。

(6) L/C no.,若是信用证支付,则在此处填写信用证号。

(7) Insured,在信用证项下,则按信用证要求填写,如信用证无特别规定,填信用证的受益人。在托收项下,则填出口商名称。

(8) Marks and nos.,这一栏目根据发票填写,可以填注实际的唛头与箱号,也可以只填"as per invoice no. xxx"。

(9) 包装及数量,若以包装件数计价,将最大外包装的总件数和计量单位填入,如"500 bags";若以毛重或净重计价,可填件数及毛重或净重;若是裸装货物,表示其件数;若是散装货物则表示其净量,并在其后注明"in bulk"。

(10) 货物描述,该项填写货物名称,应与信用证或商业发票上的货物名称一致,但信用证或发票的名称过于详细时,此栏允许填写统称。

(11) 保险金额,这里填写保险金额的小写数字。一般应在 CIF 价的基础上按信用证规定的加成计算得出。若信用证未规定保险加成,则按 110% 计,小数点后尾数一律进为整数。

(12) 保险总金额,这里填写保险金额的大写数字,包括计价货币的全称,计价货币必须与信用证的一致。

(13) 保费,费率(premium, rate),该项填"as arranged"。如果信用证要求保单上打出具体保费数额,则应将印就的"as arranged"删去,加盖核对章后加上按要求填上具体的保费和费率。

(14) 装载工具,填写装载运输工具的名称或代码。

(15) 开航日期(slg. on or abt.),填写提单签发日期,或运输单据签发日前后各 5 天之内任何一天的日期,也可以写"as per B/L no. xxx"。

(16) 起讫地点,from 后面填写装货港,to 后面填写卸货港(目的港),如有转运,目的港后面填写 VIA 转运港。

(17) 承保险别(conditions),该项按信用证列明承保险别填注,应与信用证严格一致,常用到如下三个词语 against,cover,as per。

(18) 赔付地点和货币(claim payable at/in),按合同或信用证要求填制,如果信用证中未指明或是托收,一般将目的港作为赔付地点填写,货币应为与投保货币相同的货币。

（19）日期（date），填写出单日期。出单日期不得迟于提单日期。

（20）投保地点（place），一般为装运港（地）的名称。

（21）背书（endorsed），这里由保险公司有权签字人签字。背书形式有记名背书、记名指示背书、空白背书（blank endorsed）三种。

表5-4提供的是业务员向保险公司投保时，填写的保险单实例。在审核保险单据时，须注意如下不符点，否则容易造成单单不一致。

（1）保险单据名称与信用证规定不符；

（2）保险单不是由保险公司或保险商或他们的代理人出具；

（3）货币与信用证货币不一致；

（4）包装及数量填写错误；

（5）起运港/卸货港与信用证不符；

（6）未按信用证规定的比例投保，如超保或未保足；

（7）保险险别与信用证规定不符。

表5-4　投保单实例

发票号码	FIN-301		投保条款和险别	
被保险人	客户抬头 NINGBO LIGHT IND. PRODUCTS I/E CORP.		( )	PICC CLAUSE
			(✓)	ICC CLAUSE
			( )	ALL RISKS
	过户 PROSPERITY INDUSTRIAL CO. LTD 342-3 FLYING BUILDING KINGDOM STREET HONGKONG		( )	W. P. A. /W. A.
			( )	F. P. A.
			(✓)	WAR RISKS
			( )	S. R. C. C.
			( )	STRIKE
保险金额	USD　(62986　)		(✓)	ICC CLAUSE A
	HKD　(　　)		( )	ICC CLAUSE B
	(　)　(　)		( )	ICC CLAUSE C
启运港	NINGBO		( )	AIR TPT ALL RISKS
目的港	NEWYORK VIA HONGKONG		( )	AIR TPT RISKS
转内陆			( )	O/L TPT ALL RISKS
			( )	O/L TPT RISKS
开航日期	OCT. 5,2020		( )	TRANSHIPMENT RISKS
			(✓)	W TO W
船名航次	DONGFENG V. 32 TO BE TRANSHIPPED AT HONGKONG ON YAXING V. 688		( )	T. P. N. D.
			( )	F. R. E. C.
赔款地点	HONGKONG		( )	R. F. W. D.
			( )	RISKS OF BREAKAGE
赔付币别	USD		( )	I. O. P.
正本份数	1份正本,1份副本			

（续表）

其他特 别条款		
以下由保险公司填写		
保单号码	费 率	
签单日期	保 费	

投保日期：2024 年 9 月 30 日　　　　　　　　　投保人签章：×××

六、跨境电商保险

随着数字化发展，超过 50% 的全球贸易服务已经实现数字化，跨境电商的整个贸易形式也已发生了很大变化，保险承载着覆盖国际贸易中长期保存风险的原始使命，发挥着经济赔偿的保障作用。在长链条的跨境采购过程中，消费者精心挑选的物品遭遇破损、丢件、延误，甚至假货等情况时有发生，这严重降低了消费者的购物体验和对跨境电商的认可度。跨境电商保险由此而生。

在 B2B 模式下，FOB 和 CFR 条件，仍然是买家承担保险，而 CIF 条件是卖家承担保险；在 B2C 模式下，当前一般电商较少投保，若发生状况，作抛货处理，即目前跨境电商的跨境物流小包裹保险还是空白。

但是，目前国内已有互联网保险科技创业平台联合保险公司开发了多款新型产品，推出所谓的"跨境电商生态保险"。此类保险提供了采购流程风险全覆盖：首先为销售产品本身提供保障；其次是兜底通关过程中存在的不确定性因素和风险；再次是解决物流配送中的破损、丢失、延误等问题。在信用层面，正品保险、产品溯源险和信用保证险给商家提供了基于保险服务的信用背书和售后保障。2019 年 6 月，宁波保税区与中国人寿财产保险股份有限公司就开展跨境电商真品保险试点达成合作，该真品保险由宁波保税区管委会投保，宁波保税区内各跨境电商平台为被保险人，保险赔款受益人则是各跨境电商平台或购买跨境电商商品的消费者。也就是说，消费者若在跨境购中买到假货可以得到赔偿，商品保障种类也将在不久实现 100% 全覆盖。

七、案例分析

1. 我国 A 外贸公司按 CIF 条件向非洲某国出口一批货物，根据合同投保了水渍险，附加偷窃提货不着险(TPND)，但在海运途中，船舶被海盗扣押，进口商已提货不着险向保险公司索赔。请问：① A 公司能否得到赔偿？为什么？② 若不能赔偿，应该投保什么险？

解析

（1）偷窃提货不着险是指被保货物整件被偷或从整件中窃取一部分，以致货到目的地后收货人提取不着整件的货物。本案中，显然不属于这种情况，所以保险公司不会赔偿。

（2）应投保交货不到险。因交货不到险是指从货物装上船开始，6个月内不能运到目的地，不论什么原因，保险公司要按全部损失赔偿。不过被保险人要向保险人办理权益转让手续，否则保险人不予赔偿。

2. A batch of imported goods，WPA has insured with the insurance company，and a clean bill of lading issued by the shipping company has obtained before shipment. When the goods arrived at the port of destination，the following losses are found：① 100 cases of goods soaked in seawater；② 100 cases of goods were well packed，but there were internal defects；③ 80 cases of goods were unloaded with shortage，and the carrier has issued relevant certificates；④ 100 cases of goods were wet in the rain. Who do the buyer claim against according to the losses?

Analysis　The liability for losses in the above four cases are determined as follows：

（1）The 100 cases of wet goods are compensated by the insurance company，for WPA covered by this loss.

（2）The seller shall be responsible for the liability，for this loss belongs to the exclusive liability of insurance. It depends on whether the seller has covered product liability insurance.

（3）The carrier is responsible.

（4）Because the rainwater risk is not covered by the WPA，the buyer shall bear the loss.

本章小结

本章主要知识点有保险原则，海洋运输保险的风险、损失和费用，海洋运输保险条款、保险单据，以及保险条款实务，它们之间的知识逻辑关系如图5-1所示。

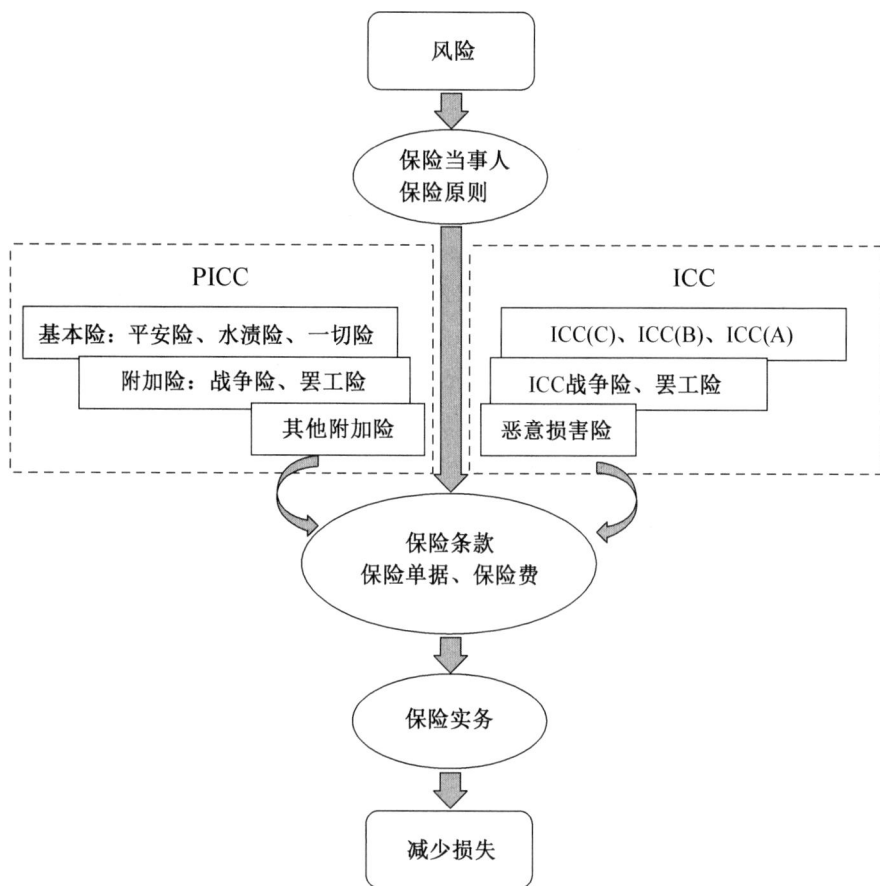

图 5-1　本章知识逻辑关系图

... 练习题

一、判断对错

1. 在国际贸易中,投保人向保险公司投保一切险后,在运输途中遭受任何外来原因造成的一切货损均可向保险公司索赔。　　　　　　　　　　　　（　　）

2. 中国人民保险公司《海洋运输货物保险条例》包含的基本险和附加险,其保险期限均采用"W/W CLAUSE"(仓至仓条款)　　　　　　　　　　　（　　）

3. PICC 海运保险条款下,当保险货物到达港口卸离海轮后满 60 日,即使货物未存入收货人的最后仓库,保险人责任也终止。　　　　　　　　　　（　　）

4. 我国某外贸公司按 CIF 术语出口布匹 1 000 包,根据合同规定投保水渍险。货物在海上运输途中因船舱内淡水管滴漏,致使该批货物中的 100 包遭水渍,保险公司应对此负责赔偿。　　　　　　　　　　　　　　　　　　　　　（　　）

5. 我方按 CFR 术语进口一批货物,在国内投保了一切险,货物在装运港装上船之前发生损失,因该损失属于仓至仓条款规定的保险公司责任起讫范围,故保险公司应予赔偿。

（　　）

二、单项选择

1. CIF 合同的货物在装船后因火灾被焚,应由（　　）。

   A. 卖方负担损失　　　　　　B. 卖方请求保险公司赔偿

   C. 买方请示保险公司赔偿　　D. 买方负担损失并请求保险公司赔偿

2. 依据 PICC 条款,一批货物投保了平安险,运输中发生下列损失（　　）,保险人予以赔偿。

   A. 淡水雨淋　　　　　　　　B. 因船舶搁浅而水湿

   C. 部分偷窃　　　　　　　　D. 台风雷击造成部分损失

3. 不属于一切险承保范围的险别是（　　）。

   A. 偷窃提货不着险　　　　　B. 渗漏险

   C. 交货不到险　　　　　　　D. 包装破裂险

4. （　　） does not have the normally accepted meaning, but means loss in the insurance business.

   A. partial loss　　B. total loss　　C. coverage　　D. average

5. The marine insurance term for some goods thrown overboard to save ship is（　　）.

   A. total loss　　　　　　　　B. general average

   C. partial average　　　　　　D. all risks

6. Which of the following is included in All Risks coverage? （　　）

   A. Partial losses due to cargo throw overboard to keep afloat

   B. Total loss due to the destruction of war

   C. Partial loss due to the worker's strike on the dock

   D. Total loss due to failure to delivery

7. （　　） is not coverage by a WPA policy

   A. Loss due to the carrying vessel's stranding

   B. Loss caused by the carrying vessel's collision

   C. Loss due to the theft, pilferage and non-delivery

   D. Loss caused by heavy rain

8. （　　） is covered by a basic FPA policy?

   A. 10% loss caused by breakage in transit

   B. 15% loss caused by pilferage

   C. 20% loss caused by heavy rain

   D. 25% loss caused by a ship collision

9. The contents of ICC (A), ICC (B) and ICC (C) clauses in ICC are roughly equal

to （ ） in CIC clauses.

    A. FPA, WPA, All risks   B. All risks, WPA, FPA

    C. WPA, All risks, FPA   D. WPA, FPA, All risks

10. 某货轮在航运途中,A舱失火,船长以为B舱也同时失火,命令对两舱同时施救,A舱共两批货,甲批货全部焚毁,乙批货物为棉织物全部被水浸泡,B舱货物也全部被水侵。（ ）。

    A. A舱乙批货物与B舱货物都属于单独海损

    B. A舱乙批货物与B舱货物都属于共同海损

    C. A舱乙批货物属于共同海损,B舱货物属于单独海损

    D. A舱乙批货物属于单独海损,B舱货物属于共同海损

三、多项选择

1. It is reasonable for a company to choose （ ） insurance method for importing a batch of ceramics.

    A. All risks ＋ Clash and breakage risk

    B. FPA ＋ Clash and breakage risk

    C. All risks

    D. WPA ＋ Clash and breakage risk

2. 货物投保了PICC保险条款中的一切险,并加保战争险、罢工险,据此规定,保险人对货物（ ）的损失承担责任。

    A. 在海上遭遇强盗袭击受损   B. 在收货人仓库中因火灾受损

    C. 在海上台风和暴雨淋湿受损   D. 在卸货时从吊杆上脱落坠地受损

3. 为防止运输途中货物被窃,应该（ ）。

    A. 投保一切险

    B. 投保一切险,加保偷窃险

    C. 投保水渍险,加保偷窃险

    D. 投保一切险或平安和水渍险中的一种,加保偷窃险

4. A Shanghai trading company exports a batch of goods to Kobe of Japan at CFR price, with the quantity of 10 metric tons, the value （cost） of the goods is USD99580, and the freight rate of Shanghai-Kobe liner is USD200/metric ton. The foreign buyer asked the seller to handle the insurance on his behalf, changing the CFR price to CIF price, with an increase of 10％, but did not specify what kind of insurance to cover. The seller has insured FPA with the people's property insurance company of China at the premium rate of 0.2％. What of the following options are correct? （ ）

    A. The total freight of the goods is USD 2 000

    B. The total CFR price of the goods is USD101 580

    C. The total CIF value of the goods is USD101 803. 48

    D. The insured amount of the goods is USD101 803. 48

5. The conditions necessary to constitute general average are （ ）.

    A. Actual or unavoidable

    B. Automatic and intentional actions

    C. Careful and reasonable for the safety of goods

    D. The sacrifice made is of a special nature, and the expense is extra

    E. For the safety of the ship and the continued navigation

6. The price term （ ） shall be specified in the insurance clauses: Insurance to be effected by the Buyers.

    A. FOB   B. CFR   C. CPT   D. CIF

    E. CIP

7. 出口茶叶，为防止运输途中串味，办理保险时应投保（ ）。

    A. 串味险   B. 平安险加串味险

    C. 水渍险加串味险   D. 一切险加串味险

    E. 一切险

8. 在海上保险业务中，构成被保险货物"实际全损"的情况有（ ）。

    A. 保险标的物完全灭失

    B. 保险标的物丧失已无法挽回

    C. 保险标的物发生变质，失去原有使用价值

    D. 船舶失踪达到一定时期，保险标的丢失

四、计算

1. The CFR price of export goods is US dollar 1980. Now the customer calls to ask for marine all risks insurance at CIF price plus 20%. The seller will comply. If the insurance rate is 1%, how much premium should we charge the customer?

2. The cost of the water tank, which exported to Europe, is 1 000 yuan, the freight is 100 yuan, and the insurance rate is 0. 85 yuan per 100 yuan. Later, the customer asked for 10% more insurance. How much is the insurance premium?

五、案例分析

1. 2021 年 10 月，法国某公司（卖方）与中国某公司（买方）在上海订立了买卖 200 台电子计算机的合同，每台 CIF 上海 1000 美元，以不可撤销的信用证支付，2021 年 12 月马赛港交货。2021 年 11 月 15 日，中国银行上海分行（开证行）根据买方指示向卖方开出了金额为 20 万美元的不可撤销的信用证，委托马赛的一家法国银行通知并议付此信用证。2021 年 12 月 20 日，卖方将 200 台计算机装船并获得信用证要求的提单、保险单、发票等单据后，即到该法国议付行议付。经审查，单证相符，银行即将 20 万美元支付给卖方。载货船离开马赛港 10 天后，在航行途中由于船员航行操作过失，船舶触礁，救助无效，货船及货物全部沉入大海。此时开证行已收到了议付行寄来的全套单据，买方也已得知所购货物全部灭失的消息。因此，买方拒绝支付货款，理由是其不能得到所期待的货物。根据中国海商法和国际贸易惯例，请回答：① 这批货物的风险自何时起由卖方转移给买方？

② 买方能否因这批货物全部灭失而免除其所承担的付款义务？ ③ 如投保 PICC 货物一切险条款，保险公司是否承担保险责任？ 为什么？ ④ 作为承运人的船公司是否要承担责任？ 为什么？

2. A company exported a batch of peanut sugar to a country in the Gulf. It is insured against all risks. Because the cargo vessel was old and slow, and the vessel loaded everywhere along the way, it took three months to reach the destination port. After unloading, peanut sugar has deliquesced and softened due to the long heating time, so it cannot sold. Can the insurance company refuse to pay compensation in this case?

3. A factory in Guangzhou imported a batch of goods from Britain, and the British businessman, at seller's request, delivered the goods to the designated carrier and shipped them to Guangzhou via the Netherlands. However, there was a shortage during unloading. According to the reply of the shipping company, all the short-landed goods had been unloaded in Hong Kong and would transport back to Guangzhou. About 20 days later, it found that all the short-landed goods had not arrived and it was impossible to find where the goods were, which led to the delay of the factory's production plans and loss of production. Q: ① What are the responsibilities of the shipping company? ② Can the factory claim compensation for the estimated loss caused by the delay of the production plans? ③ What kind of insurance should the buyer cover to avoid this loss?

4. 北京某外贸公司按 CFR 马尼拉价格出口一批仪器，投保的险别为一切险"仓至仓"条款。我方将货物用卡车由北京运到天津港发货，但在运送途中，一辆货车翻车，致使车上所载部分仪表损坏。请问：该项损失应由哪方负责？ 保险公司是否应给予赔偿？

5. G 公司用 CIF 价格条件引进一套英国产检测仪器，因合同金额不大，合同采用简式标准格式，保险条款一项只简单规定"保险由卖方负责"。仪器到货后，G 公司发现一部件变形影响其正常使用。G 公司向外商索赔，外商答复仪器出厂经严格检验，有质量合格证书，非他们责任。后经商检局检验认为是运输途中部件受到振动、挤压造成的。G 公司于是向保险代理索赔，保险公司认为此情况属"碰损、破碎险"承保范围，但 G 公司提供的保单上只保了"协会货物条款"(C)，没保"碰损、破碎险"，所以无法索赔。G 公司无奈只好重新购买此部件，既浪费了金钱，又耽误了时间。请分析该案例。

第六章
国际贸易商品价格

互惠互利,合作共赢

... 学习目标

了解国际商品的成本构成

了解佣金与折扣概念

理解货物价格的构成、作价原则与方法、计价货币的选用

掌握商品各种价格之间的换算以及价格条款内容

理解与掌握国际商品如何报价

掌握国际贸易合同的价格条款

... 职场案例

师傅老王安排实习生小李下周对去年成交的一位英国客户进行回访,并推荐公司的一款新产品,产品示例如图6-1,产品信息如下:景德镇和意牌羊脂玉陶瓷茶具,茶水杯(大)、茶杯(加托)、茶杯(小)的采购价格分别为15元/只、27元/只、6元/只,1个大茶水杯、1个茶杯和6只小茶杯组成1套,纸箱包装,规格为50 cm×50 cm×30 cm,公司现有库存200套,要求公司最低利润率为15%。假如你是小李,在联系客户前要准备什么工作? 有什么需要向师傅询问的?

图6-1 产品图例

分析 在向老客户推荐新产品前,首先要了解客户能够需要多少产品(可以参考以往客户的交易额和数量),然后报合适的价格(参考以往交易的贸易术语)。最好向师傅了解客户的喜好、习俗、磋商特点等。

... **课程思政**

价格竞争

价格竞争是国际商品竞争的常用手段,但低价竞争容易陷入低价的恶性循环中,最终会形成我国产品廉价的不良国际形象,不利于我国产品创立品牌。同时,各国在谈判中都有自己的特点,比如印度订立进口合同,总是要压低价格,并尽可能地压到最低价。但是,国际商品的竞争力不限于价格,可以通过商品的功能、材质以及服务等方面,提高产品竞争力,从而在国际市场中处于优势。

"零和游戏"是西方资本奉行的准则,"互惠互利、合作共赢"是当前国际贸易新特点,它将逐步成为共识,互惠互利、合作共赢才更有利于维护长期合作关系。

第一节 国际贸易商品的作价

在当前国际金融市场普遍实行浮动汇率制度的情况下,买卖双方都需要承担一定的汇率变化的风险,所以,当事人要充分考虑到选择何种货币、如何作价,以及如何保值,以减少汇率变化的风险。目前国际局势动荡,业务员必须及时了解原材料的市场行情,因为经常出现短时间内原材料涨价,比如,与国外客户签订一批服装出口合同,采取固定价格,但是原材料大涨,染厂价格上涨,结果是亏钱也必须做。所以,行情预判非常重要。

一、计价货币与支付货币

计价货币(invoicing currency)是指合同中规定用来计算价格的货币,支付货币(money of payment)是指合同中规定用于支付货款的货币。当合同中双方当事人用约定的货币(如美元)计价,没有规定其他货币支付,则美元(USD)既是计价货币又是支付货币;若合同中规定英镑(GBP)支付,则此时美元为计价货币,英镑是支付货币。

(一)合理选择计价货币和支付货币

实践中,可在合同中只规定一种货币,既用于计价,也用于支付;也可分别规定计价货币和支付货币;计价货币与支付货币可以是同一种货币,也可以是不同货币。计价货币和支付货币既可以是出口国货币和进口国货币,也可以是第三国货币,但总体上,计价货币和支付货币应该是可自由兑换的货币,如美元、英镑、日元(JPY)、欧元(EUR)、瑞士法郎(CHF)、德国马克(DEM)、加元(CAD)、法国法郎(FRF)等。

➡ … deep seek

我国主要贸易地理国家货币的英语翻译

baht 铢—泰国;birr 比尔—加纳;bolivar 玻利瓦—委内瑞拉;cruzeiro 克鲁塞罗—巴西;rand 兰特—南非;peso 比索—阿根廷、智利等;dollar 元—美国、澳大利亚、加拿大、新西兰等;dong 盾—越南;drachma 德拉克马—希腊;gulden、florin 盾—荷兰;france 法郎—法国、比利时、瑞士等;krone 克朗—丹麦、挪威;krona 克朗—瑞典等;schilling 先令—奥地利;shekel 谢克尔—以色列;peseta 比赛塔—西班牙;pound 镑—英国、爱尔兰等;mark 马克—德国;kip 基普—老挝;kyat 元—缅甸;dirham 迪拉姆—阿联酋、摩洛哥;tala 塔拉—孟加拉国;won 元—朝鲜、韩国;yen 元—日本;yuan 元—中国;riel 瑞尔—柬埔寨;rial 里亚尔—伊朗等;rouble 卢布—俄罗斯等;rupee 卢比—印度、巴基斯坦等;rupiah 卢比、盾—印度尼西亚。

(二) 货币的选择

出口业务中尽可能选择在成交至收汇期内汇率稳定或趋势上浮的货币,即"硬币",当然进口业务中尽可能选择汇价比较疲软或趋势下浮的货币,即"软币"。

选择货币时,应考虑货币的稳定性和可兑换性两个因素,尽量选择对自己有利的货币,减少汇率波动带来的风险。但是在国际金融市场上,一种货币对交易双方,往往是一方为软币,另一方则为硬币。

所以,国际贸易中,软币和硬币往往需要结合使用。

(二) 出口外汇保值条款

为达成交易而不得不采用对己不利的货币成交,在这种情况下,可以在合同中订立外汇保值条款进行补救,减少甚至消除汇率波动的风险。

1. 计价货币和支付货币均采用同一软币

先确定订约时甲货币(为软币)与乙货币(为硬币)的汇率,再在支付时按当日汇率折算成原货币支付。

如,先将合同项下的甲货币金额,按照合同成立日中国银行公布甲乙货币的买进牌价之间比例折算成乙货币金额。在议付日,按中国银行公布甲乙货币的买进牌价之间比例将乙货币折算成甲货币金额支付。

2. 软币计价,硬币支付

此方法是将商品单价(或总金额)按照计价货币与支付货币当时的汇率,折算成另一种硬币支付。

如,本合同项下每一 A 元相当于 XXXB 货币,发票和汇票均以 B 货币开立(Each Party A under this contract is equivalent to XXX Party's B currency, and invoices and drafts are issued in Party's B currency)。

3. 软币计价,软币支付

这种方法又被称为"一揽子汇率保值",就是确定订约时一种货币与另几种货币的平均汇率,按支付当日,该货币与其他几种货币的平均汇率,进行相应调整,折算成原货币支付。比如:合同订立日支付货币与其他几种货币的平均汇率为1∶110,在议付日,该汇率上升5%,则支付的货款也按照相应的比例5%调整货款金额。当然,这里的平均汇率,以及调整比例方法可以双方商定。

二、商品作价原则

在平等互利的前提下,参照国际市场价格水平制定商品价格。我们确定商品的价格不仅要遵循马克思主义的商品价值论:价格→价值→社会必要劳动时间,还要结合国别与地区政策,同时要根据购销意图,制定适当价格,并注意同一商品在不同情况下应有合理的差价。

(一)决定国际市场价格水平的因素

国际市场价格是指一定条件下在世界市场上形成的市场价格,由国际市场的供求关系决定。

1. 世界主要产地的价格

世界主要产地是影响价格的重要因素,世界主要产品产地有:美国的大豆、泰国的大米、法国玉米、巴西的咖啡豆;亚马孙河流域、刚果河流域、东南亚热带雨林区、加拿大是世界木材主要出口区,北欧是木材和制成品出口区;北海渔场、日本千岛渔场、北美纽芬兰渔场、南美西海岸秘鲁渔场是世界主要鱼产品出口区。另外,巴西、澳大利亚、俄罗斯是世界重要铁矿石出口国。其他主要产地信息可以查阅"世界贸易地理"知识。

2. 世界主要消费地的价格

世界产品主要消费国情况是:中国、日本、埃及是小麦主要进口国,日本、韩国和中国是玉米主要进口国,沙特、伊拉克和中国是稻米主要进口国,日本、韩国、意大利是棉花主要进口国,西欧、日本是羊毛主要进口国,英国、美国、俄罗斯是茶叶主要进口国,日本、德国和中国是铁矿石主要进口国。

3. 国际市场上某种商品的平均价格水平

现在调查大宗商品的国际市场价格相对比较容易,比如国际金融市场像伦敦、芝加哥、香港、上海,调查其期货市场,可以了解不同价格。而对于调查非大宗商品的价格,现代社会也不是个难事,完全可以在跨境电商平台,比如亚马逊、阿里国际站了解商家的价格,作为参考,特别是现代社会出现不少专业化的细分电商市场,可以方便了解原材料、配件等商品价格。

(二)影响商品差价的因素

所谓商品差价是指同一种商品由于交易条件的不同而产生的价格上的差异。应适当考虑下列因素:① 商品质量的优劣;② 成交数量的大小;③ 运输距离的远近;④ 航线的冷(贵)热(贱);⑤ 交货条件不同;⑥ 季节性需求的变化;⑦ 货款的支付条件与外汇汇率变动的风险;⑧ 交货期的远近;⑨ 货物保险条件;⑩ 市场销售习惯等。

其中,交货条件影响到风险转移点,交货期的远近影响到汇率对收益的影响,保险条件因保险险别影响到保费高低,市场销售习惯影响到包装费用等,它们都会影响到商品的价格,其他影响价格高低的因素容易理解。

三、商品作价方法

进出口业务中,作价的方法有多种,最常用的方法是固定价格,但实际业务中考虑汇率、国际市场价格、原材料价格等因素,也需要暂定价格或滑动价格等作价方法。

(一)固定价格

固定价格是指在合同中规定货物的单价(unit price)或总价(total price),这种情况可以在合同中备注,即合同成立后,不得调整价格(No price adjustment shall be allowed after conclusion of this contract)。例如:US $ 300 per metric ton CIF New York。

这也是国际上常见的做法,它具有明确、具体、肯定和便于核算的特点。不过,由于商品市场行情的多变性,价格涨落不定。因此,在国际货物买卖合同中规定固定价格,就意味着买卖双方要承担从订约到交货付款以及转售时价格变动的风险,这可能影响合同的顺利执行,特别是不守信用的人会逃避履行合同,或者找借口不履行合同。

(二)非固定价格

为了减少价格变动的风险、促成交易和提高履约率,对商品的价格采取一种"活价",它有助于解决价格方面的分歧,打消客户对价格风险的顾虑。通常有如下几种方法。

1. 暂不固定价格,即约定将来确定价格的时间和方法

这种作价方法,一种是在价格条款中约定时间和方法,如约定"在装船月份前 30 天,参照当地或国际市场价格水平,协商议定正式价格"。另一种是只规定作价时间,如约定"由双方在××年××月××日协商确定价格",这种情况只适用于双方长期交往已经形成较固定的交易习惯的合同。

2. 部分固定价格,部分暂不定价,也称分批作价的办法

这种做法是照顾双方利益,在交货期近的价格先固定下来,其余的在交货前一定时期

内作价。

3. 暂定价格

这种方法是指先在合同规定一个暂定价格,在交货前的一定时间,再由双方按照当时市价商定最后价格。暂定的价格是作为开立信用证和初步付款的依据,以后做适当调整,多退少补(价格调整条款)。例如合同约定:HK $5 000 per bale CIF Hong Kong. Remarks:The above is a provisional price, which shall be determined through negotiation between the buyer and the seller 30 days before the month of shipment.

4. 滑动价格

滑动价格是指先在合同中规定一个基础价格,交货时或交货前一定时间,按工资、原材料价格变动的指数做相应调整,以确定最后价格。这种作价方法适用于某些成套设备、大型机械的交易,从合同订立到履行完毕需要较长时间,可能由于原材料、人工成本等变动影响商品成本和价格,因价格风险影响到合同的履行,用滑动价格以保证合同顺利履行。例如合同中约定"以上基础价格按照下列调整公式,根据×××机构公布的×××年××月的工资指数和物价指数予以调整"。滑动价格公式:

$$P=P_0\times(A+B\times M/M_0+C\times W/W_0)$$

对工资和物料的价格指数变化设定权数 A、B、C 作为调整价格的依据。其中:P 为调整后的最后价格;P_0 为订约时的基础价格;A 为管理费用等在基础价格中的比重;B 为原材料成本在基础价格中的比重;C 为工资成本在基础价格中的比重;M 为若干月后交货时的原材料价格指数;M_0 为订约时原材料价格指数;W 为若干月后交货时的工资指数;W_0 为订约时的工资指数。

案例 6-1

在买卖合同中规定,整套机械设备的初步价格为 200 万美元,双方同意按某物价指数和工资指数在交货时调整价格。现已知约定原材料在价格中的比重为 50%,工资在价格中的比重为 30%,管理费和利润在价格中占 20%。签订合同时约定的基期物价工资指数均为 100,交货时物价指数上升到 110,工资指数上升到 112。则该合同调整后的价格应为多少?

解析 根据给定条件,管理费和利润在价格中的份额不变,为 20%;原材料在价格中的份额变为 110×50%/100;工资在价格中的份额变为 112×30%/100。全部调整后的价格为:

$$P=P_0\times(A+B\times M/M_0+C\times W/W_0)$$
$$=200\times(20\%+50\%\times110/100+30\%\times112/100)=217.2(美元)$$

第二节　国际贸易商品的成本核算

作为一名合格业务员,在报价前必须了解自己商品的国内各种成本、预期外汇收入、利润,以及交易的底线价格,然后再结合交货条件等因素,才可以报出合理的价格。另外,在实践中,还会有佣金和折扣,也要考虑进报价中。

一、佣金与折扣

佣金(commission)和折扣(discount)是国际贸易中较常见的做法。用这种方法可以加强国际竞争,扩大销售,调动客户积极性。但也需要注意不同国家或地区对佣金或折扣的法律规定,防止出现商业贿赂或不正当竞争问题。

(一) 佣金

1. 佣金的概念

佣金(commission)是代理人或经纪人为委托人进行交易而收取的报酬,佣金有"明佣""暗佣"两种。在价格条款中,对于佣金可以有不同的规定办法。

明佣的表示方法有三种:一是,用文字说明。如,USD 100 per M/T CIF London including(less) 3％ commission。二是,直接在贸易术语后面加上 commission 的缩写字母"C"和所付的佣金率。如,USD 100 per M/T CIF C 3％ London。三是,绝对数表示。如,Pay commission USD100 per M/T。

2. 佣金的计算

关于佣金的计算,关键是如何确定计算含有佣金的基数,其计算公式如下:

$$单位货物佣金额＝含佣价×佣金率$$
$$净价＝含佣价－单位货物佣金额,或者＝含佣价×(1－佣金率)$$

3. 佣金的支付

佣金可由卖方支付,也可由买方支付。可在交易达成时就向中间商支付佣金,或是卖方收到全部货款后,再另行支付佣金。关于卖方收到全部货款后支付,为防止误解,可以在卖方与中间商在建立业务关系之初予以明确,并达成书面协议,而交易达成就支付佣金,可能存在合同能否如期履行和顺利收到货款的风险。

案例 6－2

某进口合同,原定报价每套 USD10.00CIF 上海,现在客人要求加 5％的佣金。则在保持净收入不变的前提下,改报价格应是多少?

解析　CIF 净价＝10USD/set

CIF 含佣价＝10/(1－5％)＝10.53USD/set

因此,在保持净收入不变的前提下,改报 USD 10.53 per set CIF C 5％ Shanghai。

(二) 折扣

1. 折扣的概念

折扣是卖方在原价格的基础上给予买方的一定比例的价格减让。货价中的折扣,一般应在合同中订明,这种在价格条款中明确表明价格折扣的做法,称为"明扣";如果单价中没有表明折扣,而由买卖双方另行约定折扣的做法,称为"暗扣"。暗扣一般属于不公平竞争。

2. 明扣的三种表示方法

一是,用文字来说明表示,如,USD 100 per M/T FOB Dalian including(less) 2% discount。二是,用绝对数来表示。如,Discount USD 200 Per M/T。三是,在贸易术语中加注"D"(Discount)或"R"(Rebate)和折扣率来表示。如,CIF D 2% Singapore 或 CIF R 2% London。折扣一般由买方在支付货款时扣除。

3. 折扣的计算

折扣=原价×折扣率

卖方净收入=原价×(1-折扣率)

🜂 案例 6-3

某出口合同数量 1 000 件,单位价格金额为 USD10.00/PC CFR C 5 Losangeles Less 2% Discount,则发货后该出口企业收回多少货款? 需要支付多少佣金?

解析 单价折扣后余价=10×(1-2%)=9.8USD/PC/公斤

不含佣金的净价=9.8×(1-5%)=9.31USD/PC/公斤

佣金=9.8-9.31=0.49USD/公斤

所以,该出口企业共收回货款 9 310 美元(9.31×1 000),需要支付佣金 490 美元(0.49×1 000)。

二、出口商品成本核算

(一) 出口总成本

出口商品成本包括购货成本和国内流通费用或出口税,它不只是买方购进商品的简单成本,而是出口商品的国内总成本。

1. 购货成本(cost of purchasing)

即企业购进商品的原始进价和购入环节交纳的税金。比如,外贸公司从工厂购进 10 000 件衬衫,交易价格是每件 100 元,则这每件 100 元的价格中,还包含外贸公司承担的增值税(设增值税税率为 13%)100/(1+13%)×13%=11.50 元,所以该商品原始进价为 88.5 元,承担的增值税为 11.5 元。

2. 国内费用(domestic expenses)

即企业在从事商品购进、调拨、储存或提供劳务过程中所发生的费用支出,此外,有的还要考虑商品在贮存和流通中的一点损耗。具体如,加工整理费、包装费、保管费(仓储、火险等)、国内运输费用(仓库至码头)、证件费用(包括商检费、公证费、领事签证费、原产地证书费、许可证费、报关单费、海关规费)、装船费(贴现利息、集装箱费、起吊费、轮船费)、银行费用(银行利息、通知费、寄单费、电汇费、改证费)、邮电费等。

3. 出口退税(export tax refund)

即在国际贸易业务中,对我国报关出口的货物退还在出口前的生产环节和流转环节按税法规定缴纳的增值税和消费税,即出口环节免税且退还出口前一个纳税环节的已纳税款。

所以,出口总成本的计算方法有两种:

(1) 出口总成本(退税后)=出口商品进价+税金+国内费用-出口退税收入

(2) 出口总成本=出口商品进价+税金+国内费用

因此,出口商品价格构成,一般包括收购成本、包装费、国内运费、仓储费、检验费、运费、出口税费、启运港码头捐税、装货费(驳船费)、其他杂费、佣金和预期利润等。

注:对于工贸出口企业,其出口商品成本是生产成本(制造商生产某一产品所需的投入),或加工成本(加工商对成品或半成品进行加工所需的成本)和国内费用。

案例 6-4

某批出口货物的收购总成本为 CNY113 万(含增值税,增值税税率为 13%),国内费用总和为 CNY6.5 万,出口退税税率为 10%。则出口退税税额为多少?国内出口总成本为多少?

解析 该批货物出口退税税额=113/(1+13%)×10%=10 万元

缴纳的增值税税额=113/(1+13%)×13%=13 万元

该批货物国内出口总成本=113+6.5-10=109.5 万元

deep seek

进出口常见费用汉英翻译

海运费 ocean freight,集卡运费、短驳费 short haul fee,订舱费 booking charge,报关费 customs clearance fee,操作劳务费 labor fee or handling charge,商检换单费 exchange fee for CIP,换单费 D/O fee (delivery order fee),拆箱费 devanning fee,港杂费 port surcharge,提单退回费 B/L surrender fee,电放费 B/L telex release fee,冲关费 emergent declaration charge,海关查验费 customs inspection fee,待时费 waiting charge,仓储费

storage fee,改单费 amendment charge,拼箱服务费 LCL service charge,动、植检疫费 animal & plant quarantine fee,移动式重机费 mobile crane charge,进出库费 warehouse in/out charge,提箱费 container stuffing charge,滞期费 demurrage charge,滞箱费 container detention charge,卡车运费 cartage fee,商检费 commodity inspection fee,转运费 transportation charge,污箱费 dirty container charge,坏箱费用 container damage charge,清洁箱费 container clearance charge,分拨费 allocation charge,电汇手续费 T/T fee,转境费/过境费 transfer/transit charge,空运费 air freight,机场费 air terminal charge,空运提单费 airway bill fee,燃油附加费 fuel sur-charge(FSC),安全附加费 security sur-charge(SCC)。

(二)出口换汇成本

1. 出口外汇净收入(net export foreign exchange income in forex)

(1)出口外汇总收入(general foreign exchange income)。它是指对外销售出口商品所取得的所有外汇收入。

(2)出口外汇支出(export foreign exchange expediture)。出口业务活动中支出的外汇,如,国外运费、保险费、佣金、理赔费等。

(3)出口外汇净收入。出口外汇净收入=外汇总收入-外汇支出=FOB(FCA)净值。

2. 出口换汇成本(domestic cost per unit forex in export)

一般的,出口换汇成本=出口国内总成本(CNY)/出口外汇净收入(外汇,FOB 价)

当换汇成本高于银行外汇牌价则亏损,反之盈利。换汇成本越低越好,意味着获得同样的外汇收入,相对于通过现钞买入外汇,若通过国际贸易,则可用较少的国内资本获得。

(三)出口商品盈亏率

1. 出口盈亏额(profit or loss of export)

它是指出口外汇净收入按照收汇时的外汇牌价折算成本币以后,再与该批货物的国内出口总成本相减所得的差额。如果这个差额是正数,就说明这笔生意赚了钱;反之则说明亏损了。

2. 出口商品盈亏率(profit and loss rate of export commodities)

它是指出口商品盈亏额与出口总成本的比率。

3. 计算公式

出口商品盈亏率=(出口销售人民币净收入-出口总成本)/出口总成本×100%

该公式表明,如果出口商品盈亏率大于零,则出口盈利;反之,则亏损。

案例 6-5

某出口商品每公吨进货成本 5 000 元人民币,商品流通费用 2 000 元人民币,成交价格为 CIF 每公吨 1 200 美元,其中含运费 42.37 美元,保险费 8.58 美元。假设出口商品 200MT。则该商品的盈亏率及盈亏额各为多少?(美元兑换人民币的比价为 1∶7.722)。

解析　出口销售人民币净收入＝(1 200－42.37－8.58)×200×7.722
　　　　　　　　　　　　＝1 774 592.82 元人民币
出口总成本＝(5 000＋2 000)×200＝1 400 000 元人民币
出口盈亏额＝1 774 592.82－1 400 000＝374 592.82 元人民币
出口盈亏率＝374 592.82/1 400 000×100％＝26.76％
若企业要求有 30％利润率,则企业认为该笔交易应该取消。

(四) 出口创汇率

1. 出口创汇率(forex expansion ratio in export)

它是指加工后成品出口的外汇净收入与原料外汇成本的比率。如原料为本国产品,则外汇成本可以按照原料的 FOB 出口价计算。如原料是进口的,则按照该原料的 CIF 价计算。通过出口的外汇净收入和原料外汇成本的对比,可以看出成品出口的创汇情况,从而确定出口成品是否有利。特别是在进料加工的情况下,核算出口创汇率这项指标更有必要。

2. 计算公式

出口创汇率＝(成品出口外汇净收入－原料外汇成本)/原料外汇成本×100％

案例 6－6

某笔进料加工生意,进口原料的 FOB 价值为 EUR10 万,从欧洲运到国内的运杂费用为 EUR1 800.00,保险费 EUR330.00;加工成成品后的 CIF 出口价格为 USD18.3 万,其中,国外运杂费为 USD3 300.00,保险费 USD604.00,出口收汇当天欧元与美元的汇率为 100∶137.85。试计算该笔生意的出口创汇率。

解析
(1) 进口原料外汇总支出:
进口原料外汇总支出＝进口的 FOB 价格＋国外运费＋国外保险费
　　　　　　　　　＝100 000＋1 800＋330＝EUR102 130.00
(2) 加工成品出口外汇净收入:
加工成品出口外汇净收入＝出口的 CIF 价格－国外运费－国外保险费
　　　　　　　　　＝(183 000－3 300－604)÷1.378 5＝EUR 129 920.93
(3) 出口创汇率＝$\frac{成品出口外汇净收入－原料外汇成本}{进口原料外汇支出}$

$$=\frac{129\ 920.93－102\ 130.00}{102\ 130.00}×100％≈27.21％$$

课程思政

外汇储备

一个国家抵御国际风险的重要资产就是外汇储备,外汇储备规模越大,抵御国际风险能力就越强。1997年亚洲金融危机起源,就是泰国仅有300亿美元外汇储备,无法稳定泰国股市,最后实行浮动汇率。1997年亚洲金融危机的终结,则是在国际游资搅动香港股市时,香港和大陆联手稳定香港股市,最终国际游资败走香港,宣告亚洲金融危机结束。所以,每个国家都会积极鼓励出口赚取外汇,以稳定本国国际收支平衡和对外支付。

三、进口商品成本核算

进口商品成本一般包括原价、进口费用。

1. 进口原价

一般指卖方的报价,也称为基价,有 FOB、CFR、CIF 价等多种形式。

2. 进口费用

它一般随商品转移而变化。买方一般承担的进口费用有:卸货费、上岸费用、报关费,以及进口地检验费,此外,还会有利息费、邮电费和其他杂费。

所以,进口商品价格构成,一般包括进口商品的 FOB 价、国外运费、国外保险费、进口税费、目的港码头捐税、卸货费、检验费、仓储费、国内运杂费、其他杂费、佣金等。

四、国际商品报价

价格构成是贸易术语属性之一,交易双方对风险和费用的偏好不同,会有不同的贸易术语倾向,因此,需要掌握不同的价格术语之间的换算,这是交易磋商的实务必须掌握的技能之一。

(一) 主要贸易术语价格换算

1. FOB、CFR 和 CIF 价格构成

(1) FOB 价格＝进货成本价＋国内费用＋净利润

(2) CFR 价格＝进货成本价＋国内费用＋国外运费＋净利润

(3) CIF 价格＝进货成本价＋国内费用＋国外运费＋国外保险费＋净利润

2. FCA、CPT 和 CIP 价格构成

(1) FCA 价格＝进货成本价＋国内费用＋净利润

(2) CPT 价格＝进货成本价＋国内费用＋国外运费＋净利润

（3）CIP 价格＝进货成本价＋国内费用＋国外运费＋国外保险费＋净利润

3. FOB、CFR 和 CIF 三种贸易术语的换算

（1）已知 FOB 价格，则：

CFR 价＝FOB 价＋国外运费

CIF 价＝（FOB 价＋国外运费）/（1－保险加成×保险费率）

（2）已知 CFR 价格，则：

FOB 价＝CFR 价－国外运费

CIF 价＝CFR 价/（1－保险加成×保险费率）

（3）已知 CIF 价格，则：

FOB 价＝CIF 价×（1－保险加成×保险费率）－国外运费

CFR 价＝CIF 价×（1－保险加成×保险费率）

4. FCA、CPT 和 CIP 三种贸易术语的换算

（1）已知 FCA 价格，则：

CPT 价＝FCA 价＋国外运费

CIP 价＝（FCA 价＋国外运费）/（1－保险加成×保险费率）

（2）已知 CPT 价格，则：

FCA 价＝CPT 价－国外运费

CIP 价＝CPT 价/（1－保险加成×保险费率）

（3）已知 CIP 价格，则：

FCA 价＝CIP 价×（1－保险加成×保险费率）－国外运费

CPT 价＝CIP 价×（1－保险加成×保险费率）

案例 6－7

我国某贸易公司出口一批货物至伦敦，向英国客户报价为每公斤 12 美元 CIFC5％伦敦，客户要求改报 CFRC5％伦敦。查原报价按 CIF 加一成投保，保险费率为 0.5％。

在保持与原报价格不变的情况下，则：① CIF 净价为多少？② 保险费是多少？③ CFR 净价为多少？④ 应报价多少？⑤ 假设该批货物重量为 20 000 公斤，应支付多少佣金？

解析

（1）CIF 净价＝12×（1－5％）＝11.4USD/公斤

（2）保险费＝保险金额×保费率＝11.4×110％×0.5％＝0.062 7USD/公斤

（3）CFR 净价＝CIF 价×（1－保险加成×保险费率）

或 CFR 净价＝CIF 净价－保费＝11.4－0.062 7＝11.337USD/公斤

（4）应报价，即 CFR 含佣价＝11.337/（1－5％）＝11.934USD/公斤

（5）卖方应支付的佣金＝11.934×5％×20 000＝11 934USD

或卖方应支付的佣金＝(11.934－11.337)×20 000＝11 934USD

(二) 价格条款

价格条款一般包括商品的单价和总值两项基本内容。单价通常由四个部分组成,即计量单位、计价货币、单位价格金额和贸易术语。例如,每公吨 CIF 伦敦 350 美元(Per M/T US＄350 CIF London)。

总值(或者称总价)是单价同数量的乘积,也就是一笔交易的货款总金额。总值的计价货币应与单价使用的计价货币一致。

🐟... deep seek

进出口成本预算表实例

(可查阅 POCIB 百科- https://www.pocib.com/baike/练习填写进出口预算表)

出口成本预算表

有关项目	预算费用(AUD)	实际发生金额
汇率	AUD 1＝ USD 10 345 AUD 1＝USD 1.034 5	
成本样	收购价(含税进货价款) AUD 280 800.00 出口退税收入：AUD 32 304.42 A. 实际采购成本：AUD 248 495.53	280 800.00 32 304.42 248 495.58
费用	商检费：AUD 0.00 报关费：AUD 16.00 出口税：AUD 0.00 银行费用：AUD 313.97 其他：AUD 14.00 B. 国内费用：AUD 34 397	0.00 16.00 0.00 31 397 1 500 34 497
	出口总成本 C(FCB/FCA/FAS 成本)：AUD 0.00 C＝A＋B　　　　USD 0.00	0.00 0.00
	出口运费 F：　USD 1 682.00 　　　　　　　AUD 1 625.91 (CFR/CPT)成本：　AUD 250 465.45 (＝C＋F)　　　　USD 259 105.51	1 682.00 1 625.91 250 466.45 259 107.54
	出口保费 1：AUD 0.00 总保费率：　0.00　　‰ 投保加成：　0.00　　% 投保金额：　USD 0.00 CIF/CIP/DAP/DPU 成本：AUD 0.00 (＝C＋F＋I)　　　　USD 0.00	0.00 0.00 0.00 0.00 0.00 0.00

（续表）

有关项目	预算费用（AUD）	实际发生金额
报价样	预期盈亏率:25.35　　%	2 535
	预期盈利额或亏损额 P:USD 65 693.49	65 692.46
	对外报价(FCB/PCA/FAS):(=C+P)　USD 0.00	0.00
	对外报价(CFR/CPT):(=C+F+P)　USD 259 106.51	324 800.00
	对外报价(CF/CIP/DAP/DPU):(=C+F+I+P)　USD 0.00	0.00

进口成本预算表

标号	预算项目（EUR）		实际发生金额
汇率	EUR 1＝UDD 1.322 2		
	EUR 1＝USD 1.322 2		
1	FOB/FCA 成交价	USD 1 276 500.00	0.00
		EUR 965 436.39	0.00
2	国外运费:	UDS 7 290.00	7 290.00
		EUR 5 513.54	5 513.54
3	CFR/CPT 成交价:(=1+2)	USD 0.00	0.00
		EUR 0.00	0.00
4	国外保费:EUR 5 458.12		5 458.12
	总保费率:4.30　　‰		4.30
	投保加成:130.00　　%		130.00
	投保金额:USD 1 678 308.75		1 678 309.00
5	CIF/CIP 成交价:(=3+4)	USD 0.00	0.00
		EUR 0.00	0.00
6	进口关税:EUR 97 640.81		0.00
7	完税成本:(=5+6) EUR 1 074 048.86		10 971.66
8	商 检 费:EUR 0.00		0.00
	报 关 费:EUR 9.00		0.00
	消 费 税:EUR 119 338.76		0.00
	增 值 税:EUR 155 140.39		0.00
	其 他:EUR 0.00		0.00
	国内费用:EUR 274 488.15		
9	银行费用:EUR 965.44		0.00
	信用证费用:EUR 0.00		0.00
	信用证付款手续费:EUR 0.00		0.00
	D/A、D/P 付款手续费:EUR 965.44		0.00
	T/T 付款手续费:EUR 0.00		0.00
10	总成本:(=7+8+9)	EUR 1 349 502.45	10 971.66
		USD 1 784 312.14	14 506.73

标号	预算项目（EUR）	实际发生金额
11	国内市场销货收入：EUR 1 649 045.00	0.00
12	（预期）盈亏额：（＝11－10) EUR 299 542.55 预期盈亏率：22.20　　％	0.00 0.00

第三节　国际贸易商品价格实务

一、订立价格条款

（一）国际贸易合同价格条款案例

从下面（1）至（4）可以了解价格条款的一般签订模式，而（5）是实务中一名业务员的真实报价案例，这个案例是在特定背景下产生，具有实际价值参考。

（1）Unit price：USD 12 Per Metre CIF Dhaka INCOTERMS Ⓡ 2020。

（2）Unit price：USD 5 Million Per Set CIF Dhaka INCOTERMS Ⓡ 2020。

Remarks：The above basic price will be adjusted according to the following formula：$P = P_0 \times (A + B \times M/M_0 + C \times W/W_0)$... which based on the wage and price indexes published by the China Bureau of Statistics as of August 20，2021 and August 20，2022.

（3）Unit price：USD 12 Per Metre CIF Dhaka INCOTERMS Ⓡ 2020。

Remarks：Under this contract，one USD is equivalent to 0.95EUR，Both invoice and draft shall be made out in EUR。

（4）Unit price：USD 12 Per Metre CIF Dhaka INCOTERMS Ⓡ 2020。

Remarks：According to GBP：USD ＝ 100：183.00 at the time of signing the sales contract，if the exchange rate between the two increases (or decreases) by 1％，that is，the pound depreciates (appreciates) by 1％ against the US dollar at the time of payment，the contract shall be priced in GBP，and the price shall be increased (reduced) by 1％ accordingly at the time of payment.

（5）超详细报价案例

Item：ASDLoo2－8

① Material：200g/m² anti-pilling polar fleece
Price：RMB 45 000.00 per ton.
② The size of product：
Body：Length $45' \times 2.54 = 114.3$ cm

Width：$54' \times 2.54 = 137.16$ cm

The length of sleeve $22.5 \times 2.54 = 57.15$ cm

The size of body material：117 cm$\times 138$ cm$= 1.6146$ m^2

The size of sleeve material：$(59+35)$ cm$\times 59$ cm$= 0.5546$ m^2

The size of collar：3 m(length)$\times 0.028$ m(width)$= 0.084$ m^2

Total：2.2532 m$^2 \times 1.02$(2% wasting)$= 2.3$ m^2

2.3 m$^2 \times 200$ g/m$^2 \times$ RMB45 000.00/ton$/1000 \times 1000 =$ RMB20.7/PC

The cost of producing process

① Salary：Lath man RMB0.07/PC ＋ Sewing worker RMB 0.045/PC ＋ Folding worker RMB 0.045/PC ＋ Cutting worker RMB 0.012/PC ＋ Loading worker RMB 0.015/PC＝RMB 0.187/PC

② Inner bag and Label：RMB0.013/PC

③ Outer case：$34 \times 28 \times 30$cm＝RMB2.86/PC/50PCS＝RMB0.057/PC

④ The changes of clearance：RMB2 950$\div$100 000PCS＝RMB0.029 5/PC

⑤ Sewing threads. Elastics，the charges of electricity，sealing tape，the charges of machine depreciation and others：RMB 0.05/PC

⑥ The charges of management：RMB 0.06/PC

⑦ VAT：RMB 0.07/PC

①—⑦ Total：RMB 0.467/PC

For example，the exchange rate is 7.34，profit is 5%.

Quotation：RMB 20.7＋RMB 0.467＝RMB 21.167

RMB 2.167$\div$7.34＝USD 2.884

RMB 2.884$\times$1.05＝USD 3.03/PC

当然，报价时既可以用上面的 Word 形式，也可以用 Excel 形式进行报价，或用图表式报价方式。

(二) 订立价格条款应该注意的问题

(1) 合理确定商品的单价，防止作价偏高或偏低。

(2) 合同中的价格条款要与合同中的其他条款在内容上保持一致，不能发生抵触和矛盾。如不一致，则必须采用相应条款加以说明和调整。

(3) 根据拟采用的运输方式和销售意图，选择适当的贸易术语。

(4) 争取选用有利的计价货币，以免遭受币值变动带来的风险，必要时可以加订保值条款。

(5) 灵活运用各种不同的作价方法，力求避免价格变动的风险。

(6) 单价中涉及的计价数量单位、计价货币、装卸地名称等必须书写正确、清楚，以利于合同的履行。

(7) 参照国际贸易的习惯做法，注意佣金和折扣的合理运用。

（8）如对交货品质和数量订有机动幅度而又同意机动部分的价格另订的,必须明确确定另订价格的具体方法。

（三）报价策略与技巧

（1）首先要有明确的策略。作为卖方,报价时必须把握如下四个节点:成本价、最低价、目标成交价、报出价。

（2）注意交易对象,选择合适的报价法。欧洲报价时,需要从高到低报价,但常会出现你报价,客户未必还价,客户询盘,你报价,客户失踪,其中可能的主要原因是报出的价格虚高。而日本报价,一般是底价,但其他付款条件等较苛刻。印度客户特点是:低价,低价,再低价。

（3）提高报价效率,避免无谓丢单。价格不是影响报价的唯一因素,要考虑时差、时效、产品质量与特色、心理博弈、谈判措辞的变化、付款方式等,合理利用各种因素。具体报价方法有:分层报价法、货期差别法、哭穷法、样板工程法、装腔作势法、原料涨价法、循循善诱法、固定付款方式法、志存高远法、刺激客户法等。

⇨ ··· deep seek

国际报价法

传统的欧式报价法,是先报高价,等待买家还价,你来我往,形成双方接受的价格。而日式报价法是先报一个低价吸引顾客,其他条件不写,然后再通过不断增加产品的功能或交易条件,提高价格,最终形成双方满意的产品及其价格。比如,某品牌手机,900 元起!吸引客户咨询,发现手机配置很低,于是销售员推销其他型号,价格肯定上涨。还有分层报价法,比如,If the payment is 100% T/T in advanced, the price is 1 000USD/MT; If L/C at sight, 1 020 USD/MT; If L/C 30 days, 1 060 USD/MT。

（四）跨境电商报价

图 6-2 是阿里巴巴 168.com 全球采购批发平台某商家的商品报价信息截图。按销售包装报价,其相当于国内贸易报价,通常规定不同批发价,同时要考虑平台的各种运行费用。

图 6-3 是阿里巴巴国际站某卖家的商品报价信息截图。其出口成本核算基本同前文的出口报价,但是,该报价是属于贸易术语 DPU 或 DDP,同时,还要考虑电商平台的运行费用、各种促销费、海外仓储费、快件费以及折扣、退货损失计提等。

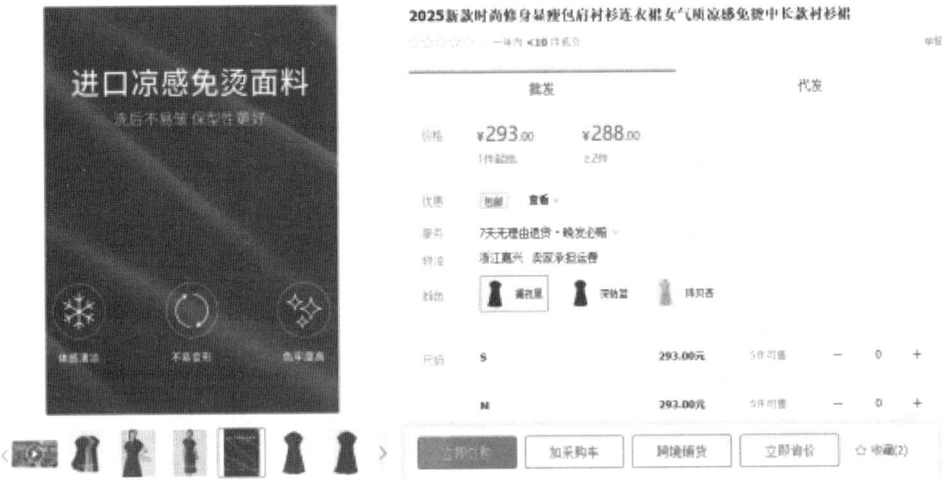

图 6－2　阿里巴巴全球采购批发平台某商家商品报价截图

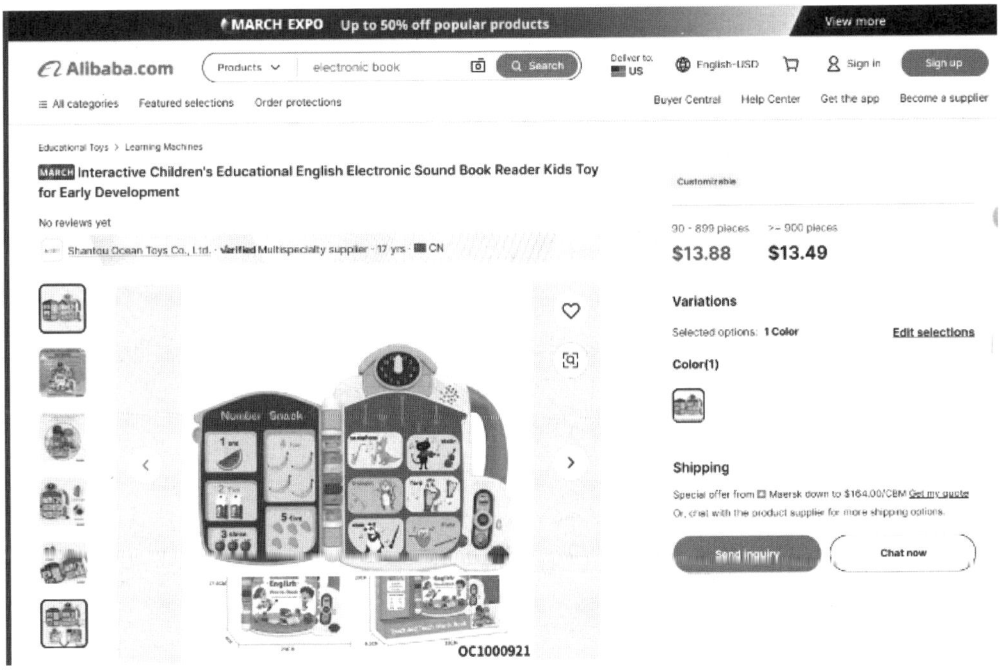

图 6－3　阿里巴巴国际站某卖家商品报价截图

二、报价实训

1. 出口健身椅(sit-up bench)1 000 只,出口价每只 22 美元 CIF 纽约,CIF 总价 20 000 美元,其中运费 2 260 美元、保险费 110 美元。进价每只人民币 113 元,共计人民币 113 000 元(含增值税 13%),费用定额率 10%,出口退税率 8%。当时银行外汇(美元)买入价为 6.32 元,企业要求利润至少为 10%,请计算该交易的换汇成本、出口盈亏率。该项交易是否能够进行?

解析

$$健身椅换汇成本=\frac{113\,000+(¥113\,000×10\%)-[¥113\,000÷(1+13\%)×8\%]}{USD22\,000-USD2\,260-USD110}$$

$$=\frac{¥116\,300}{USD19\,630}=¥5.92/USD$$

出口盈亏率=(19 630×6.32-116 300)÷116 300×100%=6.67%

所以,按照换汇成本指标该笔交易可以交易,但不能满足利润率 10% 的要求,故该项交易不能进行。

2. A foreign company intends to place an order of 1 000 pieces (about one 20′ FCL) of handicraft items. Before making an offer, the seller needs to calculate the price of FOB, CFR and CIFC5% based on the following data.

Basic data

Quantity: 1 000 pieces/20′ FCL(full container load)

Factory price: RMB 120/piece (added value rate: 13%)

TAX rebate: 11%

Domestic transportation charges: RMB 2 000/20′ FCL, 1 000 pieces/20′ FCL

Administration charges: 3% of factory price

Lending rate per year (360 days): 6.20%

Lending days: 60 days

Bank commission: 0.25% of sales price

Ocean freight: US $1 600/20′ FCL (1 000 pieces)

Insurance premium rate: 0.80%

Anticipated profits: 10%

Exchange rate: US $/RMB=1/6.75

Calculation

(1) Actual cost =Factory price without added value−tax rebate

=120−120/(1+13%)×11%= RMB 108.32/piece

(2) Domestic transportation charges: 2 000/1 000= RMB 2/piece

(3) Administration charges: 120×3%= RMB 3.6/piece

(4) Lending charges：$120 \times 6.2\% / 360 \times 60 =$ RMB 1.24/piece

(5) Bank commission：$0.25\% \times$ sale price

(6) Oceanic Freight：$1\,600 \times 6.75 / 1\,000 = 10.8$ RMB/piece

(7) Insurance premium $=$ CIF price $\times (1+10\%) \times 0.8\%$

(8) Anticipation profits：sales price $\times 10\%$

FOB price $= (108.32 + 2 + 3.6 + 1.24)/(1 - 0.25\% - 10\%) =$ RMB 128.31/piece

$\qquad\qquad = $ US\$ 128.31/6.75 $=$ US\$ 19.01/piece

CFR price $= (108.32 + 2 + 3.6 + 1.24 + 10.8)/(1 - 0.25\% - 10\%)$

$\qquad\qquad =$ RMB 143.94/piece $=$ US\$ 143.94/6.75 $=$ US\$ 21.32/piece

CIF price $= (108.32 + 2 + 3.6 + 1.24 + 10.8)/[1 - 0.25\% - 10\% - (1+10\%) \times 0.8\%]$

$\qquad\qquad =$ RMB 143.94/piece $=$ US\$ 145.41/6.75 $=$ US\$ 21.54/piece

3. 出口报价实训。

背景资料　2021 年 2 月 28 日,艾托进出口有限公司外贸业务员戴英收到墨西哥客户 Cameo 的询盘,订购一款冰激凌杯 Ice Cream Cup 45 312 只,刚好装一个 40 英尺高柜,要求每只冰激凌杯底部贴条形码,4 只冰激凌杯装入一个牛皮纸小盒,12 盒放入一个外箱。产品出厂含税价为每只冰激凌杯 2.05 元,条码 0.01 元,小盒 0.4 元,外箱 4.8 元。外箱尺寸为 $61 \times 41 \times 28.5$ cm³,每箱净重为 18 KG,毛重为 19 KG。

(1) 如果设定该笔业务利润为 80 000 元人民币,美元牌价按 USD1＝RMB￥6.88/6.90 计,工厂到南京港拖车报关租船订舱等国内费用为 6 500 元,玻璃制品出口退税率为 10%,请计算 FOB NanJing。(计算结果保留到小数点后 2 位)

(2) 通过几次磋商,2021 年 3 月 16 日,艾托进出口有限公司与工厂达成每只冰激凌杯 1.85 元,条码 0.01 元,小盒 0.4 元,外箱 4.8 元,国内费用为 3 500 元,其他条件不变。同时与该客户 Cameo 达成以下协议。

① 单价:0.30 美元/个,FOB 中国上海港,依据 INCOTERMS ® 2020。

② 数量:22 656 个。

③ 支付:20% 合同金额在合同签订后 7 天内电汇支付,余款采用凭提单传真件支付。

④ 运输:从中国上海港至墨西哥曼萨尼略港 Manzanillo,装一个 20 英尺整柜,允许转运。

根据以上信息,若 3 月 16 日的美元牌价按 USD1＝RMB￥6.88 计,计算:

① 换汇成本是多少?

② 出口 1 美元能获得多少元人民币利润?

(计算过程中的数值要保留到小数点后 3 位,最后结果保留到小数点后 2 位)

解析

(1) 采购成本＝$2.05 + 0.01 + 0.4/4 + 4.8/48 = 2.26$ 元/个

出口退税额＝采购成本÷(1+增值税率)×出口退税率

$\qquad\qquad = 2.26 \div (1+13\%) \times 10\% = 0.20$ 元/个

出口成本＝采购成本－出口退税额＝2.26－0.20＝2.06 元/个

国内费用＝6 500÷45 312＝0.143 元/个

出口利润＝80 000÷45 312＝1.773 元/个

FOB NanJing ＝出口成本＋国内费用＋出口利润

＝(2.06＋0.143＋1.773)÷6.88＝0.58 美元/个

(2) 采购成本＝1.85＋0.01＋0.4/4＋4.8/48＝2.06 元/个

出口退税额＝采购成本÷(1＋增值税率)×出口退税率

＝2.06÷(1＋13%)×10%＝0.18 元/个

国内费用＝3 500÷22 656＝0.154 元/个

国内出口总成本＝采购成本－出口退税额＋国内费用

＝2.06－0.18＋0.154＝2.034 元/个

换汇成本＝国内出口总成本(本币)÷FOB 价(外币)＝2.034÷0.30＝6.78 元/美元

则出口 1 美元能获得人民币利润＝6.88－6.78＝0.1 元/美元

4. 进口报价实训。

背景资料 2021 年下半年浙江金苑进出口有限公司拟从德国 H&B CO. LTD.进口 2 台检测设备,B 公司最初报价总金额为每台 CIP 上海港 EUR16 000.00。双方经过多次技术交流和商务谈判后,于 2021 年 2 月 23 日签订购销合同,合同编号为 2021ABXYZ-001;合同成交价比最初报价优惠 5%;合同付款条件是合同签订后 7 个工作日内 T/T 支付德国公司 10%的预付款,合同总额的 80%以卖方为受益人的不可撤销即期 L/C,余额 10%凭买方签字的设备验收报告 T/T 支付。运输方式为空运,从法兰克福至上海,不允许转运和分批装运,最迟装运日期为 2021 年 4 月 15 日。

该设备的进口关税为 5%,进口增值税为 13%;该批货物的报关及国内运输保险费用合计 6 000 元;参考的外汇牌价分别是买入价 EUR100＝RMB723.22,卖出价 EUR100＝RMB728.70。预期国内销售价格为 RMB¥149 500.00/个。计算该笔业务的预期销售利润率。(计算过程中的数值保留到小数点后 3 位,最后结果保留到小数点后 2 位)

解析

(1) CIP＝16 000.00×(1－5%)×7.2870＝110 762.24 元/台

(2) 进口费用:

① 进口关税＝进口关税的完税价格×进口关税率

＝CIF×进口关税率 5%＝110 762.24×5%＝5 538.12 元/个

② 进口增值税＝进口增值税的完税价格×进口增值税率

③ 实缴增值税＝国内销售价格÷(1＋增值税率)×增值税率－进口增值税

④ 进口增值税＋实缴增值税＝国内销售价格÷(1＋增值税率)×增值税率

＝149 500.00÷(1＋13%)×13%＝17 199.12 元/个

⑤ 国内费用＝6 000÷2＝3 000 元/个

⑥ 进口费用＝5 538.12＋17 199.12＋3 000

＝25 737.24 元/个

(3) 整理得：进口利润＝国内销售价格－进口价格CIF－进口费用

$$＝149\,500.00－110\,762.24－25\,737.24＝13\,000.52\text{ 元/个}$$

(4) 预期销售利润率＝进口利润÷国内销售价格

$$＝13\,000.522÷149\,500.00＝8.70\%$$

5. 工贸一体企业报价实践。

工贸一体化企业，即生产型外贸企业，对外报价一般属于公司老板及采购经理和财务部门的事，由专门的核算人员把价格算好交给外贸业务员。他们是基于EXW的简单报价。

适合水运的三种价格关系是：

FOB价＝成本＋净利润

CFR价＝成本＋国外运费＋净利润

CIF价＝成本＋国外运费＋国际运输保险＋净利润

这里，成本是指生产成本＋材料成本＋其他费用，若是外贸公司，其他费用包括但不限于：加工整理费、包装费、保管费、国内运输费、证件费（产地证费、许可证费、报关单费）、报关检验费、码头费、银行手续费、邮电费（电话、传真、快递）、预计损耗等。

在报价时还要考虑外汇牌价及银行汇率，其中汇买价（银行买入外汇的价格，也称现汇买入价）和汇卖价（银行卖出外汇的价格，也称现汇卖出价），一般为公司与银行交易。而钞买价（银行买入外币现钞的价格，也称现钞买入价）和钞卖价（银行卖出外币现钞的价格，也称现钞卖出价），一般是个人与银行的交易。中间价（也称基准价）是外汇管理局公布的当天的外汇牌价。作为出口商对外报价时，用到的外汇牌价是现汇买入价。因为出口商收汇时一般收到的都是现汇，并且从银行角度来讲是向出口商买入外汇、银行卖出人民币，而中间价在外贸中一般用不到。

为减少报价的复杂性，可以不考虑退税，直接将退税算作利润的一部分，这样工贸一体企业报价如下（EXW价为出厂价）：

FOB价＝（EXW价＋本地出口费用/数量）/当前现汇买入汇率

CFR价＝[EXW价＋（本地出口费用＋海运费）/数量]/当前现汇买入汇率

CIF价＝[EXW价＋（本地出口费用＋海运费＋保险费）/数量]/当前现汇买入汇率

本章小结

本章主要知识点有进出口货物成本、增值税、国际商品作价方法、衡量交易可行性指标、价格换算，以及价格条款实务等，它们之间的知识逻辑关系如图6-4所示。

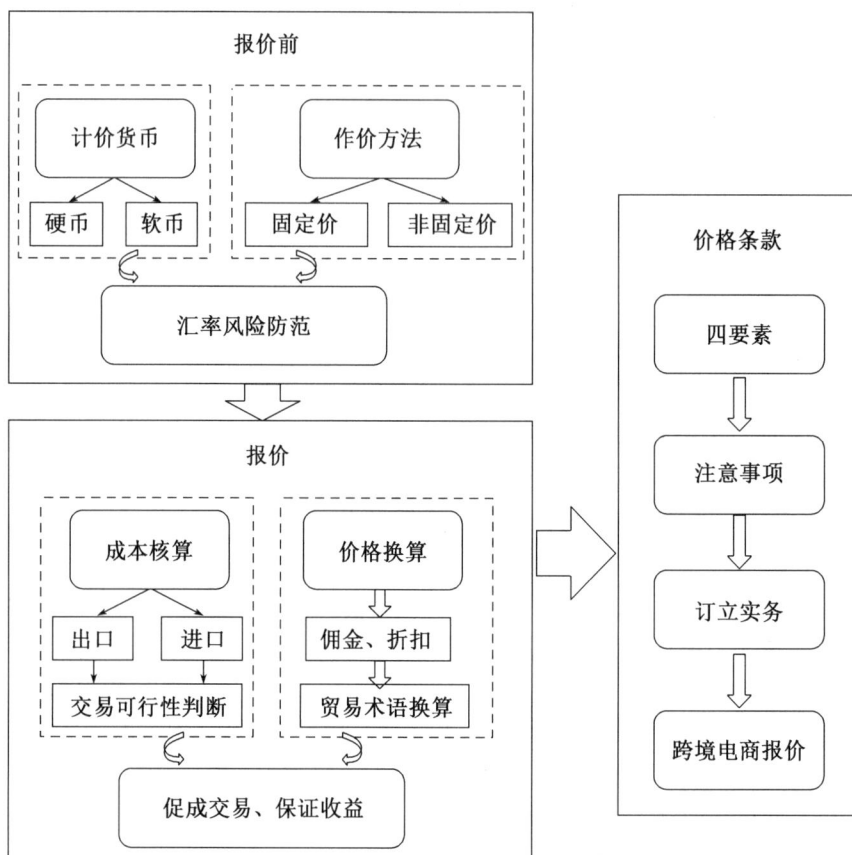

图 6‑4　本章知识逻辑关系图

... 练习题

一、判断对错

1. 如果出口换汇成本低于计价货币汇率的买入价表明出口商存在盈利。　（　　）

2. 我国某公司出口某商品外销价为每公吨 103 美元 CIF 纽约,外商要求该公司报 CFR 纽约价,保险费率 1%。则该商品的 CFR 纽约出口报价是每公吨 100 美元 CFR 纽约。
（　　）

3. 买卖双方在合同中规定"Calculated according to the international market price on the date of bill of lading",这是一种固定作价的方法。　（　　）

4. 佣金和折扣都是在出口方收到全部货款之后支付。　（　　）

5. 在国际贸易中,由于是采用某一种货币单位进行交易的,在浮动汇率制度下,各国外汇在供求关系不平衡等因素的影响下会时涨时落。在签订合同后,该种货币若升值,会造成买方的风险,若贬值则会造成卖方的风险。　（　　）

二、单项选择

1. 卖方按照原价给予买方一定百分比的减让,即在价格上给予适当的优惠。这是( )。

　　　A. 佣金　　　　　B. 折扣　　　　　C. 预付款　　　　　D. 订金

2. 中国西安某出口公司向美国西雅图某商人出售一批货物,中方原报价为CIFC3%西雅图每公吨10 000美元,后美商要求改报净价CIF,试问:中方改报价应为每公吨( )美元?

　　　A. 10 000　　　　B. 10 300　　　　C. 9 800　　　　D. 9 700

3. 国际贸易货款的支付中选用计价货币的原则是( )。

　　　A. 收硬付硬　　　B. 收硬付软　　　C. 收软付硬　　　D. 收软付软

4. 佣金的支付方式多采用( )。

　　　A. 汇付　　　　　B. 托收　　　　　C. 信用证　　　　　D. 银行保函

5. 我国某公司出口商品每箱1 000美元CFR2%纽约,若对方要求佣金增至5%,我方要保持外汇收入不变,应报价( )。

　　　A. CFRC5%纽约1 000美元　　　　　B. CFRC5%纽约1 050美元

　　　C. CFRC5%纽约1 029美元　　　　　D. CFRC5%纽约1 031.58美元

6. 某合同条款规定"每公吨CIF大阪100美元",这种价格为( )。

　　　A. 净价　　　　　B. 含佣价　　　　　C. 离岸价　　　　　D. 成本价

7. The total export cost of a commodity is 14 000 yuan, and the net foreign exchange income after export is 2 000 dollars. If the foreign exchange rate of the Bank of China is 100 dollars to 830 yuan, the export profit and loss ratio of the commodity is ( ).

　　　A. 18.5%　　　　B. 18.75%　　　　C. 18.57%　　　　D. 18.65%

8. Which of the following statement about China's export unit price is correct ( ).

　　　A. 1 000 pounds per metric ton FOB London

　　　B. 100 French francs per dozen FOB net price minus 1% discount

　　　C. 3.50 dollars per yard CIF C 2% Singapore

　　　D. 500 pounds CFR net price Liverpool

9. A trading company exports 10 000 sports shoes. The purchase price (after tax) of each shoe is 70 Yuan, the tax rebate rate is 11%, fixed cost of company is 5%, the price of export is 9.68 Dollars per pair CIF New York, freight is 4 350 Dollars, premiums are 1 100 Dollars. Assuring the current value added tax rate is 13%. So export exchange cost of this transaction is ( ).

　　　A. 7.33Yuan/USD　　　　　　B. 7.30 Yuan/USD

　　　C. 6.68 Yuan/USD　　　　　　D. 6.60 Yuan/USD

10. The total cost of commodity export is 1 500 000 yuan, and the net foreign

exchange income after export is 280 000 US dollars. According to the foreign exchange rate of the Bank of China at that time，it is 1：6.23，then the export profit and loss rate is （   ）.

  A. 13.7%   B. 14.8%   C. 16.3%   D. 18.1%

三、多项选择

1. 在出口谈判过程中,出口商提高价格让进口商接受的理由包括(   )。

  A. 延长付款时间   B. 劳动力成本上涨

  C. 原材料价格上涨   D. 缩短付款时间

2. 下列有关英国某公司业务员出口到我国上海某货物的报价中,正确的有(   )。

  A. 每公吨 500 美元 CIF 上海   B. 每公吨 500 美元 FCA 上海

  C. 每公吨 500 美元 FOB 上海   D. 每公吨 500 美元 CFR 上海

  E. 每公吨 500 美元 FCA 伦敦

3. 衡量企业外贸能力的常用指标有(   )。

  A. 出口商品盈亏率   B. 出口商品换汇成本

  C. 出口创汇率   D. 佣金

4. 贸易合同中的非固定价格,一般规定方法有(   )。

  A. 固定价格   B. 暂不固定价格

  C. 暂定价格   D. 滑动价格   E. 协定价格

5. The price composition of CFR，CIF，CPT，CIP includes （   ）.

  A. purchase cost   B. freight

  C. insurance premium   D. profit

  E. commission

6. A trading company exports 10 000 units of arts and craft which cost 300 000 Yuan (30 Yuan per unit)，other domestic cost：8 000RMB，export profit：10%，freight：10 units/CTN，1 000 cartons，carton size：25 cm×56 cm×32 cm，GW：32 kg，NW：30 kg，the freight to Europe is calculated by W/M as 12 Dollars per ton. The price of 40′ containers to Europe：3 500 Dollars，insurance by 110% of the invoice，value against all risks at the premium rate of 0.8% foreign sales price：USD 4.85/pc CIF London. calculate the export exchange cost respectively by container or by cargo，which of the following choices below are correct （   ）. (exchange rate：1 Dollar＝7.61RMB)

  A. Total export cost＝308 000 Yuan

  B. Cost by container，Export exchange cost＝6.91 Yuan/Dollar

  C. Cost by cargo：Export exchange cost＝7.31 Yuan/Dollar

  D. Other choices are correct

四、计算

1. 已知我国某企业出口男式衬衫一批,对外报价为每打 50 美元 CFR 纽约,国外客户要求改报 CIFC5% 纽约,假设按发票金额的 120% 投保,保险费率为 1.05%。我方应报

价多少美元才能保持外汇净收入不变?(保留两位小数)

2. 我国某玩具企业向澳大利亚出口儿童遥控玩具汽车 2 000 辆,出口价为每辆 17.50 美元 CIF 悉尼,其中装运港至目的港运费 2 160 美元、保险费 112 美元。每辆儿童遥控玩具汽车国内进价及各种费用加总为 119.7 元人民币,试计算该儿童遥控玩具汽车的出口换汇成本。(保留两位小数)

3. 以每公吨£1 248 CIF 青岛进口铜 50 公吨,加工铜锁 25 000 打出口,每打£3.40 CIF 达累斯萨拉姆,每 25 打装一箱,毛重 30 公斤,尺码 0.039 6 立方米,铜锁按 W/M10 级计算运费,青岛至东非航线 10 级货基本费率 135 元人民币加货币贬值附加费 35.8%,再加燃油附加费 27%,投保一切险和战争险合计费率 2.04%,试计算进料加工的外汇增值率。(1 英镑兑人民币 9.119 3 元)

4. Our foreign trade company exported 50 pieces of certain goods, each with a gross weight of 80kg and a volume of 100 cm × 40 cm × 25 cm. The domestic purchase price of each piece is 117 yuan(value-added tax rate is 17%), and the export tax rebate rate is 5%. Assuming that the total domestic expenses of this business are 3 000 yuan, a profit of 10 000 yuan is required. It found that the basic freight rate per ton of freight to London Port is US Dollar 80 (the standard for freight calculation is W/M), and extra charges are 10% port surcharge, and 15% direct surcharge. The seller was required to quote the unit price of CFR London. Please calculate the cost of the export exchange. (The exchange rate between US dollar and RMB is 1 : 8)

5. A UK client ordered 1 000 traveling bags, requiring CIF 5% Liverpool, other conditions: domestic purchase cost of traveling bags is 50 Yuan per price, other dominant cost is 5 000 Yuan, the expected profit rate is 10%. The bags packaged in cartons, 20 bags per carton. Freight is 20 dollars per carton from starting port to Liverpool. Overseas shipping premium defined as 0.8% by CIF, which adds 10% insurance against all risks and war risks. (Exchange rate of RMB against UD $ is 6 : 1). Please offer your price.

第七章
国际货款结算

货、款安全自己掌握 🏃

学习目标

认识国际贸易中货款结算的重要性
掌握国际贸易货款结算的基本内容
包括国际结算的工具、国际结算的方式
了解国际货款结算的发展趋势和风险防范
熟悉国际贸易货款结算的实务操作

职场案例

我国西部一家地方食品企业,想把产品打入国际市场,但其以前只做国内生意,从来没有做过出口生意。通过咨询和调查,发现国际贸易与国内贸易的规则大不相同。特别是货款结算时,国际贸易企业通常都要与银行打交道,常常使用美元而不是人民币。公司领导人特别想知道:出口货款如何回到自己公司账户上?怎么结算最安全?向国外出口商品会有什么风险?企业现在流动资金比较短缺时有什么办法可以解决?作为国际贸易专业的学生,如何给该企业老板解答?

案例思考:要解决这家企业的这些问题,企业相关人员需要学习哪些国际结算知识?

国际结算是指跨国界的资金转移过程,涉及不同国家之间的货币兑换和支付。这个过程对于国际贸易、投资和金融活动至关重要。国际结算的知识点非常广泛,以下是一些关键的概念和要素。

常用的国际结算方式有:电汇(telegraphic transfer, T/T),即通过银行之间的电讯系统进行的快速资金转账。票汇(remittance by banker's demand draft, D/D),即以银行即期汇票作为支付工具的汇款方式。信用证(letter of credit, L/C),即银行根据买方的申请,向卖方开具的一种保证付款的书面文件。托收(collection),即卖方通过银行向买方收取货款的支付方式,分为即期付款交单(D/P at sight)、远期付款交单(D/P after sight)和承兑交单(D/A)。

常用的结算工具:汇票(bill of exchange),即一种无条件的书面支付命令,要求受款人在见到汇票时或在指定的时间内支付一定金额给收款人或其指定人。支票(check),即由存款人签发,要求其开户银行支付一定金额给持票人或指定人的书面命令。

结算风险:信用风险,即交易对手无法履行支付义务的风险。市场风险,即汇率波动导致的潜在损失。操作风险,即由于内部流程、人员、系统或外部事件导致的损失风险。法律风险,即由于法律制度不完善或法律解释的差异导致的风险。

外汇市场:汇率,两种货币之间的兑换比率。外汇交易,它包括即期交易(spot transactions)、远期交易(forward transactions)、掉期交易(swap transactions)和期权交易(option transactions)。

国际结算机构有:SWIFT(Society for Worldwide Interbank Financial Telecommunication),它提供安全的金融报文服务,是国际银行间进行跨境支付和信息交换的主要渠道。国际清算银行(Bank for International Settlements,BIS),它是国际中央银行的合作机构,促进货币政策的讨论和国际金融稳定。

... 课程思政

SWIFT 国际结算系统

当前国际结算体系是 SWIFT 国际结算系统,它是一种用于传输结算信息的通信系统,SWIFT 全称"环球同业银行金融电讯会"。世界上资金结算还有其他系统,比如CHIPS、CHAPS 等,但是结算量占比较小。2022 年 2 月爆发的俄乌危机,美国为首的西方国家将俄罗斯剔除 SWIFT 国际结算系统,被称为美国的"金融核弹"。此事件进一步说明,旧的国际秩序是维护西方发达国家利益的,暴露出西方资本贪婪嗜血的本性。

作为外贸业务员,时刻要了解货物或单据在哪里,是否安全,一定要思考谁对货、款有控制权。

第一节　国际货款结算工具

票据作为国际间统一的结算和信用工具,有广义和狭义之分。广义的票据指所有商业上作为权利凭证的各种单据(documents of title)和金融票据(financial documents),如股票、债券、仓单、提单、保险单、汇票、本票、支票等,人们常将其中的股票、债券等称为有价证券,把发票、提单、保险单等称为单据或商品单据。狭义的票据,根据我国票据法规定,是指汇票、本票和支票,本章讨论的主要是狭义的票据。

一、汇票(draft 或 bill of exchange)

(一) 汇票的定义

汇票是国际结算中使用最广泛的一种信用工具,它是一种委付证券。

《中华人民共和国票据法》(以下简称《票据法》)规定:"汇票是出票人签发的,委托付款人在见票时,或者在指定日期无条件支付确定的金额给收款人或者持票人的票据。"

《英国票据法》规定,汇票是一人向另一人签发的,要求他在即期或定期或可以确定的将来时间向某人或某指定人或持票来人无条件支付一定金额的书面命令。

《日内瓦统一票据法》虽然未作相关定义,但是它规定了汇票是具备下列要项的票据:① "汇票"字样;② 无条件支付命令;③ 付款人名称和付款地点(未记载付款地点时可以付款人营业场所、住所或经常居住地为付款地);④ 付款期限(未记载付款期限视为见票即付);⑤ 出票地点和日期(未记载出票地点时可以出票人营业场所、住所或经常居住地为出票地);⑥ 出票人名称和签字;⑦ 一定金额货币;⑧ 收款人名称。

汇票的定义虽然在表达方式上有所不同,但均以不同方式表达了确定的当事人以确定的方式结清债权债务关系的行为。2017 年 12 月 1 日,《公共服务领域英文译写规范》正式实施,汇票的标准英文为 money order。

(二) 汇票当事人

1. 基本当事人

汇票的基本法律关系最少有三个当事人:出票人、受票人和收款人。

(1) 出票人(drawer),是开立票据并将其交付给他人的法人、其他组织或者个人。出票人对持票人及正当持票人承担票据在提示付款或承兑时必须付款或者承兑的保证责任。收款人及正当持票人一般是出口方,因为出口方在输出商品或劳务的同时或稍后,向进口商发出此付款命令责令后者付款。

(2) 受票人(drawee/payer),又叫"付款人",是指受出票人委托支付票据金额的人、接受支付命令的人。进出口业务中,通常为进口人或银行。在托收支付方式下,一般为买方或债务人;在信用证支付方式下,一般为开证行或其指定的银行。

(3) 收款人(payee),是凭汇票向付款人请求支付票据金额的人。是汇票的债权人,一般是卖方,是接收货款的人。

2. 其他当事人

其他当事人是指在除出票行为外的其他票据行为中产生的当事人,这些行为可能也同时涉及基本当事人,但此时他们的身份有所不同。

（1）背书人（endorser），也称为票据的转让人，是在汇票背面签字并将汇票交付给他人，表明将汇票上的权利转让的人。

（2）被背书人（endorsee），也称为票据的受让人，指从背书人手里接受票据的当事人。背书人在背书转让时通常写上受让人的名称，即新的持票人。如果背书转让继续下去，原来的被背书人成为新一轮转让的背书人，并出现新的受让人，即新的被背书人。被背书人的权利与收款人相似，包括收款、转让、追索三方面。

（3）承兑人（acceptor），远期汇票的付款人在汇票上签字承诺到期付款的责任，即承兑后的付款人，是汇票的主债务人。

（4）参加承兑人（acceptor for honour），当远期汇票的付款人拒绝承兑或无法承兑时，由愿意充当的第三者参加汇票的承兑，即承兑汇票，成为参加承兑人，也是汇票的债务人。

（5）保证人（guarantor），是以自己的名义对出票人、背书人或承兑人等加以保证的人。保证一经作出，保证人即与被保证人同责。按惯例，票据正面若有出票人和付款人之外的其他人签字，就算没有"保证"字样，此人也被视为保证人。《日内瓦统一票据法》规定，保证人既可以是非票据债务人，也可以是票据债务人。我国《票据法》规定保证人必须由非票据债务人充当。

（6）持票人（holder），指收款人或被背书人或执票来人，是目前正在持有汇票的人。他是票据权利的主体，享有付款请求权、追索权和票据转让权。《英国票据法》对持票人有对价持票人和正当持票人之分，不同持票人享有的票据权利不同。

（三）汇票的内容

汇票是一种要式证券，所以，要具有票据的效力，必须具备法定的形式要件、载明必要的法定事项。但是各国法律对此要求并非完全一致。

1. "汇票"字样

我国《票据法》和《日内瓦统一票据法》都规定：汇票上必须标明"汇票"字样，以区别于本票和支票，同时也有利于明确各当事人的权利和责任。《英国票据法》无此要求，但在其结算实务中签发的汇票也大都有"汇票"字样。

2. 无条件的支付命令（unconditional order to pay）

汇票是出票人给付款人的无条件支付命令，故而必须有无条件支付委托的文句，而且应该不受任何限制，不能将其他行为的履行或事件的发生作为其先决条件。因此，如果汇票上规定诸如"于货物抵达目的地后才付款""出售某批货物所得价款中支付某人××万元"等附加条件或限制，则汇票无效。但是，在汇票上加注出票条款（draw clause）以表明汇票的起源交易，例如"按某号信用证开立""按某合同装运某货物"等，并不构成支付的附加或限制条件。支付委托书应当是书面的，包括手写、打字或印刷的，但不能用铅笔书写。

3. 确定的金额（the sum certain in amount of money）

汇票的支付标的必须是金钱，而且数额必须确定，即按照票据文义，任何人计算的应付金额都能得到同样的结果,而不会发生歧义。如有利息条款,则必须规定利率,同时还应该说明计息天数。汇票金额同时以文字和数字表示的,两者应当相符。若有差异,按照《英国票据法》和《日内瓦统一票据法》的规定,应以文字表示的数额为准。但我国《票据法》第 8 条规定:"票据金额以中文大写和数码同时记载的,两者必须一致。两者不一致的,票据无效。"

4. 付款人名称(drawee payer)

各国票据法都要求汇票必须载明付款人的姓名或商号名称。汇票付款人名称和地址应当书写清楚,以便收款人或持票人向其提示付款或承兑。① 根据票据法的一般规则,在汇票上签字的人,是汇票的债务人,承担付款或担保的责任。② 付款人承兑前,其对汇票没有付款义务。出票人为汇票的主债务人;付款人承兑后,付款人承担汇票的付款责任,成为汇票的主债务人,而出票人降为汇票的从债务人。

5. 收款人名称(payee)

《英国票据法》认为,汇票上可以指定收款人,也可以不指定收款人,而仅写付给持票人。但按我国《票据法》和《日内瓦统一票据法》,收款人名称是汇票必须记载的事项。

我国《票据法》第 22 条规定,汇票必须记载收款人名称,未记载收款人名称的汇票无效。这种规定表明我国的汇票必须是记名汇票而不允许签发不记名汇票。这主要是从票据使用的安全性考虑的。因为不记名汇票转让时,持票人不必在汇票上背书,仅凭交付即可转让,汇票的受让人如果再进行转让,也凭交付即转让。由于汇票上既没有转让人的签章,也没有受让人的名称,票据转让的真实情况从汇票上无法反映出来,票据转让关系不明确。同时,转让人不在汇票上签字,也就不承担票据责任,这对保护持票人的票据权利是不利的。而记名式汇票则不同,收款人必须经过背书才能转让汇票,不能仅凭交付进行转让。

汇票的收款人,又称为"抬头",根据不同的写法有以下三种:① 限制性抬头。例如,"仅付给甲公司"(Pay A Co. only)或"付给甲公司,不准转让(Pay A Co. not transferable)"。这种汇票不能经背书进行转让。② 指示式抬头。例如,"付给甲公司或其指定人(Pay to A Co. or order;Pay to the order of A Co.)"。这种载有指示性抬头的汇票可以经过背书转让。③ 来人抬头。按《英国票据法》,汇票可以做成来人抬头,即在汇票上不指定收款人名称,而只写明"付给持票人(Pay holder)"或"付给来人(Pay bearer)"字样。这种汇票可以仅凭交付汇票本身即可进行转让,而无须由持票人背书。

6. 出票日期(date of issue)

我国《票据法》和《日内瓦统一票据法》规定,汇票应当记载出票日期,否则汇票无效。《英国票据法》则认为出票日期不是汇票必须记载的事项。如果汇票未填写出票日期,持票人可以将自己认为正确的日期填入。

汇票记载出票日期的作用有三个:① 决定票据的有效期。按票据法的一般规则,票据均有一定的有效期,持票人必须在有效期内向付款人提示要求付款或承兑。② 决定付款到期日。以汇票出票日期推算付款到期日的远期汇票,就必须明示出票日期,否则无从计算付款日期。③ 判定出票人的行为能力。例如,出票人在出票时已被宣告破产、清理,则可判定出票人在出票时已经丧失行为能力。该汇票应为无效汇票。

7. 出票人签章(signature of drawer)

各国票据法都规定,汇票必须有出票人签名才能生效。我国《票据法》第 22 条也把"出票人签章"作为汇票必须记载的事项之一。如果汇票的出票人是企业法人,则必须由其授权的代表签字。

按照我国《票据法》规定,以上七项是汇票的绝对记载事项,缺少任何一项,该汇票无效。

8. 付款到期日(date on which payment becomes due)

汇票的付款到期日就是汇票所载金额的支付日期,又称付款期限。《英国票据法》规定到期日不是汇票的必备项目,未载明到期日的汇票按见票即付处理。《日内瓦统一票据法》虽然规定汇票应载明付款时间,但也允许有例外,对未载明付款时间的汇票视为见票即付。我国《票据法》则规定:汇票上记载付款日期应当清楚、明确,未记载付款日期的视为见票即付。

在实际业务中,汇票付款日期的记载形式主要有四种:

(1) 见票即付(at sight 或 on demand)。收款人向付款人提示汇票的当天,即为付款到期日。

(2) 定日付款(at a fixed date)。例如,汇票载明"于 2023 年 11 月 15 日付交(on Nov. 15,2023)"。

(3) 出票日后定期付款(at a determinable date after the date of drawing a draft)是指自出票日期起算确定付款日期。例如,"汇票出票日期后 30 天后付交(at 30 days after the date of the draft)"。

(4) 见票日后定期付款(at a determinable date after sight)是指自收款人向付款人提示并经承兑之日起推算确定付款日期。例如,"见票后 30 天付款(at 30 days after sight)"。

另外,在实践中还有使用"运输单据出单日期后定期付款"的做法,例如,"提单日期后 30 天付款(at 30 days after date of bill of lading)"。

计算到期日的方法各国票据法的规定大致相同:

(1) 算尾不算头。例如,见票日为 3 月 15 日,付款期限为见票日后 30 天,则应从 3 月 16 日起算 30 天,到期日为 4 月 14 日。

(2) 假日顺延。上例如果 4 月 14 日为银行节假日,则付款期限应延至下一个银行营业日。

(3) 月为日历月,以月为单位计算付款期限的,指日历上的月份。如汇票规定见票后 3 个月付款,见票日为 3 月 15 日,到期日应为 6 月 15 日。

(4) 到期日无相同日期即为月末,如见票日为 1 月 31 日,见票后 1 个月、2 个月、3 个月付款,到期日应分别为 2 月 28 日(如遇闰年,则为 29 日)、3 月 31 日、4 月 30 日。

9. 出票地点和付款地点(place of issue,place of payment)

出票地点和付款地点的记载,对涉外汇票具有重要意义,因为按照国际惯例,汇票所适用的法律多采用行为地法律的原则。《日内瓦统一票据法》明确规定:汇票应当记载出票地点和付款地点。未载明出票地点的,以出票人的营业场所、住所或居住地作为出票地点。我国《票据法》虽未将出票地点和付款地点列为必要项目,但也明确规定汇票上记载的付款地、出票地等事项的,应当明确清楚;未记载付款地的,付款人的营业场所、住所或者经常居住地为付款地;汇票上未记载出票地的,出票人的营业场所、住所或经常居住地为出票地。

以上第8项和第9项是相对记载项。除上述项目外,汇票还可以有一些票据法允许的其他内容的记载,例如:利息和利率、付一不付二、禁止转让、免作拒绝证明、汇票编号、出票条款等。

➡ ··· deep seek

汇票示例

作为国际贸易中最常用的票据,汇票的式样随国家、银行的不同,式样有所差异,但汇票的基本内容都一致。图7-1是某汇票实例,供参考。

```
                    BILL OF EXCHANGE

凭               WESTPAC BANKING CORPORATION        不可撤销信用证
Drawn           ADELAIDE, AUSTRALIA                Irrevocable L/C No.        AD25009/504919
Under

日期                                              支 取
Date            MAY, 23. 2021                     Payable With interest    @   ％按息付款

号码                    汇票金额                              南京
No.      9005      Exchange for   USD32095.00     Nanjing    AUG. 15, 2001 NANJING, CHINA

                    见票                          日后(本汇票之副本未付)付交
                    at         ············       sight of this FIRST of Exchange (Second of
                                                  Exchange Being unpaid)

        Pay to the order of        BANK OF CHINA JIANGSU BRANCH

金额
the sum of      SAY U. S. DOLLARS THIRTY TWO THOUSAND AND NINETY FIVE ONLY.

此致     WESTPAC BANKING CORPORATION
To      ADELAIDE, AUSTRALIA

                                          DESUN TRADING CO. , LTD.

                                          (Authorized Signature)
```

图7-1　汇票实例

（四）汇票的种类

1. 按出票人不同,可分为商业汇票和银行汇票

商业汇票(trade bill)是指出票人是商号、企业或个人,付款人可以是商号、个人,也可以是银行。在国际贸易结算中,出口商用逆汇法,向国外进口商收取货款并签发的汇票,即属商业汇票。

银行汇票(banker's bill)的出票人和付款人都是银行。银行汇票由银行签发后,交汇款人,由汇款人寄交国外收款人,然后凭汇票向付款行取款,此种汇款方式称为顺汇法。

2. 按有无附有货运单据,可分为光票和跟单汇票

光票(clean bill)是不附带货运单据的汇票。光票的流通完全依靠当事人的信用,即完全看出票人、付款人或背书人的资信。在国际贸易中,对少量货运,或收取保险费、运费等其他费用,可采用光票向对方收款。

跟单汇票(documentary bill)是附带货运单据的汇票,以承兑或付款作为交付单据的条件。除了有当事人的信用外,还有货物的保证。因此,在国际贸易中,这种汇票使用较为广泛。

3. 按付款时间不同可以分为即期汇票和远期汇票

即期汇票(sight bill, demand bill, sight draft)指持票人向付款人提示后对方立即付款的汇票,又称见票或即付汇票。

远期汇票(time bill, usance bill)是在出票一定期限后或特定日期付款的汇票。在远期汇票中,记载一定的日期为到期日,于到期日付款的,为定期汇票;记载于出票日后一定期间付款的,为计期汇票;记载于见票后一定期间付款的,为注期汇票;将票面金额划为几份,并分别指定到期日的,为分期付款汇票。

4. 远期商业汇票按承兑人分为商业承兑汇票、银行承兑汇票

商业承兑汇票(commercial acceptance bill)是以银行以外的任何企业或个人为承兑人的远期商业汇票。

银行承兑汇票(banker's acceptance bill)即承兑人是银行的远期商业汇票。

5. 按流通地域不同分为国内汇票和国际汇票

国内汇票(domestic bill of exchange)是指在本国签发并在本国支付的汇票,亦即在本国范围内流通的汇票,是不具有涉外因素的汇票。例如,汇票上的全部当事人均为中国人,且票据上的全部行为都发生在中华人民共和国境内的汇票。

国际汇票(international bill of exchange)是指汇票的流通地在两个或两个以上国家,出票地和付款地不在一个国家,或者都在国外的汇票,是具有涉外因素的汇票。

（五）汇票使用程序

汇票使用过程中的各种行为,都由票据法加以规范,主要有出票、提示、承兑和付款。

如需转让,通常应经过背书行为。如汇票遭拒付,还需做成拒绝证书和行使追索权。

1. 出票(issue)

出票人签发汇票并交付给收款人的行为。出票后,出票人即承担保证汇票得到承兑和付款的责任。如汇票遭到拒付,出票人应接受持票人的追索,清偿汇票金额、利息和有关费用。

2. 提示(presentation)

提示是持票人(holder)将汇票提交付款人要求承兑或付款的行为,是持票人要求取得票据权利的必要程序。提示又分付款提示和承兑提示。即期汇票是付款提示,远期承兑汇票付款人见票后先办理承兑手续,此时首次提示是承兑提示。

3. 承兑(acceptance)

承兑是指付款人在持票人向其提示远期汇票时,在汇票上签名,承诺于汇票到期时付款的行为。具体做法是付款人在汇票正面写明"承兑(accepted)"字样,注明承兑日期,于签章后交还持票人。付款人一旦对汇票作承兑,即成为承兑人以主债务人的地位承担汇票到期时付款的法律责任。

4. 付款(payment)

付款人在汇票到期日,向提示汇票的合法持票人足额付款。持票人将汇票注销后交给付款人作为收款证明。汇票所代表的债务债权关系即告终止。

5. 背书(endorsement)

汇票是可流通转让的证券,根据我国《票据法》规定,除非出票人在汇票上记载"不得转让"外,汇票的收款人可以以记名背书的方式转让汇票权利,即在汇票背面签上自己的名字,并记载被背书人的名称,然后把汇票交给被背书人即受让人,受让人成为持票人,是票据的债权人。受让人有权以背书方式再行转让汇票的权利。基于安全考虑,我国《票据法》也规定背书必须是记名背书,被背书人如要转让汇票,也必须背书。在汇票经过不止一次转让时,背书必须连续,即被背书人和背书人名字前后一致。对受让人来说,所有以前的背书人和出票人都是他的"前手",对背书人来说,所有他转让以后的受让人都是他的"后手",前手对后手承担汇票得到承兑和付款的责任。在金融市场上,最常见的背书转让为汇票的贴现,即远期汇票经承兑后,尚未到期,持票人背书后,由银行或贴现公司作为受让人,从票面金额中扣减按贴现率结算的贴息后,将余款付给持票人。

6. 拒付和追索(dishonor & recourse)

持票人向付款人提示,付款人拒绝付款或拒绝承兑,均称拒付。另外,付款人逃匿、死亡或宣告破产,导致持票人无法实现提示,也称拒付。出现拒付,持票人有追索权,即有权向其前手(背书人、出票人)要求偿付汇票金额、利息和其他费用的权利。在追索前必须按规定作出拒绝证书和发出拒付通知。拒绝证书,用以证明持票已进行提示而未获结果,由付款地公证机构出具,也可由付款人自行出具退票理由书,或有关的司法文书。拒付通知,用以通知前手关于拒付的事实,使其准备偿付并进行再追索。

案例 7-1

出口合同中规定的付款条件为装运月前 15 天电汇付款,但买方延至装运月中才从邮局寄来一张银行汇票。为了保证按期交货,出口企业于收到该汇票的次日即将货物托运,同时委托银行代收票款。1 个月后,接银行通知,因该汇票系伪造,已被退票。此时,货已抵达目的港,并已被买方凭出口企业自行寄去的单据提走。事后追偿,对方已人去楼空。对此损失,出口方的主要教训何在?

分析　出口合同规定的支付条款为装运月前 15 天电汇付款,这个是对卖方有利的条款,可是卖方没有坚持这个条款。

买方延至装运月中始从邮局寄来银行汇票一张,这就是陷阱的开始,电汇通过银行是直接可以进入卖方账户的,而这种票汇只是买方行为,需要通过邮局。

为保证按期交货,出口企业收到汇票次日即将货物托运,卖方的交货应该在买方装运月前 15 天电汇付款之后,可这时已经变成了卖方只考虑按期交货,这个按期,实际上就等于同意了买方的那个一纸"废"票。

同时委托银行代收票款,1 个月后,接银行通知,因该汇票是伪造,已被退票。银行间合作也有合理的工作日,1 个月的时间显然是不合理的工作期间,当委托银行代收票款时,就应该问清楚银行间的每一步是如何操作的,最迟几天可以得到最后的答复。

货已到目的地,并已被买方凭出口企业自行寄去的单据提走。在卖方没有得到买方的货款前,最后一步就是提单(货物所有权)的处理;卖方有足够的时间让买方清楚:在没有收到货款前,不会邮寄有关装船单据。这样的话,物权还在卖方手里,买方是不能提货的。

对此次损失,我方主要教训:一是,买方没有按照出口合同规定的支付条款即装运月前 15 天电汇付款,就等于买方首先违约,原合同已经失效,而卖方就应该重新谈判,而不是"为保证按期交货",为这个失效的合同按期交货。二是,装运后邮寄的单据。合同已经失效,卖方在承担着巨大风险托运了货物,物权的凭证——提单就是最后的保证了,再次把卖方的利益在无保护的情况下,拱手让给"骗子"买方。

二、支票(cheque)

(一) 支票的定义

支票是出票人签发的,委托办理支票存款业务的银行或者其他金融机构在见票时无条件支付确定的金额给收款人或者持票人的票据。同样,支票制度也适用汇票的有关规定,所以,我们只介绍针对支票不同于汇票的特殊规定。

(二) 支票的内容

支票记载事项包括:绝对记载事项、相对记载事项、非法定记载事项。

（1）绝对记载事项：① 表明"支票"字样；② 无条件支付委托；③ 确定的金额；④ 付款人名称；⑤ 出票日期；⑥ 出票人签章。此是票据法规定必填的记载事项，如欠缺某一项记载事项，则该票据无效。

（2）相对记载事项：① 付款地（如果支票上未记载付款地的，则付款地为付款人的营业场所）② 出票地（支票上未记载出票地的，则出票人的营业场所、住所、经常居住地为出票地）。此是指票据法规定应当记载而没有记载，如未记载，可以通过法律规定进行推定而不会导致票据无效。

（3）非法定记载事项：① 支票的用途；② 合同编号；③ 约定的违约金；④ 管辖法院等。非法定记载事项并不发生支票上的效力。

我国《票据法》和《支付结算办法》规定：支票的金额和收款人名称这两项为绝对记载事项，可以通过出票人以授权补记的方式记载。注意未补记前不得使用。

（三）支票的种类

1. 记名支票(cheque payable to order)

记名支票是在支票的收款人一栏，写明收款人姓名，如"限付某甲"(pay A only)或"指定人"(pay A order)，取款时须由收款人签章，方可支取。

2. 不记名支票(cheque payable to bearer)

不记名支票又称空白支票，支票上不记载收款人姓名，只写"付来人"(pay bearer)。取款时持票人无须在支票背后签章，即可支取。此项支票仅凭交付而转让。

3. 一般支票(uncrossed cheque)

一般支票又称开放支票(open cheque)，即非划线支票。持票人既可以委托银行收款入账，也可由持票人自行提取现金。只要提示的票据合格，支票的付款银行就得立即付款，但是这种支票一旦遗失，容易被人冒领。

4. 划线支票(crossed cheque)

划线支票是在支票正面划两道平行线的支票。划线支票与一般支票不同，划线支票只能委托银行领取票款。支票的划线人可以是出票人，也可以是持票人或代收银行。使用划线支票的目的是在支票遗失或被人冒领时，还有可能通过银行代收的线索追回票款，因此使用较为广泛。

其具体形式有以下五种：① 只有两道平行线，平行线内无批注，仅代表是转账票据。② 两道平行线内注明"ABC Company"字样。③ 两道平行线内加注"not negotiable（不可流通）"字样，它可由收款人委托任何银行收取票款。④ 两道平行线内加注 "account payee（请入收款人账户）"或 "not negotiable account payee（不可流通，请入收款人账户）"，那么收款人只能委托其往来银行收款入账。⑤ 在平行线内写明具体收款银行的划线支票，如两道平行线内加注 "account payee with A Bank London（由伦敦 A 行收入收款人账户）"，持票人只能委托票面写明的银行收账，这种划线支票也称为特别划线支票(special crossed cheque)。

5. 保付支票(certified cheque)

保付支票是指为了避免出票人开出空头支票,保证支票提示时付款,支票的收款人或持票人可要求银行对支票"保付"。保付是由付款银行在支票上加盖"保付"戳记,以表明在支票提示时一定付款。支票一经保付,付款责任即由银行承担。出票人、背书人都可免于追索。付款银行对支票保付后,即将票款从出票人的账户转入一个专户,以备付款,所以,保付支票提示时,不会退票。

6. 银行支票(banker's cheque)

银行支票是由银行签发,并由银行付款的支票,也是银行即期汇票。银行代顾客办理票汇汇款时,可以开立银行支票。

7. 现金支票(cash cheque)

现金支票是专门制作的用于支取现金的一种支票。当客户需要使用现金时,随时签发现金支票,向开户银行提取现金,银行在见票时无条件支付给收款人确定金额的现金。

(四) 支票的特点及使用注意事项

支票结算的特点概括起来说就是简便、灵活、迅速和可靠,其在使用过程中需要注意的事项有:第一,支票是委付证券,但支票的付款人比较特殊,必须是有支票存款业务资格的银行或非银行金融机构。第二,我国的支票只有即期支票,支票无承兑制度。第三,支票可以背书转让,但用于支取现金的支票不得背书转让。第四,我国《票据法》规定,支票的提示付款期限自出票日起 10 天(从签发支票的当日起,到期日遇假日顺延)。第五,支票签发的日期、大小写金额和收款人名称不得更改,其他内容有误,可以划线更正,并加盖预留银行印鉴之一证明。第六,支票发生遗失,可以向付款银行申请挂失止付;挂失前已经支付,银行不予受理。第七,出票人签发空头支票、印章与银行预留印鉴不符的支票,银行除将支票作退票处理外,还要按票面金额处以 5% 但不低于 1 000 元的罚款。持票人有权要求出票人赔偿支票金额 2% 的赔偿金。

案例 7-2

我国某公司在"广交会"上与一外商签订一项出口合同,并凭外商在"广交会"上递交的,以国外某银行为付款人的,金额为 6 万美元的支票,在 2 天后将合同货物装运出口。随后,我出口公司将支票通过我国国内银行向国外付款行收款时,被告知该支票为空头支票。试分析我方应吸取的教训。

分析　我方工作存在失误。在收到对方支票后,应立即委托国内银行凭该支票向国外付款行收款,待货款收妥后再发货。

此外,要有自我保护意识。要选择资金雄厚,信誉良好的贸易伙伴;如果进口商交来支票作为支付凭证,为了防止对方开来空头支票,可以要求对方出具"保付支票",以防上当受骗。

在内贸中,支票应用较多,图7-2是国际贸易中某支票实例,供参考。

THE BANK OF COMMUNICATION(账户行)

(支票金额)US＄5 000.00,Bei Jing, 3rd. May. 2003(出票时间地点)

Pay against this check to the order of (收款人) STK trading Co. Ltd

The sum of (大写金额) US DOLLARS FIVE THOUSAND ONLY.

图7-2 支票实例

三、本票(promissory note)

(一) 本票的定义

本票是指出票人签发的,承诺自己于到期日无条件支付一定金额给收款人或持票人的票据。这种票据只涉及出票人和收款人两方。出票人签发本票并自负付款义务。

(二) 本票的内容

根据我国《票据法》规定,本票要求具备以下的必要项目:

(1) 标明其为"本票"字样;

(2) 无条件支付承诺;

(3) 出票人签字;

(4) 收款人或其指定人姓名(无收款人名字则以持票人为收款人);

(5) 确定的金额;

(6) 出票日期。

本票的相对记载项包括出票地点、付款地点等,与汇票一样。任意记载的事项与汇票的记载事项也相同,目的均在于提高本票的信用和保证其流通的顺利进行,包括本票到期后的利率、利息的计算,本票是否允许转让,是否缩短付款的提示期限,在发生拒绝付款时,对其他债务人通知事项的约定。

在国内,本票多用于个人银行业务中,图7-3是国际贸易中某本票实例,供参考。

Promissory Note

(本票金额)＿＿＿＿＿＿＿＿＿,＿＿＿＿＿＿＿＿＿(出票日期地点)

On the ＿＿＿＿＿＿＿＿＿(付款时间) fixed by the Promissory Note

We promise to pay to the order of ＿＿＿＿＿＿＿＿＿(收款人)

The sum of ＿＿＿＿＿＿＿＿＿(大写金额)

＿＿＿＿＿＿＿(出票人)

(signed)

图7-3 本票示例

(三) 本票的种类

本票的划分方法多种多样。

1. 根据签发人的不同,可分为商业本票和银行本票

商业本票(commercial promissory note),又叫一般本票,出票人为企业或个人,票据可以是即期本票,也可是远期本票。由于它是建立在商业信用基础上的,本票的出票人负有绝对付款责任,而其付款能力又缺乏有效的保证,所以商业本票的使用范围渐渐缩小,除大企业还会签发本票外,现在中小企业很少签发。

银行本票(casher's order),出票人是银行,只能是即期本票。银行本票分为定额本票和不定额本票两种,我国支付结算定额本票的面额有 1 000 元、5 000 元、10 000 元和500 00 元四种,不定额本票的金额则由出票人和收款人约定。我国《票据法》规定的本票,即银行本票。

2. 根据付款时间的不同,可分为即期本票和远期本票

即期本票(sight/demand promissory note),指经提示见票即付的本票,持票人自出票日起随时可以要求出票人付款。我国的本票均为即期本票,仅具备支付功能。

远期本票(time/usance promissory note),指持票人只能在到期日才能要求出票人付款的本票。远期本票又可以分为定期本票、出票后定期付款本票和见票后定期付款本票。目前在国际贸易中,远期商业本票一般用于出口买方信贷,当出口国银行把资金贷放给进口国的商人以支付进口货款时,往往要求进口商开立分期付款的本票,经进口国银行背书保证后交贷款银行收执,这种本票不具有流通性,仅作为贷款凭证。

3. 根据有无收款人之记载,可分为记名本票、不记名本票

记名本票(registered promissory note),是指记载收款人名称的本票,其转让应以背书的方式进行。在我国只有记名本票。

不记名本票(bearer promissory note),是指不记载收款人名称或记载为"来人"或"持票人"的本票。我国的《票据法》不承认不记名式本票。不记名银行本票流通到市场上会增加流通中的货币数量,因而各国均不允许商业银行发行定额不记名本票。商业银行可以发行不定额的记名银行本票。

除了上述划分方法之外,本票还有其他的划分方法。本票根据当事人是否在同一国家,可以分为国内本票和国际本票;根据支付货币的不同,可以分为本币本票和外币本票;根据其金额记载方式的不同,可分为定额本票和不定额本票;根据支付方式的不同,可分为现金本票和转账本票。

(四) 本票的特点

(1) 本票是票据的一种,具有一切票据所共有的性质,是无因证券、设权证券、文义证券、要式证券、金钱债权证券、流通证券等。

(2) 本票是自付证券,它是由出票人自己对收款人支付并承担绝对付款责任的票据。

这是本票和汇票、支票最重要的区别。在本票法律关系中,基本当事人只有出票人和收款人,债权债务关系相对简单。

(3)无须承兑。本票在很多方面可以适用汇票法律制度。但是由于本票是由出票人本人承担付款责任,无须委托他人付款,所以,本票无须承兑就能保证付款。

第二节　国际货款结算方式

两个不同国家的当事人,因为商品买卖、服务供应、资金调拨、国际借贷而需要通过银行办理的两国间外汇收付业务,叫作国际结算。当前的结算体系是以票据为基础、单据为条件、银行为中枢的非现金结算体系。

一、国际汇付(remittance)

(一)国际汇款的含义

汇款,又称汇付,是最简单的国际贸易货款结算方式。采用汇付方式结算货款时,卖方将货物发运给对方后,有关货运单据由卖方自行寄送买方,而买方则径自通过银行将货款交给卖方。

(二)国际汇款的当事人

1. 汇款人(remitter)

汇款人即付款人,在国际贸易中通常是买方或经贸往来中的债务人,汇款人在委托汇出行办理汇款时,应注意以下几方面:

(1)需填写汇出行提供的格式化的汇款申请书。汇出汇款申请书是汇款人和汇出行之间的一种契约。汇款人应根据实际情况填写申请书,如收款人的名称、地址、国别,开户行名称、账号,汇款的货币、金额,使用何种汇款方式(如电汇、票汇还是信汇),汇款的用途等,并应填写准确。由于汇款申请书的错漏而引起的延误、差错等后果由汇款人自己负责。

(2)提交外汇管理部门要求的单据。由于我国是外汇管制国家,汇款人还必须根据我国外汇管理局的要求,在汇出汇款时将有关单据交银行审核。

(3)向汇出行交付汇款资金并支付汇款手续费。

2. 汇出行(remitting bank)

汇出行即接受汇款人的委托汇出款项的银行。国际贸易中汇出行通常是买方所在地银行。在汇出行接受汇款申请书时起,其与汇款人之间的契约关系与效力就此成立,汇出行应按汇款申请书的内容及选择的汇款方式办理该笔汇出汇款,并正确无误地将款项交给收款人。若由于汇出行未按汇款申请书的要求而产生的差错,由汇出行承担;若因货款不及时到位或错漏,或因转汇行、汇入行的错漏、延误而引起的问题,须根据具体情况,查明原因,分清责任。

汇出行应注意以下几个方面:① 认真审核汇出汇款申请书,对不符合要求的,甚至对顺利解付产生不利影响的,须根据情况请汇款人补充、修改,必要时可退回申请书,不予受理。② 要根据外汇管理的要求,认真审核汇款人提供的有关单据,审核材料的真实性和一致性。③ 必须在汇款人的现金或支款凭证入账后,即汇款人的账户有足够的汇出金额才能办理汇出汇款;严禁透支后汇出汇款。

3. 汇入行(receiving bank)

汇入行即接受汇出行委托解付汇款给收款人的银行,也称为解付行。在国际贸易中通常是汇出行的代理行,一般在卖方所在地。

汇入行应注意以下几个方面:① 解付汇入款项必须严格按照汇出行的支付授权书办理,不能擅自改变内容,否则由此引发的后果由汇入行承担。② 收到支付授权书,必须根据具体情况核验其真伪。如为信汇、票汇,均需核对其印鉴;如为加押电报,必须核对其密押;如使用 SWIFT,必须检查其使用的报文格式是否为有效的加密格式。

4. 收款人(payee)

收款人即接受汇付款项的人,在国际贸易中通常是卖方或其他经贸往来中的债权人。

我国收款人在收到汇入行的通知时,应注意:认真审核并确认该笔款项是否属于自己的款项;根据我国国家外汇管理的要求提供相关资料;对有疑问的汇款,要及时请汇入行查询;对有条件的汇款,收款人若希望接受该笔汇款,必须配合解付行的工作办理交单或履行汇出行要求的义务和责任。

(三) 国际汇款的种类及流程

1. 国际汇款的种类

(1) 电汇(telegraphic transfer,T/T)

电汇是汇出行以电报、电传或 SWIFT(环球银行金融电讯协会)等电讯手段向汇入行发出付款委托的一种汇款方式。

采用电汇方式交付款项的速度快,且银行可以通过核对密押证实汇款的真实性,因此是各种汇款方式中使用最多的一种方式,但其费用也相对较高。

(2) 信汇(mail transfer,M/T)

信汇是以航空信函向汇入行发出付款委托指示的一种汇款方式。信汇的费用相对较低,但耗时长,因此,业务中较少使用。

(3) 票汇(remittance by banker's demand draft,D/D)

票汇是以银行即期汇票作为支付工具的汇款方式,即汇出行应汇款人的要求开立以其分行或代理行为解付行的银行即期汇票,并将该汇票交给汇款人,由其自行寄给收款人或亲自交给收款人,最后由收款人凭票向付款行收款。票汇业务的特点是:

① 取款灵活。电汇、信汇的收款人只能向汇入行一家取款,而汇票的持票人既可以持汇票去指定的汇入行兑现资金,也可以将汇票交由自己的往来银行委托其向指定的汇入行办理汇票资金托收。汇票可以由汇款人自行携带或邮寄,并在有效期内可以随时取款。

② 手续简便。汇入行不负通知债权人取款之责,不必花时间、人力去通知收款人,节省了手续。

③ 风险较大。自行携带或邮寄使得汇票遗失或损毁的可能性增加,背书转让又可能引起纠纷,这一切都增加了风险。

④ 银行可无偿占用资金。因汇票的出票、邮寄、携带或者转让需要一定的时间,银行在此期间可以无偿占用客户的资金。

2. 国际汇款的流程

(1) 电汇流程

汇款人和收款人之间约定使用电汇方式汇款后,接下来的汇款业务流程如图 7-4 所示:

图 7-4 电汇流程示意图

(2) 信汇流程

汇款人和收款人之间约定使用信汇方式汇款后,接下来的汇款业务流程如图 7-5 所示。

电汇/信汇流程简要说明:

① 汇款人(进口商或债务人)填写电汇/信汇申请书,缴款付费。

② 汇出行受理业务,将电汇/信汇业务回单交予汇款人(进口商或债务人)。

③ 汇出行通过电报、电传或 SWIFT 向汇入行发出支付授权书(也叫支付委托书)委托汇入行解付款项给收款人(出口商或债权人)。

④ 汇入行收到委托后,通知收款人前来收取款项。

⑤ 收款人收到取款通知后,在收款联上签字(或盖章)交汇入行。

⑥ 汇入行付款给收款人。

⑦ 汇入行向汇出行发"付讫通知"后,二者之间进行资金结算。

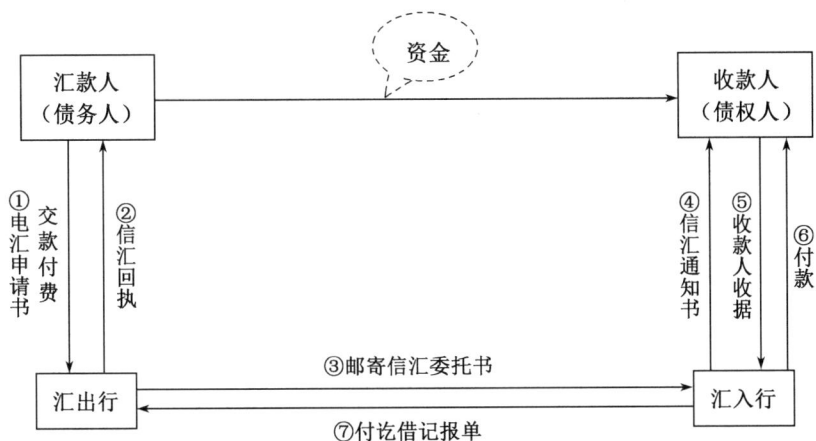

图 7－5　信汇流程示意图

(3) 票汇流程

汇款人和收款人确认使用票汇方式汇款后,接下来的汇款业务流程如图 7－6 所示:

① 汇款人(进口商或债务人)向汇出行提交票汇申请书并交纳款项。

② 汇出行受理业务,签发即期银行汇票给汇款人。

③ 汇款人将汇票寄给(或带给)收款人(出口商或债权人)。

④ 汇出行受理业务后并寄送汇票的票根给汇入行留存。

⑤ 收款人(出口商或债权人)收到即期银行汇票后,亲自或委托往来银行将其向汇入行提示要求付款。

⑥ 汇入行核对汇票及票根无误后向收款人(出口商或债权人)付款。

⑦ 汇入行将付讫通知寄送汇出行,然后汇入行、汇出行之间进行结算。

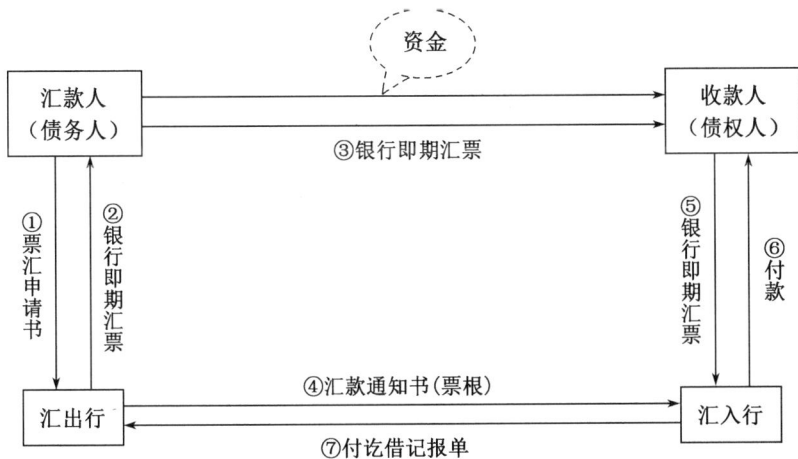

图 7－6　票汇流程示意图

（四）汇款结算方式的特点与风险防范

1. 汇款结算方式的特点

（1）商业信用为基础

在国际贸易中，汇款结算方式是以银行作为中介来结算进出口双方的债权债务关系的。它可以单独使用，也可以与其结算方式结合使用。即使在使用其他结算方式时，资金的实质性划拨最终也是以汇款方式完成的，所以它是基本的结算方式。银行在款项汇出的全过程中承担收、付委托款的责任，并因此收取汇款费用，但银行不介入买卖双方合同的履行，不对其中任何一方的责任、义务提供任何的担保。在国际贸易结算中，进出口商若在合同中商定采用汇款方式结算，则出口商能否安全收回货款将取决于进口商的信用，因此汇款结算方式属于建立在商业信用基础上的结算方式。

（2）风险大

对于货到付款的卖方来说，能否收汇或能否按时收汇，完全取决于买方的信用，如果买方信用不好，则可能钱货两空。对于预付货款的买方来说，能否按合同约定收到货物，则取决于卖方的信用，如果卖方信用不好，也可能钱货两空。

（3）资金负担不平衡

对于货到付款的卖方或预付货款的买方来说，资金负担较重，整个交易过程中需要的资金，几乎全部由自身一方来提供。

（4）手续简便，费用少

汇付的手续比较简单，银行的手续费用也较少，所以在国际贸易中的预付货款及货款尾款结清上使用较多。

（5）顺汇方式

在汇付方式中，汇款人（进口商）主动把资金和汇款申请书一起交给汇出行，由其依据申请书的要求填写支付委托书或银行汇票（作为结算工具）给汇入行，同时把资金转移给汇入行交给收款人（出口商），其资金的流转方向和结算工具的流转方向均是从汇款人流到收款人，两者方向一致，故属"顺汇"方式。

2. 汇款结算方式的风险及防范

从贸易的角度看，如果进出口双方缺乏信任，则采用汇款结算方式风险很大。因此，企业对汇款风险的防范首先在于加强信用风险的管理；同时，为了保障其权益，减少风险，可以在买卖合同中规定保障条款，例如，在买卖合同结算条款中加入银行或第三方的信用担保。在国际贸易中，汇付方式通常用于预付货款、货到付款、凭单付款等业务。

（1）预付货款（payment in advance）

预付货款是进口商先将货款的一部分或全部汇交出口商，出口商收到货款后，立即或在一定时间内发运货物或寄交正本单据的一种汇款结算方式。预付货款是对进口商而言的，对出口商来说则是预收货款。

预付货款的结算方式有利于出口商，而不利于进口商。它不但占压了进口商的资金，而且使进口商负担着出口商可能交货不符合要求,甚至根本不履行交货和交单义务的风险。因此,进口商有时为了保障自身的权益,就规定了解付汇款的条件:收款人取款时,应提供书面担保,以保证在一定时间内将货运单据寄交汇入行,转交汇款人或提供银行保函,由银行保证收款人如期履行交货交单义务,否则负责退还预收货款,并加付利息。

（2）货到付款（payment after arrival of goods）

货到付款是出口商先发货,待进口商收到货物后,立即或在一定期限内将货款汇交出口商的另一种汇款结算方式,这种方式有时还被称为"赊销方式"（sold on credit）或"记账赊销方式"（open account transaction,O/A）,具有延期付款的性质。

这种结算方式对进口商十分有利:① 进口商不承担风险,因为货不到或货不符合要求就不付款;② 他可以根据货物的情况以货论价;③ 往往在收到货后过一段时间再付款,所以相当于占用出口商的资金。

这种结算方式对出口商非常不利:① 出口商迟收货款,影响资金周转;② 面临货物已经发出,但进口商验货后拒绝收货或收货后不付款的风险。尽管货到付款这种结算方式对出口商极为不利,但在实务中仍然被广为使用,这主要是由于欧、美等一些发达国家,采用集团采购模式,进口量巨大,动辄上亿美元,且利润一般较丰厚,对出口商具有相当大的吸引力。出口商考虑到进口商的信誉较好,而购买的产品又处于买方市场（供大于求）,因此,往往会同意这种结算方式。出口商在使用货到付款作为结算方式时,为了降低出口后的收汇风险,可以同时做出口保理业务。

货到付款在国际贸易中有售定（cash delivery）和寄售（consignment）两种方式:① 售定是买卖双方签订合同,在合同中明确规定了货物的售价及付款时间等条款,进口商按实收货物数量将货款汇交出口商的一种汇款结算方式。② 寄售指出口方（寄售方）将货物交给进口国的约定代销人（受托人）,暂不结算货款,仅委托其按照双方约定的条件和办法代为销售的方式。当商品售出后,所得货款,由代销人扣除佣金和其他费用后汇交给寄售方。这种方式下货价和付款时间均不确定,因而出口商承担的风险很大,能否收回货款取决于国外受托人的营销能力和信誉。一般寄售方式只适用于推销新产品、处理滞销品或一些不看实物难以成交的商品。

（3）凭单付款（remittance against documents）或凭单付现（cash against documents,CAD）

凭单付款,是指进口商将货款通过进口地的汇出行汇给出口地的汇入行,并指示汇入行凭出口商提供的指定单据向出口商付款的汇款方式。从理论上而言,凭单付款对买卖双方较为公平:对于进口商,在银行解付后,可以收到代表物权的运输单据,在一定程度上减少出口商收款后不交货的风险;对于出口商,货款就在出口地银行,只要提交符合要求的单据,就能安全收汇,无"钱货两空"之虞。但在实务中,由于这种汇款实质上是一种有条件的汇款,银行接受后,不仅要承担额外的审单责任等,而且一旦出现纠纷,没有相应的国际惯例作为解决纠纷的依据。因此,进口地及出口地的银行一般不接受这种有条件的汇款,凭单付款缺乏银行的支持而难以发展,目前这种汇款方式极为罕见。

二、托收(collection)

(一) 国际托收的含义

国际托收是指在进出口贸易中,出口方开具以进口方为付款人的汇票,委托出口方银行通过其在进口方的分行或代理行向进口方收取货款的一种结算方式。按照《托收统一规则》(国际商会第 522 号出版物)第 2 条的规定,可对托收作如下定义:托收是指由接到委托指示的银行处理金融单据或商业单据以便取得承兑或付款,或凭承兑或付款交出商业单据,或凭其他条件交出单据。

(二) 国际托收的当事人

托收涉及四个主要当事人,即委托人、付款人、托收行和代收行。

1. 基本当事人

(1) 委托人(principal)

也叫出票人,一般是出口商,主要是行使与进口商签订的合同上的条款,履行与银行签订的委托收款的合同。

(2) 付款人(payer in collection)

付款人是银行根据托收指示书的指示提示单据的对象。托收业务中的付款人,即商务合同中的买方或债务人。

(3) 托收行(remitting bank)

托收行又称寄单行,指受委托人的委托办理托收的银行,通常为出口人所在地的银行。

(4) 代收行(collecting bank)

代收行是指接受托收行委托,向付款人收款的银行,通常是托收行在付款人所在地的联系行或代理行。

2. 其他当事人

(1) 提示行(presenting bank)

提示行是向付款人提示汇票和单据的银行,代收行可自己任提示行,也可委托与付款人有往来账户关系的银行作提示行。

(2) 需要时的代理(customer's representative in case of need)

需要时的代理是委托人指定的代表,万一托收遭到拒付时,可由其代为处理货物或改变交单条件等。委托人在托收指示中应明确而充分地指明该代理人的权限;否则,银行可不接受代理人的任何指示。

（三）国际托收的种类及流程

1. 国际托收的种类

（1）根据托收时是否向银行提交货运单据，可分为光票托收和跟单托收两种。

A. 光票托收（clean collection）

托收时如果汇票不附任何货运单据，而只附有"非货运单据"（发票、垫付清单等），叫光票托收。这种结算方式多用于贸易的从属费用、货款尾数、佣金、样品费的结算和非贸易结算等。

B. 跟单托收（documentary collection）

跟单托收是汇票连同商业单据向进口行收取款项的一种托收方式，有时为了避免印花税，也有不开汇票，只提供商业单据委托银行代收。

（2）根据不同的交单条件，跟单托收又可以分为付款交单和承兑交单。

① 付款交单（documents against payment，D/P）

付款交单是指代收行只有在付款人付清货款后才将商业单据交给付款人的托收方式。按照不同的付款期限，付款交单又分为即期付款交单和远期付款交单。

即期付款交单（documents against payment at sight）：俗称 D/P at sight，指开出的汇票是即期汇票，进口商见票付款，只有付完货款，才能拿到商业单据。

远期付款交单（documents against payment of usance bill）：出口商开出远期汇票，进口商向银行承兑于汇票到期日付款交单的付款交单方式。

远期付款交单方式的产生是由国际贸易运输的特点所决定的。在国际贸易中，货物运输所需时间有时会比单据寄达代收行的时间长。在付款交单托收的方式下，如果委托人开立的金融单据是即期的，在单据寄达代收行，代收行向付款人进行提示时，货物还没有运抵目的港，这时即使付款人付款赎单，也无货可提，只会白白增加付款人的资金占用。

② 承兑交单（documents against acceptance，D/A）

承兑交单方式是代收银行在进口商承兑远期汇票后向其交付单据的一种方式，它只适用于远期汇票的托收。

2. 国际托收的流程

国际托收的业务流程图如图 7 - 7 所示。

托收的业务流程如下：

（1）订立国际货物买卖合同。

（2）出口商发货。

（3）船舶公司签发提单给委托人。

（4）委托人将托收申请书和跟单汇票交托收行。

（5）托收行交给出口商回执。

（6）托收行将托收委托书和跟单汇票邮寄代收行。

（7）代收行向付款人提示跟单汇票。

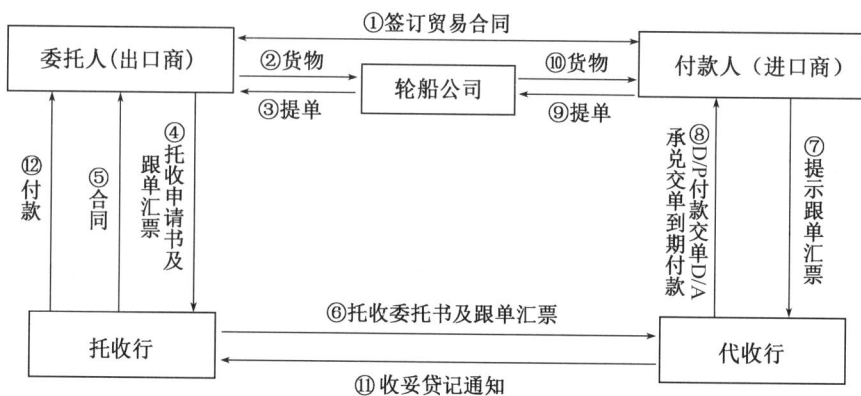

图 7－7　托收流程示意图

（8）付款人付款赎单或承兑取单后到期付款。

（9）进口商向船公司出示提单。

（10）进口商提取货物。

（11）代收行将收讫贷记通知书发给托收行（代收行将收妥的货款贷记托收行账户，并向托收行发出贷记通知）。

（12）托收行向委托人付款（托收行收到贷记通知书后，把收妥的货款划入出口商账户）。

（四）托收结算方式的特点与风险防范

1. 托收的特点

托收属于商业信用，出口商与托收行、托收行与代收行之间只是委托代理的关系，其基础是托收委托人和付款人之间互相信任，能否收到货款取决于付款人的商业信用，其可靠性低于银行信用。托收结算方式属于逆汇，不同的托收种类其风险和损失的程度是不同的。从跟单托收来看，承兑交单风险最大，因为承兑交单对于出口商来说在收到货款之前已经失去了对货物所有权的控制，完全要依靠进口商的信用来收取货款。付款交单风险较小，因为付款交单条件下，只要进口商未付款，物权凭证仍掌握在代收行手中，仍属于出口商所有。

2. 托收的风险防范

相对而言，托收中出口商比进口商面临的风险更大。对出口商来说，托收过程中的风险主要来源于市场风险、进口商经营能力的风险和进口国环境变化的风险等。托收过程中，出口商可以从以下几个主要方面来防范风险。

（1）了解进口国有关政策规定。如：进口国家的银行（代收行）是否做远期付款交单业务以及如何处理这类业务；进口国海关方面在进口手续、港口管理等方面的有关规定；了解货物到达地的仓库情况及货物到埠后因不能进仓被露天堆放遭到损失的可能性；进口国外汇管制方面的有关规定等。

（2）对进口商进行调查。加深对进口商的了解,包括:进口商的资信情况、经营规模、财务状况的变化等。

（3）实际操作中谨慎使用远期付款交单方式进行托收。《URC522》第 7 条规定:"托收不应含有凭付款交付商业单据指示的远期汇票""如果托收含有远期付款的汇票,托收指示书应注明商业单据是凭承兑交付款人(D/A)还是凭付款交付款人(D/P),如果无此项注明,商业单据仅能凭付款交单,代收行对因迟交单据产生的任何后果不负责任""如果托收含有远期付款汇票,且托收指示书注明凭付款交付商业单据,则单据只能凭付款交付,代收行对于因任何迟交单据引起的后果不负任何责任",从中可以看出不鼓励使用远期付款交单方式。南美、欧洲大陆一些国家把远期付款交单方式当作承兑交单(D/A)处理,这对卖方极为不利。中东地区有关海关还规定货物进仓后 60 天无人提取即公开拍卖,这对买卖双方都不利。

（4）出口商要争取自行办理保险,即尽可能采用 CIF 价格术语成交。在货物遇险且进口商不付款的情况下,出口商持有保单,可向保险公司索赔。

（5）不要做成以进口商为收货人的记名提单以防止未经付款,货物就落入进口商之手。

填写运输单据时一般应做成空白抬头并加背书,如需做成代收行抬头时,应先与银行联系并经认可后办理。另外,为了降低和规避风险,托收还可以和其他的付款方式相结合使用,比如预付货款、银行保函和信用证等。

三、信用证(letter of credit,L/C)

(一) 信用证的含义

信用证是银行作出的一种有条件付款的承诺。它是开证行应开证申请人(一般为进口商)的要求和指示向受益人开立的一种不可撤销的有条件保证支付款项的书面承诺。

(二) 信用证的特点

1. 开证行承担第一性的付款责任

信用证是银行信用,只要受益人提交的单据与信用证的条款一致,即使开证申请人未能尽其义务或受益人未能履行合同,开证银行就必须承担第一付款人的责任。

2. 信用证是一项独立于贸易合同的自足文件

信用证是根据买卖合同而开立,一经开立并被受益人接受,它便成为独立于贸易合同的独立契约,不再受合同条款的约束。信用证开立后,各银行在处理信用证项下的单据时仅以信用证条款为依据,而不以合同条款为依据。后期出现拒付,开证行的拒付理由和开证申请人的拒付理由也相互独立。

3. 信用证业务是一种纯粹的单据业务

《UCP600》第 5 条规定:银行仅处理单据,而不是单据所涉及的货物、服务或其他行为,信用证是凭单付款,不以货物为准,若货物有质量等与单据无关的问题,只要"单证相符、单单相符",开证行照样要无条件付款。信用证下,银行只审核单据表面内容是否符合信用证的要求,银行对任何单据的形式、完整性、准确性、内容的真实性、单据的真伪性或法律效力,或对于单据中规定的或附加的一般性或特殊性条件,概不负责。开证行一经付款,就没有追索权。

(二)信用证的当事人

信用证业务下有三个基本当事人:开证申请人、开证行和受益人。此外,还可能出现通知行、被指定银行、偿付行、保兑行和转让行等。

1. 开证申请人(applicant)

开证申请人,又称开证人(opener),是指申请要求开立信用证的一方,一般是进口商。开证申请人的责任与义务如下:

(1)按合同规定的时间申请开证。

(2)合理指示开证(合同条款化、条款单据化)。

(3)提供开证担保。

(4)支付开证与修改的有关费用。

(5)向开证行付款赎单。

2. 开证行(issuing bank/opening bank)

开证行是应申请人要求或代表自己开立信用证的银行,一般是进口商所在地银行。开证行的责任与义务如下:

(1)遵照开证申请人指示开立和修改信用证。

(2)合理、小心地审核单据。

(3)承担第一性、独立的付款责任。

3. 受益人(beneficiary)

受益人是指信用证上所指定的有权使用该信用证的人。通常是汇票的出票人,以及贸易合同的卖方。

受益人的责任和义务如下:

(1)审核信用证条款。

(2)及时提交正确、完整的单据(单证一致、单单一致)。

(3)要求开证行承付。

4. 通知行(advising bank/notifying bank)

通知行是向出口商通知信用证的银行,多由开证行在出口地的联系行或代理行来担任。

通知行的权利与义务如下:

(1)核验信用证和修改的表面真实性并通知受益人(印押相符)。

(2)对信用证有选择通知或不通知的权利(如决定不通知,要无延误地告知开证行)。

（3）对翻译免责，对受益人不承担议付或付款责任。

5. 议付行（negotiating bank）

议付行是根据受益人的要求和提供的单据，在核实单证相符后向受益人垫款，并向付款行或偿付行索回垫款的银行。议付包括：审核单据和汇票、垫付货款给受益人和向开证行寄单索偿。议付行的权利与义务如下：

（1）有权不议付。

（2）可以要求受益人将货权作抵押。

（3）有权向开证行、保兑行、付款行或偿付行索偿。

6. 保兑行（confirming bank）

保兑行是应开证行的要求在信用证上加具保兑的银行。保兑行的权利与义务如下：

（1）信用证经保兑后，如需修改，必须得到保兑行的同意。如果保兑行只同意对同一修改书中的部分内容加具保兑，这种同意无任何效力。

（2）在单证相符条件下，保兑行与开证行责任义务完全一致，付款后只能向开证行索偿。

（3）保兑行和开证行的承诺是分别独立的，各自承担的责任范围可以不完全一致。

7. 付款行（paying bank）

付款行是被开证行指定为信用证项下汇票的付款人，或是代开证行执行付款责任的银行。付款行一经接受开证行的代付委托，就有审核单据付款的责任，付款后无追索权，只能向开证行索偿。

8. 偿付行（reimbursing bank）

偿付行是开证行指定的对议付行或付款行偿还垫款的银行，结算货币通常为第三国货币。偿付行的权利与义务如下：

（1）不审核单据，也不接受单据。

（2）见索即付，而不要求单证一致的证明。

（3）开证行有权要求议付行退款，但不能向偿付行追索。

（三）信用证的形式、内容及流程

1. 信用证的形式

按照通知受益人的方式来分类，信用证可以分为信开信用证（credit opened by mail）和电开信用证（credit opened by teletransmission）。

（1）信开信用证，又称信开本（mail credit），指开证行以信函形式开立的信用证。装运日期较长或金额较小的信用证通常以信开或邮寄方式开出，其记载的内容比较全面。

（2）电开信用证，又称电开本（teletransmission credit），指银行将信用证内容以加注密押的电报或电传的形式开立的信用证。电开信用证可以分为简电通知、全电开证和SWIFT开证三种。

① 简电通知(brief cable advice),包括预先通知(preliminary advice)。简电通知和预先通知都不是信用证的有效文本,不能作为交单议付的依据。发简电通知的开证行必须毫不延迟地向通知行寄送有效信用证文件;发出预先通知的开证行应该不可撤销地保证毫不延迟地开出信用证,且条款不能与预先通知书相矛盾。

② 全电开证(full cable advice),其本身就是一个完整的信用证,是交单议付的依据。

③ SWIFT 开证,指通过 SWIFT 系统开立或予以通知信用证。SWIFT 报文简单而通用的表示方法简化了信用证各环节的业务。

2. 信用证的内容

(1) 关于信用证本身。信用证的种类、性质、编号、金额、开证日期、有效期及到期地点、当事人的名称和地址、使用本信用证的权利和可否转让等。

(2) 关于汇票。出票人、付款人、付款期限、出票条款等。

(3) 单据的要求。商业发票、运输单据、保险单及其他单据的份数、内容等。

(4) 货物描述部分。货物的名称、规格、数量、单价、包装等。

(5) 关于运输部分。装运港、目的港、装运期限、可否分批转运等。

(6) 其他事项。

3. 信用证的一般业务流程

信用证有不同的种类,其在使用过程中会有一定的区别,下面介绍的是最常见的信用证的使用的流程,如图 7-8 所示。

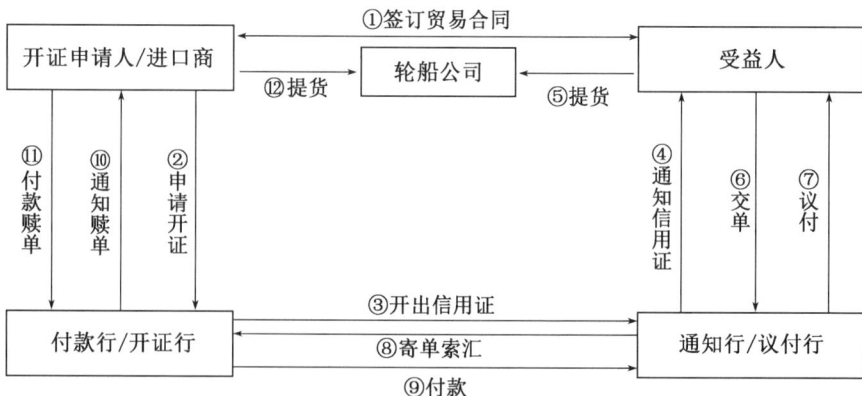

图 7-8 信用证流程示意图

使用步骤说明:

(1) 进出口商签订贸易合同,约定采用信用证方式结算。

(2) 开证申请人(进口商)向开证行申请开立信用证。

(3) 开证行按照开证申请人的指示开立信用证并送达通知行。

(4) 通知行鉴别了信用证的真伪后,将信用证通知给受益人(出口商)。

(5) 受益人审核信用证,确认无误后,按合同和信用证的要求及时发货。

(6) 若是议付信用证,受益人备齐所有单证向通知行(或议付行)交单。

（7）议付行议付款项给受益人。

（8）议付行向开证行（或付款行）寄单索汇。

（9）开证行（或付款行）偿付议付行。

（10）开证行通知申请人付款赎单。

（11）开证申请人审核单据无误后向开证行付款赎单。

（12）开证申请人凭提单换取提货单并向承运人提货。

（四）信用证的种类

1. 光票信用证和跟单信用证

（1）光票信用证（clean credit）

光票信用证是不附商业单据或货运单据，受益人可以仅凭开立的收据或汇票分批或一次向开证行领取款项的信用证。光票信用证可以用于贸易结算和非贸易结算两个领域。

（2）跟单信用证（documentary credit）

跟单信用证是指凭附带货运单据和商业单据的汇票或仅凭货运单据和商业单据付款的信用证。跟单信用证的核心是单据，至于汇票可以没有。

2. 不可撤销信用证（irrevocable credit）和可撤销信用证（revocable credit）

《UCP600》第 3 条规定：信用证都是不可撤销的。

信用证一经开出，在有效期内，未经受益人及有关当事人的同意，开证行不得片面修改和撤销信用证。只要受益人提交的单据符合信用证规定，开证行必须履行付款义务。

经保兑行保兑后，开证行不经保兑行同意所作的修改，对保兑行无效。

3. 保兑信用证和不保兑信用证

（1）保兑信用证（confirmed credit）

保兑信用证指开证行开出的信用证，由另一家银行保证对符合信用证条款规定的单据履行付款义务。保兑行承担和开证行同样的付款责任，承担第一性付款责任，受益人可凭表面合格的单据直接向保兑行提出付款要求，而且它的付款跟开证行一样都是终局性的。

（2）不保兑信用证（unconfirmed credit）

不保兑信用证是指只有开证行的付款保证，没有另一家银行承担保证兑付责任的信用证。不保兑信用证的开证行将独立承担信用证项下有条件的第一性付款责任。

4. 即期付款信用证和远期信用证

（1）即期付款信用证（sight letter of credit），是指开证行或指定的付款行收到与信用证条款相符的单据即予以付款的信用证。即期付款信用证一般不需要汇票，只凭商业单据付款，也可以开立以指定付行为付款人的汇票。

（2）远期信用证（usance credit），指开证行或付款行收到信用证的单据时并不立即付款，而是等到信用证规定的到期时间方履行付款义务的信用证，具体又可分为延期付款信用证和承兑信用证。

① 延期付款信用证（deferred payment credit），一般不要求受益人开立汇票，而仅仅规定受益人交单后银行若干天付款，或货物装船后银行若干天付款（通常以提单签发日期作为装船日期），或在某一固定的将来日期银行付款。此种信用证下，出口商交单后不能立即得到货款，不能通过贴现汇票得到资金融通。

② 承兑信用证（acceptance credit），要求受益人开立以指定银行为付款人的远期汇票，连同规定单据向指定银行作承兑交单，该行确认汇票和单据表面合格后，即收下单据并将已承兑的汇票交还给受益人（或受益人的委托银行），负责到期付款。

5. 议付信用证（negotiable L/C）

议付信用证是指指定银行在相符交单下，向受益人预付或者同意预付款项，从而购买汇票（其付款人为指定银行以外的其他银行）及/或单据的行为。信用证 41D 明确注明"by negotiation"，表明该信用证为议付信用证。议付信用证可分为限制议付信用证（restricted negotiable L/C）和自由议付信用证（freely negotiable L/C）。

（1）限制议付信用证，指限制某银行为议付行，单据必须提交该被指定银行进行议付。

① 信用证 41D 注明"available with... bank by negotiation"（限制指定银行议付）

② 信用证 41D 注明"available with advising bank by negotiation"（限制通知行议付）

（2）自由议付信用证，指单据可提交任一银行议付，允许任何银行议付的信用证为自由议付信用证，又可称为公开议付信用证。自由议付信用证常见的表述方法有以下两种。

① 信用证 41D 注明"available with any bank by negotiation"（可由何银行议付）。

② 信用证 41D 注明"available with any bank in beneficiary country by negotiation"（由受益人所在国任一银行议付）。

议付与付款的区别：付款无追索权，议付有追索权。付款信用证项下，即使单据到达开证行，开证行以单证不符拒付，付款行作为开证行的代付行，付款后也不得向受益人追索。议付信用证项下，受益人凭相符单据要求议付行议付，受益人可即期获得款项。如果单据被开证行或保兑行拒付，议付行均有权向受益人追索议付的款项及利息。但如果议付行保兑了信用证，其议付就相当于开证行的终局性付款，也就没有权利向受益人追索。

6. 可转让信用证和不可转让信用证

（1）可转让信用证（transferable credit），是指特别注明"可转让"字样的信用证。可转让信用证适用于买方与中间商的交易。它是开证行授权指定的转让行在原受益人（第一受益人）要求下，将信用证的可执行权利全部或部分转让给一个或数个第三者（第二受益人）的信用证。可转让的信用证只能转让一次，即作为第二受益人不能继续将信用证转让给其后的第三受益人，但第二受益人将信用证又转回给第一受益人不在禁止之列，并且可由第一受益人将信用证进行再次转让。

（2）不可转让信用证（not transferable credit），指受益人不能将信用证的权利转让给他人的信用证，根据《UCP600》的规定，凡信用证中未注明"可转让"者，均是不可转让信用证。

7. 背对背信用证、循环信用证和对开信用证

（1）背对背信用证（back to back credit），又称对背信用证、转开信用证，指一张信用证的受益人以这张信用证为保证（或抵押），要求该证的通知行或其他银行在该证的基础上，开立一张以本地或第三国的实际供货人为受益人的新证，这张新证就是背对背信用证，它是一种从属性质的信用证。

（2）循环信用证（revolving credit），指信用证的全部或部分金额被使用后，其金额又恢复到原金额继续被使用，直至达到规定的次数或规定的总金额为止的信用证，它通常在分批均匀交货、分批付款情况下使用。循环信用证又可分为按时间循环信用证和按金额循环信用证。

① 按时间循环的信用证，按时间循环的信用证规定了受益人每隔多长时间（如1个月或1个季度）可循环使用信用证上规定的金额。按时间循环的信用证根据每期信用证余额处理方式的不同，又可分为两种。

A. 积累循环信用证（cumulative revolving credit）。积累循环信用证是指受益人在规定期限内可支取的信用证金额有余额的，该余额可以移到下期一并使用的信用证。

B. 非积累循环信用证（non-cumulative revolving credit）。非积累循环信用证是指上期未用完的信用证余额不能移到下期一并使用的信用证。

② 按金额循环的信用证

按金额循环的信用证是信用证每期金额用完后，可恢复到原金额循环使用，直至用完规定的总额为止。在按金额循环的信用证条件下，恢复到原金额的具体做法有三种：

A. 自动式循环信用证（automatic revolving credit），是指每期用完一定金额，不需等待开证行的通知，即可自动恢复到原金额继续使用的信用证。

B. 非自动循环信用证（non-automatic revolving credit），是指每期金额用完后，必须等待开证行通知到达，才能恢复到原金额使用的信用证。

C. 半自动循环信用证（semi-automatic revolving credit），是指每次用完一定金额后若干天内，如未接到开证行提出停止循环使用的通知，则可恢复至原金额继续使用的信用证。

一般信用证在使用后即告失效，而循环信用证则可多次循环使用。循环信用证下进口方可以不必多次开证，从而节省开证费用，并简化出口方的审证、改证等手续，有利于合同的履行。

（3）对开信用证（reciprocal credit）

指两张信用证申请人互以对方为受益人而开立的信用证。两张信用证的金额相等或大体相等，可同时互开，也可先后开立，它多用于易货贸易或来料加工和补偿贸易业务。对开信用证的特点是：第一张信用证的受益人和申请人分别是第二张信用证的申请人和受益人，第一张信用证的开证行和通知行分别是第二张回头信用证的通知行和开证行。

（五）信用证结算的风险防范

1. 信用证项下出口结算的风险防范

信用证业务在我国国际结算中所占比重较大，信用证出口结算涉及的是出口商、通知行和兑现银行等当事人。从保障货物和收汇安全的角度，应该做到以下几方面。

（1）掌握开证行的资信

开证行的资信直接关系到出口商及出口商银行的利益。开证行最好是资信好、偿付能力强、与出口地银行有代理关系的银行。但开证行并不是由出口方选择的，这样在收到国外开来的信用证时，首先要关心的就是开证行的资信。除了靠平时收集有关信息外，还可以利用以下三个资信评定机构所发表的资料对开证行的资信情况进行了解：① 美国的标准普尔公司；② 穆迪公司；③ 英国的国际银行及信用分析机构，简称 IBCA。在地区上，标准普尔和穆迪的重点是美国银行。IBCA 的重点是欧洲及远东地区银行。

（2）出口商谨慎签约合同

信用证虽然与合同是独立的，但信用证开出的依据却是合同，出口商在签订合同时，一定要谨慎。合同中的付款条件一定要具体、明确、完善。例如，为防止进口商拖延开证，合同中应明确规定信用证的开出时间。

（3）出口商认真审证

信用证方式下，实质上是通过信用证将出口商在合同项下的义务单据化了。信用证是进口商根据贸易合同向开证行申请开立的，其内容应该与合同保持一致。然而，在实际业务中，可能会由于多种原因致使开出的信用证与合同不一致，这样的信用证与合同就会使出口商无所适从。因为无论出口商以哪个文件履约都会给自己带来困难。因此，出口商收到信用证时认真审证是极为必要的。一般而言，如果信用证的内容与合同不符，除非给受益人造成的损失和风险在可承受的范围之内，否则对于这样的不符，受益人都应当要求进口商修改信用证。

（4）严格按信用证规定制单和交单

开证行付款的前提条件是出口商提交的全套单证符合"单单一致，单证一致"的要求。因此，出口商应严格按信用证的要求，及时、准确、完整地缮制和提交规定的各种单据，不给开证行任何拒付的理由。

案例 7－3

我某出口公司以 CIF 大阪向日本出口一批货物，2020 年 4 月 20 日由日本东京银行开来一份即期不可撤销 L/C。金额为 USD50 000，五月装船。我中行收到 L/C 后，于 4 月 22 日通知出口公司。4 月底该公司获悉进口方因资金问题濒临倒闭。在此情况下我方应如何处理？

分析 由于信用证支付方式是银行信用，开证银行承担第一性的付款责任。信用证项下的付款是一种单据买卖，因而，只要受益人提交的单据严格符合信用证的规定，开证行就应履行付款义务。本案中,我方凭即期不可撤销信用证与日本客商签约出口货物,尽管我方出运前获悉进口方因资金问题濒临倒闭,但因有开证行第一性的付款保证,且开证行是一家资信较好的银行,所以,我方可根据信用证的规定装运出口,及时制作一整套结汇单据在信用证的有效期内到议付行办理议付手续。当然,我方也可根据实际情况将货物出售给第三者。

（5）出口地银行严格审单

银行国际结算部门是专业的审单机构,为保障客户和自身利益,银行也要认真审核单据,发现问题要及时联系出口商,要求其立即进行整改。无法整改的,也要积极同出口商和开证行进行磋商,尽可能地帮助出口商把结算风险降到最低。

2. 信用证项下进口结算的风险防范

对开证申请人和开证行来说,为保障进口货物和付汇的安全,可采取以下几个方面的防范措施。

（1）谨慎合理地制订信用证的条款

进口商是通过信用证中的各项条款来制约出口商（受益人）执行合同的。因此,信用证的条款应能最大限度地限制国外不法商人的不轨行为,以保障自身的利益。例如,为了防止出口商制造假单据或以坏货、次货充好货,可在信用证中规定由可信赖的检验机构或公证机构出具质量检验证明,证明所交货物的品质、数量、包装都符合合同规定,甚至还可以规定具体的检验标准和条件;为了防止出口商短装货物,可要求检验机构出具数量和重量检验证明,同时为防止出口商在检验后调包,还可规定检验证书必须标明检验是在装船时进行的;为了证实对方出口货物已获得政府有关机构的许可,可在信用证中要求对方在有关单证中加注许可证号码或出具许可证副本。

（2）正确处理单据

开证行要正确处理单据:一是要认真审核单据,保证审单质量。如果单证之间存在不符点,可以拒付货款,或在征求开证申请人意见后再作决定。二是开证行要妥善保管好单据。

（3）要求出口商提供银行保函或备用信用证

当进口商对出口商的资信情况不太了解,而交易金额又较大时,可在合同中订明出口商必须提交银行保函或备用信用证,以通过银行信用的形式来保障出口商的信用。

➤ ... deep seek

银行保函

保函（letter of guarantee,L/G）又称保证书,是指银行、保险公司、担保公司或个人（保证人）应申请人的请求,向第三方（受益人）开立的一种书面信用担保凭证。保证在申请人未能按双方协议履行其责任或义务时,由担保人代其履行一定金额、一定期限范围内的某种支付责任或经济赔偿责任。

银行保函(banker's letter guarantee)是由银行开立的承担付款责任的一种担保凭证。银行根据保函的规定承担绝对付款责任。故银行保函一般为见索即付保函。

案例 7 - 4

我某公司出售一批货物给外国进口商,合同规定的支付方式是50%货款凭不可撤销L/C见票后30天付款,其余50%凭即期D/P付款。我方委托当地银行(托收行)转托A银行凭单据向进口商收取货款,同时凭进口商通过A银行开立的以我方为受益人的L/C开出了50%价款的汇票。其后,A银行根据进口商按D/P支付的50%货款将全部单据交给了进口商,并将代收的50%货款拨付给了托收行。不久,A银行宣布破产,已承兑的汇票在到期向其提示时也遭到退票。我方遂以货物已被进口商全部收取为由,向进口商追偿50%的货款,进口商借口开证押金收不回来而拒不偿还。为此,我方诉诸法院。

问:你认为此案应如何解决?我方应从中吸取什么教训?

分析 进口人应该支付尚余的50%货款,因为只要卖方所交货物符合合同规定,支付货款是买方的义务。信用证等支付方式只是买方实现付款义务的一种途径,当这种支付方式无法实现付款目的时,进口方仍有付款义务。所以买方不能以信用证的开立或者开证行不退还押金为由拒不履行付款义务。至于开证行收取的押金,进口方可与开证行直接交涉索要。

我方出口人在本案中也有失误,将全套单据跟在了即期付款方式下,进口人付了一半货款就拿到了全套单据,风险很大。一般当几种结算方式结合使用时,全套单据最好跟在远期付款方式下。如果各种付款方式的付款时间相同,则应将单据跟在商业信用的付款方式下。比如本案中应将单据跟在远期信用证下。如果托收和信用证的付款时间相同,则可以跟在托收项下。

课程思政

单证一致、单单一致

国际结算中,银行作为服务国际贸易的机构,有助于国际货款的拨付,信用证下银行参与的目的是赚取手续费、服务费和资金使用权等,对交易双方都有利,但也有前提,那就是卖方必须提供单证一致和单单一致的各种单证,客观上要求国际贸易业务员要细心,且具备良好协作、善于沟通的职业素质。一点微小的不一致,都可能成为对方拒收/拒付的理由,给自己带来巨大损失,因此,细心、细致是外贸业务员的一项基本素质要求。

第三节　国际货款结算实务

一、影响结算方式选择的因素

1. 客户资信

客户的信用是影响国际贸易合同能否顺利履行的重要因素,要在贸易中安全收汇、安全用汇,必须事先对客户的资信调查,以便根据客户的具体情况,选用适当的结算方式。

2. 贸易术语

不同的国际贸易术语对应不同的交货方式和运输方式,从而适用的结算方式不完全相同。因此,在选择结算方式时,要注意合同所采用的贸易术语。

3. 运输单据

如果货物通过海上运输,出口商装运货物后得到的运输单据是海运提单,而海运提单属于物权凭证,提单交付给进口商之前,出口商尚能控制货物,故可以选用信用证和托收方式结算货款。如果货物通过航空、铁路、邮政等方式运输时,出口商装运货物后得到的运输单据是航空运单、铁路运单或邮包收据,这些都不是物权凭证,因此在这种情况下,一般适宜作托收。即使采用信用证方式,也大都规定必须以开证行作为运输单据的收货人,以便银行控制货物。

二、各种支付方式的选用

在国际贸易实务中,除采用某一种支付方式之外,也可以将各种不同的支付方式结合起来综合使用,从而达到更好的效果。如采用单一的付款方式,一般选择 T/T、Western Union、L/C、D/P at sight;金额不大的订单可以 100％出货前 T/T,或 Western Union;两种以上付款方式结合的,首先要对卖方有利,其次是买方能够接受的付款方式。

1. 信用证与汇付相结合

该方式是指部分货款采用信用证支付,余额采用汇付方式结算。这种结合形式常用于允许交货数量有一定机动幅度的某些初级产品的交易。例如,买卖矿砂、煤炭、粮食等散装货物时,买卖合同规定 90％的货款以信用证方式支付,其余 10％在该货物运抵目的港、经检验核实货物数量后,按实到数量确定余额以汇付方式支付。又如,对于特定商品或特定交易需进口商预付定金的,一般规定预付定金部分以汇付方式支付,其余货款以信用证方式结算。

2. 信用证与托收相结合

该方式是指一笔交易的货款,部分用信用证方式支付,余额用托收方式结算。这种结合形式的具体做法通常是:信用证规定受益人(出口商)开立两张汇票,属于信用证项下的部分货款通过光票支付,而将货运单据附在托收部分的汇票项下按即期或远期付款交单方式托收。这种做法,对进口商而言,可减少开证金额,少付开证押金,少垫资金。对出口商而言,托收部分虽然有一定风险,但因为有部分信用证的保证,而且货运单据在信用证内规定跟随托收汇票,开证行需等全部货款付清后才能向进口商交单,因而,收汇较为安全。但信用证中必须订明信用证的种类和支付金额以及托收方式的种类,而且必须订明"在全部付清发票金额后方可交单"的条款。

3. 汇付、托收、信用证、银行保函等多种结算方式结合使用

除了以上介绍的基础结算方式外,还有银行保函、国际保理及包买票据等结算方式。如,在成套设备、大型机械产品和交通工具的进出口交易中,由于成交金额巨大、产品生产周期较长,可以按工程进度和交货进度分若干期付清货款,此时,一般将汇付、托收、信用证、保函等结算方式结合起来使用。由于这里其他的结算方式未做介绍,便不再作过多阐述,同学们可在国际结算课程中深入学习。

三、合同中国际结算示例

(1) 30% T/T as deposit the balance T/T after inspection before delivery。

(2) 30% deposit the balance T/T at sight of B/L copy。

(3) 30... % of the total contract value as payment shall be remitted by the Buyer to the Seller through transfer within one month after this contract。

(4) Shipment to be made subject to an advanced payment amounting ×× to be remitted in favor of seller by T/T or M/T with indication of L/C No. ×× and the remaining part on collection basis, documents will be released against payment at sight。

(5) The Buyers shall duly accept the documentary draft drawn by the Sellers at... days sight upon first presentation and make payment on its maturity. The shipping documents are to be delivered against payment only。

(6) The Buyers shall duly accept the documentary draft drawn by the Sellers at... days sight upon first presentation and make payment on its maturity. The shipping documents are to be delivered against acceptance。

四、其他支付方式

PayPal 和 Western Union 在中国属于新兴的付款方式,被越来越多的人使用和接受。随着我国企业走出国门,国际保理也成为一种重要的国际贸易结算方式。下面介绍PayPal 和 Western Union。

（一）PayPal

中文译名为贝宝。出口商只需要将一个邮箱地址与银行储蓄卡号相绑定,即可用来收款。例如,某公司用邮箱 info1932@ 163. com 作为 PayPal 的收款账户,并将此邮箱同财务经理李会计的个人招商银行储蓄卡相绑定,就可以用来收款了。而告诉进口商的信息,只需发至 info1932@ 163. com 即可。PayPal 汇款可以实时到账。从 PayPal 账户转出到绑定的个人账户,需要 2—7 天的时间。

PayPal 的手续费由收款方支付,费率比较高,实际费率一般在 4.4% 左右。比如收汇 USD931,则实际到账金额只有 USD889.74。而每一笔从 PayPal 转出到绑定的个人银行账户的时候,还会再产生一笔手续费用,根据银行不同和收款金额不同,一般会有 UD35.0—42.00 的费用产生。其中 35 美元由贝宝公司收取,超出 35 美元的部分由银行收取。也就是你如果通过 PayPal 收到一笔 USD931.00 的货款,你实际得到的金额为 USD889.74。如果你立即把这笔钱转到绑定的个人账户,则你能够得到的金额为 USD854.74(甚至更少)。因此,PayPal 收汇更适合金额数值比较小,但成交笔数比较多的小额贸易或是支付样品费等小额订单。在跨境电商中更适合。

PayPal 是有利于买家的付款方式,类似于国内的支付宝。买家在付款后,可以不限定条件,这种情况下款项会直接进入卖家的 PayPal 账户。也可以限定几个收款条件,比如要求出口商上传发票等文件,以及发货后的快递单号等内容。在出口商发货并按要求上传这些资料之前,这些金额一直会冻结在 PayPal 里面。通过 PayPal 收款,有可能会遇到争议交易,比如买家以未收到货或是对货物不满意而提出投诉,如果卖家不能提供有效的证明材料,或是提交的材料未被 PayPal 接受,则卖家会有钱货两空的风险。

（二）Western Union

Western Union 称为西联汇款,实际已经有 150 多年的历史了。

Western Union 的手续费由汇款人支付,比如 USD500 以下,汇款手续费为 USD15.00. USD500 到 USD1 000 之间,手续费为 USD20.00。作为收款方,不需要支付手续费。作为收款方,你需要提供给付款方如下信息:

> FIRST NAME:
> LAST NAME:
> CITY:d　　AMOUNT（币种）:

注意:first name 和 last name 不能写反。比如名字叫刘东。那 first name 就写 Dong, last name 就写 Liu.

付款方汇款后,会把如下信息告知收汇人:

```
FIRST NAME：
LAST NAME：
CITY：
AMOUNT(币种)：
MTCN(监控号)。
```

例如,一个客户打款后,他把如下信息告知了收汇方:

```
AMOUNT：USD 5 467. 00.
MTCN（Money Transfer Control Number）：4623477648
The sender's first name：JOAO JOSE，
The sender's last name：FERREIRA BAPTISTA
The sender's city：Palmella
The sender's country：Portugal
```

接下来,收汇方就可以凭借如上信息,致电询问款项是否已经入账。电话号码:8008208668(免费)或(86)216866-4610。如果查询已经到账,则可以去银行取款了。支持西联汇款收汇的银行有农业银行、建设银行、中国邮政储蓄、上海浦东发展银行、光大银行等。

Western Union 是相对有利于卖家的付款方式。该方式对卖家而言降低了收不到汇款的风险,但在收汇会有时效限制,若超过规定时间(如 15 天)未去银行办理收汇,则这笔款项会被退还汇款人账户。

(三)国际保理(international factoring)

国际保理是继信用证、托收、汇付之后出现的一种新型的国际贸易结算方式,是国际贸易中使用承兑交单(D/A)、赊销(O/A)方式下,保理商核准或购买出口商的应收账款,并向出口商提供集资信调查、贸易融资、信用担保和财务管理于一体的新型综合性金融服务。保理可以简单理解为:保理商买断客户的应收账款并提供相应的服务。保理商往往是出口地银行。国际保理业务因能够很好地解决赊销中出口商面临的资金占压和进口商信用风险问题,近年来得以在世界各地迅猛发展和广泛使用。而我国当今对保理业务的使用较少,但通过中国信保(China Export & Credit Insurance Corporation)进行国际结算的越来越多。中国信保是中国唯一一家从事出口信用保金业务的政策性保险公司,成立于 2001 年,能支持中国的外贸发展和企业"走出去"战略。其主要职能有出口信用保险、海外投资保险、融资支持和风险管理服务。

五、T/R(trust receipt)(信托收据)

现实中,进口商可以在承兑汇票到期日之前向银行先"借单提货"。一般的,银行也允许资信较好的进口商凭信托收据,从银行借出货运单据先行提货,待承兑汇票到期后再向银行支付货款。

　　信托收据是指进口商承认以信托的方式向代收行借出全套商业单据时出具的证明。D/P. T/R 即托收人(卖方)允许收货人(也就是 D/P 的付款人)凭信托收据借取货运单据(提单)先行提货。信托收据确定了银行和进口商的信托关系,代收行是信托人,代表出口商掌握物权;进口商是被信托人,代表信托人处理货物。进口商借得单据提货,处理货物并回笼资金,在承兑汇票到期时支付足额货款,收回汇票,赎回信托收据。这实际上是代收行对进口商的资金融通。

　　这是一种有风险的行为,即 D/P 本应该是收货人(付款人)在向代收行付清货款后,才能够取得包括运输单据(提单)在内的单据,而 D/P. T/R 的托收人允许收货人(付款人)在未付款的情况下先行取走单据提货,那么,日后收货人不付款,则代收行没有任何责任,此时托收人有款货两空的风险。而如果 D/P 情况下代收行未经托收人的允许,在未收妥货款的情况下放单给收货人,那么代收行要承担责任,即托收人可以追究代收行的责任而追得货款。

六、汇票的缮制

　　根据图 7-9 汇票实例,汇票的缮制方法如下:

　　(1)出票依据(drawn under),在信用证项下,按信用证规定填写,一般填开证银行的名称和地址。在托收项下,填写合同号(或发票号)、商品件数、商品的名称,有时还加起运港和目的港等。

IN1254032

USD5000.00　　　　2020-07-20, DALIAN, CHINA

(amount in figure)　　　　　(place and date of issue)

At ＊＊＊＊＊＊＊＊　sight of this FIRST Bill of exchange (SECOND being unpaid)

pay to　AGRICULTURAL BANK OF CHINA, DALIAN BRANCH　Or order

The sum of　U. S. DOLLARS FIVE THOUSAND ONLY (amount in words)

Value received for　500 PICES　of　CHINESE CERAMIC DINNERWARE

　　　　　　　　　(quantity)　　　　　(name of commodity)

Drawn under　　SF784158

L/C No.　　　　　dated

To：OVERSEAS CORPORATION (NO. 241 TRADE STREET P. O. BOX 125 TOKYO JAPAN)

　　　　　　　For and on behalf of XINHUA TRADING CORPORATION

　　　　　　　　　(145 LIAOHE DONG ROAD, DALIAN, CHINA)

　　　　　　　　　　　　　　　　　(Signature)

图 7-9　BILL OF EXCHANGE

　　(2)信用证号码(L/C no.),填写信用证号码。

　　(3)开证日期(date of issue),填写信用证开证日期

　　(4)年息(payable with interest@…％),这一栏目应由结汇银行填写,用以清算企业与银行间利息费用,信用证若无利息规定则不填。

(5) 小写金额(exchange for),此栏填写小写的金额,由货币名称缩写和阿拉伯数字组成。例如,CAD1 278.00 或 USD598.00。金额数要求保留小数点后两位,货币名称应与信用证规定和发票上的货币的一样,汇票金额的多少应根据信用证中具体规定而出。

(6) 汇票大写金额(the sum of),大写金额应由小写金额翻译而成,一般顶格打印,货币名称全称写在数额前,大写金额后加 only。如:usd23 978.55:say united states dollars twenty three thousand nine hundred seventy eight and cents fifty-five only。其中小数点后数字 0.55 的表达方法有以下几种:① cents fifty-five。② point fifty-five。③ 55% or 55/100。

(7) 号码(no.),此栏目有三种填制方法:① 填发票号码,说明该汇票是某发票项下的,以核对发票与汇票中相同相关内容,我国出口贸易多采用此种方法。② 按本身汇票的顺序编号。c. 空白此栏。

(8) 付款期限(at... sight),若是即期汇票(sight draft),一般在 at 和 sight 之间的横线上打上"…"或"***"或"---"等,注意此处不得留空。若是远期汇票(time draft),填写时间的方法有:① draft at 30 days after sight。② draft at 30 days from the date of invoice。③ draft at 30days from the date of B/L。④ this L/C is available with us by payment at 90days after receipt of full set of documents at your counters。

(9) 受款人(pay to the order of...),若是信用证方式付款,应按照信用证的规定填写。如信用证无规定,则填制议付银行的名称和地址,如也无明确哪家银行为议付行,则填制 bank of china。常见的信用证对汇票的受款人的规定有以下三种:

① 限制性抬头,如"pay ××× only"(仅付给×××)或再加上"not negotiable"或"not transferable"(不准流通)。② 指示抬头,如"pay to the order of ×××"(凭×××指定)。③ 持票人或来人抬头,如"pay bearer"(给来人)。如果是无证托收的汇票,一般以托收行为指示抬头。

(10) 汇票的出票日期和地点(date and place of issue),汇票的出票地点在信用证项下为议付地,托收项下为办理托收的地点。一般都已事先印好,未印好则由银行填写。在外贸实践中,受益人缮制单据和汇票后通常交议付行预审,此时,由议付行在议付时在汇票上代加议付日期作为出票日,受益人一般不需注明议付日。

(11) 付款人(to),信用证付款方式下,此栏应根据信用证汇票条款中所规定的付款人清楚填写其名称和地址,付款人可能是开证行,也可能是开证申请人或通知行或另外一家公司。如信用证未作任何规定,付款人即为开证行。在托收项下,该项以进口商为付款人,应填写进口商名称和详细地址。

(12) 出票人(drawer),虽然汇票上没有出票人栏,但出票人却是汇票的必要内容,习惯上在右下角空白处盖上出票人全称印章和其负责人手签印章。与付款人相对应,出票人即出具汇票的人,一般为出口公司。

(13) 特殊条款(special conditions),虽然汇票上也没有特殊条款一栏,但如信用证上规定汇票中有特殊条款就打印在右上角空白处。

实践中,审核汇票的不符点,一般有如下几个:① 期限不符合信用证规定,② 出票人漏签或填错,③ 付款人与信用证规定不一致,④ 收款人填错或漏填,⑤ 币别与信用证不一致,⑤ 大、小写金额不一致。下面是一则汇票实例。

七、SWIFT 信用证实例

现在通行的信用证都是 SWIFT 这种规范格式的信用证,开证行根据开证申请人的开证申请书,开立信用证,通过加密电传给通知行,通知行通过解压转给出口商。所以,贸易业务员要审核信用证。下面是 SWIFT 信用证的实例,以及相应的贸易合同,对比合同和信用证,看看信用证与贸易合同是否存在不一致的地方。

1. 国外信用证

```
20 OCT. 22 14:57:32                        LOGICAL TERMINAL POO5
MT:S700     ISSUE OF DOCUMENTARY CREDIT    PAGE 00001
                        FUNC SWPR3
                        UMR 00182387
APPLICATIONG HEADER 0700 1547 970225 SAIB H. K. JTC×××3846 992024 001015 1447
                             ◆ NANYANG COMMERCIAL BANK LTD.
                             ◆ HONGKONG
USER HEADER         SERVICE CODE 103:
                 BANK PRIORITY 113:
                 MSG USER REF 108:
                      INFO. FROM C1 115:
SEQUE NCE OF TOTAL   ◆27:1/2
FORM OF DOC. CREDIT  ◆40:IRREVOCABLE
DOC, CREDIT NUMBER   ◆20:L8959344
DATE OF ISSUE    ◆31C:221020
EXIPRY         ◆31D:DATE 221231 AT NEGOTIATING BANK'S COUNTER
APPLICANT      ◆50:SUPERB AIM (HONG KONG) LTD. HONG KONG
BENEFICIARY    ◆59:SHANGHAI NEW DRAGON CO. , LTD.
                      27 CHUNGSHAN ROAD E, 1
                      SHANGHAI, CHINA
AMOUNT      ◆32B:CURRENCY USD AMOUNT 25,6500.00
AVAILABLE WITH/BY  ◆41D:NANYANG COMMERCIAL BANK, LTD. H. K.
               BY NEGOTIATION
DRAFTS AT...    ◆42C:DRAFTS AT 20 DAYS' SIGHT FOR FULL
                      INVOICE VALUE
DRAWEE     ◆42A:NANYANG COMMERCIAL BANK, LTD.
PARTIAL SHIPMENTS   ◆43P:ALLOWED
TRANSSHIPMENT    ◆43T:PROHIBITED
LOADING IN CHARGE    ◆44A:SHIPMENT FROM CHINESE PORT (S)
FOR TRANSPORT TO    ◆44B:SINGAPORE/HONGKONG
LATEST DATE OF SHIP    ◆44C:071215
```

DESCRIPT. OF GOODS ◆45A：80%COTTON 20%POLYESTER LADIES KNIT JACKET
AS PER S/C NO. GL0082

ART. NO.	QUANTITY	UNIT PRICE
49394(014428)	600 PIECES	USD14. 25
49393(014428)	600 PIECES	USD14. 25
55306(014429)	600 PIECES	USD14. 25

PRICE TERM：CIF H. K.

DOCUMENTS REQUIRED ◆46A：

+3/3 SET OF ORIGINAL CLEAN ON BOARD OCEAN BILLS OF LADING MADE OUT TO ORDER OF SHIPPER AND BLANK ENDORSED AND MARKED "FREIGHT COLLECT" NOTIFY APPLICANT (WITH FULL NAME AND ADDRESS).

+ORIGINAL SIGNED COMMERCIAL INVOICE IN 5 FOLD INDICATING S/C NO.

+INSURANCE POLICY OR CERTIFICATE IN TWO FOLD ENDORSED IN BLANK, FOR 120 PCT OF THE INVOICE VALUE INCLUDING：THE INSTITUTE CARGO CLAUSES (A), THE INSTITUTE WAR CLAUSES, INSURANCE CLAIMS TO BE PAYABLE AT DESTINATION IN THE CURRENCY OF THE DRAFTS.

+CERTIFICATE OF ORIGIN GSP FORM A IN ONE ORIGINAL AND ONE COPY.

+PACKING LIST IN 3 FOLD

+BENEFICIARY'S CERTIFICATE STATING THAT ALL DOCUMENTS HAVE BEEN SENT WITHIN 2 DAYS AFTER SHIPMENT.

ADDITIONAL COND. ◆47：

    1. T. T. REIMBURSEMENT IS PROHIBITED.

    2. THE GOODS TO BE PACKED IN EXPORT STRONG COLORED CARTONS.

    3. INSPECTION IS TO BE EFFECTED BEFORE SHIPMENT AND RELEVANT CERTIFICATES/REPORTS ARE REQUIRED FROM THE INSPECTOR DESIGNATED BY THE BUYER.

DETAILS OF CHARGES ◆71B：

    ALL BANKING CHARGES OUTSIDE HONG KONG INCLUDING REIMBURSEMENT COMMISSION ARE FOR ACCOUNT OF BENEFICIARY.

PRESENTATION PERIOD ◆48：

    DOCUMENTS TO BE PRESENTED WITHIN 15 DAYS AFTER THE DATE OF SHIPMENT, BUT WITHIN THE VALIDITY OF THE CREDIT.

CONFIRMATION ◆49：WITHOUT

INSTRUCTION ◆78：

    THE NEGOTIATION BANK MUST FORWARD THE DRAFTS AND ALL DOCUMENTS BY REGISTERED AIRMAIL DIRECT TO US (NANYANG COMMERCIAL BANK, LTD. WESTERN DISTRICT BILLS CENTER 128 BONHAM STRAND E. HONG KONG) IN ONE LOT, UPON RECEIPT OF THE DRAFTS AND DOCUMENTS IN ORDER, WE WILL REMIT THE PROCEEDS AS INSTRUCTED BY THE NEGOTIATING BANK.

    IT IS SUBJECT TO THE UNIFORM CUSTOMS AND PRACTICE FOR DOCUMENTARY CREDITS (2007 VERSION), INTERNATIONAL CHAMBER OF COMMERCE PUBLICATION NO. 600.

TRAILER：ORDER IS ＜MAC：＞＜PAC：＞＜ENG：＞＜CHK：＞＜PDE：＞
　　MAC：3CDFF763
　　CHK：8A1AA1203070

2. 贸易合同

CONTRACT

ORIGINAL

THE SELLER：SHANGHAI NEW DRAGON CO．，LTD.　　　　CONTRACT NO：GL0082

　　　　27 CHUNGSHAN ROAD E，1．SHANGHAI，CHINA　　　　DATE：Oct. 5,2022

　　　　TELEPHONE：86－21－63218468　FAX：86－21－63291268　　PLACE：SHANGHAI

THE BUYER：SUPERB AIM (HONG KONG) LTD.

　　　　RM. 504 FUNGLEE COMM BLDG. 6－8A PRATT AVE．，TSIMSHATSUI，

　　　　KOWLOON，HONG KONG

THE BUYER AND SELLER HAVE AGREED TO CONCLUDE THE FOLLOWING TRANSACTIONS

ACCORDING TO THE TERMS AND CONDITIONS STIPULATED BELOW：

1. COMMODITY & SPECIFICATION PACKING & SHIPPING MARK	2. QUANTITY (PCS.)	3. UNIT PRICE	4. AMOUNT
80% COTTON 20% POLYESTER LADIES KNIT JACKET	600	CIF H. K. US $ 14.25	USD 8 550.00
ART. NO. 49394 (014428)	600	US $ 14.25	USD 8 550.00
ART. NO. 49393 (014428)	600	US $ 14.25	USD 8 550.00
ART. NO. 55306 (014429) REMARKS: 1) EACH IN PLASTIC BAGS, 24 BAGS TO A CARTON TOTAL 75 CARTONS		TOTAL:	USD 25 650.00
2) SHIPPING MARK: SUPERB H. K. NO. 1－75 MADE IN CHINA TOTAL VALUE: SAY US DOLLARS TWENTY-FIVE THOUSAND SIX HUNDRED AND FIFTY ONLY.			

INSURANCE：To be effected by the seller for 110% of the CIF invoice value covering ALL RISKS AND WAR RISK as per China Insurance Clauses.

TERMS OF SHIPMENT：To be governed by "INCOTERMS ® 2020". For transactions concluded on CIF terms，all surcharges including port congestion surcharges，etc. levied by the shipping company，in addition to freight，shall be for the Buyer's account.

The Buyer：　　　　　　　　　　　　　　　　The Seller

SUPERB AIM (HONG KONG) LTD.　　　　SHANGHAI NEW DRAGON CO．，LTD.

　　　　××× 　　　　　　　　　　　　　　　×××××××

3. 信用证与贸易合同比对审核

通过对比研究,发现国外开来的信用证与贸易合同共有如下不符点:

(1) 信用证的性质不符合合同的要求,应将信用证不保兑(without confirmation)改为保兑(confirmed)信用证。

(2) 议付地、到期地均为香港(Hong Kong),应改为上海(Shanghai),议付银行 NANYANG COMMERCIAL BANK,LTD H K 应改为内地某银行。

(3) 汇票的付款期限不符,应将 at 20 days sight,改为 at sight。

(4) 转船规定与合同规定不符,应将 transshipment prohibited 改为 transshipment allowed。

(5) 目的港不符合合同规定,合同为 Hong Kong,而信用证却规定为 Singapore/Hong Kong。

(6) 运费条款有误,因合同规定为 CIF 贸易术语,因此,应将运费条款"freight collect"改为"freight prepaid"。

(7) 保险金额与合同规定不符,应将发票金额的 120%,改为 110%。

(8) 保险条款有误,应将"the institute cargo clause(A), the institute war clause"改为"all risks and war risk as per China Insurance Clauses"。

(9) 对货物包装的要求与合同规定不符,应删去 "colored"一词。

(10) 检验条款应删去 "the inspector designated by the buyer",这是信用证软条款。

八、案例分析

1. 中国 A 贸易公司就出口某产品与国外 B 公司达成销售合同,合同规定货物数量 100 公吨,可增减 10%,每公吨 USD500。国外 B 公司所在地 C 银行应 B 公司的申请开立信用证。信用证规定货物总金额为 USD50 000,数量约 100 公吨。A 贸易公司在交货时,恰逢市场价格呈下跌趋势。A 贸易公司将 110 公吨货物交船公司托运,并取得船公司签发的正本提单。A 贸易公司凭商业发票(金额为 USD55 000)、提单等单证到银行结汇,但遭银行拒付,理由是单、证不符。请问:① 银行是否有权拒付,理由何在? ② A 贸易公司应交多少公吨货物才能既符合信用证的规定,又避免经济损失? ③ 假如银行有权拒付,作为卖方的 A 公司应当如何处理此事?

分析

(1) 银行有权拒付。根据《UCP500》规定,凡"约""近似""大约"或类似意义措辞用于信用证金额、数量或单价前,应理解为允许对数量、金额或单价有不超过 10% 的增减幅度。本题中信用证金额前无约量的表示,故信用证金额不能增加,如果超过信用证规定金额,容易造成单、证不符,有被拒付的风险。

(2) 我方应交货 100 公吨。

(3) 作为卖方,应当即刻请求买方修改信用证,并按修改后的信用证重新再到银行议付。作为卖方还可以请求买方换用其他付款方式,如电汇等。

2. 甲交给乙一张经付款银行承兑的远期汇票,作为向乙订货的预付款,乙在票据上背书后转让给丙以偿还原先欠丙的借款,丙于到期日向承兑银行提示取款,恰遇当地法院公告该行于当天起进行破产清理,因而被退票。丙随即向甲追索,甲以乙所交货物质次为由予以拒绝,并称10天前通知银行止付,止付通知及止付理由也同时通知了乙。在此情况下丙再向乙追索,乙以汇票系甲开立为由推诿不理。丙遂向法院起诉,被告为甲、乙与银行三方。你认为法院将如何依法判决? 理由何在?

分析

(1) 法院应判甲向丙清偿被拒付的汇票票款、自到期日或提示日起至清偿日止的利息,以及丙进行追索所支付的相关费用。甲与乙的纠纷则另案处理。

(2) 理由:一是,由于票据具有流通性、无因性、文义性、要式性,因此只要丙是票据的合法持有人,就有权要求票据债务人支付票款,并且此项权利并不受其前手乙的权利缺陷(向甲交付的货物质次)的影响。二是,丙在遭到主债务人(承兑银行)退票后,即有权向其前手甲、乙进行追索。同样由于票据特性,甲不能以抗辩乙的理由抗辩丙。

3. Our company sold a commodity to Japanese merchant by D/P at sight. The Japanese merchant replied that it is acceptable if seller accept D/P 90 days payment and collect it through bank designated by buyer. Q: Why did the Japanese merchant make this request?

Analysis

Japanese side's proposed to change D/P at sight to 90 days fills forward, which is obviously aimed at delaying payment to facilitate its capital turnover; Japanese side's designated bank as the collecting bank for its collection and payment, which is to facilitate the borrowing of documents in the future, so as to obtain economic benefits as soon as possible.

The Japanese side's request is to delay the time of payment and, with the good relationship with the collecting bank, pick up the goods against the trust receipt debit note when accepting the bill (D/P, T/R). This increases the seller's risk. Unless the Japanese side has a good reputation and is an old customer, it cannot be accepted.

本章小结

本章知识是关于国际货款结算工具和结算方式两方面,主要知识点有汇票、汇付、托收和信用证,以及信用证实务,它们之间的知识逻辑关系如图7-10所示。

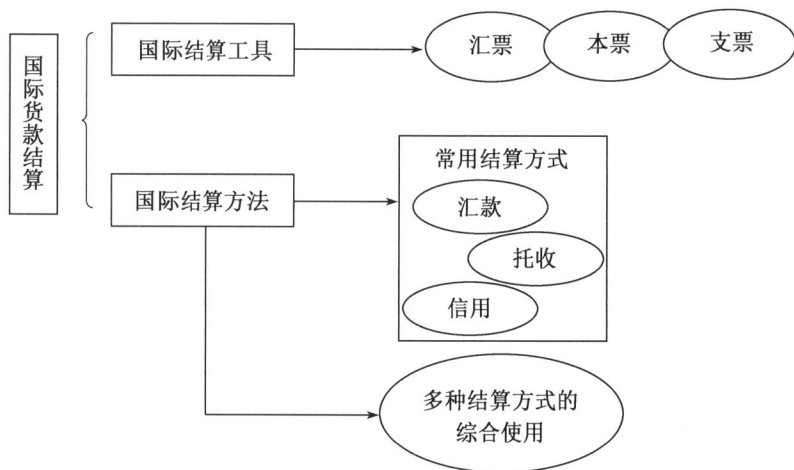

图 7-10 本章知识逻辑关系图

... 练习题

一、判断对错

1. 一张票据上载明金额是"USD50.00 or 100.00",这样的记载是无效的。 （　　）

2. 汇票上金额须用大小写分别表明,如果大小金额不符,则以小写为准。 （　　）

3. 汇款结算方式是以银行信用为基础。 （　　）

4. 跟单托收中一定没有金融单据。 （　　）

5. 托收业务中,如果货款未能收回,则托收行和代收行需要承担相应的责任。

（　　）

6. 汇票一经出票,付款人即承担汇票的付款人责任。 （　　）

7. 银行保证书项下,保证银行的付款责任始终是第一位的。 （　　）

二、单项选择

1. at sight 是( )汇票

A. 远期 B. 板期 C. 即期 D. 定期

2. 在汇票背面签字,并将汇票交付给另一人的当事人是( )。

A. 背书人 B. 保证人 C. 出票人 D. 承兑人

3. 在汇票的使用过程中,使汇票一切债务终止的票据行为是( )。

A. 提示 B. 承兑 C. 背书 D. 付款

4. 下列有关汇票的表述中正确的是( )。

A. 汇票未记载收款人名称的,可由出票人授权补记

B. 汇票未记载付款日期的,为出票后 10 日内付款

C. 汇票未记载出票日期的,汇票无效

D. 汇票未记载付款地的,以出票人的营业场所、住所或经常居住地为付款地

5. 根据我国《票据法》,付款人在承兑时若记载"出票人交货后付款"的(　　)。

　　A. 视为同意承兑,所附条件无效

　　B. 视为同意承兑,所附条件对善意持票人不生效

　　C. 视为同意承兑,所附条件有效

　　D. 视为拒绝承兑,承兑人不承担票据责任

6. 对下关于支票的说法,正确的是(　　)。

　　A. 是一种无条件的书面支付承诺

　　B. 付款人可以是银行、工商企业或个人

　　C. 可以是即期也可以是远期

　　D. 是以银行为付款人的即期汇票

7. 下列关于本票和支票的说法正确的是(　　)。

　　A. 我国票据法上的本票包括银行本票和商业本票,而支票只有银行支票

　　B. 我国票据法上的本票和支票都仅限于见票即付

　　C. 本票和支票的基本当事人都只包括银行和收款人

　　D. 普通支票只能用于支取现金,不得用于转账

8. 某支票签发人在银行的存款总额低于他所签发的支票票面金额,则他签发的这张支票被称为(　　)。

　　A. 现金支票　　　　B. 转账支票　　　　C. 空头支票　　　　D. 个人支票

9. 某公司签发一张汇票,上面注明"at 35 days after sight",则这是一张(　　)。

　　A. 即期汇票　　　　B. 远期汇票　　　　C. 跟单汇票　　　　D. 光票

10. 承兑以后,汇票的主债务人是(　　)。

　　A. 出票人　　　　B. 持票人　　　　C. 保证人　　　　D. 承兑人

11. 票据的有效性与否应以(　　)国家的法律解释。

　　A. 出票地　　　　B. 行为地　　　　C. 付款地　　　　D. 交单地

12. 对于出口商而言,承担风险最大的交单条件是(　　)。

　　A. D/P at sight　　　　　　　　　B. D/P after sight

　　C. D/A after sight　　　　　　　　D. T/R

13. 光票托收一般不用于(　　)的收取。

　　A. 出口货物的尾款　　　　　　　　B. 佣金

　　C. 样品费　　　　　　　　　　　　D. 大额出口货款

14. 以下不属于信用证特点的是(　　)。

　　A. 信用证是由开证银行承担第一性付款责任的书面文件

　　B. 信用证是一种商业信用

　　C. 开证银行履行付款责任是有限度和条件的

　　D. 信用证是一种自足的文件

15. 可转让信用证可以转让(　　)。

A. 一次   B. 二次   C. 多次   D. 三次

16. 信用证的基础是买卖合同,当信用证与买卖合同规定不一致时,受益人应要求( )。

  A. 开证行修改   B. 开证申请人修改

  C. 通知行修改   D. 议付行修改

17. The bill of exchange used in D/A must be a ( ).

  A. sight bill   B. clean bill   C. bank bill   D. usance bill

18. In international trading transactions under letters of credit, delivery of the goods is usually effected by ( ).

  A. The seller handing over the documents representing the goods

  B. The seller loading the goods onto the ship

  C. The buyer taking delivery of the goods at the port of destination

  D. The buyer receiving the lading through the bank

三、多项选择

1. 汇票的"收款人"即汇票的"抬头",通常包括( )。

  A. 持票来人抬头   B. 指示性抬头

  C. 限制性抬头   D. 不定型抬头

2. 汇票按有无附属单据来分,包括( )。

  A. 银行汇票   B. 商业汇票   C. 光票   D. 跟单汇票

3. 下列是汇票、本票和支票相同点的是( )。

  A. 都是以货币表示的,金额确定

  B. 都必须以无条件的书面形式做出

  C. 收款人可以是指定某人或来人

  D. 其他有关出票、背书、付款、追索权等票据行为的规定基本一致

4. 本票的基本当事人有( )。

  A. 出票人   B. 付款人   C. 背书人   D. 收款人

5. 汇款方式包括( )三种具体的形式。

  A. 电汇   B. 信汇   C. 票汇   D. 汇票

6. 下列属于托收业务主要特点的有( )。

  A. 商业信用   B. 托收方式是逆汇方式

  C. 银行只起结算中介作用   D. 银行不承担付款责任

7. The following statements about the definition of letter of credit are wrong ( ).

  A. A letter of credit is revocable

  B. It must be named "letter of credit"

  C. The condition of commitment is "presentation of documents in conformity"

  D. It is the commitment made by the applicant

8. The payment made by the confirming bank of the L/C are (　　).

    A. recourse　　　　B. non-recourse　　C. finality　　　　D. non finality

四、案例分析

1. 国内 A 公司与外商签订了一份进口钢材的合同,货物价值为 504 万美元,合同规定以信用证方式结算。

A 公司依约对外开出信用证后,在信用证装期内,外商发来传真称货物已如期装运。不久开证行即收到议付行转来的全套单据,提单表明货物于某东欧港口装运,在西欧某港口转运至国内港口。单据经审核无不符合点,开证行对外承兑。

A 公司坐等一个多月,货物依然未到,深感蹊跷,遂向伦敦海事局进行查询,反馈回来的消息是:在所述的装船日未有属名船只在装运港装运钢材。此时信用证项下单据已经开证行承兑,且据议付行反馈回的信息,该行已买断票据,将融资款支付给了受益人。开证行被迫在承兑到期日对外付款,A 公司损失惨重。

从案例吸取的教训有哪些?

2. 中国甲电子公司从日本购进一批电路板,银行 A 为甲开立了一份不可撤销的信用证。货物装船后,航运公司 B 签发了正本提单,甲向航运公司 B 代理人出具保函,办理提货手续,银行 A 按"跟单信用证统一惯例"之规定将货款支付给日本卖方通知行,但甲没有向银行 A 付款赎单,于是,银行 A 以航运公司 B 无正本提单交货为由提起诉讼。被告认为,甲方向其出具保函,原告应向甲追索信用证下款项,而不应起诉被告。

问题:① 提单的法律性质如何? ② 被告是否应承担无正本提单交货的责任? ③ 被告能否以甲方出具的保函对抗原告的诉讼?

3. A 交给 B 一张经付款银行承兑的远期汇票,作为向 B 订货的预付款,B 在票据上背书后转让给 C 以偿还原先向 C 的借款,C 于到期日向承兑银行提示取款,恰遇当地法院公告该行于当天起进行破产清理,因而被退票,C 随即向 A 追索,A 以 B 所交货物质量较差为由予以拒绝,并称 10 天前通知银行止付,止付通知及止付理由也同时通知了 B。在此情况下 C 再向 B 追索,B 以汇票系 A 开立为由,推脱不理。C 遂向法院起诉,被告为 A、B 与银行三方,法院将怎样依法判决?

4. 某外贸公司与某美籍华人客商做了几笔顺利的小额交易后,付款方式为预付。后来客人称销路已经打开,要求增加数量,可是,由于数量太多,资金一时周转不开,提出最好将付款方式改为 D/P at sight。当时我方提出采用 D/P at sight,未对客户的资信进行调查就发出了一个 40 英尺货柜的货物,金额为 3 万美元,货物到达目的港后,客户借口资金紧张,迟迟不去赎单。10 天后,各种费用相继发生。考虑到这批货物的花色品种为客户特别指定,拉回来也是库存,便被追改为 D/A 30 天。可是,客户将货提出之后,就再也没有音信。到涉外法律服务处与讨债公司一问才知道,到美国打官司费用极高,于是只好作罢。出口公司应从中吸取哪些教训?

5. A Chinese exporter and a Hong Kong buyer made the following business transactions on the export of sports shoes at the trade fair: the HK buyer claimed that the import quota is USA, while the expiry time of the quota owned by the buyer is at

the end of June. So，the shipment must be made by the end of June，otherwise the HK buyer has to take responsibility of contract breach. As per the term of the contract，the exporter required to pay USD3 000 as a guaranty deposit，and the buyer promised to issue an irrevocable L/C from a well-known HK bank. The exporter overlooked the clause of "one shipment approval certificate signed by the L/C applicant must be presented with shipment documents" in the credit when it received the L/C. When the exporter made a presentation of shipment documents to the bank，the exporter is informed of the clause and required the HK buyer to cancel the clause or issue relevant certificates，but the HK buyer always put it off. The result is that the exporter failed to negotiate the payment and lost the deposit. Please create an explanation of what we can learn from this case.

6. A Chinese foreign trade company and a Canadian businessman sign a contract to export of 100 000 flannel on CIF terms in January，and the payment method is an irrevocable letter of credit at sight. The Canadian businessman opened the letter of credit through the bank in May in the same year，which was verified to be consistent with the contract，and the insurance amount was the invoice amount plus 10%. While the seller was preparing the goods，the Canadian businessman sent us a letter of amendment to the letter of credit through the bank，which changed the insured amount to 15% of the invoice amount. We shall insure and deliver the goods by the provisions of the original letter of credit，and submit a full set of shipping documents to the negotiating bank within the validity period of the letter of credit after shipped. After negotiation，the negotiating bank sends the full set of documents to the issuing bank，which refuses to pay because the insurance policy is inconsistent with the amendment of the letter of credit. Is the reason for the issuing bank to refuses payment reasonable? Why?

第八章
国际贸易争议的预防与处理

识微知著,见小曰明 👤

... **学习目标**

了解检验、索赔的含义及国际上主要的检验机构

掌握检验的时间、地点等检验条款的规定

理解检验证书的种类及作用,能够订立、审核商品检验条款和索赔条款

了解不可抗力与仲裁的含义

掌握不可抗力事件的认定条件与处理

掌握买卖合同中的不可抗力条款

熟悉仲裁的内容、仲裁机构

掌握买卖合同中的仲裁条款

... **职场案例**

某公司代理国内企业(买方)与日本甲公司(卖方)签订了一份购买15套A型设备和8台K型仪器的合同,总价值40万美元,价格条件CFR大连,装运期为9月底,付款条件是买方在货物装运前2个月开立货款全额的不可撤销议付信用证。9月30日买方通过银行开出了以卖方为受益人的信用证(未交押金),卖方于10月9日、31日分2批发送了货物,从议付银行议付了货款,议付行从开证行处获得偿付。10月15日,第一批货物15套A设备到港,11月8日,第二批货物8台K型仪器到港,这两批货物买方都是在未取得正本提单情况下,以副本提单从船公司代理处提取。经省商检局检验认定,15套设备中有4套不合格,根本不能生产出标准部件,且无法修复。其余11套设备及8台K型仪器无质量问题。买方认为,所购15套设备系相互配套使用的,4套不合格,则其余11套失去使用价值,遂于次年3月24日向日方发出一份备忘录,要求将15套设备全部退回,日方既没有签字,也没有答复。外贸经理张师傅安排实习生小李准备相关材料与日方交涉。小李提出如下观点:① 将15套A设备作退货处理,卖方

返还已收的全部货款并承担全部退货费用。② 8 台 K 型仪器比合同规定的交货期延迟五周到港，卖方应支付延迟到货的罚金 4 万美元。③ 买方购买的 15 套 A 设备用于出租，由于 A 设备不合格，买方已向承租用户赔偿损失 2 万美元，这笔损失应由卖方负担。请你思考：小李的观点是否合理？

分析

（1）买方只能退还 4 套不合格的模具，不能退还全部 15 套模具，因为其余 11 套模具是合格的，可继续使用。卖方应退还给买方 4 套不合格模具的货款，同时应承担 4 套模具退回的一切费用。

（2）卖方 8 台检测仪的交付确实在合同规定的期限之后，这种延迟是由于买方开立信用证延迟造成的。合同要求信用证应在交货前两个月开出，买方直到 9 月 30 日才开出信用证，按这个日期计算，卖方实际交货期并没有违反合同，买方要求支付延迟到货罚金的请求不成立。

（3）买方将模具出租的事实卖方难以预见，且属于另一法律关系，买方赔偿用户的 2 万美元损失不应由卖方承担，即"买方这一请求不成立"。

（4）如买方拒绝向开证行付款赎单，开证行将遭受极大损失，因为他虽持有提单却提不到货物，也没有押金可补偿。开证行可以凭提单要求船公司交付提单项下的货物或赔偿全部货款，也可依据信用证法律关系要求买方履行单证相符时的付款赎单义务。

... **课程思政**

小心驶得万年船

如果我们将国际贸易分成三个阶段：签订合同前的事前阶段，履行合同的事中阶段，以及货物拨付后的事后阶段，那么，国际贸易中的争议预防和索赔就是国际贸易的事前和事后两个阶段。事前阶段应该能够设置情景，以问题为导向解决问题和规避风险，在事后阶段应该积极沟通，本着实事求是的精神解决存在的问题，积极维护客户关系。做生意和做事是同一个道理。

如何做到"小心驶得万年船"？需要外贸业务员具备"识微知著，见小曰明"的能力，即看到事物的苗头而能察知它的发展趋向或问题的实质，能够从细微处剖析事理。

第一节　货物的检验

根据《中华人民共和国进出口商品检验法》及其实施条例、《中华人民共和国进出境动植物检疫法》及其实施条例、《中华人民共和国国境卫生检疫法》及其实施细则、《中华人民共和国食品安全法》，以及其他有关法律法规的规定，出入境检验检疫机构依法对出入境人员、货物、运输工具、集装箱及其他法定检验检疫物（统称法定检验检疫对象）实施出入境检验检疫。出入境检验检疫是指检验检疫部门和检验检疫机构依照法律、行政法规和国际惯例等的要求，对出入境的货物、交通运输工具、人员等进行检验检疫、认证及签发官方检验检疫证明等监督管理工作。

《中华人民共和国进出口商品检验法》规定：对法定检验的进口商品未经检验不准销售、使用；对法定检验的出口商品未经检验合格的不准出口；盛装出口危险货物的包装容器必须进行性能鉴定和使用鉴定，使用未经鉴定合格的包装容器的危险货物，不准出口。

国际货物进出口买卖合同中明确规定检验条款，以下是进出口合同中检验条款的示例。

出口合同中的检验条款：买卖双方同意以装运港（地）中华人民共和国海关总署下设的出入境检验检疫机构签发的质量和重量（数量）检验检疫证书作为信用证项下议付所提交的单据的一部分，买方有权对货物的质量和重量（数量）进行复验，复验费由买方负担。但若发现质量和/或重量（数量）与合同规定不符时，买方有权向卖方索赔，并提供经卖方同意的公证机构出具的检验报告。索赔期限为货物到达目的港（地）后 30 天内。

进口合同中的检验条款：双方同意以制造厂（或××公证机构）出具的品质和数量或重量证书作为有关信用证项下付款的单据之一。但是货到目的港 30 天内，经中华人民共和国海关总署下设的出入境检验检疫机构复验，如发现品质或数量或重量与本合同规定不符时，除属保险公司或船舶公司负责外，买方凭上述检验机构出具的检验证书，向卖方提出退货或索赔。所有费用（包括检验费、退货和索赔引起的损失）均由卖方负担。卖方收到买方的索赔通知后，如在 30 天内不答复则视为卖方同意买方提出的一切索赔。

从以上条款可看出，国际货物买卖合同中检验检疫条款的内容一般包括：检验或复验的时间和地点；有关检验权的规定；检验机构；检验项目和检验证书以及索赔等。以下各节就以上内容进行详细介绍。

一、检验时间和地点

国际上一般都承认买方在接收货物前有权检验货物，但应在何时何地检验，各国法律并无统一规定，而货物的检验权直接关系到买卖双方在货物交接过程中的权利和义务，因此为了明确责任，买卖双方通常在买卖合同中就买方的检验权以及如何行使检验权等问题作出明确的规定，其中最重要的就是检验的时间和地点。一般买卖双方在检验条款中明确规定检验时间和地点，例如上文的出口合同检验条款规定"在装运港（地）进行检验，买方有权对货物的质量和重量（数量）进行复验"；又如上文的进口合同检验条款规定"货到目的港 30 天内，经中华人民共和国海关总署下设的出入境检验检疫机构复验"。下面对检验的时间和地点进行详细介绍。

（一）出口国检验

在出口国检验，又称为装船前或装船时检验。它可分为以下几种。

1. 在产地检验

在产地检验,即在货物离开生产地(如工厂、农场或矿山等)之前,由卖方或其委托的商品检验机构人员或买方的验收人员或买方委托的商品检验机构的人员对货物进行检验或验收。卖方只负责货物在离开产地之前到进行检验或验收为止的责任。因此,在产地检验适用 EXW 贸易术语。

2. 装运港(地)检验

这是以离岸质量、重量或数量为准。据此规定,以货物在装运港或装运地装运前或装运时,经由双方所约定的检验机构对货物的质量、重量或数量进行检验后出具检验证书,以此作为确定交货质量、重量或数量的依据。这种做法对卖方最有利,买卖双方如以此条件成交,当卖方获得该证书时就表明所交货物的品质和重量与合同规定相符,可以办理结汇手续。卖方对运输途中品质的变化和重量的短少,均不负责。而货物运抵目的港或目的地后,买方如再对货物进行复检时,即使发现问题,但这时已无权再表示拒收或提出异议和索赔。

上述两种规定办法从根本上否定了买方对货物的检验权,对买方极为不利。

(二) 进口国检验

在进口国检验是指货物运抵目的港或目的地卸货后检验,或在买方营业处所或最终用户所在地检验。

1. 在目的港或目的地卸货后检验

这是以到岸质量、重量或数量为准。据此规定,在货物运抵目的港或目的地卸货后的一定时间内,由双方约定的目的港或目的地的商品检验机构进行检验,该机构出具的检验证书作为决定交付货物的质量、重量或数量的依据。如检验证书证明货物与合同规定不符系属卖方责任,卖方应予负责。买卖双方如以此条件成交意味着装运前的商检证书不具有效力,卖方须承担货物在运输途中的品质、重量变化的风险。这种做法于卖方不利,所以卖方一般不愿意采用这种做法。

2. 在买方营业处所或最终用户所在地检验

这种做法是将检验延伸和推迟至货物运抵买方营业处所或最终用户所在地后的一定时间内进行,并以双方约定的该地的商品检验机构所出具的检验证书作为决定交货质量或数量的依据。这种做法主要适用于那些不便在目的港卸货时检验的货物,例如密封包装,在使用之前打开有损于货物质量或会影响使用的货物,或是规格复杂、精密程度高,需要在一定操作条件下用精密仪器或设备检验的货物。

上述两种规定办法从根本上否定了卖方对货物的检验权,对卖方极为不利。

(三) 出口国检验,进口国复检

这种做法即以装运港或装运地的检验证书作为收付货款的依据,买方有货物运到目的港或目的地后的复检权。按此规定,货物须于装运前由双方约定的装运港或装运地的商品检验机构进行检验,其检验证书作为卖方要求买方支付货款或要求银行支付、承兑或议付时提交的单据之一。在货物运抵目的港或目的地卸货后的一定时间内,买方有权复检。如经约定的商品检验机构复检后发现货物不符合合同规定,且系卖方责任,买方有权在规定的时间内凭复检证书向卖方提出异议和索赔。但卖方也可以根据出口地商品检验机构出具的检验证书进行抗辩。此时,争议只能通过协商解决,或委托第三国进行仲裁性的检验。

上述这种规定办法较公平合理,照顾到了买卖双方的利益,因而在国际贸易中被广泛采用,我国进出口贸易中一般都采用这一做法。

(四)出口国检验重量,进口国检验品质

在大宗商品的交易中,为调和买卖双方在商品检验时间与地点问题上的矛盾,有时也规定在出口国检验重量,进口国检验品质,称为"离岸重量和到岸品质"(shipping weight and landed quality)。在这种做法下,以装运港商品检验机构验货后出具的重量检验证书为卖方交货重量的最后依据,而以目的港商品检验机构验货后出具的品质检验证书作为卖方交货品质的最后依据。

(五)在出口国装运前预检验,在进口国进行最终检验

在出口国装运前预检验,在进口国进行最终检验,即在买卖合同中规定货物在出口装运前由买方派员自行或委托检验机构人员对货物进行预检验,货物运抵目的港或目的地后,买方有最终检验和索赔权。采用这一做法,有的还允许买方或其指定的检验机构人员在产地或装运港或装运地监督生产或装运。对进口商品实施装运前预检验,这是当前国际贸易中较普遍采用的一种行之有效的质量保证措施。

《中华人民共和国进出口商品检验法实施条例》规定:在我国进口贸易中,"对属于法定检验范围内的关系国计民生、价值较高、技术复杂的以及其他重要的进口商品和大型成套设备,应当按照对外贸易合同约定监造、装运前检验或者监装""国家对进口可用作原料的固体废物实行装运前检验制度""对价值较高,涉及人身财产安全、健康、环境保护项目的高风险进口旧机电产品,应当依照国家有关规定实施装运前检验"。采用这一规定做法,可以保障我方的利益。

案例8—1

合同中的检验条款规定:"以目的地检验报告为准"。货到目的地后,买方发现货物与合同规定不符,经当地商品检验机构出具检验证书后,买方向卖方提出索赔,但卖方说在装运前已经进行了检验,检验结果和合同一致,因此拒绝索赔。请问卖方说法成立吗?

分析　不成立。"以目的地检验报告为准"意味着在货物运抵目的港或目的地卸货后的一定时间内,由双方约定的目的港或目的地的商品检验机构进行检验,该机构出具的检验证书作为决定交付货物的质量、重量或数量的依据。如检验证书证明货物与合同规定不符系属卖方责任,卖方应予负责。

🐟 ··· deep seek

出入境检验检疫并入海关

2018年3月17日,第十三届全国人民代表大会第一次会议表决通过了国务院机构改革方案。根据方案,将组建国家市场监督管理总局,不再保留国家工商行政管理总局、国家质量监督检验检疫总局、国家食品药品监督管理总局,其中出入境检验检疫管理职责和队伍划入海关总署。

2018年4月20日起,原中国出入境检验检疫部门正式并入中国海关。这是贯彻落实2018年《深化党和国家机构改革方案》工作部署,落实国务院机构改革方案的重大进展。今天,中国出入境检验检疫统一以海关名义对外开展工作。

合并后,入境将由原来9个环节合并为5个环节。具体为:入境,海关原有申报、现场调研、查验、处置4个环节,检验检疫原有卫生检疫、申报、现场调研、查验、处置5个环节,共计9个环节,合并4个环节,保留卫生检疫、申报、现场调研、查验、处置5个环节;出境,海关原有申报、现场调研、查验、处置4个作业环节,检验检疫原有卫生检疫、现场调研、查验、处置4环节,共计8个环节,合并3个环节,保留卫生检疫、申报、现场调研、查验、处置5个环节。同时海关与检验检疫的原旅客通道进行合并,监管检查设备统一使用,行李物品只接受一次查验。对外统一使用海关标识,设置统一的政策宣传设施。

二、检验机构

商品检验机构是指接受委托实施商品检验和公证鉴定工作的专门机构。在国际贸易中,从事商品检验工作的机构有:国家设立的官方、半官方商品检验机构;私人或同业公会、协会等开设的非官方商品检验机构,如公证行或公证人;生产制造厂家或卖方;用货单位或买方。具体由哪类机构检验商品,由当事人在买卖合同中约定。例如上文的出口合同检验条款规定"由中华人民共和国海关总署下设的出入境检验检疫机构进行检验,买方向卖方索赔时提供经卖方同意的公证机构出具的检验报告";又如上文的进口合同检验条款规定"双方同意以制造厂(或××公证机构)出具的品质和数量或重量证书作为有关信用证项下付款的单据之一,但是货到目的港30天内,经中华人民共和国海关总署下设的出入境检验检疫机构复验"。

(一) 国外的检验机构

目前,国际上比较著名的商检机构有:

(1) 瑞士通用公证行。瑞士通用公证行(Societe Generale desurveillance S A)创建于1878年,其总部设在日内瓦。SGS是一个综合性的检验机构,可进行各种物理、化学和冶金分析,包括进行破坏性和非破坏性试验,向委托人提供一套完整的数量和质量检验以及有关的技术服务,提供装运前的检验服务,提供各种与国际贸易有关的诸如商品技术、运输、仓储等方面的服务,监督跟购销、贸易、原材料、工业设备、消费品前已有关联的全部或任何一部分的商业贸易及操作过程。在 SGS 内部,按照商品分类,设立了农业服务部、矿物化工和冶金服务部、非破坏性实验科、国家政府合同服务部、运输和仓库部、工业工程产品服务科、风险和保险服务部等部门。SGS 在中国的业务由香港 SGS 中国事务部承担。

(2) 英国英之杰检验集团(IITS)。它是一个国际性的商品检验组织,总部设在伦敦。为了加强其在世界贸易领域中的竞争地位,IITS 通过购买世界上有名望、有实力的检验机构,组建自己的检验集团。

(3) 日本海事检定协会(NKKK)。它创立于 1913 年,是一个社团法人检验协会,主要是为社会公共利益服务。NKKK 总部设在东京,除在本国各主要港口设有检验所外,还在泰国、新加坡、马来西亚、菲律宾和印度尼西亚等国家和地区设有 70 多个海外事务所。主要检验项目有:舱口检视、积载鉴定、状态检验、残损鉴定、水尺计重、液体计量、衡重衡量及理化检验等,还接受从厂家到装船或从卸货到用户之间的连续检验。

(4) 新日本检定协会(SK)。它创立于 1948 年,是日本的一个财团法人检验协会,为财团的经济利益服务。其主要业务是海事检定、一般检验、集装箱检查、理化分析和一般货物检量等。

(5) 美国安全试验所(UL)。它始建于 1894 年,总部设在伊利诺伊州的诺斯布鲁克,在纽约长岛、佛罗里达州的坦帕、加利福尼亚州的桑塔克莱拉等地设有分支机构。UL 公司是美国最有权威的,也是世界上最大的对各类电器产品进行检验、测试和鉴定的民间检验机构。

(6) 美国材料与试验学会(ASTM),它成立于 1896 年,总部设在费城,是美国资格最老、规模最大的学术团体之一,是从事工业原材料标准化的一个非官方组织。

(7) 加拿大标准协会(CSA)。它成立于 1919 年,其目的是在工业界建立规则,负责制定电气领域里自愿采用的标准,加拿大标准协会实验室负责设备标准试验和认证。

(8) 国际羊毛局(IWS)。它成立于 1937 年,是一个非营利性机构。其宗旨是为各成员国的养羊人上建立羊毛制品在全球的长期需求。成员国中最大的羊毛出口国是澳大利亚、新西兰及南半球一些国家,出口的羊毛占全球年成交量的 80% 左右。

外国检验机构经批准也可在我国设立分支机构,在指定范围内接受进出口商品检验和鉴定业务。

(二) 我国的检验机构

进出口药品的监督检验、计量器具的量值检定、船舶和集装箱的规范检验、飞机(包括飞机发动机、机载设备)的适航检验、锅炉和压力容器的安全检验、核承压设备的安全检验等,分别由国家各有关主管部门归口实施法定检验和监督管理。

1. 海关总署(General Administration of Customs)

根据 2019 年修订的《中华人民共和国进出口商品检验法实施条例》,海关总署主管全国进出口商品检验工作,主管全国质量、计量、出入境商品检验、出入境卫生检疫、出入境动植物检疫、进出口食品安全和认证认可、标准化等工作,并行使行政执法职能。海关总署设在省、自治区、直辖市以及进出口商品的口岸、集散地的出入境检验检疫机构,管理所负责地区的进出口商品检验工作。

进出口计量器具的量值检定由计量器具检定部门负责。《中华人民共和国计量法》规定,"制造、修理计量器具的企业、事业单位,必须具备与制造、修理计量器具相应的设施、人员和检定仪器设备,经县级以上人民政府计量行政部门考核合格,取得《制造计量器具许可证》或者《修理计量器具许可证》"。

"制造计量器具的企业、事业单位生产本单位未生产过的计量器具新产品,必须经省级以上人民政府计量行政部门对其样品的计量性能考核合格,方可投入生产","进口计量器具,必须经省级以上人民政府计量行政部门检定合格后,方准销售"。经检验不合格,需向国外提出索赔的,由省、自治区、直辖市以上的计量行政部门对外出证。如果需凭商检证书对外索赔的,商检机构凭省级以上的计量行政部门出具的检验证明换发证书,有关计量检定的技术问题,由出具检验证明的计量行政部门负责。

2. 药品生物制品检定所

中国药品生物制品检定所是我国最高药品检定机构,由国家药品监督管理局直属管理。按照《中华人民共和国药品管理法》及其实施条例、《药品进口管理办法》的规定,凡进出口的药品(包括原料药、制剂和药材),一律列为法定检验,由各地药检机构实施检验。

3. 船舶检验局

船舶检验局是国家船舶技术监督机构,成立于 1956 年,总部设在北京,负责对船舶执行法定的监督检验,同时办理船级业务。其主要任务有:制定船舶检验的规章制度和船舶规范;在全国主要港口设立办事机构,执行监督检验职能;对船舶、海上设施及其材料、机械设备等实施监督检验和试验,使船舶和海上设施具备正常的技术条件,以保障海上船舶、设施和人身的安全以及海洋环境不受污染;根据我国参加的有关国际公约,代表政府签发公约要求的船舶证书;担任公证检验。

4. 我国香港特别行政区的商品检验机构

我国香港特别行政区政府指定的检验机构是香港标准及检定中心,该中心按政府颁布的商品目录,对进口商品实施强制性检验。目录所列商品未经检验或检定中心检验不合格的,一律不得销售和使用。香港是自由港,对出口商品不实施强制性检验。

(三) 我国检验机构的基本任务

根据我国新《商品检验法》的规定,商品检验机构在进出口商品检验方面的基本任务有三项:实施法定检验;办理公证鉴定业务;对进出口商品的检验工作实施监督管理。

(1) 实施法定检验。法定检验是指商品检验机构根据国家法律法规的规定,对大宗关系到国计民生的重点商品、容易发生质量问题的商品、涉及安全卫生的商品以及国家指定由商品检验机构统一执行检验的商品等,实施强制性的检验或检疫,未经检验或检验不符合法律法规规定要求的,不准输入输出。属于法定检验的出口商品,未经检验合格的,不准出口；属于法定检验的进口商品，未经检验的，不准销售、使用。

（2）办理公证鉴定业务。公证鉴定业务是委托性质的，不具有强制性。是商品检验机构接受对外贸易关系人以及国内外有关单位的申请或者外国商品检验机构的委托，办理规定范围内的进出口商品鉴定业务，签发各种鉴定证书，作为办理进出口商品的交接、结算、计费、理算、报关、纳税以及作为处理争议索赔的有效凭证。例如：品质和数量证明、残损鉴定和海损鉴定；车船、飞机和集装箱的运载鉴定；普惠制产地证和一般的非优惠产地证。商品检验机构也可以接受对外贸易关系人的申请，受国外商品检验机构的委托和仲裁、司法部门的要求进行公证鉴定。总之，进出口商品鉴定业务范围广、内容多，涉及进出口业务的各个环节。当买卖合同的当事人委托商品检验机构办理鉴定业务时，应当提供合同、信用证及有关的单证。

（3）对进出口商品的检验工作实施监督管理。商品检验机构通过行政管理手段，对有关部门（包括进出口商品收货人、发货人、生产、经营、仓储、运输、指定检验机构、认可检验机构）及认可检验人员的检验工作（包括组织机构、检验制度、检验标准和方法及检测手段等）实施监督管理，以推动和组织有关部门对进出口商品按规定要求进行检验。

对进出口商品的质量和检验工作实施监督管理是海关总署和下设的出入境检验检疫机构对进出口商品执行检验把关的另一种重要手段。

由于商品检验机构的选定关系到交易双方的利益，所以在磋商交易时，买卖双方应商定商品检验机构，并在合同中予以明确。

案例 8-2

某公司从国外采购一批特殊器材，该器材指定由国外某检验机构负责检验合格后才能收货。后接到此检验机构的报告，报告称质量合格，但在其报告附注内说明，此项报告的部分检验记录由制造商提供。这种情况下，买方能否以质量合格而接受货物？

分析　买方不能接受货物。因为：买方之所以要卖方出具某检验机构签发的商检证书，目的是让商品检验机构检验货物，避免因卖方自己出具发货单而可能出现不真实问题。且商检机构对其签发的商检证书负有保证其真实性的责任。本例商检部门出具的证书，尽管说明质量合格，但又言明部分检验记录由制造商提供，这说明商检机构未尽到自己的责任，对买方来说，接受这种商检证书风险很大。所以买方不能凭此证书接受货物。

三、检验证书

商品检验证书（commodity inspection certificate）是指商品检验机构对进出口商品检验、鉴定后，根据不同的检验结果或鉴定项目签发的各种检验证书、鉴定证书和其他证明书的统称。检验证书是交单议付和进行索赔的单据之一，检验条款中一般明确规定应出具的检验证书种类。例如上文的出口合同检验条款规定"买卖双方同意以装运港（地）中华人民共和国海关总署下设的出入境检验检疫机构签发的质量和重量（数量）检验检疫证书作为信用证项下议付所提交的单据的一部分"；又如进口合同检验条款规定"买方凭检验机构出具的检验证书，向卖方提出退货或索赔，都凸显出检验证书的重要性"。

（一）检验证书的种类

常见的检验证书有品质检验证书、重量检验证书、数量检验证书、兽医检验证书、卫生（健康）检验证书、消毒检验证书、熏蒸证书、残损检验证书、积载鉴定证书、船舱检验证书、产地证明书、价值证明书、货载衡量检验证书等。在实际业务中，卖方究竟提供何种证书，要根据成交商品的种类、性质、有关法律和贸易习惯以及政府的涉外经济贸易政策而定。

以下介绍几种主要商品检验证书及其用途：

（1）品质检验证书（quality inspection certificate）。品质检验是运用各种检验手段，包括感官检验、化学检验、仪器分析、物理测试、微生物学检验等，对进出口商品的品质、规格、等级等进行检验，确定其是否符合外贸合同（包括成交样品）、标准等规定。品质检验证书是出口商品交货结汇和进口商品结算索赔的有效凭证，法定检验商品的证书是进出口商品报关、输出输入的合法凭证。

（2）重量或数量检验证书（weight quality inspection certificate）。重量或数量检验是商检机构检验卖方所交货物的重量、数量，确定其是否符合合同规定。重量或数量检验证书是出口商品交货结汇、签发提单和进口商品结算索赔的有效凭证；出口商品的重量证书也是国外报关征税和计算运费、装卸费用的证件。

（3）兽医检验证书（veterinary inspection certificate）。兽医检验即检验进出口动物产品或食品是否达到国家法定标准，兽医检验证书是检验合格后的证件，它是对外交货、银行结汇和进口国通关输入的重要证件，适用于冻畜肉、冻禽、禽畜罐头、冻兔、皮张、毛类、绒类、猪鬃、肠衣等出口商品。

（4）卫生/健康检验证书（sanitary/health inspection certificate）。卫生/健康检验是对可供人类食用的出口动物产品、食品等进行卫生检验或检疫，卫生/健康检验证书是证明其合格的证件，它是对外交货、银行结汇和通关验放的有效证件，适用于肠衣、罐头、冻鱼、冻虾、食品、蛋品、乳制品、蜂蜜等。

（5）消毒检验证书（disinfection inspection certificate）。消毒检验是检验进出口动物产品经过消毒处理，是否达到国家安全卫生的标准，消毒检验证书是证明其达到国家标准的证件，它是对外交货、银行结汇和国外通关验放的有效凭证，适用于猪鬃、马尾、皮张、山羊毛、羽毛等商品。

（6）熏蒸证书（furmigation certificate）。很多国家要求对进口的粮谷、油籽、豆类、皮张等商品以及包装用木材与植物性填充物进行熏蒸，熏蒸证书是用于证明以上货物已经过熏蒸灭虫的证书，主要证明使用的药物、熏蒸的时间等情况。

（7）残损检验证书（damage inspection certificate）。当进出口商品发生残、短、渍、毁等情况时，为了明确是哪方的责任，需要做残损检验。残损检验证书是证明进口商品残损情况的证件，可作为收货人向发货人或承运人或保险人等有关责任方索赔的有效证件。

（8）积载鉴定证书（stowage survey certificate）。积载鉴定即检验船方和集装箱装货部门是否正确配载积载货物,是否履行运输契约义务。积载鉴定证书是经过鉴定后所签发的证件,可供货物交接或发生货损时处理争议之用。

(9) 船舱检验证书(cargo hold inspection certificate)。船舱检验即检验承运进出口商品的船舱清洁、密固、冷藏效能及其他技术条件是否符合保护承载商品的质量和数量完整与安全的要求。船舱检验证书可作为承运人履行租船契约适载义务的证明,也是对外贸易关系方进行货物交接和处理货损事故的依据。

(10) 原产地证书(certificate of origin)。用于证明出口商品原产地,该证书是各国实行贸易管制、差别关税、进口配额制和海关统计所必需的证件。按国际惯例,产地证明一般要由进口国的使领馆签发或认证,或由出口国官方公证鉴定机构与商会团体根据对外贸易关系人的申请,按贸易合同或信用证规定的要求,对出口商品的产地进行核实后签发。

(11) 价值检验证书(value inspection certificate)。用于证明发票所列商品的价格是否真实正确的证件,是进口国管理外汇和征收关税的凭证。在发票上签盖商品检验机构的价值证明章与价值证明书具有同等效力。

(12) 货载衡量检验证书(cargo measurement and weight inspection certificate)。这是证明进出口商品的重量、体积吨位的证件。可作为计算运费和制订配载计划的依据。

❀ 案例 8-3

进口方委托银行开出的信用证上规定:卖方须提交"商品净重检验证书"。进口商收到货物后,发现除质量不符外,卖方仅提供了重量单。买方立即委托开证行向议付行提出拒付,但议付行已作出押汇。事后,议付行向开证行催付货款,并解释卖方所附的重量单即为净重检验证书。

问:① 重量单与净重检验证书一样吗? ② 开证行能否拒付货款给议付行?

分析

(1) 商品净重检验证书是由商检机构签发的关于货物重量的公证文件,而重量单为发货人所出具的货物重量说明文件,二者是不同的。

(2) 信用证中要求卖方提供商品净重检验证书,而议付行误以为重量单即商品净重检验证书,则议付行必须为此过失承担责任。按《跟单信用证统一惯例》的规定,开证行有权对议付行拒付,而议付行可向卖方追索押汇款项。

(二) 商品检验证书的作用

商品检验证书在国际贸易活动中起着公证证明的作用,关系到各有关方的经济责任和权益,它的作用主要表现在如下几个方面:

(1) 作为卖方所交付货物的品质、重量、包装及卫生条件等是否符合合同规定的依据。在买卖合同或信用证中,一般都明确规定卖方交货时必须向买方提交由商品检验机构出具的检验证书,以确定所交货物与合同或信用证要求一致。

(2) 作为买方对货物品质、重量(数量)、包装等条件提出异议,拒收货物或对外索赔的依据；买方收到货物，如发现其品质、重量、包装等与合同或信用证的规定不符，可向商品检验机构申请检验货物并出证，以证明实际情况或残损短量等，并凭此向有关方索赔。

（3）在使用信用证方式结算货款的情况下，商检证书通常也是银行议付货款和出口方收汇的单据之一。

（4）作为通关、征收关税和优惠减免关税、结算运费等的有效凭证。

（5）作为证明货物在装卸、运输中的实际状况，明确责任归属的依据。

⇒ ... deep seek

木质包装熏蒸

木质包装熏蒸就是为了防止有害病虫危害进口国森林资源所采取的一种强制措施。因此，含有木质包装的出口货物，就必须在出运前对木质包装物进行除害处理，熏蒸是除害处理中的一种方式。木质包装一般指用于包装、铺垫、支撑、加固货物的材料，如木箱、木托盘、垫仓木料、木桶、木衬板等。

木质包装需要熏蒸的进口国家有：

欧盟28国（荷兰、比利时、卢森堡、丹麦、英国、爱尔兰、德国、法国、意大利、希腊、葡萄牙、西班牙、奥地利、芬兰、瑞典、波兰、捷克、斯洛伐克、拉脱维亚、爱沙尼亚、立陶宛、匈牙利、马耳他、塞浦路斯、斯洛文尼亚、保加利亚、罗马尼亚、克罗地亚），以及美国、加拿大、墨西哥、日本、韩国、菲律宾、印度、澳大利亚、新西兰、巴西、智利、南非、埃及、土耳其等国。如果出口到上述国家的产品没有木质包装，一般都要在提单、发票、装箱单等单证上注明"no wood packing material"（无木质包装）字样。

第二节　违约与索赔

在国际贸易中，由于主客观原因导致的交易失败时有发生。当交易一方不履行合同义务，致使另一方受损时，受损方有权向违约方提出损害赔偿要求，即索赔。为了明确双方的责任，检验条款中会规定索赔的内容。例如上文的出口合同检验条款规定：若发现质量和/或重量（数量）与合同规定不符时，买方有权向卖方索赔，并提供经卖方同意的公证机构出具的检验报告，索赔期限为货物到达目的港（地）后30天内。

一、违约

（一）违约的含义

违约（breach of contract）是指买卖双方之中，任何一方不履行合同规定的义务的行为。目前,各国和地区的合同法规都是以立法的形式赋予有效合同强制力,以保障当事人缔结的合同得到严格的执行。所以,当事人的任何一方如果不严格履约,就应承担违约的法律责任,而受害方也有权根据合同或有关法律规定提出损害补偿要求。

(二) 不同法律对违约行为的解释

1. 大陆法的规定

大陆法国家一般将违约的形式概括为不履行合同和延迟履行合同两种情况。前者,又称为给付不能,是指债务人由于种种原因,不可能履行其合同义务。后者,又称为给付延迟,是指债务人履行期已届满,而且是可能履行的,但债务人没有按期履行其合同义务。违约方是否要承担违约责任,则要看是否有归责于他的过失。如果有过失,违约方才承担违约的责任;但当事人不履约时,只要能证明自己无过错,就可不承担任何责任。

2. 英国法的规定

英国法将违约的形式划分为违反要件(breach of condition)和违反担保(breach of warranty)两种。前者是指合同当事人违反合同中重要的、带有根本性的条款。按照英国法,买卖合同中关于履约的时间、货物的品质和数量等条款都属于合同的要件。后者是指当事人违反合同中次要的、从属于合同的条款。按照英国法的有关规定,在违反要件的情况下,受损的一方可以解除合同,并要求损害赔偿;而在违反担保的情况下,受损方可以要求赔偿损失,但不能拒绝履行合同的义务或解除合同。

3. 我国法律的规定

目前,我国有关法律规定,当事人一方不履行合同或者履行合同义务不符合约定条件(违反合同),另一方有权要求赔偿损失或者采取其他合理的补救措施。采取其他补救措施后,尚不能完全弥补另一方受到的损失的,另一方仍然有权要求赔偿损失。如当事人双方都违反合同的,则应各自承担相应的责任。

4.《联合国国际货物销售合同公约》(CISG)的规定

《联合国国际货物销售合同公约》将违约划分为根本性违约(fundamental breach of contract)和非根本性违约(non fundamental breach of contract)。根本性违约是指"一方当事人违反合同的结果,如使另一方当事人蒙受损害,以至于实际上剥夺了他根据合同有权期待得到的东西,即为根本性违反合同,除非违反合同的一方并不预知而且同样一个通情达理的人处于相同情况中也没有理由预知会发生这种结果",而不构成根本性违约的情况,均视为非根本性违约。至于怎样才构成根本性违约,只能视具体情况而定。从法律结果来看,《公约》认为,构成根本性违约的,受害方可解除合同,并提出损害赔偿,反之,则只能请求损害赔偿。

二、索赔与理赔

（一）索赔与理赔的含义

索赔（claim）是指遭受损害的一方在争议发生后，向违约方提出赔偿的要求，在法律上是指主张权利，在实际业务中，通常是指受害方因对方违约而根据合同或法律提出予以补救的主张。理赔（settlement of claim），是指违约方对受害方所提赔偿要求的受理与处理。索赔与理赔是一个问题的两个方面，在受害方是索赔，在违约方是理赔。

（二）引发索赔的原因

交易中双方产生争议，进而引发索赔的原因有很多，大致可归纳为以下几种情况。

1. 卖方违约

常见的卖方违约现象有：不按合同规定的交货期交货，或不交货，或所交货物的品质、规格、数量、包装等与合同（或信用证）规定不符，或所提供的货运单据种类不齐、份数不足等。

2. 买方违约

常见的买方违约现象有：在按信用证支付方式成交的条件下，不按期开证或不开证；不按合同规定付款赎单，无理拒收货物；在 FOB 条件下，不按合同规定如期派船接货等。

3. 买卖双方均负有违约责任

常见的买卖双方均负有违约责任的现象有：双方对合同条款规定得欠妥当、不明确，或同一合同的不同条款之间互相矛盾，致使双方当事人对合同规定的权利与义务的理解互不一致，导致合同的顺利履行产生困难，甚至发生争议、引起纠纷。此外对合同义务的重视不足，也是导致违约、发生纠纷的原因之一。

（三）买卖合同中的索赔条款

进出口合同中的索赔条款有两种规定方式，一种是异议和索赔条款（discrepancy and claim clause），另一种是罚金条款（penalty clause）。

1. 异议与索赔条款

异议与索赔条款的主要内容，除了明确规定买卖双方在履约过程中，如果一方违反合同时，另一方有权提出索赔外，还应订明索赔的依据、索赔的期限、赔偿损失的办法和金额等。

（1）索赔依据

根据世界各国有关法律的规定，任何当事人提出索赔时，必须有充分的证据。若证据不全或不清、出证机构不符合要求，都可能遭到对方拒赔。这里提到的证据包括法律依据、事实依据以及符合法律规定的出证机构。

法律依据是指一方当事人对违约事实提出的索赔事项,都必须符合合同和有关国家法律的规定。事实依据是指违约的事实、情节及其证据。各国法律对提供事实依据的要求是一方当事人索赔时,必须提供证明另一方违约的充分证据,以证明其违约的真实性。

（2）索赔期限

索赔期限亦称索赔的通知期限或索赔有效期,即指索赔方向违约方提出索赔的有效时限。超过索赔期限,受损害的一方即失去在品质、数量等方面要求损害赔偿或其他补救措施以及宣告合同无效的权利。如果营业地处于公约缔约国的买卖双方,在合同中无约定索赔期限时,将以《联合国国际货物销售合同公约》规定的两年为索赔期限,自买方实际收到货物之日起算。

索赔期限通常由当事人双方根据合同货物的种类、性质、检验、港口条件和检验所需时间等因素,达成一致意见,并在合同中加以约定。规定方法一般有:

① 货物运抵目的港后××天起算。此种规定对买方不甚有利,因为载货的运输工具抵达目的港后,由于港口拥挤而不能及时靠码头卸货时,其等候泊位的时间将计入索赔期限内,这样,买方的索赔期限势必被缩短。

② 货物运抵目的港卸至码头后××天起算。此种办法可以使买方充分利用所规定的索赔期限,从而充分保障行使索赔权。

③ 货物运抵最终目的地后××天起算。此种办法是指货物运抵买方、用户的营业处所或货物储存场所是在内陆地区。当货物的目的地不在港口城市时,可作此项规定。

（3）对索赔金额的规定

索赔金额通常在合同中只作一般的笼统规定。由于双方当事人在订约时很难预计未来货物受损的程度,从而难以确定索赔金额。而在业务实践中,关于索赔事件的发生,可能来自许多不同的业务环节,可供选择的违约补救办法又多种多样,故很难在订立合同时准确地加以规定。但根据以往的法院判例,索赔的金额一般包括实际损失加上预期的商业或生产利润。

案例 8-4

我出口公司向新加坡商人出口一批花生,CIF 新加坡。新加坡商人又将该货转卖给马来西亚商人,货到新加坡后,新加坡商人发现货物的质量有问题,但仍将原货转船至马来西亚。其后,新加坡商人在合同规定的索赔期限内凭马来西亚商检机构签发的检验证书,向我方提出退货要求。试问,我公司应如何处理? 为什么?

分析　我公司应拒绝新加坡商人的退货要求。因本批货卖到新加坡,新加坡商人提货时发现质量有问题,应即凭新加坡公证机构的商检证书向我方提出索赔。现新加坡商人已将货物转卖,即构成了对货物的接受。此外,新加坡商人持马来西亚商检机构证书向我方索赔,其索赔依据不符合规定,所以我方有权拒绝。

2. 罚金条款

罚金条款主要规定一方未按合同规定履行其义务时,应向对方支付一定数额的约定罚金,以补偿对方的损失。该条款一般适用于当事人迟延履约,如卖方延期交货、买方延期接货或延期开立信用证等违约行为。当事人一方支付罚金后,一般还应履行合同的义务。罚金的数额通常取决于违约时间的长短,并可规定罚金的最高限额。

关于合同的罚金或违约金条款,各国的法律有不同的规定。如大陆法系国家(法国、德国等国)的法律承认并予以保护。而英美法系国家(英国、美国、澳大利亚、新西兰等国)的法律则一般不承认罚金。我国《民法典》规定,合同中约定的违约金,视为违反合同的损失赔偿,但是,约定的违约金过分高于或低于违反合同所造成的损失时,当事人可以请求仲裁机构或者法院予以适当减少或增加。例如,"买方因自身原因不能按合同规定的时间开立信用证,应向卖方支付罚金。罚金按迟开证每 10 天收取信用证金额的 1%,不足 10 天者按 10 天计,但罚金不超过买方应开信用证金额的 10%。"

案例 8－5

某公司以 CIF 条件对德国出口一批小五金工具,合同规定货到达目的港后 40 天内检验,买方有权凭检验结果提出索赔。我公司按期发货,德国客户也按期凭单支付了货款。可半年后,我公司收到德国客户的索赔文件上称上述小五金工具有 70% 锈损,并附有德国某内地一检验机构出具的检验证书。对德国客户的索赔要求,我公司应如何处理?

分析

(1) 我公司可拒绝德国客户的索赔要求。

(2) 这是在 CIF 条件下的商品质检索赔问题。根据国际惯例,按 CIF 条件成交,买卖双方的风险界点在装运港的船上,货物在装上船以前的风险由卖方承担,货物在装上船之后的风险由买方承担;索赔是有期限的,超过索赔期限的索赔,对方有权拒绝;索赔是要有索赔依据的,索赔的商检证书的开出机构地点应符合合同规定,否则有权拒绝。

(3) 结合本案例:首先,德公司按期议付了货款,表示我公司产品在目的港后本身没有问题,也即说明产品的锈损发生在德国内地,此时风险已转由买方承担;其次,德方出具的商检证书是德国某内地的,并未按合同规定的在目的港检验,这不符合合同的规定;最后,合同中明确规定货到目的港后 40 天内检验,而德公司却在半年后才发来检验证书。凭以上三点,我公司可拒绝德国客户的索赔要求。

第三节　不可抗力

在国际贸易中,买卖双方磋商交易时,对订立合同后由于自然原因或社会原因而可能引起的不可抗力事件是无法预见、无法控制的,再者,国际上对不可抗力事件及其引起的法律后果并无统一的解释。为避免因发生不可抗力事件而引起不必要的纠纷,防止合同当事人对发生不可抗力事件的性质、范围作任意的解释,或提出不合理的要求,或无理拒绝对方的合理要求,因此有必要在买卖合同中订立不可抗力条款,明确不可抗力事件的性质、范围、处理原则和处理办法，以利合同的履行。

《公约》第 79 条规定，由于某种非当事人所能控制的事件，且这种事件在合同订立时不能预测，不可避免或克服，则免除当事人因此事件不履行义务的责任。

一、不可抗力含义

不可抗力（force majeure）是指在合同签订后，发生了不是由于任何一方当事人的过失或疏忽，当事人既不能预见和预防，又无法避免和克服的意外事件，导致合同不能履行或不能按期履行，遭受意外事件的合同当事人可免除其不履行或不按期履行合同的责任。这些意外事件称作不可抗力。

不可抗力是国际贸易中的一个术语，也是许多国家法律的一个原则，合同中的不可抗力条款是一种免责条款。

案例 8-6

某年 6 月，某中国企业与某荷兰企业签订赖氨酸供货合同，中国企业在发出 2/3 货物后，双方商议修改发货时间。后中国企业再次提出修改发货时间，荷兰企业未完全同意（被仲裁庭认为不构成承诺）。最终剩余 1/3 货物中国企业未能按照第一次约定的时间发出，荷兰企业随后向中国国际经济贸易仲裁委员会提起仲裁，要求中国企业承担购买替代物差价的损失。中国企业主张，其未能供货的原因是受当年严重疫情影响，因此应免责。

分析 根据双方提供的证据，仲裁庭最终认定：双方签署合同时，疫情已经发生 2 个月了，因此疫情并非"不能合理预见"。且调查了解到当年 6 月中国政府已发布公告，表示疫情得到了控制，9 月双方又约定新的发货日期。因此，疫情在本案中，不构成"障碍"。裁决驳回了中国企业关于不可抗力免责的主张。

二、不可抗力事件产生的原因与认定条件

不可抗力事件产生的原因有两类：一类是自然原因引起的，如水灾、火灾、冰灾、雪灾、暴风雪和地震等；另一类是社会原因引起的，如战争、罢工和政府宣布某些商品不许进口或出口的禁令等。但不是所有的自然原因或社会原因引起的意外事件都属于不可抗力的。对哪些属于不可抗力，哪些不属于不可抗力，在国际上也没有一个统一的解释。

《中华人民共和国民法典》（2021）第一百八十条规定：不可抗力是指不能预见、不能避免且不能克服的客观情况。由于各国的法律制度不同，对不可抗力的解释各不相同，所用的概念术语也不一致，如英美法律使用了"合同落空"的概念，德国法律使用了"情势变迁"或"契约失效"的概念。如上所述，尽管各国对不可抗力事件的解释不同，但对不可抗力的认定，基本原则还是相同的。

一般都认为构成不可抗力事件应具备以下条件：

（1）意外事件是在签订合同之后发生的；

（2）不是由于任何一方当事人的过失或疏忽造成的；

（3）意外事件是当事人不能预见和预防，又无法避免和克服的。

一项意外事件必须同时满足这三项条件才能视作不可抗力。

🏵 案例 8－7

某公司接到国外开来的信用证。信用证规定："浓缩苹果汁数量共 600 吨，从 2019 年 11 月到 2020 年 4 月，分 6 批装运，每月 100 吨。"该信用证的受益人在 2019 年 11 月到 2020 年 1 月，每月装运 100 吨，并在银行分批议付了货款。对于第 4 批货物，原定于 2020 年 2 月 25 日前装运，但由于台风登陆，该批货物延至 2020 年 3 月 1 日才装船发运。当该公司凭 3 月 1 日的装船单据向银行交单议付时，却遭银行拒付。

分析 本案中虽然由于台风原因导致推迟交货，属于不可抗力，但是由于结算方式为信用证，信用证要求提交符合信用证要求的单据，因此银行可以拒付。卖方可以根据合同要求客户采取其他付款方式，但是此种付款属于商业信用。

🐟 ⋯ deep seek

不可抗力的范畴

根据《民法典》的相关规定，不可抗力主要包括以下几类：

1. 自然灾害

自然灾害是最常见的不可抗力类型，包括地震、洪水、海啸、火灾等。这些灾害通常具有突发性和不可预测性，严重影响人们的生活和生产活动，从而阻碍合同的履行。

2. 政府行为

政府行为，如政策、法律或行政措施的变化，也是不可抗力的一个重要组成部分。例如，政府干预、禁令、禁运等措施可能导致合同无法履行。

3. 社会异常事件

社会异常事件，如战争、罢工、骚乱等，同样属于不可抗力的范畴。这些事件通常是偶发的，且对合同当事人来说是难以预见的。

三、不可抗力事件的处理

《中华人民共和国民法典》第五百九十条规定："当事人一方因不可抗力不能履行合同的，根据不可抗力的影响，部分或者全部免除责任，但法律另有规定的除外。因不可抗力不能履行合同的，应当及时通知对方，以减轻可能给对方造成的损失，并应当在合理期限内提供证明。当事人迟延履行后发生不可抗力的，不能免除其违约责任。"大陆法的"情势变迁"原则和英美法的"合同落空"原则以及《联合国国际货物销售合同公约》也有类似规定。

因不可抗力致使不能实现合同目的,当事人可以解除合同。在运输合同中,货物在运输过程中因不可抗力灭失,未收取运费的,承运人不得请求支付运费;已经收取运费的,托运人可以请求返还。

提示　只有当不可抗力对履行合同达到根本性、全局性的影响程度,以致采购不到货物,从而无力履约时,当事人才能免责。如果不可抗力对履行合同的影响是非根本性、非全局性的,只是合同难以如期履约,则要具体分析、区别对待,可以变更合同内容,并免除其变更前的责任。

四、不可抗力条款的内容

订约后发生的当事人双方无法控制的意外事故,能否构成不可抗力,以及引起的后果,国际上没有统一的解释。因此,容易导致当事人之间出现分歧,产生纠纷。为了避免这种现象的发生,防止当事人任意扩大或缩小对不可抗力事故范围的解释,或在不可抗力事故发生后在履约方面提出不合理的要求,在货物买卖合同中合理订立不可抗力条款是非常重要的。国际货物买卖中不可抗力条款的内容虽然不尽相同,但归纳起来,一般包括以下几项:

(1) 不可抗力事故的原因;

(2) 不可抗力的法律后果;

(3) 发生事故后通知对方的期限与方式。

按照国际惯例,当发生不可抗力事故影响合同履行时,当事人要取得免责的权利,必须及时通知对方,对方接到通知后及时答复,如果有异议也应及时提出。买卖双方一般在不可抗力条款中规定一方发生事故后通知对方的期限和方式。

例如:一方遭受不可抗力事故以后,应以电报或电传方式通知对方,并应在15天内以航空挂号信提供事故的详情及影响合同履行程度的证明文件。

Should the seller be involved in Force Majeure, the seller shall notify the buyer by cable or telex within 15 days by registered airmail with a certification attesting the specification of the event or events as well as the degree of influence upon the fulfillment of the contract.

(4) 不可抗力事件的出证机构

不可抗力事件发生后,遭受事故的一方应在规定时限内向对方提供由指定机构出具的证明文件,作为不可抗力事件的证明。在国外,出具不可抗力事故证明的机构通常是事故发生地的商会或政府主管部门。在我国,则由中国国际贸易促进委员会出具证明文件。

例如:一方遭受不可抗力事故之后,须用电报或电传方式通知对方,并须在15天内以航空挂号信件向买方提交由中国国际贸易促进委员会(中国国际商会)出具的证明此类事件的证明书。

Should the Seller be involved in Force Majeure，the Seller shall notify the Buyer by cable or telex and furnish the letter within 15 days by registered airmail with a certificate issued by the China Council for the Promotion of International Trade（China Chamber of International Commerce）attesting such event or events.

> ... deep seek

国际货物买卖合同中不可抗力条款示例

由于战争、地震、火灾、雪灾、暴风雨或其他不可抗力事故,致使卖方不能全部或部分装运或延迟装运合同货物,卖方对于这种不能装运或延迟装运本合同货物不负有责任。但卖方须用电报或电传方式通知买方,并应在15天内以航空挂号信件向买方提供由中国国际贸易促进委员会出具的证明此类事件的证明书。

If the shipment of contracted goods is prevented or delayed in whole or in part by reason of war，earthquake，fire，flood，heavy snow，storm or other causes of Force Majeure，the Seller shall not be liable for non-shipment or late shipment of the goods of this contract. However，the Sellers shall notify the Buyers by cable or telex and furnish the letter within 15 days by registered airmail with a certificate issued by the China Council for the Promotion of International Trade attesting such event or events.

五、买卖合同中不可抗力条款的规定方法

意外事故是否能够构成不可抗力,买卖双方在磋商交易时应该达成一致的共识,买卖合同中对不可抗力事件范围的规定必须明确,常见的规定方法有三种。

1. 概括式

例如:由于不可抗力的原因,致使卖方不能部分或全部装运或延迟装运合同货物,卖方对于这种不能装运或延迟装运本合同货物不负有责任。

又如:由于不可抗力的原因,致使买方不能部分或全部付款,买方对这种不能付款不负有责任。

2. 列举式

例如:由于战争、地震、火灾、水灾、雪灾、暴风雪的原因,致使卖方不能全部或部分装运或延迟装运合同货物,卖方对于这种不能装运或延迟装运本合同货物不负有责任。

又如:由于战争、地震、火灾、雪灾、政府管制的原因,致使买方无法获得进口许可证书,买方对于这种不能履行本合同情形不负责任。

3. 综合式

例如:如因战争、地震、火灾、雪灾、暴风雪或其他不可抗力事故,致使卖方不能全部或

部分装运或延迟装运合同货物,卖方对于这种不能装运或延迟装运本合同货物不负有责任。

又如:如因战争、地震、火灾、雪灾、暴风雪或其他不可抗力事故,致使买方无法履行合同,买方对于这种无法履行合同不负有责任。

上述三种方式中,概括式较为笼统,列举式难于完整,只有综合式明确具体,且具有一定灵活性,因此合同中多使用综合式。

deep seek

不可抗力应用

2020 年新冠疫情,各个外贸企业面临的具体情况不同,那么,企业是否可以主张当前疫情属于"不可抗力"事件并免除责任? 疫情是否一定构成免责金牌?

提示　首先,应查看合同中的不可抗力条款。条款将 plague(瘟疫)、epidemic(传染病)列为"障碍"情形,在当事人没有相反约定,或不存在相反证据的情况下,瘟疫和传染病会被认为满足不可抗力构成要件中的"不能控制"和"不能预见"两个因素(但受影响方仍应证明"不能避免""不能克服")。其次,应注意两个时间节点:"订立合同"时,不能合理预见;障碍消除,不再免责。最后,受事件影响一方当事人要确保对方在合理时间内"收到"通知。另外,新冠疫情下如果因第三方不履行义务,主张不可抗力免责需要满足严格的限制条件,比如因疫情导致原材料、人工、物流等生产成本急剧上涨的压力,构成"障碍"存在,主张不可抗力存在较大的难度。

第四节　国际仲裁

国际贸易中由于各种原因在合同的当事人之间经常发生争议。对争议的解决方式有三种:当事人之间协商解决、通过第三者的调解、提交仲裁或司法诉讼。其中仲裁是解决国际贸易争议的一种重要方式。由于仲裁具有尊重当事人意愿、保守当事人秘密、裁决具有强制执行力、解决争议迅速等优点,因此,在国际贸易实践中被广泛地采用。

一、仲裁的含义

仲裁(arbitration)是指买卖双方达成协议,自愿将有关争议提交双方所同意的仲裁机构进行裁决(award),以解决争议的一种方式。仲裁裁决是终局的,对双方都有约束力,因此,双方当事人必须执行仲裁裁决。

二、仲裁机构

仲裁机构是指受理案件并作出裁决的机构。在国际上,仲裁机构有两种:一种是临时仲裁机构,另一种是常设仲裁机构。如果约定在常设仲裁机构仲裁,则应写明仲裁机构的名称。世界上许多国家和一些国际组织都设有专门从事国际商事仲裁的常设机构。我国的涉外仲裁机构为中国国际经济贸易仲裁委员会和中国海事仲裁委员会。

1. 常设性仲裁机构

常设性仲裁机构是指专门从事商事纠纷处理,并进行仲裁管理与组织工作的仲裁机构。常设性仲裁机构有如下三类:

(1) 国际性或区域性仲裁机构(如国际商会仲裁院);

(2) 全国性(国家级)的仲裁机构(如伦敦仲裁院、中国国际经济贸易仲裁委员会、美国仲裁协会、瑞典斯德哥尔摩商会仲裁院、瑞士苏黎世商会仲裁院、日本国际商事仲裁协会、意大利仲裁协会等);

(3) 附设在特定行业内的专业性仲裁机构(如伦敦油籽协会、伦敦谷物商业协会、中国海事仲裁委员会等)。

2. 临时性仲裁机构

临时性仲裁机构是指专门为审理某一争议案件,由双方当事人指定仲裁员组成的仲裁庭;案件审理完毕后,仲裁庭即自动解散。因此,双方当事人采用这种方式解决争议时,应对仲裁庭的组成作出明确的规定,包括双方指定仲裁员的办法、人数,组成仲裁庭的成员,是否需要首席仲裁员等。

三、合同中的仲裁条款

仲裁条款的内容有简有繁,内容不完全统一。合同中的仲裁条款一般包括提请仲裁的争议范围、仲裁地点、仲裁机构、仲裁规则、仲裁效力等内容。

1. 仲裁地点

在我国进出口贸易合同中对仲裁地点的规定,根据具体情况,通常首先是力争在中国仲裁,或选择在被申请人所在国仲裁,或在双方同意的第三国仲裁。需要注意,当采用在第三国仲裁的方法时,仲裁地点应选择仲裁法规允许受理双方当事人都不是本国公民的第三国,并且该仲裁机构具备一定的业务能力、态度公正。

课程思政

国际机构的公正性

我们在第一章提到的新闻"中国船厂大海船工,被挪威'钝刀割肉'130亿,负债20亿破产重整",导致大海船工破产的一个重要原因就是因签订的合同中指定一家挪威的仲裁机构。国际上一些组织机构并不是他们标榜的公正、公平立场,往往是"双标",对此,应格外小心。

2. 仲裁规则

仲裁规则是指规范仲裁进行的具体程序及此程序中相应的仲裁法律关系的规则。仲裁规则不同于仲裁法,它可以由仲裁机构制定,有些内容还允许当事人自行约定。

仲裁规则与仲裁机构有密切关系,在一般情况下,合同的仲裁条款中规定在哪个仲裁机构仲裁,就按该机构制定的仲裁规则办理。但是,有些国家的法律也允许根据双方当事人的约定,选择他们认为合适的仲裁地点以外的其他国家或地区的仲裁机构的仲裁规则,但以不违反仲裁地国家仲裁法中的强制性规定为限。

仲裁规则主要包括以下内容:仲裁管辖、仲裁组织;仲裁的申请、答辩和反请求程序;仲裁庭的组成;仲裁的审理和裁决程序;仲裁委员会、仲裁庭和当事人的权利义务;仲裁语言、翻译、送达、仲裁费用等。

3. 仲裁判决的效力

仲裁裁决的效力主要是指由仲裁庭作出的裁决,对双方当事人是否具有约束力,是否为终局性的;如果一方当事人对裁决不服,可否向法院上诉。

在我国,凡是由中国国际经济贸易仲裁委员会作出的裁决,都是终局性的,对双方当事人都有约束力,必须依照执行。在西方国家,仲裁裁决作出后,一般也不允许再向法院上诉,即使有的国家允许上诉,法院也只审查程序,不审查实体,即只审查仲裁裁决在法律手续上是否完备,而不审查裁决本身是否正确。如果法院查出裁决在程序上有问题,才有权宣布裁决为无效。

为了明确仲裁裁决的效力,承认与执行裁决,避免引起复杂的上诉程序,在订立合同仲裁条款时应明确规定"仲裁是终局性的,对双方当事人都有约束力"。

案例 8-8

2020年9月,我方公司与荷兰公司签订8 000公吨猕猴桃汁出口合同,交货期为2020年12月底前,信用证付款方式,合同规定仲裁地为中国北京,且仲裁是终局性的,对双方当事人都有约束力。10月16日荷兰公司开出信用证,并要求我方按期交货,信用证的有效期为2021年1月15日。由于当时猕猴桃汁价格上涨,我方在要求提高价格未果之后,拒绝交货,拖延至2021年1月20日,我方以信用证过期为由解除合同。荷兰公司于 2021 年 1 月 25 日向中国国际贸易促进委员会仲裁委员会申请仲裁。该委员会接受申请并于 2021 年 2 月 27 日作出裁决,确定中方公司违约,需赔偿荷兰公司差价损失 2 万美元,中方公司接受上述裁决。

4. 仲裁费用的负担

通常在仲裁条款中规定仲裁费用由败诉方承担,也有的规定由仲裁庭酌情决定。

5. 合同中的仲裁条款

(1) 在中国仲裁

由于本合同或者由于违背本合同,终止本合同或者本合同无效而发生的或与此有关的任何争议、争端或要求,双方应通过友好协商解决;如协商不能解决,应提交北京中国国际经济贸易仲裁委员会,根据其仲裁规则进行仲裁。仲裁裁决是终局的,对双方都有约束力。

Any dispute, controversy or claim arising out of or relating to this contract, or the breach, termination or invalidity thereof, shall be settled amicably through negotiation. In case no settlement can be reached through negotiation, the case shall then be submitted to China International Economic and Trade Arbitration Commission for arbitration in accordance with its Rules of Arbitration, the arbitral award is final and binding.

(2) 在被诉方所在国仲裁

由于本合同或者由于违背本合同,终止本合同或者本合同无效而发生的或与此有关的任何争议、争端或要求,双方应通过友好协商解决;如协商不能解决,应提交仲裁。仲裁在被诉方所在国进行。如在×××(被诉方所在国名称),由××(被诉方所在国仲裁机构的名称)根据该仲裁机构的仲裁规则进行仲裁,仲裁裁决是终局的,对双方都有约束力。

(3) 在第三国仲裁

由于本合同或者由于违背本合同,终止本合同或者本合同无效而发生的或与此有关的任何争议、争端或要求,双方应通过友好协商解决;如协商不能解决,应提交仲裁。仲裁应提交××(某第三国名称及仲裁机构名称),根据该仲裁机构的仲裁规则进行仲裁,仲裁裁决是终局的,对双方都有约束力。

本章小结

本章知识是关于国际贸易合同的一般条款,主要有国际贸易商品的检验、争议、不可抗力和仲裁,它们之间的知识逻辑关系如图 8-1 所示。

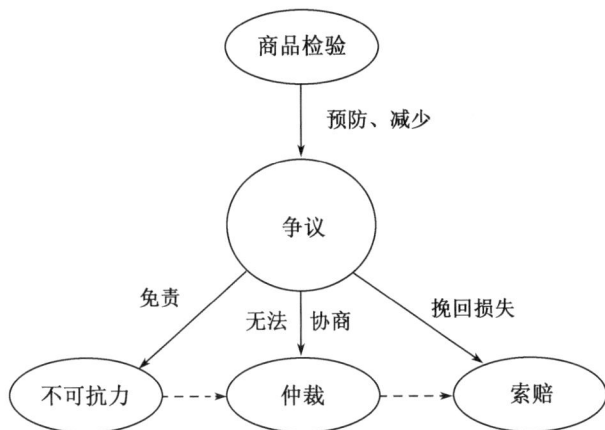

图 8－1 本章知识逻辑关系图

... 练习题

一、判断对错

1. 只要卖方所交货物的品质、重量等与合同规定相符,则买方无权提出索赔。

（　　）

2. 在国际货物买卖中,如果交易双方愿意将履约中的争议提交仲裁机构裁决,则必须在买卖合同中订立仲裁条款,否则仲裁机构将不予受理。（　　）

3. 我国进出口商品的检验均须向中国质量监督检验检疫局办理。（　　）

4. 某公司的进口设备到货后,发现与合同规定不符,但卖方及时对设备进行了修理,使设备达到了原定标准。在此情况下,买方就不能提出任何损害赔偿。（　　）

5. 一方在接到遭遇不可抗力一方当事人发出的通知或证明文件后,无论是否同意对方提出的处理意见,均应及时回复。（　　）

二、单项选择

1. 国际上应用广泛的商品检验时间、地点的规定方法是（　　）。

A. 装船前装运港检验

B. 出口国装运港(地)检验,进口国目的港(地)复检

C. 装运港(地)检验重量,目的港(地)检验品质

D. 进口国目的港(地)检验

2. 我国有权受理 涉外经济贸易诉讼案件的机构是（　　）。

A. 初级人民法院　　　　　　　B. 中级人民法院

C. 中国经济贸易仲裁委员会　　D. 贸促会

3.《联合国国际货物销售公约》规定的索赔期限为买方实际收到货物后（　　）。

A. 半年内　　　B. 1 年内　　　C. 1 年半内　　　D. 2 年内

4. 进口索赔区别不同情况向责任方索赔。如发现交货数量短少于原装数量,货物品质、规格与合同规定不符等,可以向( )索赔。

    A. 保险公司   B. 承运人   C. 卖方   D. 保管仓库

5. Most of the contracts concerning the sales of general goods include ( ).

    A. Only the "discrepancy and claim" clause

    B. Only the "penalty" clause

    C. Neither "discrepancy and claim" clause nor "penalty" clause

    D. Both "discrepancy and claim" clause and "penalty" clause

6. When ( ) happens,the party that fails to perform the contract is allowed to relieve liabilities of the nonperformance.

    A. civil war   B. manufacture defect

    C. currency devaluation   D. increase in world market price

7. The necessary condition of setting disputes through arbitration is that ( ).

    A. The seller and buyer have an arbitration agreement or an arbitration clause in the contract

    B. The seller and buyer signed a legal contract

    C. The case can't be settled through negotiation

    D. One party comes to nothing through litigation

8. Which of the following may possible result in disputes? ( )

    A. damage of the package   B. rising of market price

    C. fluctuation of exchange rate   D. quotation

9. Which of the following is a clause in the contract and meanwhile it is a law itself? ( )

    A. claim   B. arbitration   C. dispute   D. force majeure

三、多项选择

1. 下列属于不可抗力事故的是( )。

    A. 水灾   B. 地震   C. 政府禁令   D. 通货膨胀

2. 纵观各国法律,其法律规定的基本救济方法可以概括为( )。

    A. 实际履行   B. 解除合同   C. 延迟履行   D. 损害赔偿

3. 我国实施法定检验范围货物的法律或规章有( )。

    A.《商检机构实施检验的商品检验种类表》

    B.《中华人民共和国食品安全法》

    C.《中华人民共和国进出口检验检疫条例》

    D.《中华人民共和国进出口商品检验法》

    E.《国际海上危险货物运输规则》

4. 索赔和理赔中,( )是两个最基本的条件。

    A. 索赔依据   B. 索赔金额   C. 索赔时间   D. 索赔地点

5. The penalty clause in the contract is generally used for (　　).

  A. The seller delays delivery

  B. The buyer delays receiving the goods

  C. The seller has quality defects in delivery

  D. Seller's delay in payment

  E. buyer's delay in opening letter of credit

6. The commodity inspection of the contract generally stipulates that the buyer has the right to inspect the purchased goods before accepting the goods. However, under certain conditions, the conditions for the buyer to lose the right to inspect the goods are (　　).

  A. The two parties did not agree on the inspection period, and the buyer did not take reasonable opportunity to inspect the goods

  B. Otherwise agreed by the buyer and the seller

  C. The contract stipulates that the seller's inspection shall prevail

  D. The seller has inspected the goods

  E. The buyer failed to inspect the goods within the agreed time limit

四、案例分析

1. A company imports a batch of goods on FOB terms. The inspection terms of the contract stipulate that the quality and weight certified by the relevant certificate issued by the notary office at the port of shipment are final. After the goods arrived at the destination port, the customs found that some of the goods were moldy, and the delivery quantity is inconsistent with the contract. The company filed a claim against the seller after the local commodity inspection authority inspected and issued a certificate. Is the buyer's claim reasonable?

2. Chinese company A exported a batch of goods to Malaysian merchants, CIF Penang. When signing the contract, company A knew that the goods were to resell to the United States. After the goods arrived at Penang Port, the goods were immediately transferred to the United States. Later, the buyer of America filed a claim against A within the claim period specified in the contract against the inspection certificate issued by the American commodity inspection authority. Can company A handle it according to the American inspection certificate? Why?

3. 某年我国某公司与印度某公司成交中国产绿豆 1 500 吨。每吨 CFR 孟买 600 美元,总金额为 900 000 美元,交货期为当年 5—9 月。由于当时我方公司缺货,只交了 450 吨,其余 1 050 吨经双方协商同意延长至下一年度内交货。次年,我国发生自然灾害,于是,我方公司以不可抗力为理由,要求免除交货责任。请问:我方提出免除交货责任理由是否充分? 对方能否拒绝? 为什么?

4. 2018 年 7 月,一艘承载上海某公司(进口商)的一批进口钢材的 MERSA 货轮到达上海港,船在锚地进行"三检"时,发现钢材上层严重锈蚀,上海公司经过调查发现该船到达前就曾航行于赤道附近多日,并曾遇到过大雨,该钢材买卖合同采用的是 CIF Shanghai 条件,付款方式为托收,但没有索赔条款。那么作为买方,在收到受损的货物后,应如何进行索赔?

5. 在某一进出口业务中,买卖双方以 CIF 贸易术语达成交易。合同规定,卖方向买方出口商品 5 000 件,单价为 15 美元,信用证方式结算。商品检验条款规定"以出口国商检机构出具的检验证书作为卖方议付货款的依据,货到目的港后,买方有权对商品复检,其结果作为向卖方索赔的依据"。卖方发货制单结汇后,收到买方因货物质量与合同不符向卖方提出索赔的电传通知及目的港商检机构证明。但卖方认为交易已经结束,责任应由买方自负。作为国际贸易业务员,应该吸取什么教训?

第九章
国际贸易合同的签订与履行

知人者智，自知者明

学习目标

熟悉国际贸易合同的交易磋商程序和内容

能够根据目标市场特点及发展趋势，制定进出口经营方案

能够根据磋商函电拟定外贸合同

熟悉履行外贸合同实务

职场案例

某月 8 日，我方向韩国 A 公司发盘"可供一级芝麻 10 公吨，每公吨 1 500 美元 CIF 纽约，适合海运包装，订约后即装船，不可撤销即期信用证，请速复电"。A 立即复电："你方 8 日电我方接受，用双层新麻袋包装，内加一层塑料袋。"

我方收到复电后着手备货，数日后，芝麻的市场价格猛跌，A 商来电称："我方对包装条件作了变更，你方未确认，合同并未成立。"而我方坚持合同已经成立。请按照《公约》的规定对此案进行分析。

分析 按照《联合国国际货物销售合同公约》(下面简称《公约》)第 19 条规定，发盘表示接受但载有增加或不同条件的答复，除发盘人在不过分迟延的期间内以口头或书面通知反对其间的差异外，仍构成接受。

此案中 A 公司在接受函中，将包装条件添加为用双层新麻袋包装，内加一层塑料袋，属于非实质性变化，我方对此项接受，未表示反对，而且着手备货，因此该接受有效，合同成立。

所以 A 的说法不成立。

做事如做人

合同贯穿国际贸易始终,进出口业务流程就是围绕合同的签订和履行而展开。从事国际贸易,跟做人一样首要的是坚守契约精神,在不同的业务环节需要跟不同的组织机构和人员打交道,所以,业务员首先要学会做人,其次要具备良好的沟通能力,以及吃苦耐劳的精神。

在国际贸易合同签订与履行中,要学会识人,才能从容与各种人、各种机构部门打交道。"知人者智,自知者明",意即,能够识别他人是智慧,能够了解自己是高明。再如,"智者不言"(真正的智者不夸夸其谈),"知者不博,博者不知"(真正有知识的人不卖弄,卖弄自己懂得多的人不是真有知识)。

第一节　国际贸易合同的签订

前面各章较详细学习了国际贸易合同的各项条款内容,合同的签订,就是根据交易磋商的内容,将它们转换成合同条款。当然,签订合同前的交易磋商是贸易实务的不可缺少的环节。为了交易能够顺利达成,还需要掌握一定的交易磋商技能。

一、交易磋商

交易磋商是进出口业务的重要阶段,也是决定进口业务经济效益的重要因素,合同签订是交易磋商的结果。交易磋商(business negotiation)是指买卖双方通过直接洽谈或函电的形式,就某项交易的达成进行协商,以求完成交易的过程。交易磋商可以是口头的(面谈或电话),也可以是书面的(传真、电传或信函),其过程可分成询盘、发盘、还盘和接受四个环节,其中发盘和接受是必不可少的,是达成交易所必需的法律步骤,具有法律效力。

(一)询盘(enquiry)

询盘,也称询价,是交易的一方为购买或销售货物而向对方提出的有关交易条件的询问。买方发出询盘,也称邀请发盘(invitation for offer),卖方发出询盘,也称"邀请递价"(invitation to make a bid)。报价单、价格表、形式发票均为询盘。

在进口业务中,询盘较多的是由进口人向供应商发出。进口人向供应商发询盘,一般采用书面形式,如电子邮件、传真、书信,也有用询价单(enquiry sheet)的。有时对一些技术规格不太复杂,牌号或型号就能代表质量的商品,也常采用口头包括通过电话的形式。

询盘的作用,主要是引起对方注意,诱发对方发盘。询盘对象确定之前,需做市场调查,了解市场的行情、产地及质量水平,在此基础上决定询盘对象。询盘对象的多少要根据商品和交易的特点来确定,不宜太少也不宜过多,太少不利于了解商品的交易条件,"货比三家不吃亏",但是过多的话,也容易造成市场虚假需求,生产厂商将抬高价格,不利于己方利益。

询盘示例

a. 卖方询盘:可供纯度99％的L-苹果酸500公吨,12月份装运,如有兴趣请电告。(Supply 500M/T L-Malic Acid 99Pct December shipment please cable if interested)

b. 买方询盘:请报500公吨L-苹果酸,CIF新加坡的最低价,12月装运,尽速电告。(Please quote lowest price CIF Singapore for 500 M/T L-Malic Acid December shipment Cable Promptly)

(二) 发盘(offer)

发盘(offer)又叫发价、报盘、报价,是交易的一方向另一方提出各项交易条件,并愿意按这些条件达成交易、签订合同买卖某种商品的表示。发盘具有法律效力,一旦对方接受,发盘人必须按照发盘条件进行交易,否则就构成了违约。

发盘示例

> 供L-苹果酸500公吨,纯度不低于99％,50公斤纸板箱装,12月份装运,每公斤5美元CIF新加坡,不可撤销即期信用证付款。有效至我方时间星期五。(Can supply 500M/T L-Malic Acid at USD5.0/kg CIF Singapore, 99PctMin, packed in 50kgs cartons, December shipment, irrevocable L/C at sight. Offer valid until Friday our time)

发盘一般采用发盘(offer)、报价(quote)、定购(order)、递盘(bid)等字样。发盘可以由卖方提出,也可以由买方提出,由买方向卖方发盘称为购货发盘(buying offer),又称递盘(bid)。根据《联合国国际货物销售合同公约》(以下简称《公约》)规定,构成发盘的条件有二个,即发盘必须向一个或一个以上特定的人提出,内容必须十分确定,同时必须明确表示发盘人受其约束。发盘必须送达受盘人,送达生效。

凡不符合实盘所具备的上述三个条件的发盘,都是虚盘,虚盘是发盘人所作的不肯定交易的表示。发盘必须为实盘,而虚盘则须以询盘对待。

虚盘,如"参考价(reference price)""以我方最后确认为准(subject to our final confirmation)""以获得出口许可证为准(subject to export license being approved)"等。

根据《公约》第14条第1款的规定,发盘三个基本要素如下:① 标明货物的名称;② 明示或默示地规定货物的数量或规定数量的方法;③ 明示或默示地规定货物的价格或规定确定价格的方法。

发盘被受盘人有效接受,合同即告成立,在当事人之间就产生了具有法律约束力的合同。因此,在进口业务中,进口人的发盘为对方有效接受后,如发现所报价格对自己不利或其他条件有误等情况时,也必须按对方所接受的发盘条件履行其义务,否则,就构成违约。

发盘尚未生效,发盘人采取行动阻止它的生效,这是发盘的撤回,《公约》第 15 条第 2 款规定:"一项发盘,即使一项不可撤销的发盘都可以撤回,只要撤回的通知在发盘到达受盘人之前或与其同时到达受盘人。"

发盘的撤销是指发盘已经到达受盘人之后,即发盘已生效后,发盘人采用一定方式将发盘取消,解除发盘的效力。《公约》第 16 条第 1 款规定,"在未订立合同之前,发价得予撤销,如果撤销通知于被发价人发出接受通知之前送达被发价人。"

不得撤销的发盘:① 发盘中注明了有效期,或以其他方式表示发盘是不可撤销的。② 受盘人有理由信赖该发盘是不可撤销的,并且已本着对该发盘的信赖行事。

发盘的失效:过期,拒绝,不可抗力,还盘,依法撤回发盘,发盘人或受盘人在发盘被接受前丧失行为能力或死亡或破产。

对发盘有效期的规定:

(1) 在发盘中明确规定有效期。

如:发盘限 15 日回复(Offer subject to reply not later than fifteenth)。

如:Reply here from 5 PM to 7 PM;Subject to your reply here by 5 PM our time。

(2) 不明确规定有效期,为"合理时间"有效。

"合理时间",有的国家 8 天,有的 2 周,美国不超过 3 个月,《公约》没有明确规定。

(3) 口头发盘,立即接受有效。

⚙ 案例 9－1

法商于 9 月 5 日向我某外贸公司发盘,供销某商品一批,有效期到 9 月 10 日。我公司于 9 月 6 日收到该项发盘,法商在发出发盘后,发现该项商品行情趋涨,遂于 9 月 6 日以加急电报致电我公司要求撤销其要约。我公司于 9 月 7 日收到其撤销通知,认为不能同意其撤销发盘的要求,2 小时后,我公司回电法商,完全同意其 9 月 5 日发盘内容,法商收到我接受通知的时间是 9 月 8 日,请问:买卖双方之间是否存在合同关系?简述理由。

分析 《公约》规定:发盘送达受盘人即发盘生效后,受盘人表示接受前发盘人可以将发盘撤销,但有以下两种情况例外:① 发盘规定了有效期或以其他方式表明此发盘是不可以撤销的;② 受盘人本着对发盘人的信任已对该项发盘采取了行动则发盘不能撤销。

法商向某外贸公司发盘时规定了有效期,所以在有效期内,法商是不能撤销其发盘的,而我某外贸公司表示接受的通知是在法商规定的发盘有效期内到达法商的,所以双方合同关系成立。

(三) 还盘(counter-offer)

还盘也称还价,是指受盘人不同意接受发盘人在发盘中的某些交易条件,对这些交易条件提出修改的表示。还盘实质上是一项新的发盘。

还盘示例　你方 7 月 19 日电收悉,还盘每只 10 美元 CIF 纽约。(Your email July 9th counter offer USD10 Per piece FOB Shanghai)。

进口人向国外几家供应商同时发出邀请发盘(包括询盘)后,会收到内容不尽相同的发盘。这时,进口人就要对来盘中的各项交易条件及我们从其他方面调查和收集到的价格和其他资料,进行研究、整理、分析和比较(俗称"比价"),结合进口人自己的经营意图,挑选出适当的对象进行还盘。

(四)接受(acceptance)

接受(acceptance)是指受盘人在发盘有效期之内无条件同意发盘的全部内容,并愿意签订合同的一种口头或书面的表示。在进口交易磋商过程中,接受既可由买方表示,也可由卖方作出。如果供应商发盘(或还盘)中的条件比较合理或对我方有利,就要抓紧时间,在发盘的有效期内向对方表示接受。发盘一经接受,合同即告成立,对双方当事人都具有法律约束力。

接受示例　你方 12 月 25 日电子邮件我方接受(Yours December 25th E-mail we accept)。

根据《公约》与我国《民法典》合同编规定,接受可以撤回。《公约》第 22 条规定:"如果撤回通知于接受原发盘应生效之前或同时送达发盘人,接受得予撤回。"

采用传真、EDI、电子邮件等形式订立合同,发盘和接受都不可能撤回。

接受不得撤销。接受通知一经到达发价人即不得撤销,因为接受一旦生效,合同即告成立,所以不存在撤销问题。

受盘人表示接受的方式有:

(1)用声明(statement)作出表示,即受盘人用口头或书面形式向发盘人同意发盘。

(2)用行为(performing an act)来表示,通常指由卖方发运货物或由买方支付价款来表示。

缄默或不行动本身不等于接受。《公约》规定:受盘人对货物的价格、付款、品质、数量、交货时间和地点,一方当事人对另一方当事人的赔偿责任范围或解决争端的办法等条件提出添加或修改,均作为实质性变更发盘条件。

逾期接受(late acceptance)是指接受通知超过发价规定的有效期限或发价未具体规定有效期限而超过合理时间才传达到发价人。根据《公约》规定:

(1)只要发盘人毫不迟延地用口头或书面通知受盘人,认为该项逾期的接受可以有效,合同仍可于接受通知送达受盘人时订立。

(2)如果发盘人对逾期的接受表示拒绝或不立即向发盘人发出上述通知,则该项逾期的接受无效。

(3)如果载有逾期接受的信件或其他书面文件显示,依照当时寄发情况,只要传递正常,它本来是能够及时送达发盘人的,则此项逾期的接受应当有效,合同于接受通知送达发盘人时订立。除非发盘人毫不延迟地用口头或书面通知受盘人,认为其发盘因逾期接受而失效。

✿ **案例 9-2**

我国某公司与国外洽谈一笔丝绸产品的交易,经过双方对交易条件的磋商之后,已就价格、数量、交货期等达成协议,我方公司于是在 3 月 8 日致电对方:"确认售予你方丝绸产品数量为××,请先电汇 5% 的货款。"对方于 3 月 11 日复电:"确认你方电报,条件按你方电报规定,已汇交你方银行××万美元,该款在交货前由银行代你方保管。"请问:这笔合同是否成立? 并简述理由。

分析 这笔合同不成立。

根据《公约》规定,有关合同付款的添加或不同条件,均视为在实质上变更发价条件。对方最后复电改变了付款条件,我方要求对方电汇 5% 的货款,但外商将该笔货款修改为保证金,即为实质性地变更了发盘条件,应视为还盘。

接受的函电示例:

Dear Mr. Hendry,

The cost of raw material is increasing sharply these days. However, in order to make the ball rolling, we accept your price for candles in 10-pc boxes at USD0.145/box CIF London. Please find the attached S/C No. D2008PA100, and sign and return one copy for our file.

Also enclosed is our banking information. Please open the covering L/C as soon as possible.

We are glad to have concluded this initial transaction with you. We hope this would mark the beginning of a long-term and steady business relationship between us.

Yours Faithfully

二、国际贸易合同

为了更好地明确买卖双方的责任,便于履行各自的义务,在实际业务中,交易达成后,通常都要签订有一定格式的书面合同(formal contract)。书面合同是表示买卖双方意思完全一致的证明文件和处理争议的主要依据。进口合同既体现了当事人之间的经济关系,也体现了当事人之间的法律关系,既受法律保护,也受法律约束。因此,合同条款对买卖双方的权利和义务必须明确具体地列述,并符合法律规范。

(一) 合同的成立与生效

所谓合同成立,是指订约当事人就合同的主要条款达成合意,即双方当事人意思表示一致。合同生效是指已成立的合同在当事人之间产生了一定的法律约束力或称法律效力。

根据《公约》的规定,合同成立的时间为接受生效的时间,而接受生效的时间,又以接受通知到达发盘人或按交易习惯及发盘要求作出接受的行为为准。

在实际业务中,有时双方当事人在洽商交易时约定,合同成立的时间以订约时合同上所写明的日期为准,或以收到对方确认合同的日期为准。

(二) 合同的内容

国际货物买卖合同的主要形式有合同(contract)、确认书(confirmation)、协议(agreement)、备忘录(memorandum)、意向书(letter of intent)、订单(order,indent)和口头形式。在我国对外贸易中,书面合同和确认书较多,卖方拟定"销售合同"(sales contract)或销售确认书(sales confirmation);买方拟定"购货合同"(purchase contract)。

书面合同分三个部分。第一部分是约首,约首主要包括合同名称、编号、订约日期和地点,当事人名称和地址,适用的法律等。第二部分是合同的本文,即基本条款,包括商品名称、品质规格、数量、包装、价格、交货、付款等主要条款和格式条款;格式条款又称一般交易条款,即合同中的通用条款,如商品检验、索赔、不可抗力、仲裁等。第三部分是约尾,约尾包括合同的有效期、合同使用的文字及其效力,买卖双方的签字、合同份数、附件及其效力等。下面是一份实践中的合同实例,其条款内容就是我们前面各章分别学习的。

福建依恋纺织品有限公司
FUJIAN YILIAN TEXTILE CO., LTD
Date：Apr. 18TH, 2021
No.：GFTGE21-B08O.

NO. 20，North Wuxi Road，Gu Long District，Fuzhou，Fujian，China
TEL：86 - 591 - 55443323　　FAX：86 - 591 - 55443312

SALES CONTRACT

The Buyer：TAKASHI OSKI CONTROL PLC LTD
　　NO. 2 - 19 SHUMOKUCHO, HIGASHI WARD, TOKYO, JAPAN
The Seller：FUJIAN YILIAN TEXTILE CO., LTD
　　20，NORTH WUXI ROAD, GULONG DISTRICT, FUZHOU, FUJIAN, CHINA

This contract is made by and between the Buyer and the Seller, whereby the Buyer agree to buy and the Seller agree to sell the under-mentioned commodity according to the terms and conditions stipulated below：

Name Of Commodity & Specifications	Quantity	Unit Price	Amount (USD)
MELT-BLOWN CLOTH [GYMB © KN95BH01]	900Cartons (18kg/carton)	56	50 400.00
NON-WOVEN MASK (NON-MEDICAL)	30 000Dozen	2.16	64 800.00

Total Value：USD115 200.00 (SAY U. S. DOLLAR ONE HUNDRED AND FIFTEEN THOUSAND AND TWO HUNDRED ONLY)

CPT TOKYO INCOTERMS 2010，AMOUNT & QUANTITY 10PCT MOLSOP.

1. Packing：in cartons
2. Time of Shipment：Middle of May 2021
3. Port of Loading：FUZHOU，CHINA
4. Port of Destination：TOKYO，JAPAN
5. Partial shipment and transshipment are prohibited.
6. Insurance：to be covered by the buyer.
7. Payment：100％ of the total value will be paid by L/C at 30 days after sight.
8. Shipping advice：The seller shall advise by fax the buyers of the quantity, invoice value, gross weight, name of vessel and date of sailing within 2 days after the completion of the loading of the goods.
9. Inspection：The Seller shall have the goods inspected within 15 days before the shipment and have the Inspection Certificate issued by German Machinery I/E Inspection Corporation Guangzhou Branch. The Buyer may have the goods reinspected by Italy I/E Inspection Bureau after the goods arrived at the destination.
10. Arbitration：All disputes in connection with this contract or the execution thereof shall be settled in Hongkong and English law applied.
11. Other terms：This contract is made in two originals，one original to be held by each party. The original pieces have the same law effect to each party.

The signature of Buyers   The signature of Sellers

TAKASHI OSKI CONTROL PLC LTD   FUJIAN YILIAN TEXTILE CO.，LTD

三、交易磋商实务

（一）签订买卖合同应注意的问题

（1）合同条款的内容必须和磋商达成的协议内容相一致。

（2）合同条款要具体、明确、完善。

（3）文字简练、严密，避免模糊不清。

（4）合同标的物要合法。

进出口合同签订以后，进出口双方就应认真严格按照合同的各项条款履行合同，合同条款也是判断买卖双方是否违约的依据。

（二）价格博弈常见语言技巧

（1）The price we offer to you is the lowest，we can't offer you any price lower.

（2）What we offer you is at good price. We don't think it could be put any better. Take it or leave it，it's up to you.

（3）If you stick to your count offer without any compromise we may not able to make a deal.

（4）This is our rock bottom price，we can't make any concessions.

（5）You could always find much lower price from some supplier. No matter how low it is，there will be some supplier offer to you. However it is better for you to trade off between price and quality of goods and service.

（6）There is no lowest price at all in the market.

（7）Yes，your price is not the lowest in the market. We must keep some profit to maintain our factory. No business will make a deal without any profit. Unless there is something they didn't tell you.

（8）Yes，our price is not the lowest in the market，But our product can help you to achieve cost saving in the producing process.

（9）Sorry，I can't tell you the name of our customers. After our business start，also I will never disclose any of your information to others. We always stick to non-disclosure agreement.

（10）We have shown our sincerity to cooperate，the rock bottom price. Also，we pursue your concession to accept our proposed terms of payment.

（11）This deal is up to you not to us. We have made too many concessions. If you still cannot accept，I really can do nothing.

（12）Please accept our offer，and I will make sales contract after getting your confirmation of the offer.

（三）识别收到的询盘

通过下面邮件，辨别哪些是真正客户，哪些是老客户，哪些是骗子？

（1）Jacky：

Please give me your price about your Blowing Agent.

Antonio

传真电话：×××

（2）Jacky：

Please offer your best price of hexamine. And also give me your COA（certificate of analysis）and package picture.

落款

（无姓名，联系方式等）

（3）Kindly note your quoted price is slightly on higher side as compared with offers from other suppliers. They are offering at price 30 USD/MT CIF London，with payment term L/C at sight.

URGENT !!! EARLIER REPLY WILL BE APPRECIATED!

落款

（只有姓名，无其他任何信息）

（4）Dear sir：

Please kindly note the best price for your system.

The details of building we are using for is as following：具体参数（略）

落款

（只有姓名，没有其他任何联系方式）

（5）Dear Jacky：

We are XX company located in XXX. We are professional manufacture of XX. Every month we need about 300 metric tons. The specifications are as follows：

The purity we require is 99%,

neutral packing, 25kgs/bag,

with pallets or no pallets,

any authentication.

please give us firm offer within 3 days.

落款

姓名，电话，传真

（6）Dear Sales manager：

Please give us your best offer of melamine CIF Inchon per metriction. Please also provide us with your the MOQ，COA，and the leading time.

落款

姓名，电话，网站

实务中的情况是：(1)和(2)是真正客户，(3)印度客户，(4)是英国客户，(5)可能是同行，现实中无回复、电话没人接，(6)典型的骗子，探听情况的。

（四）一个完整的交易磋商实例

下面是一个真实的完整谈判过程，我们通过这个完整的谈判能够体会到交易磋商需要具备的技巧，体会该交易磋商是如何演进的，然后帮助卖方拟定一份销售确认书（如需必要的信息可以自行补充）。

（1）manufacturer of Shandong JAC industry Co. LTD

Dear Tom,

How is everything going!

This is Eason from Shandong JAC industry Co. LTD. We are the professional manufacturer of Osmanthus fragrances in China for about 10 years.

Now we are exporting our fragrances to ABC company in your country.

I know that you are producing Monta cosmetics using our fragrances.

Raw material at a low price makes your own products more competitive in your market. Therefore we are willing to assist you to develop your market with excellent quality of raw material at a competitive price.

Waiting for your e-mail for further discussion.

Best Regards

Eason

www. urotropine. com

Reply

Dear Eason,

Please give us your best offer with CIF Lodon.

Also please send us your COA and package picture with your offer as an enclosure.

Best Regards

Tom

(2) Dear Tom,

Thank you very much for your promt reply. I believe that we will cooperate well in the future.

To comply with your request, I would like to give you an offer as follows:

Price: USD1200/MT CIF London.

Package: 2.5kgs per glass bottle, 4 bottles in a carton.

Payment: L/C, at sight.

Period of Validity: 18th, October, 2021.

Period of Shipment: from 12th, September, 2021, to the end of September, 2021.

Looking forward to your early reply for further discussion.

By the way, I have checked your website. There is something wrong with the page 4. It is wrong program. Your customer can't leave a message here. It is better for you to make some amendments to avoid the issue of losing customer due to the error.

Best Regards

Reply

Dear Eason,

Thanks a lot for your warm reminder. We never realized this problem before. I will tell my webmaster to correct it.

Thanks again.

I will check your price and your COA. Later I will revert to you.

...

(3) Dear Tom,

We shall be much appreciated of your confirmation.

Best Regards

(客户一直没回复,由于我的报价有效期是 7 天,于是在第 5 天,给客户去了一封邮件)

(4) Dear Tom,

This is Eason from Shandong JAC.

We discussed the chance of cooperation about 5 days ago.

But I have not got any information from you.

Have you placed the order to purchase Osmanthus fragrances? （客户依旧没有回复,三天后,又追了一封邮件）

（5）Dear Tom,

This is Eason who are seeking a chance to cooperate with you about fragrances.

We shall be much appreciated of your further information.

We always attach more importance to every customer. If you can tell us of your concerns, we will try our best to adjust to put your concerns into our consideration and give you the relative sollutions.

Best Regards（这封信起作用了,客户很快恢复了）

Reply

Dear Eason,

I am sorry to say that we have placed the order to our regular supplier.

Compared with their price, your price is in the high rate.

However, I will keep in touch with you for further orders. We will restart our new order discussion. And I will contact you later.

（这次回信,对方提供了私人电话;客户已经下单,但化工品需要采购原料,15 天后重启谈判）

（11 天后）

（6）Dear Eason,

Please offer your best/lowest price CIF London.

As you know, we are now buying XX from RRR company. If your price is not competitive at all，we still have no chance to do business.

Early reply is appreciated.

...

Reply

Dear Tom,

I have reported your request to my general manager and got a very competitive price.

1020USD/mt, payment L/C at sight.

If you are not satisfied with my offer, please don't be hesitate to notice me.

……（回邮件时,重新核算了报价,报出了非常有吸引力的报价组合）

（10 分钟后）

（7）Dear Eason,

Our target price is 990USD/mt. Please reconsider.

By the way, we always use 30% T/T in advance and 70% balanced by D/P at sight.

Waiting for your conformation to place the order.

...

Reply

Dear Tom,

I will report your requirement to our boss to get the most competitive price for you.

I will revert to you within one hour.

...

（8）Dear Eason，

Please be noticed that if you can't accept 990USD/mt. We have no chance to start our business. Wait for your good news.

...

（40 分钟后）

Reply

Dear Tom，

I have tried my best to get your target price，but our boss told me the lowest price we can accept is 1010 USD/mt.

We know that you are buying XX from RRR company at present.

I think that you have compared our COA with RRR company's products.（然后阐述我们产品的优点，以及价高的原因，但可以给他们带来生产成本下降的理由，此处省略）。

If our product is different from the COA we gave to you, we promise to accept returning cargos without any delay.

After compositive comparison，I think you can accept our offer.

Waiting for your confirmation.

...

（很快回复）

（9）Dear Eason，

Thanks a lot for your detailed explanation.

How about 1000 USD/mt?

The payment will be 30％ T/T in advance and 70％ balanced by D/P at sight.

Please confirm with your sales contract.

...

Reply

Dear Tom，

I really want to start our business with you. I will try to have a discussion with our boss again.

As your price is very low，nobody will do the business without enough profit.

If you can accept 30％ T/T and 70％ L/C at sight，I believe it is much easier for us to apply your target price.

Please consider and give me a notice at once.

...

（10）Dear Eason，

We don't want to change our payment method，we always use 30％ T/T and 70％ D/P.

Please check with your boss if you can accept. Your decision determines our business.

Please revert as soon as possible as we will close this order within today.

...

Reply

Dear Tom，

To show our sincerity to cooperate with you，we have decreased our price to the bottom.

Would you tell me why you insist on this kind of payment?

To start our business，I suggest 100％ L/C at sight.

It is fair to both of us. We give up 30％ deposit.

What is your opinion?

...

---

(11) Dear Eason，

What do you mean? 1 000USD/mt. according to the payment 100％ L/C at sight，right?

Confirm at once!

...

Reply

Dear Tom，

Yes，the price is 1 000USD/mt CIF to port XX.

The payment is 100％ L/C at sight.

If you confirm，I will make the sales contract for you at once.

...

---

(12) Dear Eason，

But I think there are too many charges if we use L/C.

We still believe D/P is the best payment for both of us.

What cargo do you think?

...

Reply

Dear Tom，

Yes，you are right.

But if we use D/P as the payment，you have to pay 30％ first.

It means you have to pay almost 20 000USD first to us，after about 40 days，you will get the cargo.

It means during these 40 days，20 000USD is your sunk cost.

As an expert of business，you do know the meaning of sunk cost.

L/C is the most suitable payment for you!

I will make the sales contract to you.

...

---

(13) Dear VP Eason，

How smart you are.

I must admit you are the best sales I have ever met.

You are a real business man!

Wait for your Sales Contract to close this deal.

...

（五）拟定合同实训

根据资料拟定正式合同

（1）背景资料

2017 年 2 月 28 日，艾托进出口有限公司外贸业务员戴英收到墨西哥客户 Cameo 的询盘，订购一款冰激凌杯 ice cream cup 45 312 只，刚好装一个 40 英尺高柜，要求每只冰激凌杯底部贴条形码，4 只冰激凌杯装入一个牛皮纸小盒，12 盒放入一个外箱。产品出厂含税价为每只冰激凌杯 1.95 元，条码 0.01 元，小盒 0.4 元，外箱 4.8 元。外箱尺寸为 $61 \times 41 \times 28.5 \, cm^3$，每箱净重为 18 kg，毛重为 19 kg。设定该笔业务利润为 80 000 元人民币，美元牌价按 USD1＝RMB¥6.88/6.90 计，工厂到南京港拖车报关租船订舱等国内费用为 6 500 元，玻璃制品出口退税率为 13%。

（2）交易磋商

3 月 2 日，外贸业务员戴英，给客户 Cameo 发盘。① 支付：30% 合同金额在合同签订后 15 天内电汇支付，余款凭即期付款信用证支付；② 交货：收到信用证后 45 天内交货；③ 发盘的有效期：2017 年 3 月 10 日前复到有效。

2017 年 3 月 16 日，艾托进出口有限公司工厂达成每只冰激凌杯 1.85 元，条码 0.01 元，小盒 0.4 元，外箱 4.8 元，国内费用为 3 500 元，其他条件不变。同时与该客户 Cameo 达成以下协议。

① 单价：0.30 美元/个，FOB 中国上海港，依据 INCOTERMS® 2010；

② 数量：22 656 个；

③ 支付：20% 合同金额在合同签订后 7 天内电汇支付，余款采用凭提单传真件支付；

④ 运输：从中国上海港至墨西哥曼萨尼略港 MANZANILLO，装一个 20 英尺整柜，允许转运。

（3）根据以上资料，为戴英经理拟定正式贸易合同

SALES CONTRACT

No. AT20170010　　　　　　Date：Mar. 16，2017

THE SELLER：AITUO IMP. & EXP CO.，LTD.

THE BUYER：CAMEO INDUSTRIAL LTD.

This Contract is made by and between the Buyer and the Seller，whereby the Buyer agrees to buy and the Seller agrees to sell the under mentioned commodity according to the terms and conditions stipulated below：

Commodity & Specification	Quantity	Unit Price	Amount
①	②	③	④
Total			
Contract Value (In Words)：⑤ _____			

Packing：⑥ _____

Marks：N/M

Delivery Time：⑦ _____

Port of Loading and Discharge：⑧ _____

_____

Transshipment is ⑨ _____

Insurance：Covered by the Buyer.

Payment：⑩ _____

_____

Other Terms：（omitted）

This contract is made in two original copies and becomes valid after both parties' signature, one copy to be held by each party.

Signed by：

THE SELLER：   THE BUYER：

提示：

Commodity & Specification	Quantity	Unit Price	Amount
① Ice cream cup	② 22 656 pcs	③ FOB Shanghai，China USD 0.30/pc	④ USD6 796.80
Total	22 656 pcs		USD6 796.80
Total Contract Value：⑤ USD SIX THOUSAND SEVEN HUNDRED AND NINTY-SIX EIGHTY CENTS ONLY. ⑪			

PACKING：⑥ 22 656 pieces per 20′ Container

TIME OF SHIPMENT：

⑦ within 45 days after the receipt of the deposit

PORT OF LOADING AND DESTINATION：

⑧ From Shanghai，China to MANZANILLO，Mexico

⑨ Partial shipment is not allowed and transshipment is not allowed

TERMS OF PAYMENT：⑩ 20% contract value will be paid by T/T within 7 days after the contract date，the balance will be paid against the copy of B/L by T/T

第二节　国际贸易合同的履行

　　国际货物买卖合同，是进出口双方交易磋商的结果，是双方利益的体现，表达了双方当事人各自的经济愿望。买卖双方只有严格按照合同条款履行合同，才能实现双方当事人各自的经济目的。

履行合同，既是经济行为，又是双方当事人的法律行为。按照我国和各国法律的一般规则，凡依法成立的合同，对有关当事人都具有法律约束力，当事人应当严格履行合同规定的义务，任何一方均不得擅自变更或者解除合同。① 倘若发生不属于不可抗力或其他免责范围内的不符合合同规定的情况，就构成违约，对方就有权按不同情况采取相应的合理措施而受到法律保护。违约方也要根据不同的情况和后果，承担相应的法律责任。例如，卖方的交货、交单不符合同规定，将会遭到买方拒绝接受或拒付货款，同时买方还可提出损害赔偿的要求。因此，在履行出口合同时，我外贸企业必须遵循重合同、守信用的原则，严格按合同规定对外履行其本身应尽的义务。

一、出口合同履行

若以 CIF 价格条件结合信用证支付方式的出口合同，则履行出口合同要做的工作主要包括备货、审核信用证、租船订舱并装船、办理保险、报检报关、交单议付等，可概括为货、证、船、款四个程序。下面以该出口合同的业务流程介绍出口合同的履行。该出口业务流程如图 9-1 所示。

(一) 货

我国《民法典》第 595 条规定："出卖人应当履行向买受人交付标的物或者交付提取标的物的单证，并转移标的物所有权的义务。"第 599 条又规定："出卖人应当按照约定或者交易习惯向买受人交付提取标的物单证以外的有关单证和资料"。《公约》第 30 条明确指出："卖方必须按照合同和本公约的规定交付货物，移交一切与货物有关的单据并转移货物所有权。"由此可见，按照合同交付货物并提交相关单据是卖方的基本义务。而备货是履行交货义务的基础，同时必须严格按照合同条款的要求来备货。

1. 品名与质量

合同中的质量条款是买卖双方交接货物有关质量的依据，货物的品名与质量必须与出口合同的规定相一致。卖方所交货物的实际质量不能低于合同规定，低于合同规定就是违约行为，货物实际质量也不宜高于合同规定，高于合同规定，有时也会构成违约，同时高于合同质量的货物，其成本也高，提交高于合同规定质量的货物将损害卖方的利益。货物标签、包装、单据等品名的表达，质量表达方式必须与出口合同的规定一致，否则买方有权认为卖方提交货物与合同规定不符，而认为卖方违约。如未规定货物质量或者规定不明确的，按照我国《民法典》第 510、第 511 条规定，当事人可以协议补充，不能达成补充协议的，按照合同有关条款或者交易习惯、行业标准或符合合同目的的特定标准履行。

2. 数量

根据《公约》第 35 条(1)款规定："卖方交付的货物必须与合同所规定的数量相符"，这是因为卖方提交的货物数量直接关系到买方的利益，因为买方采购货物，要么是为了生

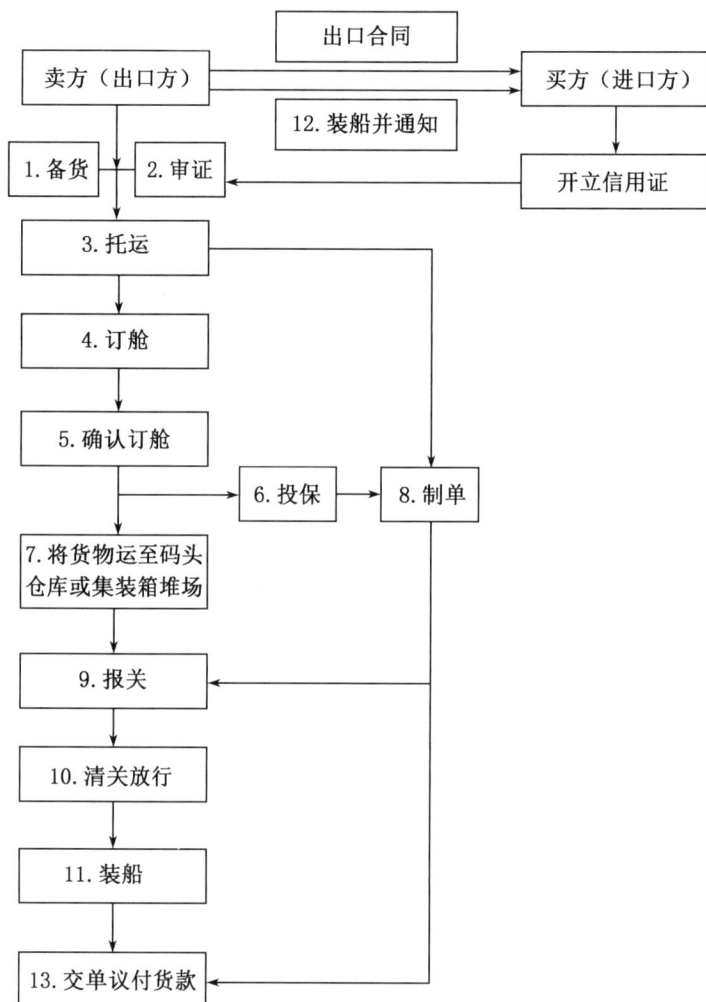

图 9-1　出口业务流程图(CIF+L/C)

产,要么是为了销售,采购货物之前,买方根据自己掌握的信息,对该笔交易的预期利润进行了预估,卖方如果交货不足将影响买方的生产或者销售,如果交货超出合同的规定,多余部分很可能被买方拒收,甚至以卖方违约为由,拒收整批货物。因此,卖方必须严格按照合同规定提交货物,同时根据市场行情决定溢短装的数量。

3. 包装

包装规格、包装材料都将影响货物的成本与价格,所以包装条款与品质条款一样都是买卖合同的主要条款,有的国家的法律把合同中的包装条款视作对货物说明的组成部分,因此货物的包装必须符合出口合同的规定,卖方必须按照合同规定的包装方式交付货物。若合同对包装未作具体规定,可以通过协议补充,达不成协议的,按照合同有关条款或交易习惯确定。同时,为了保障买方的基本利益,同时使得交易能够顺利进行下去,我国《民法典》第 621 条规定:出卖人应按照约定的包装方式交付标的物。对包装方式没有约定或约定不明确,依据本法第510条的规定仍不能明确的,应当按照通用的方式包装;没有通用方式的,应当采取足以保护标的物的且有利于节约资源、保护生态环境的包装方式。上述规定实际是对卖方交货有关包装方面的最低要求。

4. 备妥时间

货物备妥时间直接关系到装运时间,因此,备妥时间一定要在合同和信用证装运期限之前一段时间,并且,为了以防万一超过装运期限,一般在充分考虑船期等运输条件的情况下,选择装运期限前期备妥货物。

🐟 . . . deep seek

形式发票

形式发票亦称预开发票,是在没有正式合同之前,经双方签字或盖章之后产生法律效力的充当合同的文件,它包括产品描述、单价、数量、总金额、付款方式、包装、交货期等。下面是形式发票范本:

表9-1　形式发票(PROFORMA INVOICE)示例

TO:		INVOICE NO.:	
		INVOICE DATE:	
		S/C NO.:	
		S/C DATE:	

TERM OF PAYMENT:	
PORT OF LOADING:	
PORT OF DESTINATION:	
TIME OF DELIVERY:	
INSURANCE;VALIDITY:	

Marks and Numbers	Number and kind of package Description of goods	Quantity	Unit Price	Amount

	Total Amount:		
SAY TOTAL:			

BENEFICIARY:	
ADVISING BANK:	
NEGOTIATING BANK:	

（二）证

具体来说,包括催开信用证与审证。在使用信用证结算的交易中,对出口方而言,审核信用证非常重要,直接关系到自己能否安全收到货款,因此,审查信用证不仅必须认真对待,而且是一项不可缺少的重要工作环节。为了能有充足的时间审核信用证及备货,当买方未尽快开来信用证时,卖方必须催促对方及时开立信用证。

催开信用证是指催促对方及时办理开立信用证手续并将信用证送达我方,以便我方及时装运货物出口,履行合同义务。

从通知行处获得信用证后,出口方必须立即审核信用证。信用证虽然依据合同而开立,但它是一个独立的法律文件,不受合同的约束,因此,出口方提交货物或单据必须严格按照信用证办理,否则将影响能否安全收到货款。在实际操作中,由于各方面原因,卖方实际收到的信用证往往会有少许内容与合同不符,因此,审核信用证必须十分谨慎、仔细,特别要注意信用证中是否存在"软条款",否则稍有疏忽就有可能影响履约,造成损失,甚至重大损失。

（三）船

1. 托运

CIF 术语下,在备妥货物和落实信用证后,出口企业应按买卖合同和信用证规定,准备装运,为履行交货义务而准备。安排装运货物出口涉及的工作环节很多,其中以托运、订舱、投保、报关、装运和发装运通知为主要环节。

所谓托运,是指出口企业委托货运代理办理出口货物运输事宜。CIF 术语下,由卖方负责安排运输,对外装运货物,租船订舱和办理各项有关运输事项。在我国,出口企业通常都委托国际货物运输代理（International Freight Forwarder 或 Freight Forwarding Agent,以下简称"货运代理"或"货代"）办理。所以,在货、证齐全后,出口企业应向国际货运代理办理托运手续。通过国际货物代办理的托运业务中,货运代理是介于货主和实际承运人（如船公司、铁路局、航空公司）之间的中间人,它是接受货主或实际承运人委托的订约承运人,是国内办理国际货物运输业务的企业。

2. 订舱

货运代理收到出口企业的委托书后,查阅与该批货物对应的船期表和各种航运信息,了解各班轮公司的船舶、船期、挂靠港及船舶箱位数等具体情况。货运代理选定合适的船舶后,缮制集装箱货物托运单（shipping note）（注意:booking note 是指订舱单）,注明要求配载的船舶、航次,送交船公司或其代理。船公司或其代理收到货运代理的托运单（订舱单）后,核实货名、重量、尺码、卸货港或到达地后,认为可予接受的,即在托运单各联上填写船名、编号,抽留其所需各联,在托单中的装货单这一联上签字盖章,连同其余各联退回货运代理,作为对该批货物订舱的确认。此时,承、托运双方之间的运输合同即告成立,订舱环节完成。

⇨ ⋯ deep seek

受益人证明

在国际海洋运输中,为了保证自身的利益,经常会出现提出诸如船龄、船籍、受益人证明等要求,表 9-2 所示是实务中经常用到的受益人证明实例。

表 9-2 受益人证明实例

SHANGHAI NEW DRAGON CO.，LID.

27. CHUNGSHAN ROAD E. A.
SHANGHAI CHINA
TEL：8621-65342517   FAX：8621-65724743

TO WHOM IT MAY CONCERN：

BENEFICIARY'S CERTIFICATE

Nov. 20th, 2020

L/C NO.：L-02-I-03437
INVOICE AMOUNT：USD 23 522.50
DESCRIPTION：
    LADIE'S 55% ACRYLIC 45% COTTON KNITED BLOUSE
    500 DOZS
    120 CARTONS
WE CERTIFY THAT ALL DOCUMENTS HAS BEEN SENT TO YOU IMMEDIATELY AFTER SHIPMENT.

SHANGHAI NEW DRAGON CO.，LTD.

× × ×

3. 投保

CIF 术语下,确定船名、航次和装运日期后,货物运离仓库或其他储存处所前,出口企业应按照出口合同和信用证规定的投保金额、保险险别,向保险公司办理投保手续,以取得约定的保险单据。

4. 报关

在准备装货前,托运人必须先向海关办理出口报关手续。出口货物交付装运前,必须经过海关清关(customs clearance)。清关,或称通关,通常需经五个环节:出口申报、审核单证、查验货物、办理征税、清关放行。

清关放行是海关对出口货物进行监管的最后一项业务程序。出口企业或其代理(货运代理)按海关规定办妥出口申报(报关),海关审核单证、查验货物和征收出口税后,解除对货物的监管,准予装运出境。在放行前,海关派专人负责审核该批货物的全部报关单证及查验货物记录,并签署认可,然后在装货单(在海运情况下)上盖放行章,货方才能凭该装货单(S/O)要求船方装运出境。

5. 装运并发装运通知

在 CIF 合同、班轮运输的情况下,承运船舶抵港前,出口企业或其货运代理应将经出口清关的货物存放于港区指定堆场准备装船。船舶抵港后,办理装船。装船完毕,由船长或大副在场站收据(正本)上签署,表明货物已收妥,出口企业或货运代理可凭此单据向船公司或其代理换取已装船提单。同时,出口企业,应向国外买方发出"装船通知"(shipping advice),以便买方做好收货的准备。

装运通知的内容一般有合同或确认书号,信用证号,货物名称、数量、总值,唛头,装运口岸,装运日期,船名、航次等。现举例如下:

Please be advised that under S/C No. EF94SP‑71‑023, I/C No. 264251, Colour TV Set 4 860 sets loaded in 6 containers of 810 sets each, amounting USD729 000 were shipped on board SS TUO HE on 15th July 2013, sailing on or about 17th July from Shanghai to Singapore.

🐟... deep seek

装船通知示例

Shipping Instruction(通常是买方发出)

Dear Sirs,

Re:1×40′ FCL of Sports Goods series under S/C No. ××, L/C No. ××.

We plan to ship through COSCO. Please ship the goods on or before Sept. 10, 2020 and inform us of the shipping details by fax immediately upon fulfillment. The detailed information of the shipping agent is as following:

Company Name:Hong Yun International Shipping Agency Co., Ltd.

Address:No. 328, Yan'an (M) Road, Shanghai 200003, China.

Contact Person:Mr. Liu Jian Min

Tel:021 -...

Fax:021 -...

Shipping Advice(通常是卖方发出)

Dear Sirs,

Re:1×40′ FCL of Sports Goods series under S/C No. ××, L/C No. ××.

We are very pleased to inform you that the goods were shipped in Shanghai through COSCO on Sept. 8, 2020. Please make insurance of the goods on your side. The shipping details are as follows:

S/C No. ××

L/C No. ××

Commercial Invoice No. VL05J156

Total Value：USD56 428.00

B/L No. SHWH100475

Container No. HDMU2127974

Seal No. C05627

Name of the Carrying Vessel：LISBO V011W

Destination：Vancouver

On board date：Sept. 8，2020

ETD (Shanghai)：Sept. 9，2020

ETA (Vancouver)：Sept. 30，2020

（四）款

1. 制单

货物装运后,出口企业应立即按照信用证的规定,正确缮制各种单据,并在信用证规定的交单到期日或以前,将各种单据和必要的凭证送交指定的银行办理要求付款、承兑或议付手续,并向银行进行结汇。对于出口单据,必须符合"正确、完整、及时、简明、整洁"的要求。

🐟... deep seek

常见单据

（1）商业发票(commercial invoice),简称为发票(invoice)。它是在货物装出时,卖方开立的凭此向买方索取货款的价目清单,以及对整个交易和货物有关内容的总体说明。它全面反映了合同内容,虽不是物权凭证,但是全套单据的中心,是进出口贸易结算中使用的最主要的单据之一,是供买卖双方凭此发货、收货、记账、收付货款和报关纳税的依据。发票并无统一格式,但其内容大致相同,主要包括:发票编号,开立日期,有关出口合同号码,信用证号码,收货人名称地址,运输标志,以及商品的名称、规格、数量、包装方法、单价、总值、装运地,目的地等。发票内容必须符合买卖合同规定,在采用信用证付款方式时,则应与信用证的规定严格相符,绝不能有丝毫差异。另外,发票必须有发货人的正式签字方为有效。

（2）包装单(packing list)和重量单(weight memo)。包装单和重量单是商业发票的补充单据。包装单主要用于工业品,对每件包装内的货物名称、规格、花色等逐一作详细说明,以便进口地的海关检验和进口商核对。重量单多用于以重量计价的初级产品,载明每件商品的重量,有的还分别列明每件商品毛重、净重,其作用与包装单相同。

（3）产地证明书(certificate of origin)。它是一种证明货物原产地或制造地的证件,主要用途是提供给进口国海关凭此确定货物的生产国别,从而核定进口货物应征收的税率,有的国家限制从某些国家或地区进口货物,也要求以产地证明书来证明货物的来源。

(4)普惠制单据(generalized system of preferences,GSP)。普惠制是工业发达国家对来自发展中国家的某些产品,特别是工业制成品和半制成品给予的一种普遍的关税减免优惠制度。向那些给予我国普惠制待遇的国家出口货物,须提供普惠制单据,以此作为进口国海关减免关税的依据。常用的是 GSP FORMA。

2. 交单结汇

信用证结算,要求出口人严格按照信用证要求制作单据,要做到"单单相符、单证相符"。单据制作完成后,就要交单,交单是指出口人(信用证的受益人)在信用证到期日前和交单期限内向指定银行提交符合信用证条款规定的单据。银行根据信用证内容对单据进行审核,审核确认无误后,根据信用证规定的付款条件,由银行办理出口结汇。

由于银行的付款、承兑和议付均以受益人提交的单据完全符合信用证条款的规定为条件,所以交付的单据应严格做到完整、明确、及时。同时,还要注意交单的时间,既不能超过信用证规定的时间及信用证的有效期,也要注意提单签发后 21 天内交单的规定。

> ⋯ deep seek

AMS

目前出口到美国和墨西哥都会涉及一个费用:AMS,即 America Manifest System(美国舱单系统)。"9·11"以后,基于反恐要求,美国海关实行了提前 24 小时舱单申报制度。即凡运往美国或经由美国中转的货物都必须在预计开船时间前 24 小时,将货物资料通过 AMS 系统报美国海关(货物资料必须反映真正的 shipper 和 consignee,此两栏不可填货代或其代理人)。经美国海关审查批准后,柜子才能装船启运。基于这项要求,各船公司纷纷调整了美国提单补料的程序,要求客户必须在船预计到装货港前约 72 小时提供完整的提单资料,以便留出提单的制作、修改和确认的时间。故,出口美国,截补料时间一般为截关前两天。船公司同时收取 shipper 一定的费用(每票提单 25 美元),称为美国海关舱单申报费,有人也称为反恐附加费。如果客户不能按照船公司的时间要求及时提供提单补料,那意味着柜子极有可能不能上船;如果客户不能在船公司向美国海关传递舱单前完成提单确认,那么在此之后的每一次修改都要产生几十美元的改单费(一般为 40 美元),称为美国海关舱单修改费。

加拿大也收取海关舱单申报费,只是叫法上不是 AMS,而是 ACI。

二、进口合同履行

若以 FOB 价格条件结合信用证支付方式的进口合同成交,则履行进口合同要做的工作,主要包括:申请开立信用证、安排货运、办理保险、付款赎单、报关、提货、验货、处理索赔等环节。下面以该进口合同的业务流程介绍进口合同的履行。该进口合同的业务流程如图9-2所示。

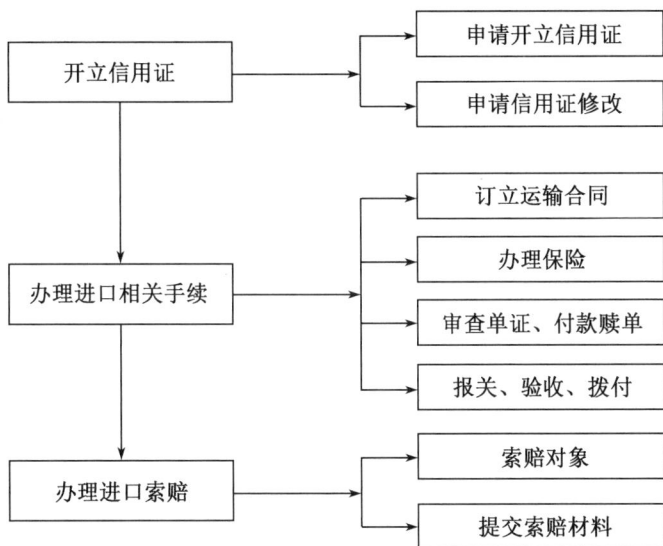

图9-2　进口业务流程示意图(FOB+L/C)

(一) 开立信用证

进口企业在合同生效后,应严格按合同规定的支付方式办理进口手续。在进口业务中,我国的大部分企业采用信用证业务方式,在此以信用证方式为例介绍进口合同的履行。

1. 申请开立信用证

进口合同签订后,进口方应根据合同规定向经营外汇业务的银行办理申请开证手续。信用证的种类、内容及开证时间应按合同规定办理。如合同规定在卖方确定交货期后开证,买方应在接到卖方通知后开证。信用证开出后,如卖方提出修改信用证的要求,经买方同意后,应立即向开证行办理改证手续。

(1) 申请开证的程序

① 申请开证人首先应明确地向银行提出所要求开立信用证的种类和方式,填写开证申请书,提交合同副本及附件。

② 申请开证人向开证行作出声明和保证。如,开证人承认在其付清款项前,开证行对其单据及其所代表的货物拥有所有权;必要时,开证行可以出售货物,以抵付进口人的欠款;申请人保证在单证表面相符的情况下对外付款或承兑;否则,开证行有权没收开证人所交付的押金和抵押品,以充当开证人应付货款的一部分等。

③ 开证人申请开证时,应向开证行交付一定比例的押金和其他担保品,以保证提供该证项下货款、手续费,以及其他费用及利息等所需外汇。押金一般为信用证金额百分之

几或几十,主要依据开证人的资信以及市场动向和商品的供求情况而定。

(2) 申请开立信用证和修改信用证应注意的问题

① 开证的时间不宜过早或过迟。过早开证不仅增加费用开支,而且造成虚假占汇额度;过迟开证则要承担违约责任,可能会影响卖方交货和到货时间,引起一定的贸易纠纷。

② 开立信用证的内容,应严格按照合同中的规定。如果合同规定分批装运,原则上应分批开证。合同中对卖方提供单据的要求,信用证中应作出明确的规定。

③ 如果是国际商会的会员国,应强调信用证的开立应以国际商会《跟单信用证统一惯例》作为解释依据。

2. 信用证的修改

开立的信用证寄给卖方后,卖方如发现信用证的内容与合同不符或有其他变动,则会来函要求改证。如买方同意修改,则应向开证行提交修改申请,请求修改;如不同意修改,则应及时通知受益人,要求其按原证条款履行合同。

(1) 修改的路线

一般受益人发现问题后,会直接与开证人联系,开证人如果认为有修改的必要,通常应该用电传或传真等及时通知受益人,然后按照信用证开立的程序,向开证行申请修改信用证。

开证人到原开证行填写一张信用证修改书;由原开证行通过原信用证的通知行向受益人转递正式信用证修改书;当受益人接受信用证修改内容以后,修改书即成为原信用证不可分割的组成部分,这时,信用证正式生效,当事人必须坚决执行。

(2) 修改时应注意的问题

在信用证修改过程中,要力争一次看彻底、全面,不要反复多次地修改。如果信用证修改书中仍有不能接受之处,可以再次或多次进行修改,直到完全接受为止。但是要注意:多次修改必然有多张修改书,这时要注意修改书的编号,不能出现漏号。凡是对修改书的再修改,必须将原修改书在7个工作日内退回银行,超过7个工作日则视为接受。

(二) 办理与进口相关的手续

1. 订立运输合同

按 FOB 条件成交,采用海洋运输,由买方负责办理租船订舱手续。如合同规定卖方在交货期前一定时间内,应将预计装运日期通知买方,则买方应在接到这项通知后,及时向外运公司办理租船订舱手续,并在规定期限内将船名、船期通知卖方,以便卖方做好装货准备工作。同时,买方还应随时了解和掌握对方备货情况,及时催促对方按时装运。

2. 办理预约保险合同

按 FOB 或 CFR 条件成交的进口合同,由买方办理保险手续、支付保险费。进口货物保险一般都是与保险公司签订预约保险合同。根据预约保险合同,保险公司对有关进口货物负自动承保的责任,即货物一经装船,保险就开始生效。买方在收到国外出口方发来的装运通知后,将船名、提单号、开船日期、商品名称、数量、装运港、目的港等项内容通知保险公司,即为办妥保险手续。

若外贸公司没有与保险公司签订预约保险合同,则需对进口货物逐笔办理投保手续。在买方接到卖方的发货通知后,必须立即向保险公司办理保险手续。如果进口公司没有及时向保险公司投保,则货物在投保之前的运输途中,所发生的一切由于自然灾害和意外事故所造成的损失,保险公司不负赔偿责任。

3. 审查单据、付款赎单

在信用证支付条件下,卖方提交的单据必须与买方开立的信用证条款完全符合。由于开证行或其指定付款行的审单是终局性的,也就是经审单付款后即无追索权,因此审单工作必须慎重。

开证银行收到国外寄来的汇票和单据后,经审单无误对外付款的同时,即通知进口企业向银行付款赎单。进口公司凭银行出具的"付款通知书"到银行结算,在认真审查卖方提供的单据符合信用证要求后,即付款赎单。

4. 报关、验收和提取货物

进口货物到达后,由进口公司或委托运输机构,根据进口单据填写"进口货物报关单"向海关申报,并按海关规定随附发票、提单、保险单、商检证书等单据。海关查验认可后,才准予放行。

进口货物在卸货时,港务局要进行卸货核对。对发现短缺,要填制"短卸报告",由船方签字确认,并向船方提出书面声明保留索赔权。如卸货时发现残损,应将货物存放于海关指定仓库,由保险公司会同商检局等有关单位检验,明确残损程度和原因,并由商检局出证,以便向责任方索赔。

如果用货单位在卸货港口,由外运公司就地办理拨交。如用货单位不在卸货港口,则可委托外运机构代为安排将货物转运内地,并拨交给用货单位。

(三) 处理进口索赔

进口货物在运输途中,由于各种原因可能使货物的品质、数量、包装等受到损害,或卖方交付的货物不符合合同规定致使买方遭受损失。买方收到货物后要根据货损原因的不同,向有关责任方提出索赔要求。

1. 进口索赔的对象

进口索赔的对象包括以下三个方面:

(1) 向卖方提出的索赔。如果卖方未按合同规定的品质、数量、包装、交货期等交货,除不可抗力外,均构成卖方违约,进口方应向卖方提出索赔要求。

(2) 向承运人提出的索赔。凡到货数量少于运输单据所载数量,提单是清洁的,而货物有残缺情况并属于承运人过失造成的,进口人可以根据运输合同条款向承运人索赔。

(3) 向保险公司提出的索赔。由于自然灾害、意外事故或运输途中其他事故的发生致使货物受损,并且属于保险责任范围内的,应及时向保险公司提出索赔。还有属于承运人的过失造成货物残损、遗失,而承运人不予赔偿或赔偿金额不足以抵补损失的,只要属于保险公司承保范围以内的,也应及时向保险公司提出索赔。

2. 办理索赔时注意的问题

在进口索赔工作中,应注意下列事项:

(1) 办理索赔应提供的证据。提出索赔时,应制作"索赔清单"并随附商品检验局的检验证书、发票、装箱单、提单副本等。对不同的索赔对象,所附的证件也有所不同。

(2) 索赔的金额。根据国际贸易惯例,买方向卖方索赔的金额,应与卖方违约所造成的实际损失相等,即根据商品的价值和损失程度计算,还应包括支出的各项费用,如商品检验费、装卸费、银行手续费、仓储费、利息等。向承运人和保险公司索赔的金额,须根据有关规定计算。

(3) 索赔的期限。索赔必须在合同规定的索赔期限内提出。逾期索赔,责任方有权不受理。如果因为商检工作需要较长时间的,可在合同规定的索赔期限内向对方要求延长索赔期限。买方在向责任方提出索赔要求后,仍有责任按情况采取合理措施,保全货物。

✎⋯ deep seek

索赔函示例

中国国际航空公司货运部

本公司在提取来自首尔的一票货,运单号为 999 - 12345678,1 件共 100 公斤,由 CA888/09APR 承运。该货在目的地交付时发生严重的外包装破损(详见贵公司开具的事故鉴定书)。

现本着实事求是,维护双方共同利益的原则,我公司向贵公司提出以下处理意见和索赔申请。

该货物价值 2 000 美金,请给予原价赔偿。参见托运人出具的受损货物价值申明。

请贵公司予以尽快办理为盼,谢谢合作。

随附:运单、装箱单、发票、事故记录等。

泛云代理公司

2020 - 12 - 5

进口索赔工作是一项比较复杂的工作,要做好进口索赔工作,不仅要有高度的责任心,还要熟悉国际惯例和有关法律。同时还需要用货单位、外贸公司、外运公司、商检部门等有关方面的密切配合。

三、履行合同实务

(一) 履行合同应注意的问题

进口合同签订以后,进口企业作为交易的一方,也应本着"重合同、守信用"的原则,认真履行合同的义务。进口合同如按 FOB 价格条件和信用证支付方式成交,履行进口合同要做的工作主要有:申请开立信用证、安排货运、办理保险、付款赎单、报关、提货、验货、处理索赔等。

对一个进口企业来说,合同生效后,应严格按合同规定的支付方式办理进口手续。在进口业务中,我国的大部分企业采用信用证业务方式,有时也采用托收、汇付加银行保函等支付方式。下面我们仅以信用证方式为例,介绍进口合同的履行。

(二) 能够判断出信用证的软条款

信用证软条款会影响卖方正常履行合同,为卖方违约打下埋伏,或使卖方失去对货物控制,陷入被动等。

信用证中软条款举例:

(1) 1/3 正本提单先寄给开证申请人(买方可以先提货)。解决方案是提单抬头打上"to the order of the bank",让开证行在客户收到的提单上背书。

(2) 记名提单(凭合法身份证明提货)。

(3) 信用证到期地点和有效期在开证行所在国(单据到开证行时,可能已过议付有效期)。

(4) 信用证限制运输船只、船龄或航线等。

(5) 品质检验证书需由开证申请人或其授权者签发,由开证行核实,并与开证行印签相符(可能不符合买方国家的标准,使信用证失效;也不能按时保证签发检验证书等)。

(6) 规定指定货代出具联运提单(容易被收货人不凭正本联运提单提货)。

(7) 自相矛盾,既规定提交联运提单,又规定禁止转船。

(8) 规定受益人难以提交的单据,如 CMR 运输单据(我国没有参加"国际公路货物运输合同公约",无法开出"CMR"运输单据)。

(9) 信用证开出后并不生效,要等待开证行另行通知方可生效。

(10) 信用证要经当局(进口国当局)审批才生效,未生效前,不许装运。

(11) 信用证中规定一些非经开证申请人指示而不能按正常程序进行的条款,如发货需等申请人通知,运输工具和起运港或目的港需经申请人确认等。

(12) 卖方议付时,需提交买方在目的港的收货证明。

(三) 出口退税和收汇核销

1. 出口退税的流程

出口企业应在货物出口(以报关单上注明的出口日期为准)起 90 日内,向税务部门申报出口货物退免税手续,申报出口退税需要准备的资料有出口货物报关单、增值税发票、收汇流水、保险单(CIF 条件下)等。

2. 我国出口收汇核销现状

2012 年 8 月 1 日起,外汇管理局对企业的贸易外汇管理由现场逐笔核销改为非现场总量核查,即不需去外汇管理局,正常业务通过银行付汇、海关报关的系统数据进行总量核查。

进口预付款,拿报关单核销联和银行的付汇底联在外管局网上平台核销即可;出口预收款,在收汇后1个月内做一个网上预付货款登记,系统自动认可到下一期相应的出口业务中。

外汇局根据企业贸易外汇收支的合规性及其与货物进出口的一致性,将企业分成A、B、C三类企业,不同类型企业出口收汇核销的政策是不同的。A类企业进口付汇单证简化,凭进口报关单、合同或发票等任何一种能够证明交易真实性的单证在银行直接办理付汇,出口收汇无需联网核查;B类企业外汇收支由银行实施电子数据核查;C类企业则需经过外汇管理局逐笔登记后办理。

同时,为简化出口退税凭证,自2012年8月1日起报关出口的货物,出口企业申报出口退税时,不再提供核销单,税务局根据外汇局提供的企业出口收汇信息和分类情况,依据相关规定审核企业出口退税。

(四)缮制发票

1. 发票的类型

除商业发票外,还有其他常见的如下类型发票:

(1)海关发票(customs invoice)。它是根据某些进口国海关的规定,由出口商填制的一种特定格式的发票,其作用有:供进口商报送核查货物与估价征税之用;提供货物原产地依据;供进口国海关核查货物在其本国市场的价格,确认是否倾销等;用于海关统计。目前,要求提供海关发票的主要国家(地区)有美国、加拿大、澳大利亚、新西兰、牙买加、加勒比共同市场国家、非洲的一些国家等。

海关发票的基本缮制要求:与商业发票的相应项目必须完全一致;须列明国内市场价或成本价时,应注意其低于销售的离岸价;经准确核算的运费、保险费及包装费;海关发票应以收货人或提单的被通知人为抬头人;签具海关发票的人可由出口单位负责办事人员签字,证明人须另由其他人员签字,不能是同一人。

(2)形式发票(proforma invoice)。其作用是卖方要求买方支付货款,或为了方便进口方办理某些手续;能够代替合同(金额较小)。它不具有法律效力,不能作为国际结算的工具。但形式发票的形式与商业发票基本是相同的,可以用商业发票来改制,但是一定要注明是形式发票。

(3)领事发票(consular invoice)。它一般当作国家作为征收有关货物进口关税的前提条件,同时也作为领事馆的经费来源。有的国家的领事发票有固定格式,有些国家则直接由其在出口国的领事在商业发票上认证。使用领事发票的注意事项:如出口地无领事馆,无法办证,则不能接受此类条款的信用证。

(4)厂商发票(manufacturer's invoice)。它是由出口货物的制造厂商所出具的以本国货币计算价格、用以证明出口国国内市场的出厂价格的发票,供进口国海关估价、核税以及征收反倾销税之用。

（5）样品发票（sample invoice）。有时出口商为了使客户对商品有一个更直观的印象，让客户更好地了解商品的品质、价值等，在交易之前发送商品样品供客户从中选择，为此而制作的发票就是样品发票。

2. 商业发票内容及缮制

（1）发票抬头。它一般为买方，需要填公司的全名和地址，通常名称和地址分行打，名称一般一行打完，地址则可合理分行。其格式有如下类型：

to……………
for account of……………
to the order of……………
to messers……………

（2）发票出票人名称和地址。它一般印制在发票的正上方，必须与信用证中受益人一致。

（3）装运工具及起讫地点。通常打印装运港、目的港、转运港，格式为：from... to...形式。

（4）发票名称。通常常用 commercial invoice，要求与信用证一致，不能为 combined invoice 或 sworn invoice。

（5）发票号码和日期（invoice number and date）。它不得晚于提单的出具日期而且在信用证规定的议付日期之前。

（6）信用证号码（L/C number），查阅信用证，可得。

（7）合同号码（S/C number），与信用证所列的一致。

（8）支付方式（terms of payment）。

（9）唛头及件数编号（marks and numbers）。

（10）商品描述（description of goods）。这是发票最重要的栏目，内容必须与信用证内容完全一致，必要时与信用证完全相同；若信用证对此部分有开错的，应将错就错，或用括号将正确的描述注明。

（11）商品数量（quantity）。要求与信用证一致，若货物品种规格较多，则每种货物应写明小计数量，最后再进行合计。例如：

```
    leather garments
    quantity
    100 PCS
    300 PCS
    100 PCS
    600 PCS
TOTAL   11 000 PCS
```

（12）单价和总值（unit price/amount）。单价（unit price）须显示计价货币、计量单位、单位金额和贸易术语四部分内容。发票的总值（amount）不能超过信用证规定的最高

金额。若有佣金和折扣,表示方法如下:

QTY.	Unit Price	Amount	CIFC5 New York
100PCS	US $ 100/PC	US $ 10 000.00	
Less 5% Commission:		US $ 500.00	
		US $ 9 500.00	
Less 5% Discount:		US $ 475.00	
TOTAL:		US $ 9 025.00	

(13) 其他(other contents)。其他作为对发票的补充说明,诸如,We certify that the goods named above have been supplied in conformity with order NO. 12345(兹证明本发票所列货物与合同号 12345 相符); This is to certify that the goods named herein are of Chinese origin(兹证明所列商品系中国产);We hereby certify that the above mentioned goods are of Chinese origin(兹证明上述产品在中国制造)。

(14) 出票人签章。根据《UCP600》第 18 条的规定,商业发票无须签署,但如果信用证要求提交签署的发票"signed commercial invoice..."或手签的发票"manually signed...",则发票必须签署,且后者还必须由发票授权签字人手签。我国出口企业一般手签或手签并盖章。

为了在发生错误或遗漏时可以更正或更换,有时要求在发票下端注明:E & O E (Errors and Omissions Excepted,有错当查)字样。另外,有些国家的进口商按国家的法令和商业习惯,要求在发票上加注:"证明所列内容真实无误"字样或"货款已收讫"字样,一般情况下都可以照办。但后一种被称为"证实发票"的,则不能有"E & O E"字样。

审核单据时,对于发票常见的问题有:买方名称与信用证开证人不符;货物描述与信用证不符;信用证要求签署,而发票未签署;单价一栏漏填贸易术语;信用证要求分别注出运费和保险费,而发票未注出。

《UCP600》关于商业发票的相关规定有如下条款。

第 14 条审核单据的标准:

e. In documents other than the commercial invoice, the description of the goods, services or performance, if stated, may be in general terms not conflicting with their description in the credit(除商业发票外,其他单据中的货物、服务或行为描述若须规定,可使用统称,但不得与信用证规定的描述相矛盾)。

第 18 条商业发票:

a. A commercial invoice(商业发票):

i. must appear to have been issued by the beneficiary (except as provided in article 38)(必须在表面上看来系由受益人出具(第 38 条另有规定者除外));

ii. must be made out in the name of the applicant (except as provided in sub-article 38 (g))(必须做成以申请人的名称为抬头(第 39 条(g)款另有规定者除外));

iii. must be made out in the same currency as the credit(必须将发票币别作成与信

用证相同币种）;

and iv. need not be signed(无须签字).

➩ ··· deep seek

商业发票实例

JJJ IMPORT AND EXPORT COMPANY

NO. 33 DINGHAI ROAD HANGZHOU，CHINA

COMMERCIAL INVOICE

To	Date	
XYZ TRADING CO., LTD NO. 1 KING ROAD SYDNEY,	Invoice No.	INV142701
AUSTRALIA.	Contract No.	JJJ050675.

L/C No. 012/05/15406G

Shipped per _____ Sailing about _____

From _____ To _____

SHIPPING MARK	QUANTITIES AND DESCRIPTIONS	UNIT PRICE	AMOUNET
N/M	LEATHER GARMENTS 100 PCS AART 2335/00 300 PCS AART 2333/35 100 PCS AART 2335/32 600 PCS AART 2332/52 400 PCS AART 2331/00	CIF SYDNEY USD12.50/PC USD14.25/PC USD51.30/PC USD35.00/PC USD60.45/PC	USD1 250 USD 4 275 USD 5 130 USD 21 000 USD 24 180
TOTAL	1 500 PCS		USD55 835 FOB VALUE: USD50 000.00 F:5 835

WE HEREBY EVIDENTIFYING THAT THE GOODS ARE FORMLY CONFIRMED WITH S/C NO JJJ050675.

× × ×

（五）填写开证申请书

开证申请书由进口方向开证行提出申请,根据贸易合同填写。下面为根据提供的资料填写开证申请书的案例。

背景资料:

1. 2016 年下半年浙江金苑进出口有限公司拟从德国 H&B CO., LTD. 进口 2 台检测设备,H&B 公司最初报价总金额为每台 CIP 上海港 EUR16 000.00。双方经过多次技术交流和商务谈判后,于 2017 年 2 月 23 日签订购销合同,合同编号为 2017ABXYZ -001;合同成交价比最初报价优惠 5%;合同付款条件是合同签订后 7 个工作日内 T/T 支付德国公司 10% 的预付款,合同总额的 80% 支付方式为以卖方为受益人的不可撤销即期 L/C,余额 10% 凭买方签字的设备验收报告 T/T 支付。运输方式为空运,从法兰克福至上海,不允许转运和分批装运,最迟装运日期为 2017 年 4 月 15 日。该设备的进口关税为 5%,进口增值税为 17%;该批货物的报关及国内运输保险费用合计 6 000 元;参考的外汇牌价分别是买入价 EUR100=RMB￥723.22,卖出价 EUR100=RMB￥728.70。预期国内销售价格为 RMB￥149 500.00/个。

2. 外贸业务员陈洁,于 2017 年 3 月 1 日向中国银行浙江省分行办理申请电开信用证手续,通知行是 Bank of China(Hong Kong)Ltd.,交单期为装运日期后 15 日,信用证的有效期和交单地点分别为 2017 年 4 月 30 日和香港,交单时提交以下单据:

(1)手签的商业发票一式五份,注明信用证号码、合同号码和唛头

(2)装箱单一式五份,注明货物的毛重、净重和体积

(3)清洁空运单,收货人为买方,标注运费预付,通知买方

(4)保险单一式两份,按发票金额 110% 投保空运一切险

(5)装运后 1 日内发给买方受益人证明传真副本一份,注明空运单号,信用证号,合同号,货物名称、数量、毛重、净重、体积、外包装数量,发票金额,航班号,航班日期,目的港。

根据背景资料及以上条款填写以下开证申请书:

IRREVOCABLE DOCUMENTARY CREDIT APPLICATION

To：   Date：

（　）Issue by airmail （　）With brief advice by teletransmission （　）Issue by teletransmission （　）Issue by express	Credit No. Date and place of expiry
Applicant	Beneficiary
Advising Bank	Amount
Partial shipments （　）allowed （　）not allowed　　Transshipment （　）allowed （　）not allowed	Credit available with ＿＿＿＿＿＿＿＿ By（　）sight payment　（　）acceptance 　（　）negotiation　（　）deferred payment at against the documents detailed herein （　）and beneficiary's draft（s）for ＿＿％ of invoice value at ＿＿＿＿ sight drawn on ＿＿＿＿＿＿
Loading on board： Not later than： For transportation to： （　）FOB　（　）CFR　（　）CIF　（　）other terms：＿＿＿＿	

Documents required：（marked with ✕）

1.（　）Commercial Invoice ＿＿＿＿ in ＿＿＿＿ copies indicating ＿＿＿＿
2.（　）Full set of clean on board Bills of Lading made out to order and blank endorsed，marked "freight〔　〕to collect/〔　〕prepaid" notifying ＿＿＿＿
（　）Airway Bills/Cargo Receipts/Copy of Railway Bills issued by ＿＿＿＿ showing "freight〔　〕to collect/〔　〕prepaid"〔　〕indicating freight amount and consigned to ＿＿＿＿
3.（　）Insurance Policy/Certificate in ＿＿＿＿ for ＿＿＿＿ of the invoice value showing claims payable in China in the same currency of the draft，blank endorsed，covering ＿＿＿＿
4.（　）Packing List/Weight Memo in ＿＿＿＿ copies indicating ＿＿＿＿
5.（　）Certificate of Quality in ＿＿＿＿ copies issued by ＿＿＿＿
6.（　）Certificate of Quantity in ＿＿＿＿ copies issued by ＿＿＿＿
7.（　）Certificate of ＿＿＿＿ Origin in ＿＿＿＿ copies issued by ＿＿＿＿
（　）Other documents，if any

Description of goods：

Additional instructions：
1.（　）All banking charges outside the opening bank are for beneficiary's account
2.（　）Documents must be presented within ＿＿＿＿ days after date of shipment but within the validity of this credit
3.（　）Both quantity and credit amount ＿＿＿＿ percent more or less are allowed
（　）Other terms，if any

STAMP OF APPLICANT：

提示

IRREVOCABLE DOCUMENTARY CREDIT APPLICATION

To：BANK OF CHINA，ZHEJIANG BRANCH　　　　　Date：FEB. 10，2017

（　）Issue by airmail （　）With brief advice by teletransmission （×）Issue by teletransmission （　）Issue by express	Credit No. Date and place of expiry APR. 30，2017，HONGKONG
Applicant ZHEJIANG JINYUAN IMPORT AND EXPORT CO.，LTD.	Beneficiary H&B CO.，LTD.
Advising Bank BANK OF CHINA （HONG KONG） LTD.	Amount USD121 600.00 SAY：U S DOLLARS TWO FIFTEEN THOUSAND TWO HUNDRED ONLY.

Partial shipments	Transshipment	
（　）allowed （×）not allowed	（　）allowed （×）not allowed	Credit available with ANY BANK IN HONG KONG By（　）sight payment　（　）acceptance 　（×）negotiation　（　）deferred payment at against the documents detailed herein （×）and beneficiary's draft（s）for ___80___ ％ of invoice value at ＊＊＊ sight drawn on ISSUING BANK
Loading on board：　FRANKFURT AIRPORT Not later than：　APR. 15，2017 For transportation to：　SHANGHAI AIRPORT		
（　）FOB（　）CFR（　）CIF（　） other terms CIP		

Documents required：（marked with ×）
1. （×）Commercial Invoice SIGNED IN INK in ___5___ copies indicating L/C NO.，CONTACT NO. AND MARKS
2. （　）Full set of clean on board Bills of Lading made out to order and blank endorsed，marked "freight ［　］ to collect/［　］ prepaid" notifying _____.
（×）Airway Bills/Cargo Receipts/Copy of Railway Bills issued by _____ showing "freight ［　］ to collect/［×］ prepaid" ［　］ indicating freight amount and consigned to THE APPLICANT AND NOTIFY THE APPLICANT
3. （×）Insurance Policy/Certificate in DUPLICATE for 110％ of the invoice value showing claims payable in China in the same currency of the draft，covering AIR TRANSPORTATION ALL RISKS
4. （×）Packing List/Weight Memo in ___5___ copies indicating GROSS WEIGHT，NET WEIGHT AND MEASUREMENT OF THE GOODS.
5. （　）Certificate of Quality in _____ issued by _____.
6. （　）Certificate of Quantity in _____ issued by _____.
7. （　）Certificate of _____ Origin in _____ issued by _____.
（×）Other documents，if any

（续表）

+ A COPY OF THE FAX TO THE BUYER WITHIN ONE DAY ADVISING THE AWB NO.，L/C NO.，CONTRACT NO.，NAME OF GOODS，QUANTITY，GROSS WEIGHT，NET WEIGHT，MEASUREMENT，NO. OF PACKAGE，AMOUNT OF INVOICE，FLIGHT NO.，FLIGHT DATE AND DESTIONATION. + ACCEPTANCE REPORT
Description of goods： INSPECTION MACHINE
Additional instructions： 1.（×）All banking charges outside the opening bank are for beneficiary's account. 2.（×）Documents must be presented within ＿＿7＿＿ days after date of shipment but within the validity of this credit 3.（ ）Both quantity and credit amount ＿＿＿＿＿＿ percent more or less are allowed （ ）Other terms，if any

STAMP OF APPLICANT：   ZHEJIANG JINYUAN IMPORT AND EXPORT CO.，LTD.

（六）通关单证

报关时涉及的单证一般有如下几种：

（1）进出口货物报关单。一般,进口货物应填写一式二份;需要由海关核销的货物,如加工贸易货物和保税货物等,应填写专用报关单一式三份;货物出口后需国内退税的,应另填一份退税专用报关单。

（2）货物发票。要求份数比报关单少一份,对货物出口委托国外销售,结算方式是待货物销售后按实销金额向出口单位结汇的,出口报关时可准予免交。

（3）陆运单、空运单和海运进口的提货单及海运出口的装货单。海关在审单和验货后,在正本货运单上签章放行退还报关单,凭此提货或装运货物。

（4）货物装箱单。其份数同发票,但是散装货物或单一品种且包装内容一致的件装货物可免交。

（5）出口收汇核销单。一切出口货物报关时,应交验外汇管理部门加盖"监督收汇"章的出口收汇核销单,并将核销编号填在每张出口报关单的右上角处。

（6）海关认为必要时,还应交验贸易合同、货物产地证书等。

（7）其他有关单证包括：① 经海关批准准予减税、免税的货物,应交海关签章的减免税证明,北京地区的外资企业需另交验海关核发的进口设备清单;② 已向海关备案的加工贸易合同进出口的货物,应交验海关核发的"登记手册"。

➤ ... deep seek

出口货物报关单范本

出口报关是外贸出口必须经历的一个环节,正确填制报关单是外贸业务员必须掌握的技能,表9-3为我国出口货物报关单范本。如何正确填制每一项内容,请参考《中华人民共和国海关进(出)口货物报关单》关于报关单各栏目的填制规范。

表9-3 中华人民共和国海关出口货物报关单

预录入编号：			海关编号：		
出口口岸		备案号		出口日期	申报日期
经营单位		运输方式	运输工具名称		提运单号
发货单位		贸易方式		征免性质	结汇方式
许可证号		运抵国(地区)		指运港	境内货源地
批准文号		成交方式	运费	保费	杂费
合同协议号		件数	包装种类	毛重(公斤)	净重(公斤)
集装箱号		随附单据		生产厂家	

标记唛码及备注项号

商品编号　商品名称、规格型号　数量及单位　最终目的国(地区)单价　总价　币制　征免

税费征收情况

(续表)

录入员	录入单位	兹声明以上申报无讹并承担法律责任	海关审单批注及放行日期(签章)	
			审单	审价
报关员				
		申报单位(签章)	征税	统计
单位地址				
			查验	放行
邮编		电话	填制日期	

本章小结

本章以国际贸易合同为中心,介绍关于交易磋商、合同签订和履行等内容,它们之间的知识逻辑关系如图9-3所示。

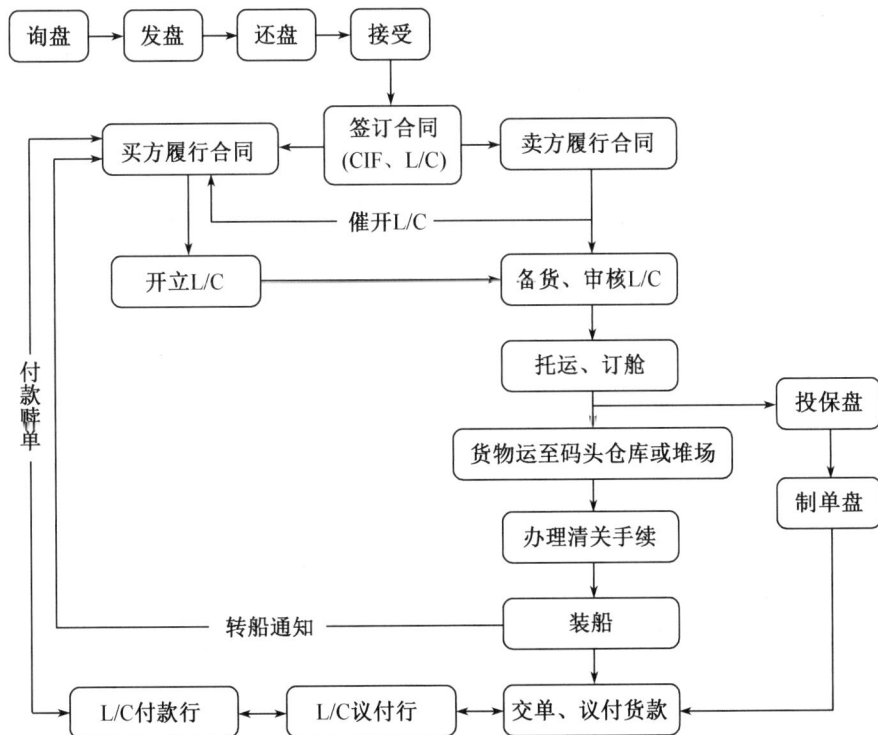

图9-3 本章知识逻辑关系图

... 练习题

一、判断对错

1. 根据《公约》规定,逾期接受将失去承诺效力。 （   ）

2. 对要约内容作出变更的承诺将失去效力。 （   ）

3. 受要约人可以在要约的有效期限内以开立信用证的行为来表示承诺。 （   ）

4. 海运提单日期应理解为货物开始装船的日期。 （   ）

5. 发盘可以撤销,接受也可以撤销。 （   ）

6. 装货单又称关单,因为装货单是报关时必须向海关提交的单据之一,海关在装货单上加盖放行章。 （   ）

二、单项选择

1. 下列条件中,（   ）不是构成发盘的必备条件。

    A. 发盘的内容必须确定   B. 交易条件必须十分完整

    C. 向一个或一个以上特定的人发出   D. 表明发盘人愿承受约束

2. 我方 6 月 10 日向国外某客商发盘,限 6 月 15 日复到有效,6 月 13 日接到对方复电"你 10 日电接受,以获得进口许可证为准"。该接受（   ）。

    A. 相当于还盘

    B. 在我方缄默的情况下,则视为接受

    C. 属于有效的接受

    D. 属于一份非实质性变更发盘条件的接受

3. 按《公约》规定,一项发盘在尚未送达受盘人之前是可以阻止其生效的,这叫发盘的（   ）。

    A. 撤回   B. 撤销   C. 还盘   D. 接受

4. 我公司 1 日对外发盘,限 10 日复到有效,客户于 7 日回电还盘并邀我电复。此时,国际市场价格上涨,故我未予答复。客户又于 9 日来电表示接受我 1 日的发盘,在上述情况下（   ）。

    A. 接受有效   B. 接受无效

    C. 如我方未提出异议,则合同成立   D. 属有条件的接受

5. 我某出口公司对外发盘,外商于发盘有效期复到,表示接受我方的发盘,但外商对发盘的内容作出修改。下列哪一项内容的修改不属于实质性变更发盘的内容,我方保持沉默,合同有效成立（   ）。

    A. 要求提供装箱单   B. 货物的价格

    C. 货物的数量   D. 交货时间与地点

6. （   ） is usually an extension of but not a substitute for the commercial invoice. It acts like a more detailed version of the commercial invoice but without price information.

A. packing List
B. pro forma invoice
C. bill of lading
D. export document

7. In most countries，（　　）is the key agent in the delivery of certificates of origin.

A. chambers of commerce
B. ministry of foreign affairs
C. general administration of customs
D. supreme court

8. The proper way to buy and sell bulk goods such as ore，coal and grain is （　　）.

A. combination of L/C and remittance
B. combination of L/C and collection
C. combination of documentary collection and advance deposit
D. combination of standby letter of credit and documentary collection

9. General customers should be strictly controlled. In principle，the settlement method that cannot be used is （　　）.

A. L/C
B. D/P
C. D/A
D. advance payment

10. In case of any discrepancy between the documents and L/C，the negotiating bank shall first send a telegram or telex to the foreign issuing bank to list the discrepancies，and then send the documents after the issuing bank replies and agrees. This practice is called （　　）.

A. covering suggestion
B. telegraph suggestion
C. documentary collection
D. negotiation against Guarantee

11. The time limit for filing a maritime cargo damage claim with the insurance company is （　　）after the insured goods are discharged from the seagoing vessel at the port of discharge.

A. one year
B. one year and a half
C. two years
D. three years

12. As the basis for booking shipping space，export enterprises should fill in （　　）.

A. shipping order
B. customs declaration form
C. insurance policy
D. booking note

三、多项选择

1. 履行出口合同的程序可概括为（　　）。

A. 货
B. 证
C. 船
D. 款

2. 在交易的过程中,卖方的基本义务是（　　）。

A. 提交货物
B. 提交有关单据
C. 转移货物的所有权
D. 投保

3. 交易磋商中,必不可少的环节是（　　）。

A. 询盘　　　　　B. 发盘　　　　　C. 还盘　　　　　D. 接受

4. 构成一项发盘的应具备的条件是(　　)。

A. 向一个或特定的几个人提出　　　B. 内容必须十分确定

C. 表明愿意接受约束　　　D. 必须规定有效期

5. 在实际的进出口业务中,接受的形式是(　　)。

A. 用口头或书面的形式表示　　　B. 用缄默表示

C. 用广告的形式表示　　　D. 用行动表示

6. "Your 10th E-mail accepted,but D/P at sight instead of Sight L/C",对该回复判定错误的是(　　)。

A. 发盘　　　　　B. 有效的接受

C. 还盘　　　　　D. 非实质性变更还盘

7. Different goods have different packaging documents, and the commonly used ones are (　　).

A. packing list　　　B. packing documents

C. measurement list　　　D. weight memo

E. delivery order

8. The consignment list has multiple copies,and its core documents are (　　).

A. manifest　　　B. shipping order

C. dock receipt　　　D. mate's receipt

E. landing order

四、案例分析

1. 某进出口公司向国外某客商询问某商品,不久我方接到外商发盘,有效期到7月20日。我方于7月21日用电传表示接受对方的发盘,对方一直没有回信,因该商品供求关系发生变化,价格上涨,7月29日对方突然来电要求我方必须在8月20日将货发出,否则,我方将要承担违约责任。问:我方是否应该发货? 为什么?

2. 我某公司向外商询购某商品,不久我方受到对方6月12日发盘,有效期到7月12日。我方以7月10日向对方复电:"若价格能降到50美元每件,我方可以接受。"对方未做答复。7月29日我方得知国际市场行情有变,于当日又向对方去电表示接受对方6月12日的发盘。问:我方的接受能否使合同成立? 为什么?

3. 国内某研究所与日本客户签订一份进口合同,欲引进一精密仪器,合同规定9月份交货。9月15日,日本政府宣布该仪器为高科技产品,禁止出口。该禁令自公布之日起15日后生效。日商来电以不可抗力为由要求解除合同。问:日商的要求是否合理? 我方应如何妥善处理?

4. A Chinese merchant imports a batch of primary products from abroad and pays by CIF terms, and sight letter of credit. The issuing bank and the applicant reviewed the documents for payment and pledged the goods received to the bank. After that, they found that the date of the bill of lading for this batch of goods was backdated. Q:

(1) When the issuing bank does not exercise recourse，does the buyer have the right of retroactive to the backdated bill of lading? (2) Can the buyer claim compensation from the seller and the carrier?

5. Our company offers 800 sets of bed sheets，namely 200 sets of No. 101，100 sets of No. 102，200 sets of No. 103，300 sets of No. 104，valid only after being returned on September 20. The other party calls to accept the offer within the validity period and attaches a copy of order No. 1080. The specifications indicated in the order are No. 101/200 sets，No. 102/200 sets，No. 103/300 sets，No. 104/100 sets. The seller did not handle the incoming call. A few days later，the L/C opened by the buyer was received. The specifications in the L/C did not specify，but only indicated："as per our order No. 1080". Our goods shipped according to the specifications and quantities of the original offer. The commercial invoice was marked with "as per your order No. 1080". Ask：Can we successfully deliver documents to settle foreign exchange? Why?

五、实训

对下列函电进行回复。

(1) 建立业务函

Dear Sirs，

We saw your company's handicrafts at this year's China Fair. The design and quality are very in line with our company's culture. Our company is mainly engaged in handicrafts in Europe，involving European and American markets. We hope to establish business relationships through some actual transactions. I hope that you can provide our company with some product catalogs and price lists. We look forward to receiving your good news.

Yours faithfully，

TULATRADE CO. ,LTD

310 BUSAN JAPAN

(2) 发盘函

Dear Sirs，

We have received your letter. I am glad that our products can satisfy you. Our company's main business scope includes：cloth embroidery，lanterns，shadow puppets，weaving and other handicrafts.

According to your request，we send you a product catalog with prices，all quotations are FOB Shanghai，delivery time before May 4th，2022，ordinary crafts packaging，subject to our final confirmation.

We hope you can accept the above content and look forward to your early order.

Yours Sincerely

Mishan Craft Import and Export Trading Company

第十章
跨境电子商务初步

学习目标

了解对外贸易的新业态——跨境电子商务的历史与发展

了解我国跨境电商平台

了解我国跨境电商监管制度

职场案例

某外贸公司计划成立跨境电商部门,为地方小型生产企业开展小批量、碎片化的对外出口业务,为了解从事跨境电商人员需要具备哪些专业背景和业务技能,张经理安排实习生小李进行市场调研。

请帮助实习生小李进行一次市场调研。

分析 跨境电商从业人员需要具有电子商务、国际贸易知识,以及支付系统知识和法律法规知识。其中,电子商务基础知识,即了解电子商务的基本概念、运营模式、法律法规等,它是从事跨境电商的基础之基础。国际贸易知识,即熟悉国际贸易规则、进出口流程、关税政策等,它有助于在处理跨国交易时避免法律风险。跨境电商从业人员还需要掌握多种语言,具备市场分析能力,以及信息技术、沟通协调和创新等能力。之所以要具备多语言能力,是因为英语虽然是国际交流的主要语言,但掌握目标市场的当地语言可以显著提高沟通效率和客户满意度。市场分析能力,即能够分析不同国家和地区的市场需求、竞争态势,以及消费者行为,这对于产品定位和营销策略至关重要。数字营销能力,即能够有效推广产品和服务,主要包括 SEO(搜索引擎优化)、SEM(搜索引擎营销)、社交媒体营销等。供应链管理能力,即了解如何有效地管理跨国供应链,以确保物流的顺畅,包括货物的采购、运输、仓储等。另外,跨境电商从业人员还需要具有较强的文化敏感性,了解不同文化背景下的商业习惯和消费者偏好,则有助于我们建立良好的国际客户关系。

拥抱国际贸易新业态

跨境电商作为国际经济与贸易专业新的市场岗位方向,是工贸一体化企业发展趋势,扩大了国际经济与贸易专业的就业市场领域,实现了国际贸易的小量、多批次、高频率的贸易,解决了小企业不能做、做不了的国际贸易问题。所以,国际经济与贸易专业应以积极的态度拥抱跨境电商。

世界在不断变化,如何让"有限的能力"应对"无限变化的世界"? 外贸业务员也要有与时俱进的思想意识,通过创新、创新、再创新,来应对国际贸易的新发展。

第一节　跨境电商概述

一、跨境电商的内涵

随着数字经济、电子支付等新兴科技手段的应用和普及,跨境电商已经成为我国国际贸易中的重要分支。跨境电商是我国当前重要的经济增长力量,根据国家统计局统计,近年我国年货物进出口总额,依次为 2019 年 31.6 万亿元,2020 年 32.2 万亿元,2021 年 39.1 万亿元,2022 年 42.07 万亿元,2023 年 41.76 万亿元。专业研究机构统计我国近几年的年跨境电商进出口总额依次为 2019 年 1.28 万亿元,2020 年 1.69 亿元,2021 年 1.98 万亿元,2022 年 2.11 万亿元,2023 年为 2.38 万亿元。

跨境电子商务(cross-border e-commerce),简称跨境电商,它是指处于不同国家(地区)的交易主体,以电子商务平台为媒介,以信息技术、网络技术、支付技术等为技术支撑,完成商品的线上交易、进行支付结算,并通过跨境物流或异地存储将商品送达消费者手中的国际商务活动。

从狭义上看,跨境电商基本等同于跨境零售 B2C(business to customer/consumer)和 C2C(customer to customer/consumer to consumer),它是指分属于不同关境的交易主体,借助互联网络达成交易,进行支付结算,并采用快件、小包等行邮的方式通过跨境物流将商品送达消费者手中的交易过程。

从广义上看,跨境电商基本等同于外贸电商 B2B(business to business),它是指分属于不同关境的交易主体,通过电子商务的手段将传统进出口贸易中的展示、洽谈和成交环节电子化,并通过跨境物流送达商品,完成交易的一种国际商业活动。

从更广意义上看,跨境电商泛指电子商务在国际贸易中的应用,是传统国际贸易商务流程的电子化、数字化和网络化,但凡涉及国际货物的电子贸易、在线数据传递、电子资金划拨、电子货运单证等方方面面的活动均在此范畴。

二、跨境电商进出口流程

跨境电商出口的流程如下:生产商或制造商将商品在跨境电商企业的平台上展示,在商品被选购下单并完成支付后,跨境电商企业将商品交付给物流企业进行投递,经过两次(出口国和进口国)海关通关商检后,最终送达消费者或企业手中;也有的跨境电商企业直接与第三方综合服务平台合作,让第三方综合服务平台代办物流、通关商检等一系列环节,从而完成整个跨境电商交易的过程。跨境电商进口的流程与出口的流程方向相反,其他内容基本相同。跨境电商进出口涉及的主要环节及流程如图 10-1 所示。

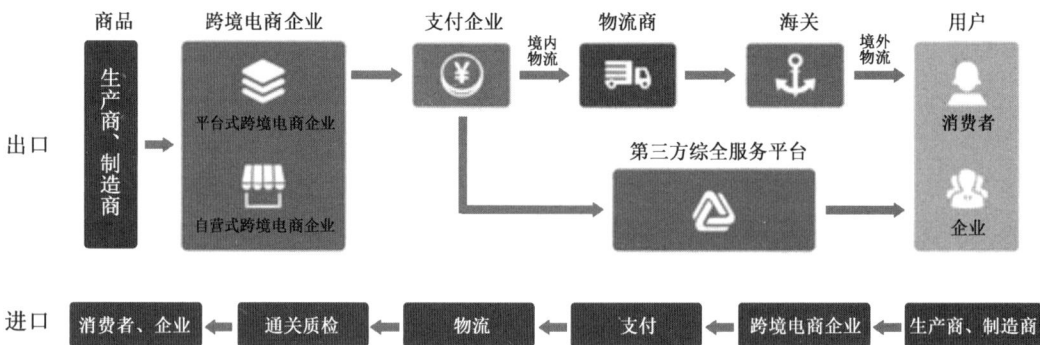

图 10-1 跨境电商进出口主要涉及的环节及流程

可见,跨境电商兼具一般电子商务和传统国际贸易的双重特性,其贸易流程比一般电商贸易流程要复杂得多,它涉及国际运输、进出口通关、国际支付与结算等多重环节,也比传统国际贸易更需考虑国际展示和运营的电子商务特性。跨境电商在国际贸易领域发挥着越来越重要的作用。

三、跨境电商的作用

跨境电商发展至今,已经改变了整个国际贸易的组织方式,其作用概括起来有以下几点。

(1) 促进贸易要素多变网状融合。随着全球范围内互联网技术、物流、支付等方面的迅猛发展,基于大数据、云计算等信息技术的提升,国际贸易中的商品流、信息流、物流、资金流等要素在各国间的流动变得更为合理和有效。跨境电商使得各国间实现优势资源的有效配置,使得各国消费者提升购物效率和购物体验成为可能,促进了贸易要素的配置从传统的双边线状结构向多边网状结构演进。

(2) 缩减国际贸易链条。传统国际贸易一般采取多级代理制,贸易链条较长,流通环节占用的利润较多,品牌、销售和金融等产业后端环节的利润相对较少,影响了产业的发展。跨境电商作为一种新型的国际贸易组织模式,重塑了中小企业国际贸易链条,实现了多国企业之间、企业与小型批发商之间、企业与终端消费者之间以及消费者与消费者之间的直接贸易,缩减了贸易中间环节,提升了企业整体的获利能力和竞争力。

（3）提升国际贸易组织方式的柔性。近年来,国际贸易组织方式发生较大变化,它已由过去以大宗集中采购、长周期订单、低利润运营的刚性组织方式逐渐向小批量、高频次、快节奏的柔性组织方式转变。跨境电商在信息技术方面的优势使得它比传统国际贸易更加灵活。

（4）"虚实"兼顾扩充了国际贸易交易对象。传统国际贸易的服务对象多以实物产品和服务为主,其品类扩展往往受限。随着跨境电商的快速发展,以软件、游戏、音像等为代表的虚拟产品由于不涉及物流配送,交易瞬间完成,正成为跨境电商新一轮贸易品类的重要延伸方向。

第二节 跨境电商的产生和发展

一、跨境电商的产生背景

随着全球贸易一体化和跨境电商业务的发展,跨境电商成为全球商品和贸易的一种新型商业贸易方式。近年来,跨境电商发展迅猛,已经从一种经济现象发展成一种商业模式,逐渐沉淀为一种以跨境电商平台为依托、以数据为支撑的新型数字贸易方式。

1. 全球贸易模式的转变成为跨境电商发展的契机

随着国际分工的深化和在线交易的发展,传统的大额跨境交易逐渐为越来越多的小金额、多批次、高频次的线上交易所取代,促使跨境批发零售业务迅速发展。同时,各国的消费者也逐渐习惯在全球跨境交易平台购买性价比更高的海外商品。正是贸易主体和购买行为的变化成为推动跨境电商发展的强大引擎。

2. "一带一路"倡议为跨境电商注入新的发展动力

"一带一路"倡议涵盖多个国家和地区共计 44 亿人口,经济总量约占全球的 30%,拥有巨大的市场潜力,为跨境电商与"中国智造"和"中国制造"走向世界注入新的发展动力。跨境电商模式为中国商品提供了一个无地理界限的平台,让企业和消费者、生产商和经销商、供货商和订货商之间直接面对面,摆脱了传统贸易模式所受到的时间和空间的限制。

3. 良好的营商环境和政策红利推动跨境电商发展

优化营商环境是党中央、国务院的重大决策部署。2012 年以来,我国密集出台了一系列鼓励和规范跨境电商发展的政策,有力推动了跨境电商的发展。2012 年年底,国家发展改革委批准同意上海、杭州、郑州、宁波、重庆五个城市作为国内首批跨境贸易电子商务试点城市,2013 年 9 月,广州获批,亦成为跨境电子商务试点城市;2014 年 1 月,深圳、苏州、青岛、长沙、平潭、银川、牡丹江、哈尔滨、西安九个城市成为第二批跨境贸易电子商务服务试点城市。2014 年 7 月,海关总署发布的《关于跨境贸易电子商务进出境货物、物品有关监管事宜的公告》和《关于增列海关监管方式代码的公告》,即业内熟知的 56 号和 57 号文,从政策层面上承认了跨境电子商务,也同时认可了业内通行的保税模式。2015 年 3 月,国务院印发《关于同意设立中国(杭州)跨境电子商务综合试验区的批复》,标志着我国跨境电商综合试点的开始。2020 年 5 月,国务院发布《关于同意在雄安新区等 46 个城市和地区设立跨境电子商务综合试验区的批复》,同意在雄安新区、大同市、满洲里市、营口市、盘锦市、吉林市、黑河市、常州市、连云港市等 46 个城市和地区设立跨境电子商务综合试验区。2020 年 6 月,海关总署发布《关于开展跨境电子商务企业对企业出口监管试点的公告》,自 2020 年 7 月 1 日起,跨境电商 B2B 出口货物适用全国通关一体化,也可采用"跨境电商模式"进行转关。首先在北京、天津、南京、杭州、宁波、厦门、郑州、广州、深圳、黄埔海关开展跨境电商 B2B 出口监管试点,根据试点情况及时在全国海关复制推广,有利于外贸企业扩大出口,促进外贸发展。

➡ ... deep seek

海关监管代码 9610 和 1210 分别是指什么?

9610 是指跨境电商的海关监管代码,适用于境内个人或电子商务企业通过电子商务交易平台实现交易。9610 俗称集货模式,一般是指把网络平台上完成的订单集中到一起发到国内,再按照单个订单逐个清关,查验放行后转国内快递。

1210 是给入驻保税区(B 型保税物流中心)的跨境电商的海关监管代码,适用于保税跨境电商。1210 俗称备货模式,即网络平台可以将未销售的货物整批发至国内保税物流中心,再进行网上零售,按照订单进行清关,查验放行后转国内快递。

二、我国跨境电商的发展历程

1. 萌芽阶段(1997—2007 年)

早在 20 多年前,跨境电子商务的雏形就已经存在,跨境电子商务 B2B 平台开始兴起,阿里巴巴国际站等我国外贸 B2B 电子商务网站相继成立。此时,跨境电商企业作为第三方平台的盈利模式主要是向进行信息展示的企业收取会员费。

2. 发展阶段(2008—2013 年)

在这一阶段,跨境电商 B2C 出口平台开始起步,与此同时,跨境电商 B2B 平台迅猛发展。随着全球网民渗透率的提高及跨境支付、物流等服务水平的提高,2008 年前后,面向境外个人消费者的中国跨境电商零售出口业务蓬勃发展,兰亭集势、全球速卖通等皆是顺应这一趋势成长起来的跨境电商 B2C 网站。在这一阶段,我国跨境电商企业的盈利模式逐渐由收取会员费变为收取交易佣金。

3. 起飞阶段(2014 年至今)

在这一阶段,跨境电商 B2C 进口平台开始起步,跨境电商 B2C 出口平台迎来良好的发展时期,同时跨境电商 B2B 出口平台也开始从信息发布展示平台向在线交易平台转型。2014 年,我国对跨境电商零售进口进行监管制度创新,促进了我国跨境电商零售进口的迅猛发展,诞生了一大批跨境电商零售进口平台和企业,包括天猫国际、考拉海购、聚美优品、洋码头、小红书等,跨境电商全产业链都出现了商业模式的变化。

三、跨境电商产业格局特征

随着全球经济的快速发展,电子商务在国际贸易中的地位越来越重要,逐步发展成为对外贸易的必然趋势。目前,我国跨境电商产业格局呈现出以下特征。

1. 我国进口跨境电商行业进入"寡头时代"

2019 年 9 月,阿里巴巴宣布以 20 亿美元的对价收购考拉海购,收购完成后,考拉海购依旧维持独立品牌运营,并由天猫进出口事业群总经理兼任考拉海购 CEO。在完成对考拉海购的收购后,阿里巴巴在进口电商市场的份额将逼近 60%,远远高于其他竞争对手。与此同时,阿里巴巴强大的数据和信息技术能够为考拉海购赋能,这些都为考拉海购业务的持续快速增长提供了良好的基础。在阿里收购考拉海购、入股小红书之后,腾讯、京东等很有可能采取相应的收购行动,这会导致我国进口跨境电商行业进入多寡头时代。

2. 出口跨境电商独立站受到市场青睐

从全球看,电商市场重心开始转移,传统欧美电商市场变成一片红海,电商增速放缓;从模式看,电商平台红利消失,必然导致独立站和私域流量重新得到重视。跨境电商独立站平台 Shopee、沃尔玛(Walmart)的良好业绩,使得更多跨境电商卖家向独立站发展。

3. 社媒传播成为跨境电商的重要营销方向

正所谓顾客永远是上帝,目前,"95"后消费群体已逐渐占据更为重要的市场地位。为了迎合年轻消费群体的需求,跨境电商在宣传营销方面,更多采用符合年轻人审美的元素,使用年轻人喜闻乐见的方式作广告宣传,如海淘直播、社交电商等,它们将成为未来跨境电商营销的重要方向。

4. 跨境电商重视口碑建设

在消费升级背景下,正品保障是海淘消费者的核心需求,海淘用户更加注重购物体验、重视品牌价值,也对各大跨境电商平台提出了更严格的要求。

四、跨境电商的发展趋势

1. 商品品类和销售市场呈现出多元化趋势

(1)商品品类的多元化。跨境电商交易的商品品类经历了一个由简单到复杂的过程,从最初的线上音乐到视频等零物流的数字化产品,到服装服饰、计算机及配件、珠宝、化妆品和消费类电子产品等便捷运输产品,再到生鲜食品、家居、汽车等物流要求更高的产品。随着多样化跨境物流解决方案的不断出现,商品品类得以不断拓展,两者相辅相成。

(2)销售市场多元化。未来跨境电商的增长将主要来源于销售市场的多元化增长,在成熟的销售市场如欧洲、美国等保持持续增长的情况下,新兴市场如巴西、东亚地区将迅速崛起。这些新兴市场由于本土产业结构不合理,尤其是消费品行业的欠发达积攒了大量的消费需求,而线下零售渠道成熟度较差,本土市场规模较小使得消费需求难以满足,若当地跨境交易便利程度较高,移动互联网普及度较高,这些市场的跨境消费将一触即发。

2. 跨境电商平台将由信息服务型转型为综合服务型

以收取会员费、竞价排名费等方式赖以生存的信息服务型跨境电商平台已经面临发展瓶颈,而综合服务型平台通过提供一站式服务提高交易双方的满意度,并可收取一定的在线交易类佣金,其变现率也显著高于前者,这类平台已经成为大势所趋。

3. 移动端将成为跨境电商主流的交易渠道

随着移动技术的不断发展,智能手机、平板电脑的迅速普及,跨境电商逐渐以"移动端为王"。移动电商可以让消费者随时随地随心购物,让供货方能够不受时空限制便携做生意,而那些直接进入移动跨境电商市场的新兴国家将带来巨大的增量市场。

而在中国国内,移动端的发展更为迅速,中国手机网民在人口中渗透率也越来越高,早在 2015 年,中国手机网民规模就已经达到总人口的 45% 的规模。

4. 跨境电商产业生态将更为完善

中国跨境电商将从传统的链状模式向基于平台的生态系统模式转变,围绕着跨境交易双方,跨境金融、跨境物流、外贸综合服务、衍生服务、大数据和云计算等一环套着一环、一圈围绕一圈的生态系统衍生开来,在体系内的各方均受益于整个生态圈,并为之服务。跨境电商产业生态发展如图 10-2 所示。

5. 消费和企业运营全球化趋势增强

跨境电商的发展使得消费全球化趋势明显,无界的消费者互动、个性定制、柔性生产和数据共享将大行其道。消费者、企业通过电商平台彼此联系,相互了解,卖家通过全渠道汇集碎片数据,经由数据挖掘准确识别和汇聚消费者需求,实现精准营销。买卖双方互动将使 C2B、C2M 的个性化定制更具现实基础,促进了生产柔性化,推动了市场性的供应链组织方式。

跨境电商的发展也推动企业运营的全球化,据 Analysys 易观统计,阿里巴巴、腾讯、亚马逊、Facebook 的海外收入近年来均呈现逐年递增之势,更注重全球市场的电商企业将在市场上获得独特地位,而跨境电商的发展也可以让企业迅速将业务流程全球化,资产更轻,灵敏度更高,决策更加精准。

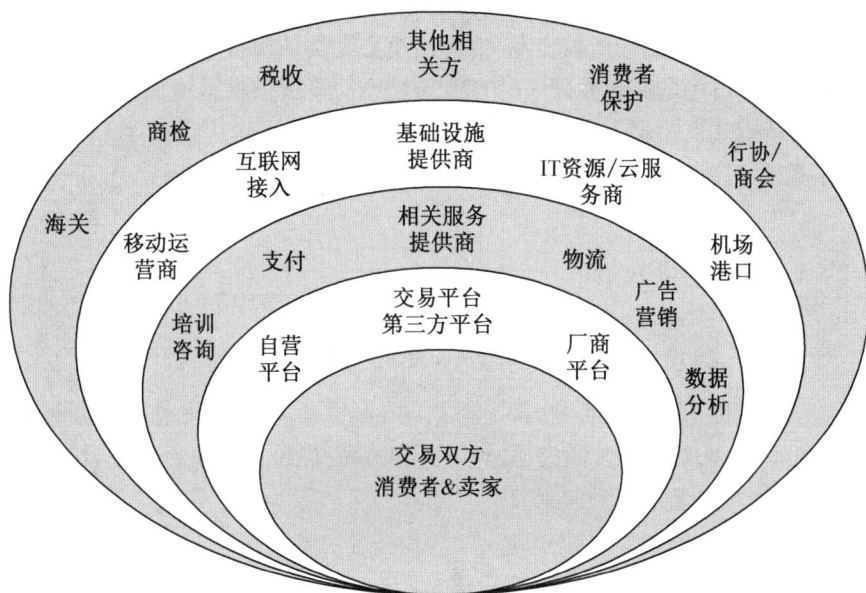

图 10-2　基于交易平台的产业生态系统

6. 跨境电商新的贸易规则和秩序将出现

2016 年 8 月,阿里巴巴提出成立 eWTP 倡议,即成立世界电子贸易平台,该平台作为一个私营部门引领、市场驱动、开放透明、多利益攸关方参与的国际交流平台,起到聚焦全球互联网经济和电子贸易发展,探讨发展趋势和面临问题,推广商业实践和最佳范例,孵化贸易规则和行业标准,推动交流合作和能力建设的职能,其宗旨和目标是促进普惠贸易发展、促进小企业发展、促进消费全球化、促进年轻人发展。

这一倡议透露出一个强烈信号,随着跨境电商的迅猛发展,及其在全球国际贸易中地位的增强,将有越来越多的跨境电商龙头企业关注并拟参与到互联网时代国际贸易规则标准的制定中,国际贸易新规则和新秩序或将出现。

第三节　跨境电商平台与选品

一、跨境电商模式及代表性平台

跨境电商根据不同的分类维度,可以分成不同的类别。按商品流向,可以分为跨境出口电商和跨境进口电商。按交易对象,可以分为 B2B 型、B2C 型、C2C 型。按销售经营模式,可以分为纯平台、自营＋平台、自营(纯平台企业仅提供平台,不涉足采购和配送等;自营＋平台企业一方面自营部分产品赚取差价,另一方面作为平台提供方收取佣金;自营企业则自营赚取差价,往往涉足采购和配送领域)。按业务专业性,又可以分为综合型跨境电商和垂直型跨境电商(综合型跨境电商的业务呈现多元化,其用户流量及商家商品数量巨大;垂直型跨境电商的业务比较专业化,专注核心品类的深耕细作)。

随着跨境电商市场的高速发展,一方面,跨境电商平台数量呈增加趋势,另一方面,涉及跨境电商的新模式也层出不穷,大量的 B2C 和进口业务平台应运而生。下面结合商品流向与平台模式,对跨境电商的代表性平台进行分类和介绍。

deep seek

跨境电商中的 B、C、M、A、G、O 分别是什么含义?

这些字母是指交易对象的类型,B 是企业(business),C 是指消费者(consumer)或者客户(customer),这也是最传统的交易对象,并组合成了 B2B 企业对企业、B2C 企业对消费者、C2C 消费者对消费者三种模式。

M 在有的情况下指经理人(manager),但是在跨境电商领域一般指生产商或者工厂(manufacturer),C2M 模式即顾客对工厂模式。

A 是指代理人(agent),ABC 模式指的是代理人、企业、消费者共同搭建的生产、经营、消费于一体的电子商务模式。

G 是指政府(government),B2G 模式即企业与政府管理部门的电子商务,在跨境电商中包括政府采购,海关保税平台等。

O 是指线上(online)和线下(offline),目前跨境电商应用的主要是线下到线上(offline to online)模式,如在商场体验实物产品后,在线上下单,从保税区发单。

(一) 跨境电商出口平台简介

随着世界经济一体化的深入和跨境电商政策红利的不断释放,未来几年跨境电商出口业务将步入新一轮快速发展期。在此背景下,涌现出大量的跨境电商平台,按照产业模式的交易对象,将跨境电商出口平台分为 B2B 平台、B2C 平台、C2C 平台三大类。其中,最具代表性的网站有阿里巴巴国际站、全球速卖通、亚马逊、易贝、兰亭集势、敦煌网等国内外知名电子商务平台,这些平台也是做跨境电商的首选对象。

1. B2B 平台

B2B 平台主要为境内外会员搭建网络营销平台,传递生产商/供应商、采购商及合作伙伴的商品和服务信息。这类平台通过较为系统的附加服务(如搜索、广告)等形式帮助买卖双方完成交易,通过收取会员费、认证费、营销推广费等方式实现盈利。其特点是网站知名度高、流量大、信息充分、交易安全。

B2B 交易属于历史最悠久、成交额最大的交易平台,占据主体地位。这类模式的代表性平台有阿里巴巴国际站、环球资源、中国制造网、自助贸易网、敦煌网等。

(1) 阿里巴巴国际站(http://www.alibaba.com)

阿里巴巴国际站是阿里巴巴集团的首个网站,也是中国最早出现的 B2B 跨境电商出口平台。阿里巴巴国际站成立是为了帮助中小企业拓展国际贸易市场,并提供出口营销推广服务,是外贸型企业拓展海外市场的首选外贸平台。平台服务包括一站式的店铺装修、产品展示、营销推广、生意洽谈及店铺管理等。平台宗旨在于最大限度地帮助企业降低成本、高效率地开拓国际市场,在助推电子商务服务业发展的同时提升综合竞争力。

(2) 环球资源(http://globalsources.com)

环球资源成立于 1970 年,是业界领先的多渠道 B2B 媒体公司,通过环球资源网站等资源进行 B2B 整合推广服务,提供包括综合型的 B2B 出口推广服务,为电子行业提供从设计到出口的一条龙服务,对印度等新兴市场提供一整套的出口解决方案。

(3) 中国制造网(http://www.made-in-china.com)

中国制造网创建于 1998 年,是由焦点科技开发和运营的,面向全球市场提供产品的 B2B 电子商务服务类网站。中国制造网汇集中国企业产品,面向全球采购商,专注于出口推广,为中国大量的中小企业提供网络营销策略和商业信息数据库服务,协助其开展信息交流和国际商贸活动,提供高效可靠的信息交流与贸易服务平台。

(4) 自助贸易网(http://diytrade.com)

自助贸易网前身为大中华商贸网,2006 年 5 月更名,是面向全球供应商和采购商的国际贸易 B2B 平台,旨在通过市场定位和营销手段建立企业间的信息发布与沟通平台,为中小企业提供电子商务服务。个性化的自助建站功能,具有独立域名的商务网站,即时将企业资料提交全球主要搜索引擎等个性化的技术基础服务颇具特色。

(5) 敦煌网(http://www.dhgate.com)

敦煌网于 2004 年创立,是全球优质的在线外贸交易平台之一,其成立是为了帮助中国中小企业通过跨境电商方式走向全球市场,开辟新的国际贸易通道,让全球化在线交易变得更加简单、安全、高效。敦煌网在为中小型 B2B 企业提供高效专业的信息流、安全可靠的资金流及快捷简便的物流做了诸多尝试,尤其是为中小企业提供一系列的金融服务,是中小商家开展国际业务的优质外贸平台之一。

此外,跨境贸易 B2B 平台还包含 ECVV(全球范围内第一家按效果付费的 B2B 电子商务网站)、易唐网(综合型 B2B 跨境电商企业,交易模式如同 B2C)、万国商业网(拥有全球最多的地方贸易站)、亚洲商品网(为亚洲的国际贸易出口产品提供整合性的解决方案)、速贸天下(提供 B2B2C 服务,是中国交易速度最快的外贸电子在线交易平台)等。

2. B2C 平台

B2C 平台可以划分为独立 B2C 平台和自营 B2C 平台。独立 B2C 平台作为独立运营的第三方,平台一般不参与支付、物流等交易环节,但在市场影响力及服务体系等方面则较为完备。这类平台以收取佣金为主,收取会员费、广告费等为辅。其特点是门槛低、周期短、支付方式灵活、利润较高。这类模式的代表有亚马逊、Wish、SheIn 等。自营 B2C 平台通常自主创建 B2C 商城,自建物流、支付及客服体系,主要利润来源是销售收入,通过不断巩固细分领域的发展优势,以差异化的竞争手段获取海外生存空间,有点类似国内京东商城、当当网等自营式电商企业。这类模式的代表有兰亭集势、易宝、环球易购等。

（1）全球速卖通（http：//www.aliexpress.com）

全球速卖通（AliExpress）正式上线于 2010 年 4 月，被广大卖家称为国际版"淘宝"，是阿里巴巴帮助中小企业接触终端批发零售商，小批量多批次快速销售，拓展利润空间而全力打造的融合订单、支付、物流于一体的外贸在线交易平台，是全球第三大英文在线购物网站，是我国最大的 B2C 跨境电子商务交易平台。截至 2018 年，速卖通买家已覆盖全球 224 个国家和地区。

全球速卖通产品覆盖 3C、服装、家居、饰品等共 30 个一级行业类目，提供的产品品类有 40 多种，数量超过 54 万件。体积较小、附加值高的产品适宜在全球速卖通销售，主要包括服装服饰、美容健康、珠宝手表、灯具、消费电子、电脑网络、手机通信、家居、汽车摩托车配件、首饰、工艺品、体育与户外用品等。从表 10－1 所示的平台评价，我们可以进一步认识速卖通平台，也可以通过阿里学院详细地了解速卖通平台。

表 10－1　全球速卖通平台的评价

评价项目	评价内容
目标客户	主要来自俄罗斯、巴西、以色列、西班牙、白俄罗斯、美国、加拿大、乌克兰、法国、捷克、英国
平台卖家	个人卖家或企业卖家，主要集中在服装服饰、手机通信、鞋包、美容健康、珠宝手表、消费电子、电脑网络、家居、汽车和摩托车配件、灯具等行业
准入条件	全球速卖通平台只向卖家收费。向卖家收取的费用有：3%—9.15% 的交易佣金、会员费、广告费。卖家主要由外贸生产型企业、外贸公司、外贸 SOHO－族组成
支付方式	信用卡、Moneybookers、Western Union（西联支付）、Bank Transfer（T/T 银行转账）以及其他国外本地化信用卡和借记卡支付。其中 Western Union 和 Bank Transfer 属于线下汇款模式，其他支付方式属于线上支付
网上服务平台	已覆盖全球 224 个国家和地区，网站支持 18 种语言
物流	速卖通提供的物流服务主要有邮政物流、专线物流和商业快递三种。其中邮政物流包括中国邮政小包、中国香港邮政小包、新加坡邮政小包、瑞士邮政小包、中国邮政大包、中国香港邮政大包等。专线物流主要有中俄航空和俄罗斯、南美航空专线。商业快递主要涉及 DHL、FedEx、UPS、TNT 等。2015 年速卖通正式开启了包括美国、俄罗斯、印尼、澳大利亚等九个国家的海外仓服务。海外仓服务保证了物流上的本土发货，能够解决很大部分的跨境物流纠纷，并且能够在某种程度上降低物流费用
其他服务	根据计算结果将卖家划分为优秀、良好、及格和不及格卖家，不同等级的卖家将获得不同的平台资源。数据纵横提供数据分析服务、速卖通大学提供培训服务等

（2）亚马逊（http：//www.amazon.com）

亚马逊公司是在 1995 年 7 月 16 日由杰夫·贝佐斯（Jeff Bezos）创立，一开始叫 Cadabra，性质是基本的网络书店。现在则经营范围相当广的各类产品，已成为全球商品品种最多的网上零售商和全球第二大互联网企业。亚马逊中国是一家中国 B2C 电子商务网站，前身为卓越网，被亚马逊公司收购后，成为其子公司，经营图书音像软件、图书、影视等。

亚马逊中国目前已拥有 28 大类、近 600 万种产品。产品涉及图书、影视、音乐、软件、教育音像、游戏/娱乐、消费电子、手机/通讯、家电、电脑/配件、摄影/摄像、MP3/MP4、视听/车载、日用消费品、个人护理、钟表首饰、礼品箱包、玩具、厨具、母婴产品、化妆品、家居、床上用品、运动健康、食品酒水、汽车用品。通过表 10-2 可以初步了解亚马逊平台。

表 10-2　亚马逊平台的评价

评价项目	评价内容
目标客户	主要集中在澳大利亚、巴西、加拿大、中国、法国、德国、印度、意大利、日本、墨西哥、西班牙、英国
平台卖家	主要集中在亚马逊 Kindle、婴儿用品、书籍、电子类、厨具、办公用品、个人电脑、体育器材及户外用品、汽车用品及家居装修、视频、DVD 和蓝光碟
准入条件	卖家类型分为专业卖家和个人卖家。在收费上,专业卖家每月收取 3 999 美元的固定费用;个人卖家则按照每笔 0.99 美元的手续费收取。除此之外,亚马逊还会根据所卖产品的不同,收取不同比例的交易费
支付方式	亚马逊五种收款方式有美国银行账户、中国香港银行账户、World First、P 卡和"金融服务公司"
网上服务平台	亚马逊在美国创建,面向全球贸易,在亚马逊中国目前支持北美、欧洲、日本、大洋洲、印度和中东开店
物流	亚马逊为卖家构建了亚马逊体系内的完美生态循环,包括海运、空运、国际快递、船务代理、仓储及配送、码头服务、清关服务等。跨境物流服务包括货运代理(海外仓预约、订单管理、报关报检、提单及各类文件管理、码头空港现场操作)、相关增值服务(贴标签、商品分拣包装等)以及合规服务(检验检疫及清关)
其他服务	亚马逊全球开店已在杭州、厦门和宁波等地成立跨境电商园,搭建本地化跨境电商产品服务集群,为当地以及周边地区企业出口提供一站式服务;另外还提供亚马逊物流、亚马逊广告、卖家学习中心、第三方服务商网络和官方市场活动日历等一系列服务

（3）Wish（http://www.merchant.com）

Wish 是一款移动电商购物 APP,它于 2011 年成立于美国加州高科技企业云集的硅谷地带。公司的创始人是来自谷歌和雅虎的顶尖工程师,Peter Szulczewski 和 Danny Zhang。Wish 是北美和欧洲最大的移动电商平台,是一家位于硅谷的高科技独角兽公司。它具有天然的技术基因,基于该平台精确的算法推荐技术,将商品信息推送给感兴趣的用户。Wish 平台有超过 3 亿的注册用户,日活跃用户超过 1 000 万,活跃 SKU 达 1.6 亿个,90% 以上的订单来自移动端。表 10-3 是 Wish 平台的评价,有助于我们初步了解该平台。

表 10-3　Wish 平台的评价

评价项目	评价内容
目标客户	目前卖家大多是中国卖家,产品主要销售到北美、欧洲等发达地区
平台卖家	主要有电子产品、母婴产品、美容类、服饰类产品

评价项目	评价内容
准入条件	来自卖家每次交易的佣金，收费以交易额的 15%（产品和运费总和的 15%）为基准，不收取平台费、推广费等额外费用
支付方式	Google Wallet（谷歌钱包）、易联支付（Pay Eco）以及 Bill.com
网上服务平台	有超 3 亿注册用户
物流	支持的物流服务有邮政渠道、商业快递、自主专线和海外仓
其他服务	提供业务咨询、疑难解答、Wish Express 物流服务、Wish 销售渠道、数据分析以及培训等一系列服务

Wish 产生时间不长，但发展迅猛，自身特点鲜明。顺应了移动端消费的趋势，在多方面都有所创新。对于卖家来说 Wish 平台的操作简单，似乎不像亚马逊那样有可以发挥去做主动营销的空间，规则也没有亚马逊烦琐健全。

（4）SheIn（http://www.geiwohuo.com）

SheIn 是一家起步于南京的国际 B2C 快时尚电子商务公司，主要经营女装，同时也提供男装、童装、饰品、鞋、包等时尚用品，目前，SheIn 已经跻身全球跨境电商巨头行列，其估值已逼近 500 亿美元。2021 年 5 月，应用追踪公司 App Annie 和 Sensor Tower 数据显示，SheIn 已经取代亚马逊（Amazon）成为美国 iOS 和 Android 平台下载量最多的购物应用。

SheIn 成立于 2008 年，在国内的运营主体是南京领添信息技术有限公司，虽然起步阶段名不见经传，却悄悄集结了红杉、IDG 资本、Tiger Global、集富亚洲、景林等一批头部投资机构助阵，顺利完成了 A－E 轮融资。同时，凭借强大的供应链和物流体系，SheIn 很快在欧美地区风靡。营收方面，2021 年，SheIn 的 GMV 达到 157 亿美元，约合人民币 1 000 亿元。

2021 年 3 月，在长城战略咨询发布的《中国独角兽企业研究报告 2021》中，SheIn 从此前的排名 55 位，一跃升至全国第 9，也是 2021 年江苏唯一一家入围全国前 10 的超级独角兽企业。

（5）兰亭集势（http://www.lightinthebox.com）

兰亭集势成立于 2007 年，是整合了外贸跨境电商供应链服务的在线 B2C 平台，旗下包含婚纱礼服、小额批发、手机数码等相关子网站。公司拥有一系列的供应商，并拥有自己的数据仓库和长期的物流合作伙伴。兰亭集势以欧洲和北美为主要目标市场，主要经营外贸销售，产品品类涵盖服装、电子产品、玩具、家具用品、体育用品等 14 类。2014 年 6 月 7 日，兰亭集势在美国纽交所挂牌上市，成为中国第一个真正意义上的跨境电商上市公司（此前 DX 曾借壳海外上市），其以小批量、高频率、跨界走的特色正形成跨境电商的一股新兴力量。

（二）跨境电商进口平台简介

跨境电商进口业务占跨境电商业务比例仍然较低，但随着自贸区政策和电子贸易通关政策试点的日益放开，国内对高质量进口产品需求的逐渐增加，其发展潜力及前景巨大。从平台业务模式来看，跨境电商进口目前主要包含以下五种形式：一是以天猫国际、易趣平台为代表的"支付＋物流"的大平台模式；二是以亚马逊海外购、苏宁海外购为代表的"自营＋平台"模式；三是以洋码头、海豚村为代表的 M2B2C 模式；四是以 55 海淘（论坛＋返利性质）、海淘城为代表的链接销售模式；五是以上海"跨境通"、宁波"跨境购"等跨境贸易电子商务服务试点为主的"网购保税"进口模式。

1. 大平台模式

平台融合了支付和物流，兼顾货品的多样性和交易的安全性。其代表是天猫国际、易趣全球集市。

（1）天猫国际

2014 年 2 月 19 日，阿里巴巴集团宣布天猫国际正式上线，为国内消费者直供海外原装进口商品。入驻天猫国际的商家均为中国大陆以外的公司实体，具有海外零售资质；销售的商品均原产于或销售于国外，通过国际物流经中国海关入关。所有天猫国际入驻商家将为其店铺配备旺旺中文咨询，并提供国内的售后服务，消费者可以像在淘宝购物一样使用支付宝买到海外进口的商品。而在物流方面，天猫国际要求商家 72 小时内完成发货，14 个工作日内到达，并保证物流信息全程可跟踪。这些举措使得买家跨境购物体验与国内购物相差无几，在解决支付和物流的同时，也解决了交流和沟通问题。

（2）易趣全球集市（http://www.eachnet.com）

易趣网成立于 1999 年，2002 年 3 月，eBay 以 1.5 亿美元全资控股易趣网，2012 年 4 月，Tom 集团从 eBay 手中收购易趣网。2010 年 7 月 20 日，易趣推出"全球集市"这一新业务，为买家提供代购服务，目前设有美国馆和加拿大馆。

2. 自营＋平台模式

该模式由大型企业主导，既有自营产品，又利用平台引入第三方企业。其代表是亚马逊海外购、苏宁海外购。其中，苏宁海外购（http://g.suning.com）频道于 2014 年 12 月份上线，采用"自营直采＋平台海外招商"模式，以母婴羊妆、食品保健、电子电器、服装鞋帽等四大品类为主。目前已相继上线中国香港、日本、美国、韩国、欧洲五地的品牌馆。

3. M2B2C 模式

该模式主要打通了海外优质生产商、零售商和国内消费者的通路，缩短了跨境进口的链条。其代表是洋码头、海豚村、蜜芽、小红书等。

（1）洋码头（http://www.ymatou.com）

洋码头于 2011 年 6 月正式上线，打通了从美国、欧洲、日本等世界各地购买当地产品的渠道，并跨过所有中间环节，提供直购邮购服务，免去了零散代购模式中各种繁杂手续。洋码头移动端 APP 内拥有首创的"扫货直购"频道；而另一特色频道"聚洋货"，则汇集全球各地知名品牌供应商,提供团购项目,认证商家一站式购物,保证海外商品现货库存。

(2) 海豚村(http://www.haituncun.com)

海豚村是一家主打"平价购物"的海外直邮网站,于 2013 年 12 月 20 日正式上线。海豚村通过与欧洲知名厂商合作,建立中欧物流通道,面向中国消费者销售海外品牌商品。商品价格与欧洲零售价同步,从欧洲原产地直发,商品运输周期超长则赔偿,并提供 7 天无理由退货以及购物送海豚币等服务。

(3) 蜜芽(http://www.mia.com)

蜜芽的前身 mia 时尚母婴用品 2011 年在淘宝上线,后来逐步发展为进口母婴品牌限时特卖商城,目标是创建简单、放心、有趣的母婴用品购物体验。"母婴品牌限时特卖"是指每天网站推荐热门的进口母婴品牌,以低于市场价的折扣力度,在 72 小时内限量出售。

(4) 小红书(http://www.xiaohongshu.com)

小红书创办于 2013 年 6 月,是一个社交电商平台,主要包括两个板块,UGC(用户原创内容)模式的海外购物分享社区,以及跨境电商"福利社"。小红书福利社采用 B2C 自营模式,直接与海外品牌商或大型贸易商合作,通过保税仓和海外直邮的方式发货给用户。

4. 销售链接模式

该模式又称为返利模式,主要通过提供大量的跨境进口的链接资源,以论坛、即时通讯工具、社交网站等形式进行推广。对于通过链接进行购买的销售额,按照一定比例提供佣金,从而实现病毒式的传播。其代表是 55 海淘、海淘城等。

55 海淘网(http://www.55haitao.com)是一家致力于为国内消费者提供海外购物全方位咨询服务的网站。介绍来自全球的网络商品的信息,并提供海淘返利和海淘转运,使得消费者可以在全球范围内自由浏览及选购商品。

5. 网购保税模式

网购保税模式是指境外商品入境后暂存保税区内,消费者凭身份证件购买物品,从保税区通过国内物流方式送达。该模式主要由政府主导,包括上海的跨境通、宁波的跨境购、郑州的 E 贸易平台、重庆的爱购保税等。

(1) 跨境通(http://www.kjt.com)

跨境通是一家上海自贸区官方的进口商品海外购物商城,所有商品全部原装进口,消费者购买后由上海自贸区发货,并实行国内售后;跨境通平台还是一家从事第三方进口清关及物流增值服务的跨境电商网站,它为入驻商户提供备案服务、商品交易导购和推广服务、一体化通关服务以及跨境资金结算服务。跨境通实现全程电子化管理,商品流程及管理比较透明,可信度很高。

(2) 跨境购(http://www.kjb2c.com)

跨境购是由国家发展改革委和海关总署授牌的宁波跨境贸易电子商务服务平台。它依托一套与海关、国检等部门对接的跨境贸易电子商务服务系统,可以实现快速通关,解决灰色通关问题。纳入跨境购平台的卖家都经过平台认证,买家可享受实名身份备案、税单查询、商品防伪溯源查询等跨境网购服务。买家下单后,平台提供商品追溯二维码,买家手机扫描二维码后,商品进口的详细信息一目了然,买家验证真伪极为方便。

二、跨境电商的选品

(一)跨境电商的选品原则

近年来,面对众多的产品,如何选择符合境外用户需求的产品成了难题。选品不可只靠主观判断,应有市场调研、数据分析等客观依据。以下是跨境电商选品的三个基本原则。

1. 判断目标市场用户需求和流行趋势

世界各地消费者的生活习惯、购物习惯、文化背景都不一样,一件产品不可能适合所有地区的用户。例如,针对欧美市场的服装应该比针对亚洲市场的同类产品大几个尺码,针对巴西市场的饰品应该为夸张和颜色鲜艳的样式。所以,在选品之前,选品人员要研究目标市场的用户需求,了解他们的消费习惯和目标市场的流行趋势。

2. 适应跨境电商的物流运输方式

跨境电商的物流具有运输时间长、不确定因素多的特点,在运输途中可能出现天气突变、海关扣留、物流周转路线长等状况。不同国家和地区的物流周期相差大,快的4—7个工作日可送达,慢的需要1—3个月才能送达。在漫长的运输途中,包裹难免会受到挤压、抛掷损坏,也可能经历季节更替的温度变化。

所以,选品人员在选品时,要考虑产品的保质期、耐挤压程度等因素。由于跨境物流费用高,选品时也要考虑相应重量和体积所产生的物流费用是否在可承受范围内。

3. 判断货源优势

在满足前两个原则的条件下,选品人员还需要考虑自身是否具有货源优势。对于初级卖家,如果其所处的地区有一定规模的产业带或有体量较大的批发市场,则可以考虑直接从市场上寻找现货。在没有资源优势的情况下,卖家可以重新考虑从网上寻找货源。

经验丰富并具有经济实力的卖家可以尝试预售,确认市场接受度后再下单或投产,这样可以减少库存压力和现金压力。

(二)跨境电商的选品逻辑

一般来说,跨境电商选品需要经过五个步骤——确定行业类目,找到买家需求,找到热卖款、洞悉卖家爆款,市场数据验证分析,产品战略布局。跨境电商选品步骤如图10-3所示。

1. 确定行业类目

选择跨境电商产品的第一步,是谨慎地选择行业,例如食品、服装或其他类目。因此,要对行业数据进行分析和挖掘,具体包括行业竞争分析、行业数据分析和行业国别分析。

(1)行业竞争分析

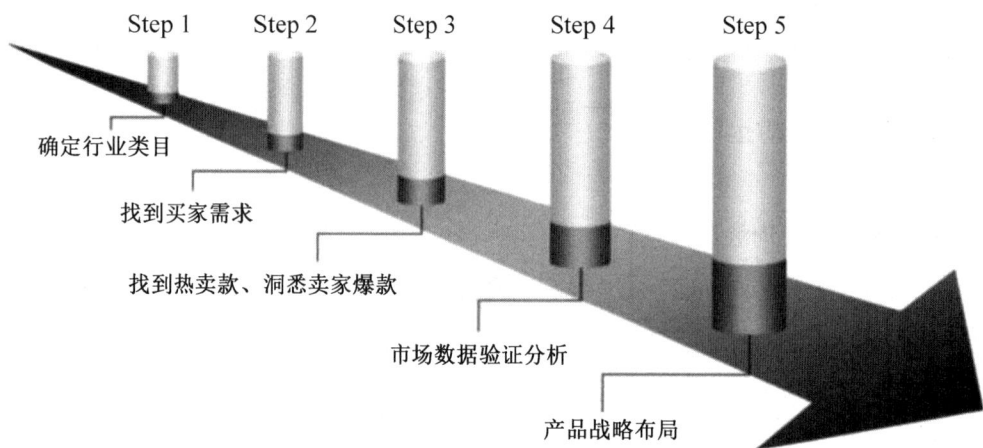

图 10 - 3 跨境电商选品的五个步骤

行业可以分为红海行业和蓝海行业。红海行业是指现有的、竞争白热化的行业。蓝海行业是指未知的、有待开拓的市场空间,是竞争不激烈,又充满买家未来需求的行业。在选择跨境电商产品时,需要结合自身特点,选择竞争不那么激烈,有一定市场利润空间的产品。

(2)行业数据分析

行业数据分析具体包括分析相关行业的访客数占比、浏览量占比、支付金额占比、支付订单占比、供需指数等数据。

(3)行业国别分析

通常情况下,可以根据不同国家的搜索关键词数据来判断产品的主要目标国家市场。

2. 找到买家需求

确定好行业类目后,接下来需要寻找买家需求,简单来说,就是根据买家的搜索习惯或喜好,找到买家需求较多的产品。跨境电商选品通常情况下要选择搜索指数和购买率排名均较高的产品。

3. 找到热卖款、洞悉卖家爆款

确定好买家需求后,需要洞悉卖家爆款。爆款产品不仅能够提高店铺销量,还能提高整个店铺的浏览量,对提高店铺的知名度和效益均有重要作用。一般情况下,会借助一些专门的跨境电商网站进行选品,例如"越域网"能够通过大数据帮助用户迅速定位 eBay、Wish、Amazon 的热销单品,协助卖家快速选品、便捷铺货、放心采购。

4. 市场数据验证分析

如果已经基本确定产品,卖家可以将所选择的产品在境外相关网站进行产品验证,如果数据分析的产品一致,那么该产品就是一款符合境外消费者需求的有潜力的产品。在实际操作中,可以选择的境外电商平台包括 eBay、Amazon、Gmarket 等,并查看爆款或引流款、热卖产品、搜索关键词等。

5．产品战略布局

通常情况下，卖家店铺的产品可以分为引流款、利润款、品牌形象款。引流款产品可以为商家店铺提供高流量、高曝光率和高点击量，利润款产品可以给商家带来利润，为财务报表增色，而品牌形象款产品则有利于提升商家店铺的品牌形象。

（三）跨境电商的市场调研

1．网站数据观察

市场调研的形式多样，卖家可以通过互联网搜集现有的数据和信息，经过分析判断得出结论。

2．观察流行趋势

卖家可以借助其他国家的本土电商市场，观察市场流行趋势。表 10 - 4 是一些主要国家的本土电商，供大家了解。

表 10 - 4　美国、俄罗斯、巴西、西班牙和法国的主要本土电商网站汇总

国家	主要的本土电商平台
美国	Walmart
	BestBuy(百思买，http://www. bestbuy. com/)
	Macy's(梅西百货，https://www. macys. com/)
	Sears(西尔斯，https://www. sears. com/)
俄罗斯	UImart(俄罗斯最大电商平台)
	Ozon
	Wildberries(时尚类电商平台)
	Citilink(3C 家电平台)
	Lamoda(时尚服装平台)
巴西	Mercadolibre. com. bor(巴西最大 C2C 平台)
	Americanas. com. bor(连锁零售商店)
西班牙	Elcorteingles(西班牙最大百货集团)
法国	Cdiscount
	Fnac(图书、电子产品零售商)
	PriceMinister
	La Redoute(乐都特，法国时尚品牌网站)

第四节　跨境电商的沟通技巧

跨境电商作为国际贸易的新形式,其外贸业务员必须具备的技能有函电、商务口语、沟通、平台运营管理、Photoshop、直播等。其中沟通技能非常重要,其他的技能将在其他专业课程中学习,本节重点介绍跨境电商中的沟通与技巧。

一、跨境电商沟通概述

(一)跨境电商沟通的特性

跨境电商的沟通就是在跨境电商这个特定的业务领域进行沟通,其具有三个特性:一是沟通主体分属于不同的关境,可能在语言、地域、气候、价值观点、思维方式、行为方式、风俗习惯、文化、消费习惯、宗教乃至国家政策行业环境等方面存在差异,这些差异是沟通的主要障碍;二是在整个业务流程中将主要采取电子商务手段,必须充分考虑电子商务手段的特性与特点;三是沟通贯穿跨境电商全流程,从调研、展示、洽谈、成交到履行的各个环节。

(二)跨境电商与传统国际贸易在沟通上的异同

1. 相同处

两者在沟通上相同的两点就是均追求时效性和完整性。时效性是指回复的及时性,即无论是传统国际贸易中的商业谈判,还是阿里旺旺国际版、阿里巴巴国际站站内信、外贸邮等的沟通,均须在第一时间给予回复,配合客户的节奏和时间进行紧密沟通并作出反应,避免因为回复不及时而丧失商机。

2. 相异处

跨境电商与传统国际贸易沟通上的不同之处主要在于竞争状况、沟通对象、服务个性化程度的不同。在竞争状况方面,跨境电商比传统国贸竞争状况更加激烈和复杂,其信息量更多也更难捕捉。在沟通对象方面,跨境电商既可能遇到传统国贸的主要沟通对象(专业的批发商),也可能遇到小型的批发商或终端用户,其对产品的质量、价格的要求和传统国际贸易有所差异。在服务个性化程度方面,跨境电商相对于传统国贸而言,小单化、高频次、重复购买的特点更加明显,其对个性化的服务程度要求更高。

二、跨境电商沟通技巧

跨境电商沟通中存在较多的信息失真和损耗,借助必要的沟通技巧可以获得较好的沟通效果。

(一)树立信息源的权威性、客观性和接受者的亲密性

在沟通时,对于产品的品质,可以展示本方产品通过的国际认证,提供其产品品质的权威性证明;通过统计数据、独立第三方的评价、技术参数的描述提高其客观性。与客户建立私交,比如谈判时多用"我们"这样令人亲近的词,而不是"你、我"这样立场分明的词,提供解决方案时多为对方设想,能够站在对方的立场上寻求解决方案。当问题出现时,多说"我们一起看看如何解决",双方定位应该是问题的共同解决者,而不是"这是你的事,跟我没关系"的漠然关系,这要求沟通者有一定的移情能力和换位思考习惯,以提高彼此的亲密性。

(二)基于共同经验范围制作信息

在沟通中挖掘对方的经历,找到与之相同或类似的经验,选择能够引起对方共鸣的话题或者从对方容易认同的观点入手,不要超越其认知范围,这样沟通效果会比较好。例如,对有财务背景的客户持续说明产品的性价比一般会优于对其说明产品技术的领先性。

(三)选择合适的时间和社会环境

时间选择得当与否会影响沟通效果,比如沟通越及时,效果越明显,若不能及时沟通,建议算好时差,在对方处于正常工作时,其沟通效果相对较好,但一般应避开心理不适区,沟通正式内容前可适当调整情绪,让双方都进入比较正面积极愉快的情绪中。选择合适的社会环境是指调整双方的社会关系,以及个人所属的团队、社会规范及文化风俗等,最好能够找到对方习惯的圈子,接触到客户愿意达到的一切网络触点,一方面可以建立亲密性,使得双方的共同话题容易展开,另一方面借助相应的论坛、协会和活动进行专项的推广,往往会取得比较好的沟通效果。

(四)完善沟通技巧

在跨境电商业务中,沟通者应善于因人因情进行沟通,运用图文结合的方式,形成有效的沟通。

➡ ⋯ deep seek

常见的沟通技巧包括哪些?

1. 认真地"听"

这里的倾听是指一种态度、技巧和习惯。对于对方的留言,最重要的不是立刻回复,而是充分了解对方的立场和观点,读懂读透后再进行有针对性的回复。在采取即时软件进行沟通时,应选择一个相对安静舒适的环境,降低噪声的干扰,注意避免分心的举动或手势,不时借助网络软件内表情包贴上表情,表示在倾听,鼓励对方继续留言,必要时进行复述和提问以检查自己倾听的效果。

2. 有效地"问"

为了达到获取需要的信息、透露自己的意图、引起对方的注意等目的,可以多提问,并可在信息掌握较全时采取闭合式提问,在不了解对方想法时用开放式提问的方式。一般应预先准备好题目,注意采用先易后难的提问次序,问题应该简明扼要,可以持续追问和迂回提问。

🐋 ⋯ 本章小结

本章介绍了跨境电商是什么,国际贸易的新业态有哪些,跨境电商做什么,以及跨境电商平台的选品和沟通等从事跨境电商工作须具备的技能。

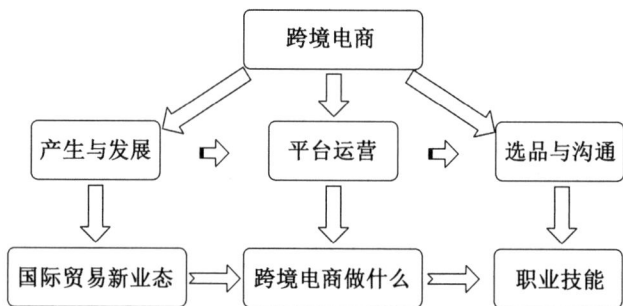

本章知识逻辑关系图

⋯ 练习题

一、判断对错

1. 一般的,跨境电商是指广义的跨境电商,不仅包含 B2B,还包含 B2C,不仅包括 B2B 中跨境电商平台线上实现成交的部分,还包括 B2B 中通过互联网渠道线上交易撮合线下实现成交的部分。   ( )

2. 跨境电商缩短了对外贸易的中间环节,提升了进出口贸易的效率,为小微企业提供了新的机会。　　　　　　　　　　　　　　　　　　　　　　　　(　　)

3. 速卖通平台结算的货币是美元。　　　　　　　　　　　　　　　　(　　)

4. eBay 向卖家收取刊登费和交易成功佣金。　　　　　　　　　　　　(　　)

5. 海关监管代码"9610"的全称是跨境贸易电子商务,简称电子商务。　　(　　)

6. 海关监管代码"1210"是指备货电商。　　　　　　　　　　　　　　(　　)

二、单项选择

1. 以下可以开通阿里国际站的企业类型是(　　　)。
    A. 管理咨询公司　B. 生产性企业　　C. 物流企业　　　D. 检测认证企业

2. 跨境电商的英文名称为(　　　)。
    A. cross-border commerce　　　　　　B. cross-border trade
    C. cross-border electronic commerce　D. cross-border communication

3. 跨境电商的"三流"是指(　　　)。
    A. 信息流、产品流、技术流　　　　　B. 信息流、产品流、物流
    C. 产品流、技术流、资金流　　　　　D. 信息流、资金流、物流

4. 以下哪个关于跨境电商的文件被称为"外贸国六条"(　　　)。
    A.《关于促进外贸稳定增长的若干意见》
    B.《关于实施支持跨境电子商务零售出口有关政策意见》
    C.《关于促进进出口稳增长、调结构的若干意见》
    D.《关于跨境贸易电子商务进出境货物、物品有关监管事宜的公告》

5. O2O 是(　　　)的缩写。
    A. online to online　　　　　　　　B. online to offline
    C. offline to offline　　　　　　　　D. offline to online

6. 下列专注于移动端的跨境电商第三方平台为(　　　)。
    A. 速卖通　　B. eBay　　C. Wish　　D. Amazon　　E. 敦煌网

参考书目

Deep Seek!

[1] 黎孝先. 王健. 国际贸易实务(第 7 版)[M]. 北京:对外经贸大学出版社,2020.

[2] 吴百福,等. 进出口贸易实务教程(第 8 版)[M]. 上海:格致出版社,2020.

[3] 张志涛. 外贸新手入门必读[M]. 广东:广东经济出版社,2014.

[4] 孙智慧. 国际贸易实务(双语)[M]. 北京:对外经济贸易大学出版社,2017.

[5] 张孟才,邱爱莲. 国际贸易实务[M]. 北京:机械工业出版社,2012.

[6] 李雁玲,任丽明,韩之怡. 国际贸易实务[M]. 北京:机械工业出版社,2015.

[7] 孙勤,赵静敏,郑凌霄. 国际贸易理论与实务(第 2 版)[M]. 北京:机械工业出版社,2015.

[8] 傅龙海,丛晓明,邵李津. 国际贸易实务双语教程(第 3 版)[M]. 北京:对外经济贸易大学出版社,2018.

[9] 吴国新,李元旭,何一红. 国际贸易单证实务[M]. 北京:清华大学出版社,2017.

[10] JAC. 外贸谈判手记-JAC 和他的外贸故事[M]. 北京:中国海关出版社,2016.

[11] JAC. 外贸工具书-JAC 和他的外贸故事[M]. 北京:中国海关出版社,2015.

[12] 韩玉军. 国际贸易实务(第 2 版)[M]. 北京:中国人民大学出版社,2018.

[13] 袁建新. 国际贸易实务(第 5 版)[M]. 上海:复旦大学出版社,2020.

[14] 许丽洁. 外贸业务全过程从入门到精通[M]. 北京:人民邮电出版社,2020.

[15] 王爱琴. 国际贸易实务[M]. 北京:经济管理出版社,2016.

[16] 中国国际货运代理协会. 国际货运代理理论与实务[M]. 北京:中国商务出版社,2009.

[17] 中国海关报关实用手册编写组. 中国海关报关实用手册(2021)[M]. 北京:中国海关出版社,2021.

[18] 张开旺. 外贸单证实务 [M]. 北京:对外经济贸易大学出版社,2011.

图书在版编目(CIP)数据

国际贸易实务 / 肖文圣，狄昌娅，陈军主编.

南京：南京大学出版社，2025. 5.(2025.6 重印) -- ISBN 978 - 7 - 305 - 29181 - 4

Ⅰ. F740.4

中国国家版本馆 CIP 数据核字第 2025QR7638 号

出版发行　南京大学出版社
社　　址　南京市汉口路 22 号　　　　　邮　编　210093
书　　名　国际贸易实务
　　　　　　GUOJI MAOYI SHIWU
主　　编　肖文圣　狄昌娅　陈　军
责任编辑　唐甜甜　　　　　　　　编辑热线　025 - 83594087
照　　排　南京南琳图文制作有限公司
印　　刷　南通印刷总厂有限公司
开　　本　787 mm×1092 mm　1/16　印张 23.25　字数 523 千
版　　次　2025 年 5 月第 1 版　2025 年 6 月第 2 次印刷
ISBN 978 - 7 - 305 - 29181 - 4
定　　价　68.00 元

网址：http://www.njupco.com
官方微博：http://weibo.com/njupco
官方微信号：njupress
销售咨询热线：(025) 83594756